没有加倍的勤奋，就既没有才能，也没有天才。

——门捷列夫

2020年全国经济专业技术资格考试

中级经济基础知识

应试指南

中华会计网校 编

感恩20年相伴 助你梦想成真

北京理工大学出版社
BEIJING INSTITUTE OF TECHNOLOGY PRESS

版权专有　侵权必究

图书在版编目（CIP）数据

中级经济基础知识应试指南 / 中华会计网校编 . —北京：北京理工大学出版社，2020.7
全国经济专业技术资格考试
ISBN 978-7-5682-8451-6

Ⅰ.①中⋯　Ⅱ.①中⋯　Ⅲ.①经济学—资格考试—自学参考资料　Ⅳ.①F0

中国版本图书馆 CIP 数据核字（2020）第 080694 号

出版发行 /	北京理工大学出版社有限责任公司
社　　址 /	北京市海淀区中关村南大街 5 号
邮　　编 /	100081
电　　话 /	（010）68914775（总编室）
	（010）82562903（教材售后服务热线）
	（010）68948351（其他图书服务热线）
网　　址 /	http://www.bitpress.com.cn
经　　销 /	全国各地新华书店
印　　刷 /	三河市中晟雅豪印务有限公司
开　　本 /	787 毫米×1092 毫米　1/16
印　　张 /	27.5
字　　数 /	675 千字
版　　次 /	2020 年 7 月第 1 版　2020 年 7 月第 1 次印刷
定　　价 /	85.00 元

责任编辑 / 高　芳
文案编辑 / 胡　莹
责任校对 / 刘亚男
责任印制 / 李志强

图书出现印装质量问题，请拨打售后服务热线，本社负责调换

前 言

正保远程教育

- **发展**：2000—2020年：感恩20年相伴，助你梦想成真
- **理念**：学员利益至上，一切为学员服务
- **成果**：18个不同类型的品牌网站，涵盖13个行业
- **奋斗目标**：构建完善的"终身教育体系"和"完全教育体系"

中华会计网校

- **发展**：正保远程教育旗下的第一品牌网站
- **理念**：精耕细作，锲而不舍
- **成果**：每年为我国财经领域培养数百万名专业人才
- **奋斗目标**：成为所有会计人的"网上家园"

"梦想成真"书系

- **发展**：正保远程教育主打的品牌系列辅导丛书
- **理念**：你的梦想由我们来保驾护航
- **成果**：图书品类涵盖会计职称、注册会计师、税务师、经济师、资产评估师、审计师、财税、实务等多个专业领域
- **奋斗目标**：成为所有会计人实现梦想路上的启明灯

图书特色

1 应试指导及同步训练

考情分析

本章主要讲述激励理论及其应用。本章的重点是动机的分类，需要层次理论、双因素理论、ERG理论、三重需要理论、公平理论、期望理论、目标管理、参与管理。从近三年的考题来看，单项选择题、多项选择题和案例分析题都有涉及。

— 深入解读本章考点及考试变化内容

重点、难点讲解及典型例题

▶ 考点一 需要、动机、激励（见表1-1）

表1-1 需要、动机、激励的概念与分类

项目	含义	内容
需要	指当缺乏或期待某种结果而产生的心理状态	对物质的需要，比如：空气、水、食物等；以及对社会需要，比如：归属、爱等

— 全方位透析考试，钻研考点

历年考题解析

一、单项选择题

1.（2019年）关于有效推行参与管理的条件的说法，错误的是（ ）。
A. 组织文化必须支持员工参与
B. 参与不应使员工和管理者的地位和权力受到威胁
B. 坚持的水平
C. 努力的水平
D. 行为的特点

【解析】本题考查动机。动机的三个要素包括：决定人行为的方向、努力的水平、坚持的水平。 【答案】D

— 了解命题方向和动态

同步系统训练

一、单项选择题

1. 下列关于需要、动机与激励的说法，错误的是（ ）。
A. 需要是指当缺乏或期待某种结果时产生的心理状态
B. 动机有三个因素，即决定人行为的方
B. 外源性动机是指人做出某种行为是为了获得物质或社会报酬
C. 追求较高的社会地位属于内源性动机
D. 谋求多拿奖金属于外源性动机
5. 外源性动机强的员工看重的是（ ）。
A. 工作的挑战性

— 夯实基础，快速掌握答题技巧

本章思维导图

- 特质理论
- 交易型和变革型领导理论 — 交易型领导和变革型领导的特点
- 魅力型领导者的特点
- 魅力型领导理论 — 魅力型领导者的道德特征和非道德特征

— 本章知识体系全呈现

2 全真模拟试题及答案解析

— 名师精心预测，模拟演练，助力通关 •

模拟试题（一）

一、单项选择题（共60题，每题1分。每题的备选项中，只有1个最符合题意）

1. 根据赫兹伯格的双因素理论，激励因素的缺失会导致员工（ ）。
A. 满意　B. 没有满意
C. 不满　D. 没有不满

模拟试题（二）

一、单项选择题（共60题，每题1分。每题的备选项中，只有1个最符合题意）

1. 根据马斯洛的需要层次理论，下列需要层次中，主要靠内在因素满足的是（ ）。
A. 生理需要　B. 安全需要
C. 归属需要　D. 尊重需要

A. 战略地图
B. 数字仪表盘
C. 工作表
D. 人力资源管理计分卡

8. 由于人力资本是获取竞争优势的主要资源，所以最高管理层在研究制定战略时必须认真考虑的因素是（ ）。
A. 培训　B. 人
C. 资源　D. 管理

9. "为了实现组织的整体战略目标需要完成

6. 按照美国学者桑南菲尔德的组织文化分类，（ ）组织非常重视适应、忠诚度和承诺。
A. 学院型　B. 俱乐部型
C. 棒球队型　D. 堡垒型

7. （ ）主要回答到哪里去竞争的问题，即作出组织应该选择何种业务以及进入何种行业或领域的决策。
A. 组织战略　B. 管理战略
C. 竞争战略　D. 人力资源战略

第1部分　应试指导及同步训练

第1章　市场需求、供给与均衡价格　003
考情分析　//003
重点、难点讲解及典型例题　//003
历年考题解析　//008
同步系统训练　//009
同步系统训练参考答案及解析　//011
本章思维导图　//013

第2章　消费者行为分析　014
考情分析　//014
重点、难点讲解及典型例题　//014
历年考题解析　//018
同步系统训练　//019
同步系统训练参考答案及解析　//020
本章思维导图　//022

第3章　生产和成本理论　023
考情分析　//023
重点、难点讲解及典型例题　//023
历年考题解析　//027
同步系统训练　//028
同步系统训练参考答案及解析　//030
本章思维导图　//031

第4章　市场结构理论　032
考情分析　//032
重点、难点讲解及典型例题　//032
历年考题解析　//036
同步系统训练　//037
同步系统训练参考答案及解析　//039
本章思维导图　//041

第5章　生产要素市场理论　　042

考情分析　//042

重点、难点讲解及典型例题　//042

历年考题解析　//045

同步系统训练　//046

同步系统训练参考答案及解析　//047

本章思维导图　//048

第6章　市场失灵和政府的干预　　049

考情分析　//049

重点、难点讲解及典型例题　//049

历年考题解析　//052

同步系统训练　//053

同步系统训练参考答案及解析　//054

本章思维导图　//056

第7章　国民收入核算和简单的宏观经济模型　　057

考情分析　//057

重点、难点讲解及典型例题　//057

历年考题解析　//061

同步系统训练　//062

同步系统训练参考答案及解析　//063

本章思维导图　//065

第8章　经济增长和经济发展理论　　066

考情分析　//066

重点、难点讲解及典型例题　//066

历年考题解析　//069

同步系统训练　//070

同步系统训练参考答案及解析　//071

本章思维导图　//073

第9章　价格总水平和就业、失业　　074

考情分析　//074

重点、难点讲解及典型例题　//074

历年考题解析　//077

同步系统训练　//078

同步系统训练参考答案及解析　//079

本章思维导图　//080

第 10 章　国际贸易理论和政策　　081

考情分析　//081

重点、难点讲解及典型例题　//081

历年考题解析　//083

同步系统训练　//084

同步系统训练参考答案及解析　//086

本章思维导图　//087

第 11 章　公共物品与财政职能　　088

考情分析　//088

重点、难点讲解及典型例题　//088

历年考题解析　//091

同步系统训练　//092

同步系统训练参考答案及解析　//093

本章思维导图　//094

第 12 章　财政支出　　095

考情分析　//095

重点、难点讲解及典型例题　//095

历年考题解析　//099

同步系统训练　//100

同步系统训练参考答案及解析　//102

本章思维导图　//103

第 13 章　财政收入　　104

考情分析　//104

重点、难点讲解及典型例题　//104

历年考题解析　//110

同步系统训练　//112

同步系统训练参考答案及解析　//113

本章思维导图　//115

第 14 章　税收制度　　116

考情分析　//116

重点、难点讲解及典型例题　//116

历年考题解析　//123

同步系统训练　//125

同步系统训练参考答案及解析　//126

本章思维导图　//128

第15章 政府预算   129

考情分析 //129

重点、难点讲解及典型例题 //129

历年考题解析 //135

同步系统训练 //136

同步系统训练参考答案及解析 //138

本章思维导图 //140

第16章 财政管理体制   141

考情分析 //141

重点、难点讲解及典型例题 //141

历年考题解析 //145

同步系统训练 //146

同步系统训练参考答案及解析 //148

本章思维导图 //149

第17章 财政政策   150

考情分析 //150

重点、难点讲解及典型例题 //150

历年考题解析 //154

同步系统训练 //154

同步系统训练参考答案及解析 //155

本章思维导图 //157

第18章 货币供求与货币均衡   158

考情分析 //158

重点、难点讲解及典型例题 //158

历年考题解析 //163

同步系统训练 //165

同步系统训练参考答案及解析 //167

本章思维导图 //169

第19章 中央银行与货币政策   170

考情分析 //170

重点、难点讲解及典型例题 //170

历年考题解析 //173

同步系统训练 //175

同步系统训练参考答案及解析 //177

本章思维导图 //179

第20章 商业银行与金融市场　　180

考情分析　//180

重点、难点讲解及典型例题　//180

历年考题解析　//184

同步系统训练　//186

同步系统训练参考答案及解析　//187

本章思维导图　//190

第21章 金融风险与金融监管　　191

考情分析　//191

重点、难点讲解及典型例题　//191

历年考题解析　//195

同步系统训练　//197

同步系统训练参考答案及解析　//199

本章思维导图　//200

第22章 对外金融关系与政策　　201

考情分析　//201

重点、难点讲解及典型例题　//201

历年考题解析　//205

同步系统训练　//207

同步系统训练参考答案及解析　//208

本章思维导图　//210

第23章 统计与数据科学　　211

考情分析　//211

重点、难点讲解及典型例题　//211

历年考题解析　//215

同步系统训练　//216

同步系统训练参考答案及解析　//217

本章思维导图　//219

第24章 描述统计　　220

考情分析　//220

重点、难点讲解及典型例题　//220

历年考题解析　//224

同步系统训练　//225

同步系统训练参考答案及解析　//227

本章思维导图　//228

第 25 章　抽样调查　　229

考情分析　//229

重点、难点讲解及典型例题　//229

历年考题解析　//233

同步系统训练　//235

同步系统训练参考答案及解析　//237

本章思维导图　//239

第 26 章　回归分析　　240

考情分析　//240

重点、难点讲解及典型例题　//240

历年考题解析　//243

同步系统训练　//244

同步系统训练参考答案及解析　//245

本章思维导图　//246

第 27 章　时间序列分析　　247

考情分析　//247

重点、难点讲解及典型例题　//247

历年考题解析　//253

同步系统训练　//255

同步系统训练参考答案及解析　//257

本章思维导图　//259

第 28 章　会计概论　　260

考情分析　//260

重点、难点讲解及典型例题　//260

历年考题解析　//267

同步系统训练　//268

同步系统训练参考答案及解析　//271

本章思维导图　//273

第 29 章　会计循环　　274

考情分析　//274

重点、难点讲解及典型例题　//274

历年考题解析　//278

同步系统训练　//279

同步系统训练参考答案及解析　//281

本章思维导图　//283

第30章　会计报表　　284

考情分析　//284

重点、难点讲解及典型例题　//284

历年考题解析　//289

同步系统训练　//292

同步系统训练参考答案及解析　//294

本章思维导图　//296

第31章　财务报表分析　　297

考情分析　//297

重点、难点讲解及典型例题　//297

历年考题解析　//300

同步系统训练　//301

同步系统训练参考答案及解析　//303

本章思维导图　//305

第32章　政府会计　　306

考情分析　//306

重点、难点讲解及典型例题　//306

历年考题解析　//309

同步系统训练　//309

同步系统训练参考答案及解析　//310

本章思维导图　//311

第33章　法律对经济关系的调整　　312

考情分析　//312

重点、难点讲解及典型例题　//312

历年考题解析　//314

同步系统训练　//314

同步系统训练参考答案及解析　//315

本章思维导图　//316

第34章　物权法律制度　　317

考情分析　//317

重点、难点讲解及典型例题　//317

历年考题解析　//325

同步系统训练　//327

同步系统训练参考答案及解析　//330

本章思维导图　//333

第35章　合同法律制度　334
　　考情分析　//334
　　重点、难点讲解及典型例题　//334
　　历年考题解析　//343
　　同步系统训练　//346
　　同步系统训练参考答案及解析　//349
　　本章思维导图　//352

第36章　公司法律制度　353
　　考情分析　//353
　　重点、难点讲解及典型例题　//353
　　历年考题解析　//361
　　同步系统训练　//362
　　同步系统训练参考答案及解析　//364
　　本章思维导图　//367

第37章　其他法律制度　368
　　考情分析　//368
　　重点、难点讲解及典型例题　//368
　　历年考题解析　//381
　　同步系统训练　//383
　　同步系统训练参考答案及解析　//387
　　本章思维导图　//390

第2部分　全真模拟试题及答案解析

2020年中级经济基础知识模拟试题及答案解析　393
　　模拟试题（一）　//393
　　模拟试题（一）参考答案及解析　//403
　　模拟试题（二）　//411
　　模拟试题（二）参考答案及解析　//420

正保文化官微

关注正保文化官方微信公众号，回复"勘误表"，获取本书勘误内容。

第 1 部分

应试指导及同步训练

智慧启航

世界上最快乐的事，莫过于为理想而奋斗。

——苏格拉底

第1章 市场需求、供给与均衡价格

考情分析

本章属于经济学的基础知识，需要重点关注的内容包括需求曲线和供给曲线的位移，最高限价和保护价格分析，以及需求价格弹性、需求交叉弹性和需求收入弹性的含义及计算，本章在最近三年考试中平均分值在 4 分左右。

最近三年本章考试题型、分值分布

年份	单项选择题	多项选择题	合计
2019 年	2 题 2 分	1 题 2 分	3 题 4 分
2018 年	2 题 2 分	1 题 2 分	3 题 4 分
2017 年	2 题 2 分	1 题 2 分	3 题 4 分

本章主要考点

1. 影响需求的基本因素。
2. 需求数量变动和需求变动。
3. 影响供给的因素。
4. 供给数量变动和供给变动。
5. 最高限价分析和保护价格分析。
6. 需求价格弹性的计算公式、类型及影响因素。
7. 需求价格弹性与总销售收入的关系。
8. 需求交叉弹性的类型。
9. 需求收入弹性的类型。
10. 供给价格弹性的影响因素。

重点、难点讲解及典型例题

▶ 考点一　需求的含义及影响需求的基本因素

(一)需求的含义
(1)需求：消费者对某种商品或服务**愿意**而且**能够**购买的数量。
(2)需求的构成要素：购买的欲望+支付能力。
(3)市场需求就是所有消费者需求的总和。

(二)影响需求的基本因素
(1) **消费者偏好**：在使用价值相同或接近的替代品之间选择。
(2) **消费者收入**：与需求同方向变化。
(3) **产品价格**：**最重要**，与需求呈反方向变化。
(4) **替代品价格**：某商品价格提高，其需求会下降，其替代品的需求会增加。反之亦然。
(5) **互补品价格**：一种商品价格上升，两种商品需求量都下降。
(6) **预期**：预期价格上升，提前购买，需求量上升。
(7) 其他因素：商品的品种、质量、广告宣传、地理位置、季节、国家政策。

【例1·多选题】 下列属于需求构成要素的有( )。
A. 消费者偏好　　　　　　　　　　B. 商品价格
C. 生产者预期　　　　　　　　　　D. 消费者有支付能力
E. 消费者有购买欲望

解析 本题考查需求的构成要素。需求的构成要素有两个：(1)购买欲望；(2)支付能力。

答案 DE

▶考点二　供给的含义和影响供给的因素

(一)供给的含义
(1) 供给：生产者愿意并可能为市场提供某种商品或服务的数量。
(2) 市场供给是所有生产者供给的总和。

(二)影响供给的因素
(1) **产品价格**：其他条件不变，价格与供给呈正方向变化。
(2) **生产成本**：其他条件不变，成本与供给呈反方向变化。
(3) **生产技术**：技术进步、革新，成本下降，供给增加。
(4) **预期**：预期价格上升，增加供给；预期价格下降，减少供给。
(5) **相关产品价格**。
(6) 其他因素：生产要素的价格、国家政策。

【例2·单选题】 关于影响供给的因素，说法正确的是( )。
A. 成本上升，会引起供给的增加
B. 价格下降，会引起供给的增加
C. 生产技术的进步或变革使成本下降，会引起供给的增加
D. 销售者预期价格上升，会引起供给的减少

解析 本题考查影响供给的因素。成本与供给呈反方向变化，选项A错误。价格与供给呈同方向变化，选项B错误。销售者预期价格上升，会引起供给增加，选项D错误。

答案 C

▶考点三　需求规律与需求曲线、供给规律与供给曲线

(一)需求规律和供给规律
需求规律：一般情况下，需求量与价格呈**反方向**变化。即商品价格提高，则消费者的购买量会减少。商品价格下降，则消费者的购买量就会增加。
供给规律：一般情况下，市场上商品或服务的供给量和市场价格呈**正向**变化。即市场价格

越高,供给量越大;市场价格越低,供给量越小。

(二)需求曲线和供给曲线

需求曲线(D-D)反映了价格与需求量之间的对应关系,是一条向**右下方倾斜**的曲线。市场需求曲线是所有个别消费者需求曲线的水平加总。

供给曲线(S-S)反映了供给量与价格之间的对应关系,是一条向**右上方倾斜**的曲线。

(三)需求数量变动和需求变动、供给数量变动和供给变动的区别(见表1-1)

表1-1 需求数量变动和需求变动、供给数量变动和供给变动的区别

类比项	概念	特点	图形
需求数量变动	需求量的变动是沿着既定的需求曲线进行的,价格上升,需求量减小;价格下降,需求量扩大	自身价格变动引起的,是点的移动	
需求变动	需求的变动是由于消费者收入或消费者偏好等因素的变化引起需求的相应变动,表现为需求曲线的位移	自身价格以外的因素变动引起的,是曲线的移动	
供给数量变动	供给量的变动是沿着既定供给曲线变动,价格上升,供给增加;价格下降,供给减少	自身价格变动引起的,是点的移动	
供给变动	供给的变动是由于价格以外的其他因素如成本等发生变动而引起供给的变动	供给曲线的位移	

【例3·单选题】以纵轴代表价格、横轴代表产量绘制某种农业产品的需求曲线和供给曲线,假设其他条件不变,当生产成本上升时,在坐标图上就表现为这种农产品的( )。

A. 供给曲线将向左移动 B. 需求曲线将向左移动
C. 需求曲线将向右移动 D. 供给曲线将向右移动

解析 本题考查供给规律和供给曲线。生产成本是影响供给的因素,当生产成本上升时,供给曲线会向左移动。

答案 A

考点四 均衡价格

(一)均衡价格的含义

均衡价格是市场供给力量和需求力量相互抵消时所达到的价格水平(供给量和需求量相等时的价格)。

任何市场上的供求平衡都是偶然的、暂时的、相对的。

(二)最高限价与保护价格(见表1-2)

表1-2 最高限价与保护价格

类比项	最高限价	保护价格
性质	都属于政府对市场价格的干预措施	
目标	保护消费者利益或降低某些生产者的生产成本	保护生产者利益或支持某一产业的发展
使用情形	当产品价格上涨幅度过大时采用	当产品价格下降幅度过大时采用
与均衡价格比较	低于均衡价格	高于均衡价格
影响	刺激消费、限制生产、导致供给减少和需求增加,结果是市场供给短缺,出现排队、黑市交易、变相涨价等现象	刺激生产、限制消费、导致市场供给过剩,会出现黑市交易、变相降价等现象
保障措施	采取行政措施或分配措施	采取行政措施,还要建立政府的收购和储备系统,建立专门的基金和专门的机构
适宜情形	只宜短期、在局部地区实行,不应长期化	只宜在少数农产品上实行

【例4·多选题】当政府对部分重要产品(如肉类、禽蛋等)实施最高限价政策时,通常会发生的情况有( )。

A. 刺激生产增加　　　　　　　　B. 增加经营者收入
C. 增加生产者成本　　　　　　　D. 出现市场短缺
E. 如果政府监管不力,会产生黑市交易

解析 ▶ 本题考查最高限价分析。最高限价低于均衡价格,会刺激消费,限制生产,导致供给减少和需求增加,结果就是市场短缺。一般情况下,当实施最高限价,出现短缺现象时,就会出现严重的排队现象。当政府监管不力时,就会出现黑市交易和黑市高价。 答案 ▶ DE

考点五 弹性(见表1-3)

表1-3 弹性

类别	含义	类型	影响因素/作用
需求价格弹性	需求量对价格变动的反应程度,是需求量变动百分比与价格变动百分比的比率,用 E_d 表示	$E_d>1$,需求富有弹性或高弹性,薄利多销; $E_d<1$,需求缺乏弹性或低弹性; $E_d=1$,需求单一弹性	(1)替代品的数量和相近程度; (2)商品的重要性; (3)商品用途的多少; (4)时间
需求交叉弹性	一种商品价格的相对变化与由此引起的另一种商品需求量相对变动之间的比率,用 E_{ij} 表示	$E_{ij}>0$,两种商品为替代品; $E_{ij}<0$,两种商品为互补品; $E_{ij}=0$,两种商品无关	需求交叉弹性是确定两种商品是否具有替代关系或互补关系的标准

类别	含义	类型	影响因素/作用
需求收入弹性	需求量的变动和引起这一变动的消费者收入变动之比，用以衡量需求变动对消费者收入变动的反应程度，用 E_y 表示	$E_y>1$，商品为高档品； $0<E_y<1$，商品为必需品； $E_y<0$，商品为低档品	就一般商品而言，收入弹性的大小可以作为划分"高档品"和"必需品"的标准
供给价格弹性	价格的相对变化与所引起的供给量的相对变化之间的比率，用 E_s 表示	$E_s>1$，供给价格弹性充足； $E_s<1$，供给价格弹性不充足； $E_s=1$，供给价格弹性为1； $E_s=0$，供给完全无弹性； $E_s=\infty$，供给完全有弹性	(1)时间(首要因素)； (2)生产周期和自然条件； (3)投入品替代性大小和相似程度

【例5·多选题】 决定某种商品需求价格弹性大小的因素主要有( )。
A. 该种商品的替代品的数量和相近程度
B. 该种商品的生产周期长短
C. 该种商品的生产自然条件状况
D. 该种商品在生活消费中的重要性
E. 该种商品的用途多少

解析 ▶ 本题考查影响需求价格弹性的因素。影响需求价格弹性的因素包括替代品的数量和相近程度、商品的重要性、商品用途的多少、时间。选项B、C属于影响供给价格弹性的因素。

答案 ▶ ADE

▶ **考点六　需求价格弹性的计算公式以及与生产者或销售者的总销售收入的关系**

(一)需求价格弹性的计算公式(见表1-4)

表1-4　需求价格弹性的计算公式

类型	含义	公式	适用范围
点弹性	需求曲线某一点上的弹性	$E_d = \left\|\dfrac{\Delta Q/Q}{\Delta P/P}\right\| = \left\|\dfrac{\Delta Q}{\Delta P} \cdot \dfrac{P}{Q}\right\|$	价格和需求量变动较小的场合
弧弹性	需求曲线上两点之间的弧的弹性	$E_d = \left\|\left[\dfrac{\Delta Q}{(Q_0+Q_1)/2}\right] / \left[\dfrac{\Delta P}{(P_0+P_1)/2}\right]\right\|$	价格和需求量变动较大的场合

(二)需求价格弹性与生产者或销售者的总销售收入的关系(见表1-5)

表1-5　需求价格弹性与生产者或销售者的总销售收入的关系

类比项	价格上涨	价格下降
$E_d<1$ 时，需求缺乏弹性	销售收入增加	销售收入减少
$E_d>1$ 时，需求富有弹性	销售收入减少	销售收入增加(适合采用薄利多销的方式)
$E_d=1$	价格变动不会引起销售收入变动	

【例6·单选题】 某商品的价格为3元/件时，销售量为500件；当价格提高到5元/件时，销售量为300件。按照弧弹性公式计算，该商品的需求价格弹性是( )。
A. 0.40　　　　　　　　　　　　B. 0.67

C. 1.00 D. 1.50

解析 本题考查需求价格弹性。需求价格弹性＝｜{(300－500)/[(500+300)/2]}÷{(5－3)/[(3+5)/2]}｜＝1.00。

答案 C

历年考题解析*

一、单项选择题

1. (2019年)影响需求的最重要的因素是( )。
   A. 产品本身的价格
   B. 消费者预期
   C. 消费者偏好
   D. 消费者收入

   解析 本题考查影响需求的因素。某种产品自身的价格是影响需求的最重要的因素。 **答案** A

2. (2019年)以纵轴代表价格、横轴代表产量绘制某种消费品的需求曲线和供给曲线。假设其他条件不变，当消费者收入增加时，坐标图上表现为这种产品的( )。
   A. 供给曲线向右上方移动
   B. 供给曲线向左上方移动
   C. 需求曲线向右上方移动
   D. 需求曲线向左上方移动

   解析 本题考查需求曲线。在其他条件不变的情况下，消费者收入的增加扩大了需求，所以需求曲线向右上方移动。 **答案** C

3. (2018年)从坐标图上看，能够导致某种商品的需求曲线发生向右上方位移的因素是( )。
   A. 技术进步
   B. 需求交叉弹性发生变化
   C. 该商品价格提高
   D. 消费者收入增加

   解析 本题考查需求曲线。消费者收入增加，会使需求增加，需求曲线向右上方位移。 **答案** D

4. (2018年)关于需求价格弹性和生产者或者销售者总销售收入关系的说法，正确的是( )。
   A. 在需求价格弹性系数大于1时，价格下降会使销售收入增加
   B. 在需求价格弹性系数等于1时，价格下降会使销售收入增加
   C. 在需求价格弹性系数等于1时，价格下降会使销售收入减少
   D. 在需求价格弹性系数小于1时，价格下降会使销售收入增加

   解析 本题考查需求价格弹性和总销售收入的关系。需求价格弹性系数大于1，需求富有弹性，产品价格降低会使消费量增加从而使生产者的收入增加。 **答案** A

5. (2017年)就生产者或销售者而言，如果想通过降低其生产或销售的某种商品的价格来增加其总销售收入，那么其生产或销售的该商品的( )。
   A. 需求价格弹性系数应等于1
   B. 需求收入弹性系数应等于1
   C. 需求价格弹性系数应大于1
   D. 需求交叉弹性系数应大于1

   解析 本题考查需求价格弹性和总销售收入的关系。需求价格弹性系数大于1时，价格上升会使销售收入减少，价格下降会使销售收入增加。 **答案** C

6. (2017年)影响供给的主要因素是( )。
   A. 消费者偏好 B. 生产成本
   C. 消费者预期 D. 消费者收入

   解析 本题考查影响供给的因素。影响供

---

* 在2019年全国经济专业技术资格考试中，《中级经济基础知识》科目有四套真题。本书只收录了其中部分具有代表性的真题，供学员参考与学习。本书中所有真题均按照最新版教材内容进行修改。

给的因素主要有产品价格、生产成本、生产技术、预期、相关产品价格等。 **答案** B

二、多项选择题

1. (2019年)下列因素中,属于影响需求价格弹性的有( )。
   A. 商品的重要性
   B. 生产周期和自然条件
   C. 时间
   D. 消费者收入水平
   E. 商品用途的多少

   解析 本题考查需求价格弹性。影响需求价格弹性的因素有：替代品的数量和相近程度、商品的重要性、商品用途的多少、时间。 **答案** ACE

2. (2018年)关于对某些产品实行最高限价的说法,正确的有( )。
   A. 最高限价可能会导致变相涨价现象
   B. 最高限价可能会导致市场过剩现象
   C. 最高限价只宜在短期内实施
   D. 最高限价总是高于均衡价格
   E. 最高限价可能会导致市场短缺现象

   解析 本题考查最高限价分析。由于最高限价低于均衡价格,因此,会刺激消费,限制生产,导致供给减少和需求增加,结果就是市场供给短缺,选项B、D错误。 **答案** ACE

3. (2017年)影响需求变动的主要因素有( )。
   A. 生产技术   B. 生产成本
   C. 消费者偏好 D. 替代品的价格
   E. 互补品的价格

   解析 本题考查影响需求变动的因素。影响需求变动的主要因素包括消费者偏好、消费者的个人收入、产品价格、替代品的价格、互补品的价格、消费者预期和其他因素。 **答案** CDE

同步系统训练

一、单项选择题

1. 一般来说,消费者收入变动与需求的变动( )。
   A. 呈正方向变化   B. 呈反方向变化
   C. 不相关   D. 完全等价

2. 某月,因替代品价格上升,甲商品需求量变动500千克,同期互补品价格上升,导致甲商品的需求量变动800千克,那么,在相关产品价格变动的共同作用下,该月甲商品需求量的实际变动量是( )。
   A. 增加300千克   B. 增加1 300千克
   C. 减少300千克   D. 减少1 300千克

3. 下列因素中,能够导致某种商品需求曲线上的点发生位移的是( )。
   A. 消费者收入
   B. 该商品的成本
   C. 该商品的税率
   D. 该商品自身的价格

4. 导致某种商品供给曲线发生位移的因素是( )。
   A. 该商品的成本   B. 该商品的价格
   C. 该商品的税率   D. 消费者的偏好

5. 以纵轴表示价格,横轴表示需求量和供给量,绘制出的需求曲线和供给曲线相交于一点,那么这一点上的价格称为( )。
   A. 理论价格   B. 均衡价格
   C. 平均价格   D. 最高价格

6. 当某种生活必需品的市场价格上涨幅度过大时,为保障大多数消费者的基本生活稳定,政府采取最高限价进行干预,可能导致的结果是( )。
   A. 政府储备增加   B. 供给过多
   C. 生产成本上升   D. 供给短缺

7. 政府为了保护农业生产者利益,在必要时对某些农产品可以采取的价格干预措施是( )。
   A. 规定保护价格
   B. 调整均衡价格

C. 规定最高限价

D. 降低农业生产资料价格

8. 当需求量变动百分比大于价格变动百分比时，需求价格弹性的类型为（　　）。

A. 需求富有弹性　　B. 需求缺乏弹性

C. 需求单一弹性　　D. 低弹性

9. 下列商品中，需求价格弹性小的是（　　）。

A. 替代品较多的商品

B. 用途多的商品

C. 贵重的首饰

D. 生活必需品

10. 某市决定从2019年8月1日起，把辖区内一著名风景区门票价格从32元提高到40元。已知该风景区2019年8月的游客为88 000人次，与2018年8月相比减少了12%，则以弧弹性公式计算的该风景区旅游的需求价格弹性系数是（　　）。

A. 0.48　　　　　　B. 0.57

C. 1.10　　　　　　D. 2.08

11. 通常情况下，生产者通过提高某产品单位销售价格而增加其销售总收入的前提条件是该产品的（　　）。

A. 需求价格弹性系数小于1

B. 需求价格弹性系数大于1

C. 需求收入弹性系数大于1

D. 需求收入弹性系数小于1

12. 可以用于判断两种商品或者服务是否具有替代关系或互补关系的指标是（　　）。

A. 需求价格弹性

B. 需求交叉弹性

C. 供给价格弹性

D. 需求收入弹性

13. 假设消费者收入增加25%，会导致某种商品的需求量增加10%，则该商品的类型为（　　）。

A. 低档品　　　　　B. 高档品

C. 劣等品　　　　　D. 必需品

14. 如果生产某种商品的投入品难以加入或脱离某种特定行业，则该商品的供给（　　）。

A. 完全无弹性　　　B. 富有弹性

C. 缺乏弹性　　　　D. 完全有弹性

15. 当某种商品的供给价格弹性小于1时，表明（　　）。

A. 供给完全无弹性

B. 供给弹性不充足

C. 供给弹性充足

D. 供给完全有弹性

二、多项选择题

1. 关于需求规律和需求曲线的说法，正确的有（　　）。

A. 需求与价格之间呈反向变化的关系即需求规律

B. 需求曲线是一条向右下方倾斜的曲线

C. 一般情况下需求与价格的变动呈同方向变化

D. 需求曲线是一条向右上方倾斜的曲线

E. 需求曲线反映了价格与需求量之间的对应关系

2. 关于最高限价和保护价格分析的说法，错误的有（　　）。

A. 保护价格的目的是保护生产者利益或支持某一产业的发展

B. 我国采用保护价格政策支持农业生产和稳定农民收入水平

C. 当实施最高限价、出现短缺现象时，就会出现严重的排队现象

D. 当某种产品价格上涨幅度过大，可能影响生产正常进行时，可采用保护价格方式干预

E. 在实行保护价格时，可能会出现以次充好、缺斤短两现象

3. 关于需求价格弹性影响因素的说法，正确的有（　　）。

A. 奢侈品需求价格弹性大

B. 生活必需品的需求价格缺乏弹性

C. 一种商品的用途越多，它的需求价格弹性越大

D. 一种商品若有极少的替代品，则该商品的需求价格弹性大

E. 时间越短，商品的需求价格弹性越缺乏

4. 关于需求价格弹性与生产者或销售者的总销售收入关系的说法，正确的有（　　）。
   A. 需求富有弹性，销售收入与价格变动呈反方向变动
   B. 高弹性，适合采用薄利多销的方式增加收入
   C. 低弹性，适合采用薄利多销的方式增加收入
   D. 需求缺乏弹性，销售收入与价格变动呈同方向变化
   E. 需求单一弹性，价格变动不会引起销售收入变动

5. 关于需求收入弹性类型的说法，错误的有（　　）。
   A. $E_y = 0$，表明不管收入如何变动，需求数量不变
   B. $E_y < 0$，表明收入增加时买得少，收入降低时买得多
   C. $0 < E_y < 1$，表明收入弹性高，需求数量的相应增加大于收入的增加
   D. $E_y > 1$，表明收入弹性低，需求数量的相应增加小于收入的增加
   E. $E_y = 1$，表明收入变动和需求数量变动是成相同比例的

6. 通常情况下，影响某种商品的供给价格弹性人小的因素有（　　）。
   A. 该种商品替代品数量和相近程度
   B. 该种商品的重要性
   C. 该种商品的用途
   D. 该种商品的生产自然条件状况
   E. 该种商品的生产周期

同步系统训练参考答案及解析

一、单项选择题

1. A　【解析】本题考查影响需求的因素。一般来说，消费者收入增加，引起需求增加；收入减少，会导致需求减少。所以，两者呈正方向变化。

2. C　【解析】本题考查影响需求的因素。某商品的需求量与其替代品价格变化同向，与其互补品价格变化反向。替代品价格上涨，导致甲商品需求量增加500千克，互补品价格上涨，导致甲商品需求量减少800千克。所以，共同作用使甲商品需求减少300千克。

3. D　【解析】本题考查需求数量的变动。假定其他因素不变，只考虑需求和价格的关系，需求量的变动是沿着既定的需求曲线进行的，属于需求曲线上点的移动，所以答案选D。

4. A　【解析】本题考查供给的变动。供给曲线的移动是由价格以外的其他因素引起的。假定价格不变，由于价格以外的其他因素，如成本等发生变动而引起供给的变动，表现为供给曲线的位移。

5. B　【解析】本题考查均衡价格。均衡价格就是市场供给力量和需求力量相互抵消时所达到的价格水平，也就是需求等于供给时的价格。

6. D　【解析】本题考查最高限价分析。由于最高限价低于均衡价格，因此，会刺激消费、限制生产，导致供给减少和需求增加，结果就是市场供给短缺。

7. A　【解析】本题考查保护价格分析。保护价格也叫支持价格或最低限价，目的是保护生产者利益或支持某一产业的发展。

8. A　【解析】本题考查需求价格弹性的类型。当需求量变动百分比大于价格变动百分比，需求价格弹性系数大于1时，叫作需求富有弹性或高弹性。当需求价格弹性系数小于1时，叫作需求缺乏弹性或低弹性。当需求价格弹性系数等于1时，叫作需求单一弹性。

9. D　【解析】本题考查需求价格弹性。生活必需品的需求价格弹性较小，需求受价格

变动影响不大。

10. B 【解析】本题考查需求价格弹性。2018年8月的游客为88 000÷(1-12%)=100 000(人次)。弧弹性=|{(88 000-100 000)/[(100 000+88 000)/2]}÷{(40-32)/[(40+32)/2]}|=0.57。

11. A 【解析】本题考查需求价格弹性。如果需求价格弹性系数小于1，价格上升会使销售收入增加。因此，商品的需求价格弹性系数小于1时，生产者可以通过提高某产品单位销售价格来增加其销售总收入。

12. B 【解析】本题考查需求交叉弹性。需求交叉弹性可以用于判断两种商品或者服务是否具有替代关系或互补关系。

13. D 【解析】本题考查需求收入弹性。需求收入弹性系数=需求量的变动/收入的变动=10%/25%=0.4。因需求收入弹性系数大于0小于1，所以该商品属于必需品。

14. C 【解析】本题考查供给价格弹性的类型。如果生产某种商品的投入品难以加入或脱离某种特定行业，则该商品的供给缺乏弹性。

15. B 【解析】本题考查供给价格弹性。当某种商品的供给价格弹性小于1时，则这种商品的供给弹性不充足。

二、多项选择题

1. ABE 【解析】本题考查需求规律和需求曲线。一般情况下，需求与价格的变动呈反方向变化。需求曲线是一条向右下方倾斜的曲线，供给曲线是一条向右上方倾斜的曲线。所以选项C、D错误。

2. DE 【解析】本题考查最高限价和保护价格。当某种产品价格下降幅度过大，可能影响生产正常进行时，可采用保护价格方式干预，选项D错误。一般情况下，当实施最高限价时，由于供应紧张，生产者或卖方会在交易中处于优势地位，因此，可能出现以次充好、缺斤短两等变相涨价的现象，选项E错误。

3. ABCE 【解析】本题考查需求价格弹性的影响因素。一种商品若有许多相近的替代品，则其需求价格弹性大，选项D错误。

4. ABDE 【解析】本题考查需求价格弹性。当$E_d<1$时，需求缺乏弹性，价格上涨会使得销售收入增加，价格下降会使收入减少。当$E_d>1$时，需求富有弹性，价格上涨会使得销售收入减少，价格下降会使销售收入增加(适合采用薄利多销的方式)。当$E_d=1$时，价格变动不会引起销售收入变动。

5. CD 【解析】本题考查需求收入弹性的类型。$0<E_y<1$，表明收入弹性低，即需求数量的相应增加小于收入的增加。$E_y>1$，表明收入弹性高，即需求数量的相应增加大于收入的增加。选项C、D说法反了。

6. DE 【解析】本题考查影响供给价格弹性的因素。影响供给价格弹性的因素有时间；生产周期和自然条件；投入品替代性大小和相似程度。选项A、B、C是影响需求价格弹性的因素。

本章思维导图

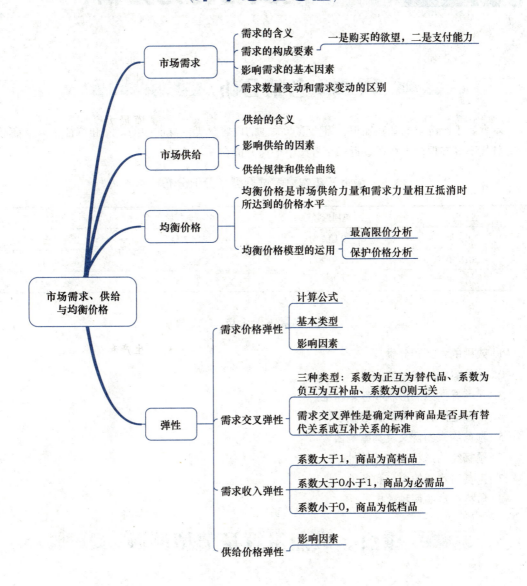

第2章 消费者行为分析

考情分析

本章属于经济学的基础知识，需要重点关注的内容是无差异曲线的概念和特征，以及商品边际替代率等知识。本章在最近三年考试中平均分值在3~4分左右。

最近三年本章考试题型、分值分布

年份	单项选择题	多项选择题	合计
2019年	2题2分	1题2分	3题4分
2018年	2题2分	1题2分	3题4分
2017年	1题1分	1题2分	2题3分

本章主要考点

1. 效用的含义和分类。
2. 消费者偏好的基本假定。
3. 无差异曲线的形状和基本特征。
4. 商品边际替代率及其递减规律。
5. 预算约束的含义及其影响因素。
6. 预算线的形状和变动特性。
7. 消费者均衡的含义和条件。
8. 价格变动的两种效应。

重点、难点讲解及典型例题

考点一 效用理论

（一）经济人假设

假定消费者是追求效用最大化的并且是理性的，这就是经济人假设。它是分析消费者行为的前提。

（二）效用

（1）效用：商品或服务满足人们某种欲望的能力，或者是消费者在消费商品或服务时所感受到的满足程度。

（2）效用是一种心理感觉，主观心理评价，没有客观标准。

（三）基数效用论和序数效用论（见表2-1）

表2-1　基数效用论和序数效用论

类比项	基数效用论	序数效用论
定义	效用可以直接度量，存在绝对的效用量的大小	无法知道效用的绝对数值，而只能说出自己的偏好次序
不同点	运用边际效用论分析	运用无差异曲线和预算约束线分析
相同点	都属于分析消费者行为的方法，而且分析的结论基本是相同的	

（四）总效用和边际效用（见表2-2）

表2-2　总效用和边际效用

总效用	消费者在一定时期内，从商品或服务的消费中得到的满足程度或效用量的总和
边际效用	消费者增加一个单位的商品消费时所带来的满足程度的增加或者效用的增量；公式表示：$MU=\Delta TU/\Delta Q$，MU 表示边际效用
边际效用递减规律	（1）在一定时间内，随着消费某种商品数量的不断增加，消费者从中得到的总效用以递减的速度增加，即边际效用是递减的，此时的**边际效用为正数**； （2）当商品消费量达到一定程度后，总效用达到最大值时，**边际效用为0**； （3）如果继续增加消费，总效用会逐渐减少，此时**边际效用为负数**

【例1·单选题】当商品消费量达到一定程度后，总效用达到最大值时，边际效用（　　）。

A. 为0　　　　　　　　　　　　　B. 达到最大

C. 达到最小　　　　　　　　　　 D. 变为负值

解析 ▶ 本题考查边际效用递减规律。当商品消费量达到一定程度后，总效用达到最大值时，边际效用为0。　　　　　　　　　　　　　　　　　　　　　　　　　　**答案** ▶ A

▶ 考点二　无差异曲线

（一）消费者偏好的基本假定（见表2-3）

表2-3　消费者偏好的基本假定

基本假定	性质
完备性	A 和 B 两种组合的偏好情况包括：（1）A 大于 B；（2）B 大于 A；（3）两者偏好无差异（保证消费者可以把自己的偏好准确地表达出来）
可传递性	A、B、C 三种组合，对 A 的偏好大于 B，对 B 的偏好又大于 C，那么对 A 的偏好必定大于 C（保证消费者偏好的一致性）
消费者总是偏好于多而不是少	如果两组商品的区别只是在于其中一种商品数量的不同，那么消费者总是偏好较多的那个组合，也就是多多益善

（二）无差异曲线的概念和特征

1. 无差异曲线的概念

无差异曲线用来**描述消费者偏好**。它是一条表示能够给消费者带来**相同满足程度**的两种商品的所有组合的曲线，在这条曲线上的所有各点的两种商品的组合带给消费者的满足程度完全相同，消费者对这条曲线上各个点的偏好程度是无差异的。

2. 无差异曲线的特征

(1)离原点越远的无差异曲线，消费者的偏好程度越高。(依据多比少好的偏好基本假定)

(2)任意两条无差异曲线都不能相交。(依据可传递性的偏好基本假定)

(3)无差异曲线从左向右下倾斜，凸向原点。(由边际替代率递减规律决定)

(三)商品边际替代率

1. 商品边际替代率的概念

在效用水平不变的条件下，消费者增加一单位某商品时必须放弃的另一种商品的数量。

如果用 MRS 表示商品边际替代率，则 $MRS = -\Delta X_2/\Delta X_1$，表示愿意放弃一种商品 ΔX_2 个单位，获得另一种商品 ΔX_1 个单位。

2. 商品边际替代率递减规律

随着一种商品消费量的逐渐增加，消费者为了获得这种商品的额外消费而愿意放弃的另一种商品的数量会越来越少。

【例2·单选题】 关于无差异曲线的说法，错误的是(　　)。

A. 无差异曲线的形状取决于消费者的偏好

B. 依据偏好的可传递性假定，无差异曲线不能相交

C. 边际替代率递减规律决定了无差异曲线的斜率的绝对值是递减的

D. 根据偏好的完备性假定，离原点越远的无差异曲线，消费者的偏好程度越高

解析 本题考查无差异曲线。根据偏好的"多比少好"假定，消费者对数量多的商品组合的偏好大于对数量少的商品组合的偏好。无差异曲线离原点越远，代表的商品数量越多，消费者得到的满足程度水平越高。

答案 D

考点三　预算约束

(一)预算约束线

预算约束线表示在消费者的收入和商品的价格给定的条件下，消费者的全部收入所能购买到的两种商品的各种组合。

如图2-1所示，横轴 X_1 表示商品1的消费数量，纵轴 X_2 表示商品2的消费数量。如果全部收入 m 都用于购买商品1，则所能购买到的数量为 m/P_1；如果全部收入 m 都用于购买商品2，则所能购买到的数量为 m/P_2，把这两个点连接起来就叫作预算线。

预算线的斜率是两种商品价格的负比率或两种商品价格的比率的负值，就是 $-P_1/P_2$，斜率的大小表明在不改变总支出数量的前提下，两种商品可以相互替代的比率。

(二)收入变动对预算线的影响

在相对价格不变的情况下，收入增加使预算线向右平移，收入减少使预算线向左平移。

(三)相对价格变动对预算线的影响

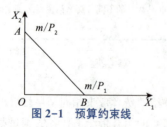

图2-1　预算约束线

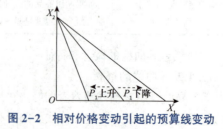

图2-2　相对价格变动引起的预算线变动

如图 2-2 所示，预算线在纵轴上的端点不变，而横轴上的端点发生移动，如**价格下降则向右旋转；价格上升则向左旋转**。

两种商品的价格同比例同方向变化，会使预算线平移。同比例上升使预算线左移，相反则右移。两种商品的价格，以及收入都同比例同方向变化，那么预算线不动。

【例 3·单选题】在收入不变的情况下，如果纵轴商品价格不变，横轴商品价格下降，会使预算线（　　）。

A. 向右旋转　　　　　　　　　　　B. 向右平移
C. 向左平移　　　　　　　　　　　D. 向下旋转

解析　本题考查预算约束线。预算线在纵轴上端点不变，而横轴上的端点发生移动，如果价格下降，预算线向右旋转，价格上升，预算线向左旋转。　　　　　　答案　A

▶ 考点四　消费者均衡和需求曲线

(一)消费者均衡(预算约束下实现效用最大化)

(1)满足效用最大化的商品组合必定位于预算线与无差异曲线相切的切点上。在切点上，无差异曲线的斜率恰好等于预算线的斜率。

(2)消费者效用最大化的均衡条件：在一定的预算约束下，使**两种商品边际替代率等于两种商品的价格之比**。

(二)消费者需求曲线

1. 价格—消费曲线

价格—消费曲线(PCC)表示消费者偏好和收入不变时，与一种商品价格变化相联系的两种商品在不同价格下的效用最大化的各种组合。

2. 价格变动的两种效应

需求曲线之所以向右下方倾斜，是因为价格的变化具有两种效应：**收入效应和替代效应**。

【举例】苹果和梨两种水果，在原有价格下我们会有一种购买组合。假如苹果大幅降价，不仅原来买苹果的钱可以买的苹果多了(收入效应)，而且由于苹果降价使我们觉得梨贵了，因此同时会减少梨的购买量，将省下的钱再买成苹果(替代效应)。可见，苹果价格的下降使我们买了更多的苹果(总效应)，它是由收入效应和替代效应构成。

3. 正常品和低档品(见表 2-4)

表 2-4　正常品和低档品

类比项	正常品	低档品
替代效应	与价格变动呈反方向变动	
收入效应	与价格变动呈反方向变动	与价格变动呈同方向变动
总效应	总效应必定与价格呈反方向变动	由于收入效应的作用小于替代效应的作用，总效应与价格呈反方向变动
需求曲线	向右下方倾斜，更平缓	向右下方倾斜，更陡峭

【例 4·单选题】低档品价格上升导致需求下降的主要原因是（　　）。

A. 替代效应与价格呈反方向变动，收入效应与价格呈反方向变动
B. 替代效应与价格呈同方向变动，收入效应与价格呈反方向变动，但收入效应小于替代效应
C. 替代效应与价格呈反方向变动，收入效应与价格呈同方向变动，但收入效应小于替代效应

D. 替代效应与价格呈同方向变动，收入效应与价格呈同方向变动

解析 本题考查消费者的需求曲线。对于低档品，替代效应与价格呈反方向变动，收入效应与价格呈同方向变动，而大多数情况下，收入效应的作用小于替代效应的作用。**答案** C

历年考题解析

一、单项选择题

1. (2019年)按照消费者行为理论，无差异曲线的形状是由( )决定。
   A. 消费者预期
   B. 消费者偏好
   C. 相关商品的价格
   D. 消费者收入

   解析 本题考查无差异曲线。无差异曲线上各点的两种商品的组合带给消费者的满足程度完全相同，消费者对曲线上各个点的偏好程度是无差异的。**答案** B

2. (2019年)消费者效用最大化的均衡条件是( )。
   A. 商品边际替代率小于两种商品的价格之比
   B. 商品边际替代率等于两种商品的价格之比
   C. 预算线与无差异曲线相交
   D. 商品边际替代率大于两种商品的价格之比

   解析 本题考查消费者均衡。消费者效用最大化的均衡条件：在一定的预算约束下，使得两种商品的边际替代率等于两种商品的价格之比。**答案** B

3. (2018年)任何两条无差异曲线不能相交的性质是由( )决定的。
   A. 偏好的可传递性假定
   B. 边际效用递减的假定
   C. 商品的边际替代率递减规律
   D. 偏好的完备性假定

   解析 本题考查无差异曲线的特征。任意两条无差异曲线不能相交，这是根据偏好的可传递性假定来判定的。**答案** A

4. (2018年)需求曲线是通过( )推导出来的。
   A. 价格—成本曲线
   B. 价格—消费曲线
   C. 价格弹性曲线
   D. 价格—收入曲线

   解析 本题考查需求曲线。需求曲线是通过价格—消费曲线推导出来的。由于一种商品价格的变动，预算线的位置发生了变动，从而引起预算线与无差异曲线的切点即消费者均衡点的移动，把这些均衡点连接起来便可以得到一条价格—消费曲线。**答案** B

5. (2017年)在相对价格不变的情况下，如果消费者的收入减少，会使预算线( )。
   A. 向上旋转
   B. 向右平移
   C. 向左平移
   D. 向下旋转

   解析 本题考查预算约束线。相对价格不变，收入减少，预算约束线向左平移。收入增加，预算约束线向右平移。**答案** C

二、多项选择题

1. (2019年)按照序数效用理论，消费者均衡实现的前提条件包括( )。
   A. 价格不变
   B. 收入不变
   C. 边际效用不变
   D. 偏好不变
   E. 边际效用为0

   解析 本题考查消费者均衡。消费者均衡的实现以三个条件为前提：偏好不变、收入不变和价格不变。**答案** ABD

2. (2018年)关于无差异曲线的说法，正确的是( )。
   A. 无差异曲线向右下方倾斜并凸向原点
   B. 离原点越远的无差异曲线，消费者偏好程度越高
   C. 无差异曲线的理论基础是基数效用论

D. 无差异曲线可以反映消费者的预期

E. 用无差异曲线可以描述消费者的偏好状况

解析 本题考查无差异曲线。序数效用理论是用无差异曲线和预算约束线来分析的，选项C错误。无差异曲线不能反映消费者的预期，选项D错误。 **答案** ABE

3. （2017年）商品价格变动会产生的效应包括（ ）。

A. 替代效应　　B. 收入效应

C. 互补效应　　D. 挤出效应

E. 核算效应

解析 本题考查收入效应和替代效应。商品价格变动会产生两种效应，包括收入效应和替代效应。 **答案** AB

同步系统训练

一、单项选择题

1. 用效用理论分析消费者行为时，会假定消费者追求效用最大化且是理性的，这一前提通常称为（ ）。
   A. 经济人假设
   B. 边际效用最大化理论
   C. 消费行为最优理论
   D. 消费者偏好

2. 基数效用论和序数效用论的主要区别是（ ）。
   A. 边际效用是否递减
   B. 效用函数是否线性
   C. 是否承认效用
   D. 效用是否可以直接度量

3. 基数效用理论分析消费者行为时采用的分析方法是（ ）。
   A. 成本曲线　　B. 预算约束线
   C. 无差异曲线　　D. 边际效用论

4. 消费者增加一个单位的商品消费时所带来的满足程度的增加或者效用的增量称为（ ）。
   A. 总效用　　B. 基数效用
   C. 序数效用　　D. 边际效用

5. 在序数效用理论中，用来表示消费者偏好的曲线是（ ）。
   A. 预算约束线　　B. 平均成本线
   C. 无差异曲线　　D. 等产量线

6. 如果无差异曲线上任何一点的斜率 $dy/dx = -1/3$，则意味着当消费者拥有更多的商品 x 时，愿意放弃（ ）单位商品 x 而获得1单位的商品 y。
   A. 1/2　　B. 1
   C. 3　　D. 1/3

7. 在效用水平不变的条件下，消费者增加一个单位某一种商品消费时，必须放弃的另一种商品消费的数量称为（ ）。
   A. 收入效应
   B. 边际成本
   C. 替代效应
   D. 商品边际替代率

8. 在消费者的收入和商品的价格给定的条件下，消费者的全部收入所能购买到的两种商品的各种组合，可以用（ ）表示。
   A. 需求曲线　　B. 预算约束线
   C. 无差异曲线　　D. 价格—消费曲线

9. 关于预算线的说法正确的是（ ）。
   A. 预算线上的点表示用尽所有收入所能购买到的各种消费组合
   B. 预算线右上方的点表示在两种商品上的花费并未用尽全部收入
   C. 预算线左下方的点表示支付能力所达不到的购买选择
   D. 消费者决策时可以选择预算线本身及其右上方的区域

10. 如果两种商品的价格以及收入都同比例同方向变化，那么预算线（ ）。
    A. 左移　　B. 右移
    C. 旋转　　D. 不动

11. 消费者效用最大化的均衡条件是( )。
    A. 商品边际替代率等于商品价格之比
    B. 商品边际替代率大于商品价格之比
    C. 商品边际替代率小于商品价格与收入之比
    D. 商品边际替代率等于商品价格与收入之比
12. 在名义收入不变时，由于该商品价格的变化而导致消费者实际收入发生变化，进而导致消费者所购买的该商品数量变化，称为( )。
    A. 乘数效应　　B. 弹性效应
    C. 收入效应　　D. 替代效应

二、多项选择题

1. 关于效用的说法，正确的有( )。
    A. 效用是人们的一种心理感觉
    B. 效用具有客观评价标准
    C. 效用是商品或服务满足人们某种欲望的能力
    D. 效用是一种主观心理评价
    E. 效用是人们在消费商品或服务时所感受到的满足程度
2. 序数效用论对消费者偏好的假定有( )。
    A. 完备性
    B. 可传递性
    C. 偏好于多而不是少
    D. 平均性
    E. 无差异性
3. 关于无差异曲线的说法，正确的有( )。
    A. 任意两条无差异曲线都不能相交
    B. 无差异曲线反映了消费者的购买力
    C. 商品边际替代率递减规律导致无差异曲线从左上向右下倾斜
    D. 商品价格影响无差异曲线的形状
    E. 消费者预期影响无差异曲线的形状
4. 在给定的预算线坐标图上，决定预算线变动的因素有( )。
    A. 商品的相对价格
    B. 消费者收入
    C. 消费者偏好
    D. 价格弹性
    E. 商品边际替代率
5. 消费者均衡的实现是以( )为前提的。
    A. 偏好不变　　B. 价格不变
    C. 收入不变　　D. 边际收益不变
    E. 边际成本不变
6. 关于替代效应与收入效应的说法，正确的有( )。
    A. 对于正常品而言，替代效应与价格呈反方向变动，收入效应与价格呈反方向变动
    B. 对于低档品而言，替代效应与价格呈同方向变动，收入效应与价格呈反方向变动
    C. 正常品的需求曲线向右下方倾斜
    D. 低档品的需求曲线向右下方倾斜
    E. 正常品的需求曲线更陡峭，低档品的需求曲线更平缓

同步系统训练参考答案及解析

一、单项选择题

1. A　【解析】本题考查效用理论。在研究消费者行为时，假定消费者是追求效用最大化的并且是理性的，这就是经济人假设。
2. D　【解析】本题考查效用理论。基数效用论认为效用是可以直接度量的，存在绝对的效用量的大小。而序数效用论则认为效用的绝对数值无法知道，只能说出自己的偏好次序。所以二者的主要区别是效用是否可以直接度量。
3. D　【解析】本题考查基数效用论的分析方法。基数效用理论运用边际效用论分析消费者行为。
4. D　【解析】本题考查边际效用。边际效用，是指消费者增加一个单位的商品消费时所带来的满足程度的增加或者效用的

增量。

5. C 【解析】本题考查无差异曲线。序数效用理论是用无差异曲线和预算约束线来分析的。我们可以用无差异曲线来描述消费者偏好。

6. C 【解析】本题考查商品边际替代率。$MRS = -\Delta X_2/\Delta X_1$，表示放弃第二种商品 ΔX_2 个单位，获得第一种商品 ΔX_1 个单位。题干中求放弃多少单位 X 而获得 1 单位的商品 y，也就是求 $MRS = -dx/dy$。已知无差异曲线斜率 $dy/dx = -1/3$，则 $MRS = -dx/dy = 3/1$，即放弃 3 单位商品 x，获得 1 单位的商品 y。

7. D 【解析】本题考查商品边际替代率。商品边际替代率是指在效用水平不变的条件下，消费者增加一单位某商品时必须放弃的另一种商品的数量。

8. B 【解析】本题考查预算约束线的概念。预算约束线表示在消费者的收入和商品的价格给定的条件下，消费者的全部收入所能购买到的两种商品的各种组合。

9. A 【解析】本题考查预算约束线。预算线上的点表示用尽所有收入所能购买到的各种消费组合。预算线右上方的点表示支付能力所达不到的购买选择。预算线左下方的点表示在两种商品上的花费并未用尽全部收入。消费者决策时可以选择预算线本身及其左下方的区域。

10. D 【解析】本题考查预算线。如果两种商品的价格，以及收入都同比例同方向变化，那么预算线不动。

11. A 【解析】本题考查消费者均衡。消费者效用最大化的均衡条件是：两种商品的边际替代率等于两种商品的价格之比。

12. C 【解析】本题考查收入效应的概念。收入效应，是指在名义收入不变时，由于该商品价格的变化而导致消费者实际收入发生变化，进而导致消费者所购买的该商品数量变化。

二、多项选择题

1. ACDE 【解析】本题考查效用的含义。效用是人们的一种心理感觉，是消费者对商品或服务满足自己的欲望的能力的主观心理评价，因此效用没有客观标准。

2. ABC 【解析】本题考查序数效用论。消费者偏好的基本假定有完备性、可传递性和消费者总是偏好于多而不是少。

3. AC 【解析】本题考查无差异曲线的特征。无差异曲线的特征：（1）离原点越远的无差异曲线，消费者的偏好程度越高；（2）任意两条无差异曲线都不能相交；（3）无差异曲线从左上向右下倾斜，凸向原点，这是由商品边际替代率递减规律决定的。选项 B、D、E 错误，无差异曲线是用来描述消费者偏好的，影响无差异曲线形状的也就是消费者偏好。

4. AB 【解析】本题考查决定预算线变动的因素。决定预算线变动的因素包括消费者收入和商品的价格。

5. ABC 【解析】本题考查消费者均衡实现的前提条件。消费者均衡的实现以三个条件为前提，即偏好不变、收入不变和价格不变。

6. ACD 【解析】本题考查收入效应和替代效应。选项 B、E 错误，对于低档品而言，替代效应与价格呈反方向变动，收入效应与价格呈同方向变动。低档品的需求曲线更陡峭，正常品的需求曲线更平缓。

本章思维导图

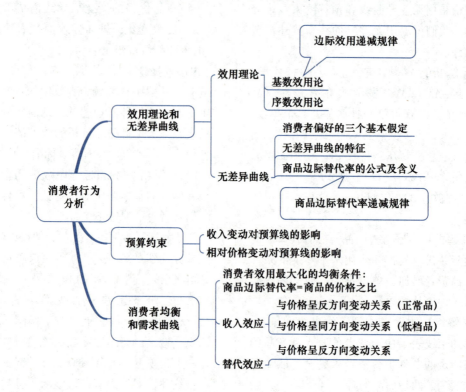

第3章　生产和成本理论

考情分析

本章主要讲述生产者、企业、生产与成本等基本理论。其中，生产曲线与成本曲线的相关内容是本章的重点和难点，在学习的过程中需要重点理解和把握。本章在最近三年考试中平均分值在2~3分左右。

最近三年本章考试题型、分值分布

年份	单项选择题	多项选择题	合计
2019年	1题1分	—	1题1分
2018年	2题2分	1题2分	3题4分
2017年	2题2分	—	2题2分

本章主要考点

1. 科斯的企业理论的主要内容。
2. 总产量、平均产量和边际产量的概念及公式。
3. 总产量、平均产量和边际产量曲线及其位置关系。
4. 成本的含义和类型。
5. 短期成本函数的各种曲线的基本形状和特征。

重点、难点讲解及典型例题

▶ 考点一　生产者的组织形式和企业理论

（一）生产者的组织形式和目标
（1）企业的主要组织形式包括个人独资企业、合伙制企业和公司制企业。
（2）生产者或企业的目标是追求利润最大化，这是**"经济人假设"**在生产和企业理论中的具体化。
（3）所有企业在竞争中求得生存的关键：实现利润最大化。
（二）企业形成的理论
（1）理论提出者：（美国）科斯。
（2）企业的本质或显著特征：**作为市场机制或价格机制的替代物**。
（3）企业存在的根本原因：**节约市场交易成本或交易费用**。交易费用包括：①签订契约时交易双方面临的偶然因素所可能带来的损失；②签订契约及监督和执行契约所花费的成本。

(4) 导致市场机制和企业的交易费用不同的主要因素：**信息的不完全性**。

【例1·多选题】关于科斯的企业形成理论的说法，正确的有(　　)。

A. 企业的产生增加了市场交易费用
B. 企业与市场机制是两种不同的协调生产和配置资源的方式
C. 企业作为生产的一种组织形式大大减少了需要签订的契约数量
D. 企业不以营利为目的
E. 导致市场机制和企业交易费用不同的主要因素在于信息的不完全性

解析 本题考查科斯的企业形成理论。企业的产生可以大量节约市场交易费用，选项A错误。企业是以营利为目的，选项D错误。　　**答案** BCE

▶ 考点二　生产函数和生产曲线

(一) 生产要素和生产函数(见表3-1)

表3-1　生产要素和生产函数

生产要素	劳动、资本、土地、企业家才能
生产函数	在一定时期内，在一定技术条件下，各种生产要素的数量与所能生产的最大产量之间的函数关系
短期生产函数	假定资本等其他因素不变，只有劳动投入可变。随着劳动量的连续变化，会引起总产量、平均产量和边际产量的变动

(二) 总产量、平均产量和边际产量(见表3-2)

表3-2　总产量、平均产量和边际产量

类比项	概念	生产函数图形及位置关系(见图3-1)
边际产量(MP)	在其他投入保持不变时，由于新增一单位的投入而多生产出来的产量或产出	$0—L_1$阶段：边际产量递增，劳动投入达到L_1，MP达到最大——资本过剩而劳动不足，不断投入实现效率； L_1以后阶段：边际产量递减，继续增加劳动投入直到边际产量为负值——劳动相对过剩，资本不足
总产量(TP)	生产出来的用实物单位衡量的产出总量	$0—L_1$阶段：总产量曲线先以递增的速度上升(此时MP递增，$MP>0$)； $L_1—L_3$阶段：以递减的速度上升(此时MP下降，但$MP>0$)； L_3以后阶段：总产量达到最大值后下降(此时$MP<0$) 【总结】$MP>0$时，TP上升；$MP=0$，TP最大；$MP<0$时，TP下降
平均产量(AP)	总产量除以总投入的单位数	$0—L_2$阶段：$MP>AP$，平均产量递增； L_2以后阶段：$MP<AP$，平均产量递减，MP曲线与AP曲线交于AP曲线的最高点

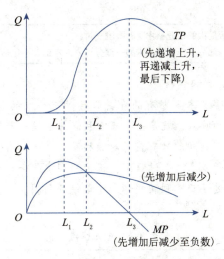

图 3-1　生产函数图形及位置关系

（三）边际产量递减规律（边际报酬递减规律）

在技术水平和其他投入不变时，连续追加一种生产要素的投入量，总是存在一个临界点，在这一点之前，边际产量递增，超过这一点之后，边际产量将出现递减的趋势，直到出现负值。

（四）规模报酬（规模收益）（见表3-3）

表 3-3　规模报酬（规模收益）

含义	生产规模变化与所引起的产量变化之间的关系，研究企业**长期生产决策**问题
内容	（1）当企业规模小时，扩大生产规模报酬**递增**； （2）当企业规模适中时，扩大生产规模报酬**不变**； （3）当企业规模达到一定程度时，继续扩大生产规模报酬**递减**

【例 2·单选题】关于边际产量、平均产量和总产量的关系，说法正确的是（　　）。
A．边际产量为负时，平均产量递减
B．边际产量为零时，平均产量一定为零
C．边际产量递减，总产量一定递减
D．总产量递减，边际产量不一定递减

解析▶本题考查边际产量、平均产量和总产量的关系。边际产量为负时，平均产量是递减的。边际产量为零时，平均产量为正。边际产量递减，总产量可能递减也可能递增。总产量递减，边际产量一定递减。

答案▶A

▶ 考点三　成本的含义与成本函数

（一）成本的含义（见表3-4）

表 3-4　成本的含义

成本	又称生产费用，是企业在生产经营过程中所支付的物质费用和人工费用
机会成本	当一种生产要素被用于生产单位某产品时所放弃的使用相同要素在其他生产用途中所得到的**最高收入**
生产成本（总成本）	（1）**显成本**：企业购买或租用的生产要素所实际支付的货币支出； （2）**隐成本**：企业本身所拥有的并且被用于该企业生产过程的那些生产要素的总价格
经济利润	企业的总收益和总成本的差额，也可称为**超额利润**

正常利润	(1)指企业对自己所提供的企业家才能的报酬支付； (2)是生产成本的一部分，作为隐成本的一部分计入成本的，不包括在经济利润中

【分析】正常利润和经济利润

一个企业要进行生产，企业本身所有的资料和劳动者个人的价值就是一种成本，在生产后，仅可以弥补这部分价值的收入，就是一个正常利润。通过生产获得的收入超过这部分的价值就是超额利润，也就是经济利润。只有获得超额利润，也就是有经济利润的时候，企业的经营才是一种有利润的活动。所以在这个过程中，正常利润就是一种隐成本。在算经济利润的时候要扣除正常利润部分，超过了正常利润的部分才是经济利润。

（二）成本函数（见表3-5）

表3-5 成本函数

含义	反映总成本与产量的关系
类型	(1)短期成本函数，短期总成本=固定成本+可变成本： 固定成本：短期内不随产量变动，包括厂房和设备的折旧、管理人员的工资费用； 可变成本：随产量变动，包括原材料、燃料和动力、生产工人的工资费用； (2)长期成本函数（所有成本都可变）
短期成本函数分析	(1)总成本 TC=总固定成本 TFC+总可变成本 TVC； (2)平均成本 ATC=总成本 TC/产量 Q=平均固定成本 AFC(=TFC/Q)+平均可变成本 AVC(=TVC/Q)； (3)边际成本 MC=总成本的增加额 ΔTC/总产量的增加额 ΔQ； 表明增加一个单位产量时总成本的增加额，是产量变动引起的可变成本的变动

【例3·多选题】在短期生产中，以下属于可变成本的有( )。

A. 原材料　　　　　　　　　　　B. 燃料和动力
C. 生产工人的工资费用　　　　　D. 管理人员的工资费用
E. 厂房和设备的折旧

解析 ▶ 本题考查可变成本。可变成本主要包括原材料、燃料和动力、生产工人的工资费用等。

答案 ▶ ABC

考点四 短期成本曲线

（一）总成本、总可变成本和总固定成本曲线（见表3-6）

表3-6 总成本、总可变成本和总固定成本曲线

类比项	曲线走势	关系	图形
总成本（TC）曲线	从纵轴一个截点，即产量为零时总成本等于固定成本的那个点开始，随产量的增加而上升，开始以递减的速度上升，之后以递增的速度上升	变动规律一致	
总可变成本（TVC）曲线	从原点出发，之后随产量增加而上升。刚开始以递减的速度上升，之后以递增的速度上升		
总固定成本（TFC）曲线	平行于横轴	—	

(二)平均总成本、平均可变成本、边际成本、平均固定成本曲线(见表3-7)

表3-7 平均总成本、平均可变成本、边际成本、平均固定成本曲线

类比项	变动规律	图形
平均总成本(ATC)曲线	先下降后上升,呈"U"形	
平均可变成本(AVC)曲线		
边际成本(MC)曲线		
平均固定成本(AFC)曲线	随产量的增加而递减,逐渐向横轴接近	

(三)边际成本曲线与各平均成本曲线的关系(见表3-8)

表3-8 边际成本曲线与各平均成本曲线的关系

类比项	平均总成本曲线(ATC)	平均可变成本曲线(AVC)
边际成本曲线(MC)	两曲线相交于平均总成本曲线的最低点M点: (1)在M点之前,$MC<ATC$,ATC下降; (2)在M点之后,$MC>ATC$,ATC上升; (3)在M点处,$MC=ATC$	两曲线相交于平均可变成本曲线的最低点M'点: (1)在M'点之前,$MC<AVC$,AVC下降; (2)在M'点之后,$MC>AVC$,AVC上升; (3)在M'点处,$MC=AVC$; (4)无论是上升还是下降,边际成本曲线的变动都快于平均可变成本曲线

【例4·单选题】在进行短期成本函数分析时,关于各种成本曲线变动规律的说法,正确的是( )。

A. 总成本曲线和总可变成本曲线的变动规律是一致的
B. 总固定成本曲线和总可变成本曲线的变动规律是一致的
C. 平均总成本曲线和总固定成本曲线的变动规律是一致的
D. 平均固定成本曲线和平均可变成本曲线的变动规律是一致的

解析 本题考查短期成本曲线。总成本曲线和总可变成本曲线的变动规律是一致的,都是开始以递减的增长率上升,当产量达到一定水平后,便以递增的增长率上升。 答案 A

历年考题解析

一、单项选择题

1.(2019年)关于生产和生产函数的说法,正确的是( )。
A. 当技术水平发生变化时生产函数不会发生变化
B. 研究企业短期行为的前提是各种投入要素都是可变的
C. 生产函数是最大产量与投入要素之间的函数关系
D. 一般假设生产要素在生产过程中不可相互替代

解析 本题考查生产函数。选项A错误,生产函数以一定时期的生产技术水平为条件,当技术水平发生变化时,生产函数也

会发生变化。选项B错误,当某种或几种要素不可变时,一般是研究企业的短期行为。选项D错误,一般假设生产要素在生产过程中可以相互替代。　　**答案▶C**

2. (2018年)假设资本投入不变,当某一生产者使用的劳动数量从4个单位增加到5个单位时,总产量从38 000件增加到39 000件,平均产量从950件减少到780件,则其边际产量为( )件。

   A. 600　　　　　B. 1 000
   C. 1 200　　　　D. 1 500

   解析▶本题考查边际产量。边际产量,是指在其他投入保持不变的条件下,由于新增一单位的投入而多生产出来的产量或产出。(39 000-38 000)/(5-4)=1 000(件)。　　**答案▶B**

3. (2018年)在短期成本曲线中,随着产量的增加而递减并且逐渐向横轴接近的是( )。

   A. 边际成本曲线
   B. 平均总成本曲线
   C. 平均固定成本曲线
   D. 平均可变成本曲线

   解析▶本题考查短期成本曲线。平均固定成本曲线随着产量的增加而递减,逐渐向横轴接近。　　**答案▶C**

4. (2017年)按照经济学家科斯关于企业本质属性的理论,导致市场机制和企业的交易费用不同的主要因素是( )。

   A. 市场不是万能的
   B. 企业的机会成本
   C. 存在道德风险
   D. 信息的不完全性

   解析▶本题考查企业形成的相关理论。导致市场机制和企业的交易费用不同的主要因素是信息的不完全性。　　**答案▶D**

5. (2017年)某企业在短期内,当产量为3个单位时,总成本为2 100元,当产量增长到4个单位时,平均总成本为562.5元,则该企业此时的边际成本是( )元。

   A. 100　　　　　B. 200
   C. 150　　　　　D. 250

   解析▶本题考查边际成本。边际成本是增加一个单位产量时总成本的增加额。边际成本=562.5×4-2 100=150(元)。　　**答案▶C**

二、多项选择题

(2018年)关于科斯的企业本质理论的说法,正确的有( )。

A. 企业是为了节约市场交易费用或交易成本而产生的
B. 从历史上看,企业产生以后,企业与市场机制就是两种不同的协调生产和配置资源的方式
C. 追求生产规模最大化是企业的唯一动机
D. 导致市场机制和企业的交易费用不同的主要因素是信息的不完全性
E. 从历史上看,企业产生以后,社会上就形成了两种交易,即企业外部的市场交易和企业内部的交易

解析▶本题考查生产者的组织形式和企业理论。在生产者行为的分析中,一般假设生产者或企业的目标是追求利润最大化。经济学家实际上并不认为追求利润最大化是人们从事生产和交易活动的唯一动机。选项C错误。　　**答案▶ABDE**

同步系统训练

一、单项选择题

1. 按照美国经济学家科斯的观点,企业存在的根本原因是( )。

   A. 节约交易成本或交易费用
   B. 科学技术进步
   C. 产品标准化
   D. 信息不对称

2. 根据边际产量递减规律,劳动的边际产量

变化趋势为( )。
  A. 一直递减　　B. 一直递增
  C. 先增后减　　D. 先减后增
3. 在其他条件不变的情况下，如果连续增加劳动的投入，在总产量达到最大值时，劳动的边际产量( )。
  A. 大于 0　　　B. 小于 0
  C. 等于 0　　　D. 等于平均产量
4. 假设只有一种生产要素投入可变，其他生产要素投入不可变的情形下，关于边际产量和平均产量关系的说法，正确的是( )。
  A. 只要边际产量大于平均产量，平均产量就是递增的
  B. 只要边际产量等于平均产量，平均产量就是递增的
  C. 只要边际产量小于平均产量，平均产量就是递增的
  D. 只要边际产量大于平均产量，平均产量就是递减的
5. 根据生产规模和产量的变化比例的比较，可以将规模报酬分为不同类别。如果产量增加的比例大于各种生产要素增加的比例，则属于( )。
  A. 规模报酬不变　B. 规模报酬递增
  C. 规模报酬递减　D. 无法判断
6. 某企业租赁一批机器设备，实际支付货币 10 万元，这笔支出从成本的角度看，属于( )。
  A. 可变成本　　B. 隐成本
  C. 显成本　　　D. 机会成本
7. 关于成本和利润的说法，正确的是( )。
  A. 经济利润中包括正常利润
  B. 经济利润大于超额利润
  C. 企业所追求的最大利润指的是最大的正常利润
  D. 企业的经济利润是指企业的总收益和总成本之间的差额
8. 长期成本函数与短期成本函数的区别在于( )。
  A. 企业性质不同
  B. 生产要素的数量不同
  C. 成本是否可以加总
  D. 是否有固定成本和可变成本之分
9. 当某企业的产量为 10 个单位时，其总成本、总固定成本、总可变成本、平均成本分别是 2 000 元、1 200 元、800 元和 200 元，则该企业的平均固定成本为( )元。
  A. 2　　　　　B. 80
  C. 120　　　　D. 200
10. 短期成本曲线中平行于横轴的一条直线是( )。
  A. 总可变成本曲线
  B. 平均可变成本曲线
  C. 总成本曲线
  D. 总固定成本曲线
11. 关于总成本曲线规律的说法，正确的是( )。
  A. 总成本曲线从原点开始，随产量的增加而逐步上升
  B. 总成本曲线不随产量的变动而变动
  C. 总成本曲线从纵轴一个截点即产量为零时总成本等于固定成本的那个点开始，随产量的增加而逐步上升
  D. 总成本曲线从纵轴一个截点即产量为零时总成本等于可变成本的那个点开始，随产量的增加而逐步下降
12. 根据成本函数，在平均成本曲线和边际成本曲线的位置关系中，最早到达最低点的曲线是( )。
  A. 边际成本曲线
  B. 平均可变成本曲线
  C. 平均总成本曲线
  D. 平均固定成本曲线

二、多项选择题

1. 企业的主要组织形式包括( )。
  A. 公有制企业　B. 私有制企业
  C. 个人独资企业　D. 合伙制企业
  E. 公司制企业
2. 美国经济学家科斯提出的企业理论的主要观点有( )。

A. 企业是为了节约市场交易费用而产生的
B. 企业的本质是作为市场机制或价格机制的替代物
C. 信息不完全性是导致市场机制和企业交易费用不同的主要因素
D. 企业可以使一部分市场交易内部化，从而降低交易费用
E. 不同市场结构中的企业的本质是不同的

3. 关于总产量（TP）、边际产量（MP）、平均产量（AP）曲线的说法，正确的有（　）。
A. AP 上升时，TP 增加
B. AP 下降时，TP 下降
C. MP=0 时，TP 最大
D. AP 曲线和 MP 曲线相交时，TP 最大
E. MP 曲线与 AP 曲线交于 AP 曲线的最高点

4. 从短期来看，以下属于企业固定成本项目的有（　）。
A. 原材料费用
B. 厂房折旧
C. 生产工人工资
D. 管理人员工资
E. 设备折旧

5. 关于短期成本函数分析的公式，正确的有（　）。
A. $TFC=TC+TVC$
B. $ATC=TC/Q$
C. $AFC=TFC/Q$
D. $AVC=TVC/Q$
E. $MC=\Delta TC/\Delta Q$

6. 关于边际成本曲线与各平均成本曲线的关系，表述正确的有（　）。
A. 当平均总成本曲线下降时，边际成本必定小于平均总成本
B. 当平均总成本曲线上升时，边际成本必定小于平均总成本
C. 在相交于最低点前，边际成本曲线低于平均可变成本曲线
D. 当边际成本与平均总成本正好相等时，平均总成本处于最低点
E. 无论是上升还是下降，边际成本曲线的变动都快于平均可变成本曲线

同步系统训练参考答案及解析

一、单项选择题

1. A 【解析】本题考查企业存在的根本原因。科斯认为企业是为了节约市场交易费用或交易成本而产生的。

2. C 【解析】本题考查边际产量递减规律。劳动的边际产量先递增，当劳动投入达到一定程度后，边际产量达到最大，然后开始递减。

3. C 【解析】本题考查边际产量与总产量的关系。当边际产量等于 0 时，总产量达到最大值。

4. A 【解析】本题考查平均产量曲线的图形。只要边际产量大于平均产量，平均产量就是递增的。

5. B 【解析】本题考查规模报酬的分类。如果产量增加的比例大于各种生产要素增加的比例，则属于规模报酬递增。

6. C 【解析】本题考查显成本的概念。显成本，是指企业购买或租用的生产要素所实际支付的货币支出。所以租赁设备的货币支出属于显成本。

7. D 【解析】本题考查成本和利润。经济利润也称超额利润。企业所追求的最大利润，指的是最大的经济利润。经济利润中不包括正常利润。选项 A、B、C 说法错误。

8. D 【解析】本题考查长期成本函数与短期成本函数的区别。短期成本函数和长期成本函数的区别就在于是否有固定成本和可变成本之分。

9. C 【解析】本题考查平均固定成本的计算。平均固定成本=总固定成本/产量=1 200/10=120（元）。

10. D 【解析】本题考查总固定成本曲线。在短期成本曲线中，总固定成本曲线是一条平行于横轴的直线。

11. C 【解析】本题考查总成本曲线的形状。总成本曲线是从纵轴一个截点，即产量为零时，总成本等于固定成本的那个点开始，随产量的增加而逐步上升，开始时是以递减的增长率上升，当产量达到一定水平后，便以递增的增长率上升。

12. A 【解析】本题考查边际成本曲线的变动趋势。无论是上升还是下降，边际成本曲线的变动都快于平均成本曲线，所以边际成本曲线最早到达最低点。

二、多项选择题

1. CDE 【解析】本题考查企业的主要组织形式。企业的主要组织形式包括个人独资企业、合伙企业和公司制企业。

2. ABCD 【解析】本题考查企业形成的相关理论。不同市场结构中的企业的本质是相同的。

3. ACE 【解析】本题考查总产量、边际产量和平均产量曲线的关系。在 AP 下降阶段，TP 是先上升后下降的趋势，选项 B 错误。在 AP 和 MP 相交时，处于 AP 的最高点，选项 D 错误。

4. BDE 【解析】本题考查固定成本的概念。固定成本，是指在短期内不随产量变动而变动的那部分成本，包括厂房和设备的折旧、管理人员的工资费用等。而原材料、燃料和动力、生产工人的工资费用等属于可变成本包含的项目。

5. BCDE 【解析】本题考查短期成本函数。短期总成本的公式为：$TC = TFC + TVC$，选项 A 错误。

6. ACDE 【解析】本题考查短期成本曲线。边际成本曲线的变化速度快于平均总成本曲线，在平均总成本曲线的上升阶段，边际成本曲线位于平均总成本曲线之上，所以是大于平均总成本，选项 B 错误。

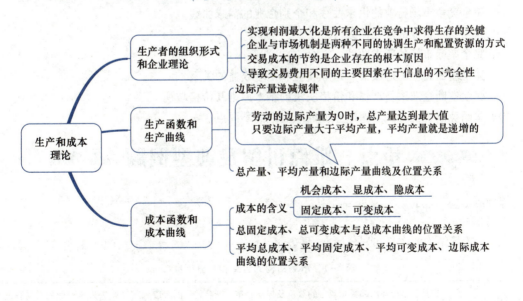
本章思维导图

第4章 市场结构理论

考情分析

本章主要讲述市场结构及四种市场中生产者的行为。需要重点关注的是各种市场结构的特征及各自的供求曲线、需求曲线等内容。本章在最近三年考试中平均分值一般在3~4分左右。

最近三年本章考试题型、分值分布

年份	单项选择题	多项选择题	合计
2019年	1题1分	1题2分	2题3分
2018年	2题2分	1题2分	3题4分
2017年	2题2分	1题2分	3题4分

本章主要考点

1. 划分市场结构的主要依据。
2. 各种市场结构的特征。
3. 完全竞争市场行业的供求曲线和个别企业的需求曲线。
4. 完全竞争企业的收益曲线。
5. 完全垄断市场的需求曲线。
6. 完全垄断企业的总收益、边际收益和平均收益的关系。
7. 完全垄断企业进行产量和价格决策的基本原则及价格歧视。
8. 垄断竞争企业与完全垄断企业需求曲线的不同点。

重点、难点讲解及典型例题

▶ 考点一 市场结构的类型

（一）市场结构的含义和划分标准（见表4-1）

表4-1 市场结构的含义和划分标准

含义	它是一个行业内部买卖双方的数量及规模分布、产品差别的程度和新企业进入该行业的难易程度的综合状态，也就是某种产品或服务的竞争状况和竞争程度
划分依据	(1)本行业内的生产者或企业数目； (2)**行业内各企业产品的差别程度**(垄断竞争市场和完全竞争市场的主要判断依据)； (3)进入障碍的大小
类型	完全竞争市场、垄断竞争市场、寡头垄断市场、完全垄断市场

(二)各种市场结构的特征(见表4-2)

表4-2　各种市场结构的特征

类比项	含义	特征	典型行业
完全竞争市场	竞争不受任何阻碍和干扰	(1)有很多生产者和消费者，都是市场价格接受者； (2)产品同质，不存在差别； (3)资源自由流动，进入或退出市场自由； (4)买卖双方对市场信息都有充分的了解	某些农产品(小麦、玉米)市场
完全垄断①市场	整个行业只有唯一供给者	(1)只有一个生产者，生产者是价格的决定者； (2)产品是没有合适替代品的独特性产品； (3)进入该市场非常困难	公用事业(电力、固定电话)
垄断竞争市场	既有垄断又有竞争、既不是完全竞争又不是完全垄断而是接近于完全竞争	(1)有很多生产者和消费者； (2)产品具有差别性，生产者对价格有一定程度的控制——与完全竞争市场的主要区别； (3)进入或退出市场容易，无障碍	啤酒、糖果等产品
寡头垄断市场	少数几个企业控制一个行业供给	(1)行业内只有很少几个企业进行生产； (2)产品有一定的差别或者完全无差别； (3)生产者对价格有较大程度的控制； (4)进入这一行业比较困难	石油工业(美国)，汽车、钢铁等工业部门(其他国家)

注：①形成完全垄断的条件：
A. 政府垄断；
B. 对某些特殊的原材料的单独控制而形成的对这些资源和产品的完全垄断；
C. 对某些产品的专利权而形成的完全垄断；
D. 自然垄断：行业中只有一家企业能够有效率地进行生产，或一个企业能以低于两个或更多企业的成本为整个市场供给一种产品。自然垄断与规模经济有着密切的关系。

【例1·多选题】根据市场竞争程度的不同，可以将市场分为(　　)。
A. 自由开放市场　　　　　　　B. 完全竞争市场
C. 完全垄断市场　　　　　　　D. 寡头垄断市场
E. 垄断竞争市场

解析　本题考查市场结构的类型。根据市场竞争程度不同，市场可以分为完全竞争市场、垄断竞争市场、寡头垄断市场和完全垄断市场。　　答案　BCDE

考点二　完全竞争市场上生产者的行为

(一)完全竞争市场的供求曲线(见表4-3)

表4-3　完全竞争市场的供求曲线

类比项	内容	需求曲线	供给曲线
整个行业	价格由整个行业的供求曲线决定	一条向右下方倾斜的曲线	一条向右上方倾斜的曲线
个别企业	按照既定的市场价格出售产品，以低于或高于市场的价格来出售其产品都是不利的	一条平行于横轴的水平线	企业的边际成本曲线

(二)完全竞争企业的收益曲线

企业的边际收益是增加一个单位产品的销售时总收益的增加量,也正好等于单位产品的价格。

由于价格、平均收益和边际收益都是相等的,所以完全竞争企业的平均收益(AR)、边际收益(MR)和需求曲线(d)是同一条线(见图4-1)。

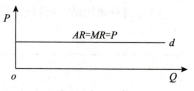

图4-1 完全竞争厂商的收益曲线

(三)完全竞争市场上企业产量决策的基本原则(见表4-4)

表4-4 完全竞争市场上企业产量决策的基本原则

	原则	分析
短期	边际收益=边际成本 $MR=MC$	(1)$MR=MC$时,企业利润最大; (2)利润最大是指有利润时利润最大,有亏损时亏损相对最小; (3)$MR>MC$,说明增加产品的销售,企业的利润增加(或亏损减少); (4)$MR<MC$,说明减少产品的销售,企业的利润增加(或亏损减少)
	市场价格=平均可变成本 $P(=AR=MR)=AVC$	(1)此点为停止生产(停止营业)临界点; (2)$P(=AR=MR)<AVC$时,企业应停止生产,避免亏损扩大
长期	边际收益=边际成本 $MR=MC$	此时的边际成本为长期边际成本

(四)完全竞争市场上企业的短期供给曲线

(1)企业的处于平均可变成本之上的边际成本曲线是其短期供给曲线。
(2)说明在每一价格水平上,企业的供给量都是最优产量,能带来最大利润或最小亏损。

【例2·多选题】关于完全竞争市场上企业产量决策内容的说法,正确的有( )。
A. 在短期中企业只能通过调整产量来实现$MR=MC$的利润最大化
B. 在$MR=MC$点上,企业是盈利的
C. 不论是盈利还是亏损,当企业处于$MR=MC$时,是最优的产量
D. 边际成本等于边际收益可称作利润最大化的均衡条件
E. 边际成本等于边际收益可称作亏损最小的均衡条件

解析 本题考查完全竞争市场上企业产量决策的内容。在$MR=MC$点上,企业可能是盈利的,也可能是亏损的。如果企业是亏损的,则这时的亏损一定是相对最小的。 答案 ACDE

▶考点三 完全垄断市场上生产者的行为

(一)完全垄断市场的需求曲线和收益曲线(见表4-5)

表4-5 完全垄断市场的需求曲线和收益曲线

曲线		内容	图形
需求曲线(DD)		(1)完全垄断企业的需求曲线就是行业的需求曲线; (2)向右下方倾斜,斜率为负	
收益曲线	边际收益(MR) 平均收益(AR)	(1)企业的边际收益小于其平均收益(原因是单位产品价格随着销售量的增加而下降); (2)平均收益曲线与需求曲线是完全重合的; (3)边际收益曲线位于平均收益曲线的下方,而且比平均收益曲线陡峭	

(二)完全垄断企业进行产量和价格决策的基本原则
(1)基本原则：**边际成本(MC)=边际收益(MR)**。
(2)在完全垄断市场上，不存在供给曲线。
(3)在完全垄断条件下，并不意味着完全垄断企业可以随意提价。
(三)完全垄断企业定价的一个简单法则

$$P=\frac{MC}{1+(1/E_d)}$$

垄断企业定价超过边际成本的程度，受需求价格弹性的制约。当需求价格弹性较低时，垄断者可以确定较高的价格；随着需求价格弹性的增大，价格将接近于边际成本。
(四)价格歧视(见表4-6)

表4-6 价格歧视

前提	卖方具有垄断地位
基本条件	(1)必须有可能根据不同的需求价格弹性划分出两组或两组以上的不同购买者； (2)市场必须能够有效隔离开，同一产品不能在不同市场之间流动
基本原则	不同市场上的边际收益相等并且等于边际成本

【例3·单选题】关于完全垄断企业的需求曲线的说法，错误的是( )。
A. 完全垄断企业的需求曲线向右下方倾斜，斜率为负
B. 完全垄断企业的需求曲线位于其平均收益曲线的上方
C. 完全垄断企业的需求曲线与整个行业的需求曲线相同
D. 完全垄断企业的需求曲线与完全竞争企业的需求曲线不同
解析 ▶ 本题考查完全垄断市场的需求曲线。完全垄断企业的需求曲线和平均收益曲线是完全重合的。
答案 ▶ B

▶考点四 垄断竞争市场和寡头垄断市场上生产者的行为

(一)垄断竞争市场上生产者的行为(见表4-7)。

表4-7 垄断竞争市场上生产者的行为

个别企业的需求曲线	(1)企业的需求曲线**向右下方倾斜**； (2)与完全垄断企业的需求曲线相比，垄断竞争企业的需求曲线更**平坦**，更接近完全竞争市场中企业的水平形的需求曲线； (3)企业的需求曲线分类：①主观需求曲线(预期需求曲线)；②市场份额需求曲线； (4)假设垄断行业有 n 个企业，每个企业的实际销售份额为市场总销售量或总需求量的 n 分之一； (5)与市场份额需求曲线相比，主观需求曲线的需求弹性更大，曲线更平坦
短期均衡	垄断竞争企业与完全垄断企业的下列行为均相同： (1)短期中，企业利润最大化原则：边际收益(MR)=边际成本(MC)； (2)短期均衡包括盈利、利润为零、亏损三种状态； (3)不存在供给曲线

(二)寡头垄断市场上生产者的行为
(1)寡头垄断市场上价格形成的两个模型：协议价格制和价格领袖制。
价格领袖制模型下，领袖企业在确定产品价格时，不能只考虑本企业利益，还必须考虑到整个行业的供求状况。

(2)寡头垄断企业的需求曲线向右下方倾斜,不存在有规律的供给曲线。

【例4·多选题】 关于寡头垄断市场上的价格形成模型,下列说法正确的有( )。

A. 协议价格制和价格领袖制都是寡头垄断市场上的价格形成模型

B. 协议价格制是在生产者或销售者之间存在某种市场份额划分协议的条件下,通过维持协议价格来使行业净收益最大

C. 协议价格制模型是通过限制各个生产者的产量,使行业边际收益等于行业边际成本

D. 价格领袖制是行业中某一个占支配地位的企业率先确定价格,其他企业以这个价格作参照,并与其保持一致

E. 价格领袖制模型下领袖企业只需要考虑本企业的利益确定价格

解析 本题考查寡头垄断市场上的价格形成模型。领袖企业在确定产品价格时,不能只考虑本企业的利益,还必须考虑到整个行业的供求状况,否则就会遭到其他寡头垄断企业的报复,选项 E 错误。

答案 ABCD

历年考题解析

一、单项选择题

1. (2019年)在我国现实生活中,近似于完全垄断市场的行业是( )。

A. 财产保险 B. 电力供应
C. 民用航空 D. 移动通信

解析 本题考查各种市场结构的特征。在实际生活中,公用事业如电力、固定电话近似于完全垄断市场。

答案 B

2. (2018年)划分完全竞争市场和垄断竞争市场的主要依据是( )。

A. 市场信息是否对称
B. 所生产的产品是否具有差别性
C. 生产者的数据是否足够多
D. 市场是否存在进入障碍

解析 本题考查各种市场结构的特征。产品具有差别性,这是垄断竞争市场与完全竞争市场的主要判断依据。

答案 B

3. (2018年)关于完全垄断企业的边际收益曲线和平均收益曲线关系的说法,正确的是( )。

A. 边际收益曲线和平均收益曲线是相切的
B. 边际收益曲线位于平均收益曲线的下方
C. 边际收益曲线位于平均收益曲线的上方
D. 边际收益曲线和平均收益曲线是完全重合的

解析 本题考查完全垄断企业的平均收益与边际收益。边际收益曲线位于平均收益曲线的下方。

答案 B

4. (2017年)若企业的平均收益曲线、边际收益曲线和需求曲线是同一曲线,则此时的市场类型是( )。

A. 完全垄断市场 B. 完全竞争市场
C. 寡头垄断市场 D. 垄断竞争市场

解析 本题考查完全竞争市场中生产者的行为。在完全竞争市场上,单个企业的平均收益线 AR、边际收益线 MR、需求曲线是同一条线。

答案 B

5. (2017年)关于寡头垄断市场协议价格的说法,正确的是( )。

A. 协议价格制度非常稳定,一旦形成就不会破裂
B. 协议价格制一般会受到政府的鼓励
C. 它是通过行业中某一占支配地位的企业率先确定价格,其他企业跟随的方式形成的
D. 它通过限制各个生产者的产量,使其行业边际收益等于行业边际成本

解析 本题考查寡头垄断市场上生产者的行为。协议价格制就是在生产者或销售者

之间存在某种市场份额划分协议的条件下，通过维持协议价格来使行业净收益最大。其方式是通过限制各个生产者的产量，使行业边际收益等于行业边际成本。

答案 D

二、多项选择题

1. （2019年）关于完全垄断市场中生产者行为的说法，正确的有（ ）。
   A. 垄断企业的平均收益等于单位产品的价格
   B. 垄断企业的边际收益不等于其平均收益或价格
   C. 垄断企业通过协议价格制来控制市场
   D. 垄断企业的需求曲线向右下方倾斜
   E. 垄断企业属于价格接受者

   解析 本题考查完全垄断市场中生产者的行为。选项C错误，寡头垄断市场上生产者通过协议价格制来控制市场。选项E错误，垄断企业是价格制定者，不是价格接受者。

   答案 ABD

2. （2018年）实行价格歧视的基本条件有（ ）。
   A. 必须是大宗商品
   B. 生产者具有较强的谈判能力
   C. 市场必须能有效隔离，同一产品不能在不同市场间流动
   D. 消费者具有较高的鉴别能力
   E. 必须有可能根据不同的需求价格弹性划分出两组或两组以上的不同购买者

   解析 本题考查实行价格歧视的基本条件。实行价格歧视的基本条件是：第一，必须有可能根据不同的需求价格弹性划分出两组或两组以上的不同购买者；第二，市场必须是能够有效地隔离开的，同一产品不能在不同市场之间流动。

   答案 CE

3. （2017年）完全竞争市场的特征有（ ）。
   A. 同一行业有众多生产者和消费者
   B. 每个生产者或消费者都是价格的决定者
   C. 买卖双方对市场信息有充分的了解
   D. 同行业各个企业生产的同一产品不存在差别
   E. 进入或退出行业存在较大的障碍

   解析 本题考查市场结构的特征。完全竞争市场的特征包括：（1）市场上有很多生产者与消费者，每个生产者或消费者都只是市场价格的被动接受者，而非决定者。（2）企业生产的产品是同质的，不存在产品差别。（3）资源可以自由流动，企业可以自由进入或退出市场。（4）买卖双方对市场信息都有充分的了解。

   答案 ACD

同步系统训练

一、单项选择题

1. 市场类型划分的标准是（ ）。
   A. 进入障碍的大小
   B. 市场的竞争程度或垄断程度
   C. 本行业内部的生产者数目或企业数目
   D. 本行业内各企业生产的产品的差别程度

2. 某些农产品如小麦、玉米等的市场近似于（ ）。
   A. 完全垄断市场　　B. 垄断竞争市场
   C. 完全竞争市场　　D. 寡头垄断市场

3. 由少数几个企业控制一个行业供给的市场结构，属于（ ）市场。
   A. 完全竞争　　B. 寡头垄断
   C. 垄断竞争　　D. 完全垄断

4. 南非的钻石公司戴比尔斯，一度控制了世界钻石生产的80%左右，它的市场份额并不是100%，但是也大到足以对世界钻石价格产生重大影响，这种垄断属于（ ）。
   A. 自然垄断
   B. 政府垄断
   C. 对某些产品的专利权形成的完全垄断
   D. 对某些特殊的原材料的单独控制而形成的对这些资源和产品的完全垄断

5. 完全垄断企业和完全竞争市场中的企业的

一个重要区别是( )。
   A. 完全垄断企业的供给曲线就是行业的供给曲线
   B. 完全垄断企业的供给曲线就是个别企业的供给曲线
   C. 完全垄断企业的需求曲线就是行业的需求曲线
   D. 完全垄断企业的需求曲线就是多个企业的需求曲线

6. 关于完全垄断企业需求曲线和收益曲线关系的说法，正确的是( )。
   A. 需求曲线和平均收益曲线是完全重合的
   B. 需求曲线和边际收益曲线是完全重合的
   C. 边际收益曲线和平均收益曲线是完全重合的
   D. 边际收益曲线位于平均收益曲线的上方

7. 完全竞争市场和完全垄断市场上，企业的平均收益都是等于( )。
   A. 总收益   B. 供给量
   C. 边际收益 D. 单位产品价格

8. 完全垄断企业的边际收益和平均收益的关系是( )。
   A. 边际收益大于平均收益
   B. 边际收益小于平均收益
   C. 边际收益等于平均收益
   D. 无法判断

9. 在垄断竞争市场上，企业利润最大化的决策原则是( )。
   A. 边际收益等于边际成本
   B. 边际成本大于平均成本
   C. 边际收益大于平均成本
   D. 劳动边际产量为零

10. 关于完全垄断企业的定价，下列说法正确的是( )。
    A. 需求价格弹性高，垄断者可以确定较高的价格
    B. 随着需求价格弹性绝对值的降低，价格将非常接近边际成本
    C. 在边际成本上的加价额占价格的比例应该等于需求价格弹性倒数的相反数
    D. 一个垄断企业索取的价格超过边际成本的程度，受制于需求交叉弹性

11. 生产者实施价格歧视的基本条件之一，是必须有可能依据不同的( )划分出两组或两组以上的不同购买者。
    A. 需求收入弹性
    B. 供给价格弹性
    C. 供给交叉弹性
    D. 需求价格弹性

12. 在我国，火车硬座客票假期对大中专学生回家和返校的优惠票价属于( )。
    A. 一级价格歧视
    B. 二级价格歧视
    C. 三级价格歧视
    D. 四级价格歧视

二、多项选择题

1. 划分一个行业属于什么类型的市场结构的主要依据有( )。
   A. 进入障碍的大小
   B. 个别劳动生产率的差别程度
   C. 各企业生产技术的差别程度
   D. 本行业内部的生产者数目或企业数目
   E. 本行业内各企业生产的产品的差别程度

2. 下列产品所处的市场属于寡头垄断市场的有( )。
   A. 糖果   B. 汽车
   C. 电力   D. 钢铁
   E. 啤酒

3. 关于完全竞争市场的说法，正确的有( )。
   A. 个别企业的需求曲线和整个行业的需求曲线相同
   B. 所有企业都是价格的接受者
   C. 个别企业的需求曲线是一条平行于横轴的水平线
   D. 不同企业生产的产品存在差别
   E. 整个行业的需求曲线向右下方倾斜

4. 关于垄断竞争市场的说法，正确的有( )。
   A. 只有很少几个企业进行生产

B. 不同企业生产的产品存在差别
C. 企业不是完全的价格接受者
D. 进入或退出市场比较容易
E. 具有很多的消费者

5. 关于垄断竞争市场特征和生产者行为的说法，正确的有(   )。
   A. 个别企业的需求曲线是一条向右下方倾斜的曲线
   B. 企业面临的需求曲线分为主观需求曲线和市场份额需求曲线
   C. 每个企业均可在一定范围的消费者内形成垄断地位
   D. 完全垄断企业的需求曲线比垄断竞争企业的需求曲线更平坦

E. 个别企业的需求曲线是一条平行于横轴的水平线

6. 关于垄断竞争企业和完全垄断企业供求曲线的说法，正确的有(   )。
   A. 两类企业在短期中遵循的利润最大化原则不同
   B. 两类企业面临的需求曲线都是向右下方倾斜的
   C. 两类企业的短期均衡包括盈利、利润为零、亏损三种状态
   D. 两类企业均可以对市场价格产生影响，但程度不同
   E. 两类企业面临的供给曲线都是向右上方倾斜的

同步系统训练参考答案及解析

一、单项选择题

1. B 【解析】本题考查市场类型划分的标准。市场类型划分的标准是市场的竞争程度或垄断程度。

2. C 【解析】本题考查完全竞争市场。某些农产品如小麦、玉米等的市场近似于完全竞争市场。

3. B 【解析】本题考查寡头垄断市场。寡头垄断，是指少数几个企业控制一个行业的供给的市场结构。

4. D 【解析】本题考查完全垄断市场。"钻石"属于特殊的原材料，所以题干表述属于对某些特殊的原材料的单独控制而形成的对这些资源和产品的完全垄断。

5. C 【解析】本题考查完全垄断市场。完全垄断企业的需求曲线就是行业的需求曲线，这是完全垄断企业和完全竞争市场中的企业的一个重要区别。在完全竞争市场上，整个行业的需求曲线是一条向右下方倾斜的曲线，个别企业的需求曲线是一条平行于横轴的水平线。

6. A 【解析】本题考查完全垄断企业需求曲线和收益曲线的关系。在完全垄断市场上，平均收益曲线与需求曲线是重合的；但边际收益曲线位于平均收益曲线的下方，而且比平均收益曲线陡峭。

7. D 【解析】本题考查平均收益。总收益=销售量×单位产品价格，平均收益=总收益/销售量。可见，平均收益=单位产品价格。

8. B 【解析】本题考查完全垄断企业的边际收益与平均收益。单位产品价格随着销售量的增加而下降，完全垄断企业的边际收益小于其平均收益。

9. A 【解析】本题考查垄断竞争市场上生产者的行为。与完全垄断企业类似，垄断竞争企业也遵循着相同的利润最大化原则，即边际收益等于边际成本。

10. C 【解析】本题考查完全垄断企业定价的一个简单法则。在边际成本上的加价额占价格的比例应该等于需求价格弹性倒数的相反数。一个垄断企业索取的价格超过边际成本的程度，受制于需求价格弹性。弹性低，垄断者可以确定较高的价格；随着需求价格弹性增大，则价格将逐渐接近于边际成本。选项 C 说法

正确。

11. D 【解析】本题考查价格歧视。生产者实施价格歧视的基本条件之一，是必须有可能根据不同的需求价格弹性划分出两组或两组以上的不同购买者。

12. C 【解析】本题考查价格歧视。在我国，火车硬座客票假期对大中专学生回家和返校的优惠票价属于三级价格歧视。

二、多项选择题

1. ADE 【解析】本题考查市场结构的类型。划分一个行业属于什么类型的市场结构的主要依据包括：(1)本行业内部的生产者数目或企业数目；(2)本行业内各企业生产的产品的差别程度；(3)进入障碍的大小。

2. BD 【解析】本题考查寡头垄断市场。在美国，石油工业是典型的寡头垄断市场；在其他国家，汽车、钢铁等工业部门可划入寡头垄断市场。选项A、E属于垄断竞争市场，选项C属于完全垄断市场。

3. BCE 【解析】本题考查完全竞争市场。在完全竞争市场上，整个行业的需求曲线和某个企业的需求曲线是不同的。不同企业生产的产品是同质的。

4. BCDE 【解析】本题考查垄断竞争市场。在垄断竞争市场中，具有很多的生产者和消费者。选项A为寡头垄断市场的特征之一，所以选项A错误。

5. ABC 【解析】本题考查垄断竞争市场上生产者的行为。垄断竞争市场上个别企业的需求曲线是向右下方倾斜的，而不是一条水平线，选项A正确，选项E错误。与完全垄断企业的需求曲线相比，垄断竞争企业的需求曲线比较平坦，更接近完全竞争市场上企业的水平形状的需求曲线，选项D错误。

6. BCD 【解析】本题考查垄断竞争企业和完全垄断企业需求曲线。在短期中，垄断竞争企业和完全垄断企业遵循相同的利润最大化原则，即边际收益(MR)=边际成本(MC)，选项A错误。完全垄断市场和垄断竞争市场上都不存在供给曲线，选项E错误。

本章思维导图

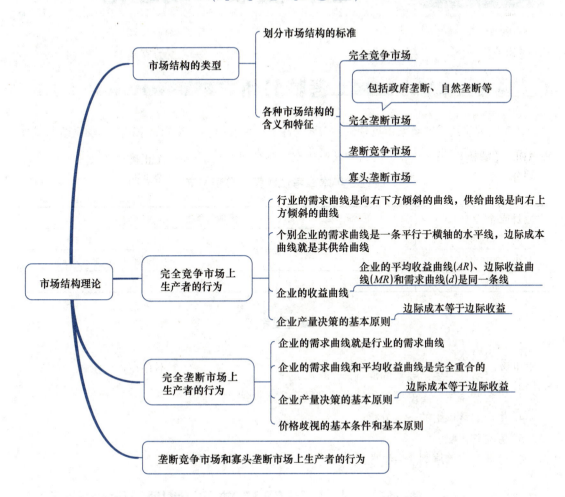

第5章 生产要素市场理论

考情分析

本章主要讲述生产要素市场理论，需要关注生产者使用生产要素的原则、劳动供给曲线等知识点。本章在最近三年考试中平均分值在2~3分左右。

最近三年本章考试题型、分值分布

年份	单项选择题	多项选择题	合计
2019年	2题2分	—	2题2分
2018年	2题2分	—	2题2分
2017年	1题1分	1题2分	2题3分

本章主要考点

1. 引致需求。
2. 生产者使用生产要素的原则。
3. 完全竞争生产者的要素供给曲线和要素需求曲线。
4. 生产要素供给的一般分析。
5. 劳动和闲暇。
6. 劳动的供给原则、供给曲线。

重点、难点讲解及典型例题

▶ 考点一 生产者使用生产要素的原则

（一）引致需求与联合需求（见表5-1）

表5-1 引致需求与联合需求

引致需求（派生需求）	生产者对生产要素的需求是从消费者对最终消费品的需求中间接派生出来的，所以称为引致需求
联合需求（复合需求）	(1)生产者对生产要素的需求具有相互依赖性，各种生产要素要共同发挥作用才能生产最终产品； (2)对每一种生产要素的需求数量将取决于所有生产要素的价格，同时受到其他生产要素需求数量的影响； (3)各生产要素之间存在互补性，同时各生产要素之间也存在一定程度的替代性

(二)生产者使用生产要素的原则

1. 与生产要素相关的几个概念(见表 5-2)

表 5-2　与生产要素相关的几个概念

名称	内容
边际物质产品(MPP)	(1)又称边际产量，表示增加单位要素投入所带来的产量增量； (2)$MPP=\Delta Q/\Delta L$
边际收益产品(MRP)	(1)表示增加单位要素使用所带来的收益的增量； (2)$MRP=\Delta R/\Delta L=MPP\times MR$
边际产品价值(VMP)	(1)表示每增加一单位的要素投入所增加的价值； (2)$VMP=MPP\times P$
边际要素成本(MFC)	(1)表示增加单位要素投入所带来的成本增量； (2)$MFC=\Delta C/\Delta L=MPP\times MC$
平均要素成本(AFC)	(1)表示平均每单位要素投入的成本； (2)$AFC=C/L$

注：ΔQ 代表总产量的增加量，ΔL 代表要素投入的增加量，ΔR 代表总收益的增加量，ΔC 代表成本的增加量。

2. 生产者使用生产要素的原则

生产者使用生产要素的原则：**边际要素成本(MFC)等于边际收益产品(MRP)**。

MRP>MFC：生产者使用更多的生产要素。

MRP<MFC：生产者减少生产要素的投入。

【例 1·单选题】边际物质产品(MPP)表示的是(　)。

A. 增加单位要素投入所带来的产量增量

B. 增加单位要素使用所带来的收益的增量

C. 每增加一单位的要素投入所增加的价值

D. 增加单位要素投入所带来的成本增量

解析　本题考查生产者使用生产要素的原则。边际物质产品(MPP)表示增加单位要素投入所带来的产量增量。　　**答案**　A

▶ 考点二　完全竞争生产者对生产要素的需求(见表 5-3)

表 5-3　完全竞争生产者对生产要素的需求

类比项	曲线形状	重合的曲线
要素供给曲线	W要素价格，$MFC=AFC=W_1$，W_1，L劳动投入	与边际要素成本曲线、平均要素成本曲线重合
要素需求曲线	W要素价格，$MRP=VMP=P\times MP$，MP，L劳动投入	与边际收益产品线、边际产品价值线重合

【例2·多选题】 关于完全竞争生产者的要素供给曲线，下列说法中正确的有(   )。

A. 要素供给曲线是垂直线
B. 要素供给曲线是水平线
C. 要素供给曲线向右下方倾斜
D. 要素供给曲线与要素需求曲线重合
E. 要素供给曲线与边际要素成本曲线及平均要素成本曲线重合

解析 本题考查完全竞争生产者的要素供给曲线。完全竞争生产者的要素供给曲线是水平线，选项A、C错误。完全竞争生产者的边际要素成本曲线及平均要素成本曲线与要素供给曲线重合，即 $MFC=AFC=W_1$，选项 D 错误。

答案 BE

▶ 考点三 劳动供给曲线和均衡工资的决定(见表5-4)

表5-4 劳动供给曲线和均衡工资的决定

生产要素供给的一般分析	要素供给问题：在一定要素价格下，消费者将所拥有的全部资源在**要素供给**和**保留自用**两种用途上进行分配，以实现效用最大化的目的
劳动和闲暇	(1)劳动的供给和闲暇对于消费者都具有效用和边际效用； (2)**劳动的效用是收入的效用**； (3)劳动的边际效用＝劳动的边际收入×收入的边际效用，公式表示为：$\Delta U/\Delta L = (\Delta U/\Delta Y) \times (\Delta Y/\Delta L)$； (4)闲暇的边际效用＝$\Delta U/\Delta l$； ΔU为效用增量，ΔY为收入增量，ΔL为劳动增加量，l为闲暇的时间
劳动供给的原则	**劳动的边际效用＝闲暇的边际效用**，公式表示为：$\Delta U/\Delta L = \Delta U/\Delta l$
劳动的供给曲线	(1)通过消费者效用函数建立无差异曲线，来分析消费者的劳动供给曲线； (2)工资增加的**替代效应**：工资上升→收入增加→消费者用劳动替代闲暇→劳动供给增加； (3)工资增加的**收入效应**：工资上升→收入增加→消费者相对更加富有而追求闲暇→劳动供给减少； (4)**劳动供给曲线向后弯曲**。 ①工资低而收入少时，工资增加的替代效应大于收入效应，消费者的劳动供给增加，劳动的供给曲线向上倾斜； ②当工资提高到一定程度时，工资增加的替代效应小于收入效应，劳动供给减少，劳动供给曲线向后弯曲
其他要素的供给曲线	(1)土地的供给曲线是一条**垂直线**； (2)资本的供给在短期内是**垂直线**，在长期中也是一条**后弯曲线**

【例3·单选题】 关于劳动供给曲线和均衡工资的说法，正确的是(   )。

A. 工资增加的替代效应表现为劳动供给减少
B. 工资增加的收入效应表现为劳动供给增加
C. 劳动的边际效用大于闲暇的边际效用时，减少闲暇增加劳动可以增加总效用
D. 收入效应和替代效应不能用来解释劳动供给曲线为何向后弯曲

解析 本题考查劳动供给曲线。工资增加的替代效应表现为劳动供给增加，工资增加的收入效应表现为劳动供给减少，选项A、B错误。可以用收入效应和替代效应来解释劳动供给曲线为何向后弯曲，选项D错误。

答案 C

历年考题解析

一、单项选择题

1. (2019年)在生产要素市场上,生产者实现利润最大化的条件是( )。
   A. 平均要素成本等于边际收益产品
   B. 边际要素成本等于边际产品价值
   C. 边际要素成本等于边际收益产品
   D. 边际物质产品等于边际收益产品

   解析 本题考查生产者使用生产要素的原则。在生产要素市场上,生产者使用要素的原则是边际要素成本等于边际收益产品。

   答案 C

2. (2019年)决定劳动供给曲线形状的因素是( )。
   A. 工资和利率的互补效应
   B. 劳动和闲暇的互补效应
   C. 工资增加的替代效应
   D. 工资和租金的互补效应

   解析 本题考查劳动的供给曲线。一般可以用收入效应和替代效应来解释劳动供给曲线为何向后弯曲,即劳动和闲暇的互补效应的问题。

   答案 B

3. (2018年)在完全竞争要素市场上,生产者边际要素成本曲线,平均要素成本曲线和要素供给曲线的关系是( )。
   A. 边际要素成本曲线与平均要素成本曲线重合,要素供给曲线向右上方倾斜
   B. 边际要素成本曲线、平均要素成本曲线和要素供给曲线是重合的
   C. 边际要素成本曲线向右下方倾斜,而平均要素成本曲线和要素供给曲线重合
   D. 边际要素成本曲线、平均要素成本曲线和要素供给曲线都是"U"形曲线

   解析 本题考查完全竞争生产者的要素需求曲线。在完全竞争要素市场上,由于要素价格为常数,所以有 $MFC = AFC = W_1$,即完全竞争生产者的边际要素成本曲线及平均要素成本曲线与要素供给曲线重合。

   答案 B

4. (2018年)关于在完全竞争要素市场上生产者面临的生产要素供给曲线的说法,正确的是( )。
   A. 该曲线向右上方倾斜
   B. 该曲线是一条折弯线
   C. 该曲线是一条水平线
   D. 该曲线向右下方倾斜

   解析 本题考查完全竞争生产者的要素需求曲线。完全竞争生产者在购买要素时是完全竞争的,即生产者完全是要素市场价格的接受者。所以,生产者面临的要素供给曲线是一条水平线。

   答案 C

5. (2017年)在生产要素市场上,劳动的供给原则为( )。
   A. 劳动的平均效用等于闲暇的边际效用
   B. 劳动的边际效用等于闲暇的边际效用
   C. 劳动的边际效用大于闲暇的边际效用
   D. 劳动的平均效用小于闲暇的平均效用

   解析 本题考查劳动的供给原则。劳动的供给原则为劳动的边际效用等于闲暇的边际效用。

   答案 B

二、多项选择题

1. (2018年)关于生产要素市场理论的说法,正确的有( )。
   A. 生产者使用生产要素的原则是边际成本等于边际收益产品
   B. 完全竞争生产者的要素供给曲线是一条水平线
   C. 边际收益产品等于边际物质产品乘以边际收益
   D. 生产者对生产要素的需求具有外部性
   E. 生产要素市场属于最终市场

   解析 本题考查生产要素市场理论。生产者使用生产要素的原则是边际收益产品等于边际要素成本,选项A错误。生产者面临的要素供给曲线是一条水平线,选项B正确。边际收益产品等于边际物质产品乘

以边际收益，选项 C 正确。选项 D、E 错误。

2. （2017 年）关于生产要素的供给曲线的说法，正确的有（　）。
   A. 劳动的供给曲线向后弯曲
   B. 土地的供给曲线短期来看是一条垂直线
   C. 劳动的供给曲线向右上方倾斜
   D. 土地的供给曲线向后弯曲
   E. 资本的供给曲线从长期和短期看都是后弯曲线

答案 ▶ BC

解析 ▶ 本题考查供给曲线。劳动的供给曲线向后弯曲，选项 A 正确，选项 C 错误。土地的供给曲线是一条垂直线，选项 B 正确，选项 D 错误。资本的供给曲线短期内是垂直线，而长期来看是一条后弯曲线，选项 E 错误。

答案 ▶ AB

同步系统训练

一、单项选择题

1. 生产者对生产要素的需求量在很大程度上取决于（　）。
   A. 消费者偏好
   B. 生产者的数量
   C. 生产者的预期
   D. 消费者对产品的需求量

2. 生产者使用生产要素的原则是（　）。
   A. 边际成本等于边际收益
   B. 边际物质产品等于边际收益产品
   C. 边际要素成本等于边际收益产品
   D. 边际要素成本等于边际产品价格

3. 在完全竞争要素市场上，当整个市场上的所有生产者都根据要素价格的变化调整产量时，产品价格就会发生变化，使得生产者的要素需求曲线（　）。
   A. 变成一条水平线
   B. 变得更陡峭
   C. 变得更平缓
   D. 保持不变

4. 经济学认为劳动的供给和闲暇对于消费者都具有效用和边际效用，劳动的效用实际是（　）。
   A. 消费的效用　　B. 收入的效用
   C. 生产的效用　　D. 价格的效用

5. 关于生产要素市场理论的说法，错误的是（　）。
   A. 生产者对生产要素的需求是一种引致需求
   B. 生产者使用生产要素的原则是边际要素成本等于边际收益产品
   C. 完全竞争生产者的要素需求曲线是一条水平线
   D. 劳动的供给曲线是一条后弯曲线

6. 关于生产要素市场理论的说法，错误的是（　）。
   A. 工资增加的替代效应表现为劳动供给增加
   B. 各种生产要素曲线都是后弯线
   C. 完全竞争生产者的要素供给曲线为水平线
   D. 完全竞争生产者的要素需求曲线是向右下方倾斜的

二、多项选择题

1. 生产者对生产要素的需求是（　）。
   A. 复合需求　　B. 引致需求
   C. 联合需求　　D. 原生需求
   E. 派生需求

2. 关于生产者使用生产要素原则的说法，正确的有（　）。
   A. 其原则是边际要素成本等于边际收益产品，即 $MRP=MFC$
   B. 边际收益产品（MRP）= 边际物质产品（MPP）×边际收益（MR）
   C. $MRP=MFC$ 原则涉及生产者所处的产品市场和要素市场的具体市场类型
   D. $MRP=MFC$ 是所有生产者使用要素的原则

E. 边际要素成本（MFC）＝边际物质产品（MPP）×边际成本（MC）

3. 关于完全竞争要素市场的说法，正确的有（　）。
   A. 市场上的参与者都是完全竞争的
   B. 要素的供给行为都是完全竞争的
   C. 要素的需求行为都是完全竞争的
   D. 要素的需求者存在一定的垄断行为
   E. 生产者完全是要素市场价格的接受者

4. 关于劳动的供给，下列说法中正确的有（　）。
   A. 劳动的边际效用＝劳动的边际收入×收入的边际效用
   B. 劳动的供给原则是劳动的边际效用等于闲暇的边际效用
   C. 劳动的供给曲线向右上方倾斜
   D. 工资增加的替代效应表现为劳动供给增加
   E. 当工资提高到一定程度时，工资增加的替代效应小于收入效应

5. 下列因素中，决定劳动供给曲线具有后弯形状的有（　）。
   A. 利率和租金的互补效应
   B. 工资和利率的互补效应
   C. 工资增加的替代效应
   D. 工资和租金的互补效应
   E. 工资增加的收入效应

同步系统训练参考答案及解析

一、单项选择题

1. D 【解析】本题考查生产要素市场理论。生产者对生产要素的需求量很大程度上取决于消费者对产品的需求量。

2. C 【解析】本题考查生产者使用生产要素的原则。生产者使用生产要素的原则是边际要素成本等于边际收益产品。

3. B 【解析】本题考查完全竞争市场的要素需求曲线。当整个市场上的所有生产者都根据要素价格的变化调整产量时，产品价格就会发生变化，使得生产者的要素需求曲线变得更陡峭。

4. B 【解析】本题考查劳动和闲暇。劳动的效用体现在劳动可以给消费者带来收入，而收入有效用，所以，劳动的效用实际是收入的效用。

5. C 【解析】本题考查生产要素市场理论。完全竞争生产者的要素供给曲线是一条水平线，完全竞争生产者的要素需求曲线是向下方倾斜的。

6. B 【解析】本题考查劳动的供给曲线。劳动的供给曲线是一条后弯线；土地的供给曲线是一条垂直线；资本的供给在短期内是一条垂直线，在长期内是一条后弯曲线，选项 B 错误。

二、多项选择题

1. ABCE 【解析】本题考查生产者对生产要素的需求。生产者对生产要素的需求是引致需求、派生需求、联合需求、复合需求。

2. ABDE 【解析】本题考查生产者使用生产要素的原则。选项 C 错误，$MRP=MFC$ 的生产者使用要素的原则不涉及生产者所处的产品市场和要素市场的具体市场类型，因此它是所有生产者使用要素的原则。

3. ABCE 【解析】本题考查完全竞争生产者对生产要素的需求。选项 D 错误，在完全竞争的要素市场上，要素的供给、需求都处于完全竞争状态，不存在垄断行为。

4. ABDE 【解析】本题考查劳动供给曲线和均衡工资的决定。选项 C 错误，劳动曲线，当工资较低时向右上方倾斜，当工资增加到一定程度时向后弯曲。

5. CE 【解析】本题考查劳动的供给曲线。我们可以用收入效应和替代效应来解释劳动供给曲线为何后弯。

本章思维导图

- 生产要素市场理论
  - 生产者使用生产要素的原则
    - 引致需求
    - 生产者使用生产要素的原则：$MRP=MFC$
  - 完全竞争生产者对生产要素的需求
    - 完全竞争生产者的要素供给曲线：水平线
    - 完全竞争生产者的要素需求曲线：向下倾斜
  - 劳动供给曲线和均衡工资的决定
    - 生产要素供给的一般分析
    - 劳动和闲暇
    - 劳动的供给原则：劳动的边际效用=闲暇的边际效用
    - 劳动的供给曲线：向后弯曲

第6章 市场失灵和政府的干预

考情分析

本章主要讲述市场失灵的原因、政府对市场的干预等内容。需要关注帕累托最优、外部性、公共物品、信息不对称以及科斯定理等知识点。本章在最近三年的考题分值平均在3分左右。

最近三年本章考试题型、分值分布

年份	单项选择题	多项选择题	合计
2019年	1题1分	—	1题1分
2018年	2题2分	1题2分	3题4分
2017年	2题2分	1题2分	3题4分

本章主要考点

1. 帕累托最优状态。
2. 外部性与市场失灵。
3. 公共物品与市场失灵。
4. 信息不对称与市场失灵。
5. 政府对市场干预的手段。
6. 科斯定理。

重点、难点讲解及典型例题

▶ 考点一 资源最优配置（见表6-1）

表6-1 资源最优配置

一般均衡状态	(1) 瓦尔拉斯均衡状态； (2) 整个经济的价格体系恰好使所有商品**供求都相等**的状态
资源最优配置的标准	一种资源的任何重新分配，已经不可能实现在不使一个人福利减少的情况下使任何一个人的福利增加
帕累托改进	既定的资源配置状态能够在其他人福利水平不下降的情况下，通过重新配置资源，使至少有一个人的福利水平提高
帕累托最优状态 （经济效率）	(1) **不存在帕累托改进**的资源配置状态； (2) 具有经济效率：**满足**帕累托最优状态； (3) 缺乏经济效率：**不满足**帕累托最优状态
实现帕累托最优的条件	(1) 经济主体完全理性；(2) 信息是完全的；(3) 市场完全竞争；(4) 经济主体的行为不存在外部影响

【例1·单选题】 如果既定的资源配置状态能够在其他人福利水平不下降的情况下，通过资源重新配置使至少一个人的福利水平有所提高，这种资源重新配置被称为（　　）。

A. 帕累托改进　　B. 一般均衡状态　　C. 瓦尔拉斯均衡　　D. 帕累托最优

解析 本题考查帕累托改进的概念。题干中描述的资源重新配置方式为帕累托改进。

答案 A

▶ 考点二　市场失灵（见表6-2）

表6-2　市场失灵

含义			市场机制不能充分发挥作用，导致资源配置缺乏效率或资源配置失当
原因	垄断		(1)在不完全竞争市场上，生产者不是完全的价格接受者，存在各种各样的进入障碍，资源不能在部门之间自由流动，市场机制很难充分有效地发挥作用，资源就不能实现最优配置； (2)生产者生产的产量不是最大的产量，市场价格也不是最低的价格，长期来看成本也比完全竞争市场条件下的生产成本要高，消费者将不再可能获取最大满足
	外部性	含义	某个人或某个企业的经济活动对其他人或其他企业造成了影响，但却没有为此付出代价或得到收益
		分类 外部经济	包括生产的外部经济和消费的外部经济，即厂商或家庭的经济活动给社会产生有利影响→私人利益小于社会利益，私人成本大于社会成本→产品供给过少。 典型例子：企业培训雇员、家庭对周围环境绿化
		分类 外部不经济	包括生产的外部不经济和消费的外部不经济，即厂商或家庭的经济活动对社会带来不利影响→私人利益大于社会利益，私人成本小于社会成本→产品供给过多。 典型例子：企业排放污水、吸烟
	公共物品	含义	满足社会公共需要的物品，与私人物品相对应
		特征	非竞争性：消费者对某一种公共物品的消费并不影响其他人对公共物品的消费； 非排他性：公共物品可以由任何消费者进行消费，任何一个消费者都不会被排除在外
		分类 纯公共物品	(1)具有完全的非竞争性和完全的非排他性的物品； (2)纯公共物品一般通过纳税间接购买而被动消费，消费时无法分割，只能由政府提供； (3)一般认为，国防、治安等是最典型的纯公共物品
		分类 准公共物品	(1)具有有限的非竞争性和有限的非排他性的物品； (2)准公共物品可以部分间接购买，部分直接购买，消费时可以部分地分割，政府和私人皆可以提供； (3)准公共物品很多，典型的如教育、医疗卫生、收费公路等
		曲线 私人物品的市场需求曲线	它是个人需求曲线在水平方向(数量)上的求和，表明私人物品在一定价格下的市场需求是该价格下每个消费者需求数量的和
		曲线 公共物品的市场需求曲线	它是个人需求曲线在纵向方向(价格)上的求和，表明市场为一定数量的公共物品支付的货币量是市场上每个消费者为这些公共物品支付的货币量之和
		影响	由于公共物品存在非竞争性和非排他性，消费者更愿意采取"搭便车"行为，低报或者隐瞒自己对公共物品的偏好，社会无法知道每个消费者的需求曲线，从而造成市场失灵
	信息不对称	表现 逆向选择	由于买方和卖方之间信息不对称，市场机制导致某些商品或服务的需求曲线向左下方弯曲，最终结果是劣质商品或服务驱逐优质商品或服务，以致市场萎缩(如旧车、健康保险、劳动力市场)
		表现 道德风险	由于信息不对称，市场的一方不能观察到另一方的行动，则另一方就可能采取不利于对方的行动(保险市场、劳动力市场)
		影响	实现资源帕累托最优配置的功能受到影响，进而导致市场失灵

【例2·多选题】关于信息不对称和市场失灵的说法，正确的有( )。

A. 信息不对称会导致道德风险

B. 信息不对称会导致某些商品或者服务市场出现萎缩甚至消失

C. 通过税收和补贴手段，可以解决信息不对称导致的市场失灵

D. 政府可以制定有关商品说明、质量标准和广告等的法律法规，以克服信息不对称所导致的市场失灵

E. 通过明晰产权可以克服信息不对称所引起的市场失灵

解析 ▶ 本题考查信息不对称与市场失灵。通过税收和补贴手段，可以解决外部性所引起的市场失灵，选项C错误。通过明晰产权可以克服外部性所引起的市场失灵，选项E错误。

答案 ▶ ABD

▶ 考点三 政府对市场的干预（见表6-3）

表6-3 政府对市场的干预

针对垄断	(1)通过法律手段来限制垄断和反对不正当竞争； (2)对垄断行业进行公共管制，主要是进行价格管制，或者规定限价，或者规定利润率	
针对外部性	传统方法	税收：外部不经济的企业，对严重污染的企业征收排污税或排污费，税额=治理污染的费用
		补贴：外部经济的企业
		将相关企业合并，使外部性内部化
	明确和界定产权	
针对公共物品	为了提供适当水平的公共物品，政府承担了主要提供者的职责，如国防、治安、消防和公共卫生	
针对信息不对称	(1)政府对许多商品的说明、质量标准和广告都作出了具体的法律规定； (2)政府还通过各种方式为消费者提供信息服务	

科斯定理：只要财产权是明确的，并且交易成本为零或者很小，那么，无论在开始时将财产权赋予谁，市场均衡的最终结果都是有效率的，实现资源配置的帕累托最优。

科斯定理引申结论：不同的产权制度会导致不同的资源配置效率。

【例3·多选题】为了消除外部性对市场的影响，政府可以采取的措施包括( )。

A. 使用税收和补贴手段

B. 制定相关法规

C. 合并相关企业

D. 公共管制

E. 明确和界定产权

解析 ▶ 本题考查政府对市场的干预。消除外部性的方法包括使用税收和补贴手段、将相关企业合并从而使外部性内部化、明确和界定产权。

答案 ▶ ACE

历年考题解析

一、单项选择题

1. (2019年)关于公共物品供给与需求的说法，正确的是( )。
   A. 边际利益大于边际成本，公共物品的数量达到最优
   B. 在纯公共物品领域，应当而且能够实行市场机制引导资源的配置
   C. 公共物品的最优数量具有重要的实际意义
   D. 从供给的角度来看，公共物品与私人物品在生产上并无任何区别

   解析 本题考查公共物品和市场失灵。选项A错误，边际利益等于边际成本，公共物品的数量达到最优。选项B错误，纯公共物品一般通过纳税间接购买而被动消费，消费时无法分割，只能由政府提供。选项C错误，消费者不清楚自己对公共物品的需求价格，可能准确说明对公共物品的需求与价格之间的关系，所以公共物品的最优数量没有实际意义。**答案** D

2. (2018年)关于资源最优配置的说法，正确的是( )。
   A. 当经济处于一般均衡状态时资源配置最优
   B. 当市场价格稳定时资源配置最优
   C. 当信息传递有效时资源配置最优
   D. 当市场有效需求得到满足时资源配置最优

   解析 本题考查资源最优配置的含义。当经济处于一般均衡状态时，资源便实现了最优配置。**答案** A

3. (2018年)为了实现资源的优化配置，政府应通过财政补贴对其具有( )的生产者予以支持。
   A. 道德风险   B. 正向选择
   C. 外部不经济   D. 外部经济

   解析 本题考查消除外部性的传统方法。对于那些具有外部经济的企业，政府应给予财政补贴，使其私人收益等于社会收益。**答案** D

4. (2017年)关于外部性的说法，正确的是( )。
   A. 在完全竞争条件下，外部性的存在不会影响资源的最优配置
   B. 即使在完全竞争条件下，外部性的存在也使得资源配置难以达到帕累托最优状态
   C. 外部性只有外部不经济这一种状态
   D. 外部性只发生在生产领域

   解析 本题考查外部性。外部性包括外部经济和外部不经济，选项C说法错误。外部性可以发生在生产领域，也可以发生在消费领域，选项D说法错误。即使在完全竞争条件下，外部性的存在也使得资源配置难以达到帕累托最优状态，选项A说法错误，选项B说法正确。**答案** B

5. (2017年)关于经济学家科斯提出的产权理论的说法，正确的是( )。
   A. 很多外部性的产生都是因为产权不清晰导致的
   B. 不同的产权制度会导致相同的资源配置效率
   C. 不论产权是否明确，只要交易成本为零，就可以实现资源的最优配置
   D. 如果产权是明晰的，不论交易成本多大，市场最终会实现资源的最优配置

   解析 本题考查科斯理论。只要财产权是明确的，并且交易成本是零或者很小，那么无论在开始时将财产权赋予谁，市场均衡的最终结果都是有效率的，实现资源配置的帕累托最优。不同产权制度，会导致不同的资源配置效率。选项B、C、D错误。**答案** A

二、多项选择题

1. (2018年)关于经济学家科斯提出的产权和外部性理论的说法，正确的有( )。
   A. 不同的产权制度会导致不同的资源配置效率

B. 一旦考虑到交易成本，产权的初始界定对于经济运行的效率就会产生十分重要的作用

C. 只要产权是明确的，并且交易成本为零或者很小，市场均衡的最终结果都是有效率的

D. 很多外部性的产生都是由于产权不清晰导致的

E. 明确和界定产权是解决外部性问题的唯一途径

解析 本题考查政府对市场的干预。消除外部性的传统方法包括使用税收和补贴、将相关企业合并从而使外部性内部化等手段。随着产权理论的出现和发展，明确和界定产权已经成为消除外部性的重要途径。

答案 ABCD

2. （2017年）关于公共物品的说法，正确的有( )。

A. 确定公共物品的最优数量具有非常重要的现实意义

B. 公共物品的存在是导致市场失灵的原因之一

C. 准公共物品可以由非政府部门提供

D. 公共物品可以分为纯公共物品和准公共物品两类

E. 纯公共物品一般通过税收间接购买

解析 本题考查公共物品。确定公共物品的最优数量并没有什么实际意义，选项A说法错误。

答案 BCDE

同步系统训练

一、单项选择题

1. 在市场经济条件下，资源实现最优配置的标准是( )。

   A. 不存在帕累托改进的资源配置状态

   B. 对于某种既定的资源配置状态，还存在帕累托改进

   C. 财政收入持续增长

   D. 区域间经济协调增长

2. 垄断会导致资源无法达到最优配置的原因是( )。

   A. 垄断产生道德风险问题

   B. 垄断导致外部不经济

   C. 垄断产生"搭便车"行为

   D. 垄断使得市场机制难以充分有效地发挥作用

3. 某造纸厂在其生产过程中，向附近的河流排放了大量的污水，并因此导致了附近粮食产量大幅度下降，但该厂却又不对附近种粮农民进行相应的赔偿。这种现象通常被称为( )。

   A. 生产的外部经济

   B. 消费的外部经济

   C. 生产的外部不经济

   D. 消费的外部不经济

4. 关于生产的外部经济的说法，正确的是( )。

   A. 会造成产品供给过多

   B. 会造成产品需求过少

   C. 生产者的私人成本小于社会成本

   D. 生产者的私人收益小于社会收益

5. 可以由任何消费者进行消费，任何一个消费者都不会被排除在外，这是公共物品的( )特征。

   A. 非竞争性　　B. 公共性

   C. 非排他性　　D. 排他性

6. 具有有限的非竞争性和非排他性的物品通常被称为( )。

   A. 纯公共物品　　B. 准公共物品

   C. 自然垄断产品　　D. 私人物品

7. 下列属于准公共物品的是( )。

   A. 教育　　B. 国防

   C. 治安　　D. 司法

8. 购买财产保险后不注意防盗从而造成保险公司的损失，这属于( )。

   A. 操作风险　　B. 顺向选择

   C. 逆向选择　　D. 道德风险

9. 在商品或服务市场上出现的逆向选择和道德风险都是由于（　）造成的。
   A. 垄断　　　　　B. 外部性
   C. 信息不对称　　D. 政府失灵
10. 政府通过罚款或增税来抑制的经济活动属于（　）。
    A. 准公共物品生产
    B. 产生外部不经济的活动
    C. 纯公共物品生产
    D. 产生外部经济的活动
11. 根据科斯定理，可以通过市场机制解决外部性问题的前提是（　）。
    A. 交易成本为零或者很小
    B. 财产权明确
    C. 财产权明确且交易成本为零或者很小
    D. 财产权明确且交易成本足够大

二、多项选择题

1. 经济社会中，资源配置达到帕累托最优状态的条件是（　）。
   A. 信息是完全的
   B. 市场是完全竞争的
   C. 经济主体是完全理性的
   D. 市场是完全垄断的
   E. 经济主体的行为不存在外部影响
2. 关于垄断与市场失灵的说法，正确的有（　）。
   A. 垄断是导致市场失灵的一种原因
   B. 只有在完全竞争市场上，市场机制才能实现资源有效配置
   C. 在不完全竞争市场上，市场机制可以实现资源有效配置
   D. 在完全垄断市场，市场机制很难充分有效地发挥作用，资源就不能实现最优配置
   E. 在寡头垄断市场上，市场机制能实现资源有效配置
3. 关于外部性的说法，正确的有（　）。
   A. 外部性的存在，在很大程度上是由产权不清晰引起的
   B. 外部影响能促进市场机制有效地进行资源配置
   C. 外部性根据经济活动的主体可以分为生产的外部性和消费的外部性
   D. 由于存在外部性的影响，整个经济的资源配置不可能达到帕累托最优状态
   E. 外部经济的存在，通常会使市场主体的活动水平低于社会所需要的水平
4. 公共物品的特征主要包括（　）。
   A. 非竞争性
   B. 消费的不可储存性
   C. 必须直接购买
   D. 不存在"搭便车"问题
   E. 非排他性
5. 在限制垄断方面，政府采取的措施包括（　）。
   A. 合并相关企业　B. 制定《反垄断法》
   C. 补贴政策　　　D. 进行公共管制
   E. 明晰产权
6. 消除外部性的传统方法包括（　）。
   A. 明确产权归属
   B. 政府对那些产生外部不经济的企业征收适度的排污费
   C. 政府对那些具有外部经济的企业给予财政补贴
   D. 减少交易费用
   E. 通过合并相关企业使外部性得以"内部化"

同步系统训练参考答案及解析

一、单项选择题

1. A【解析】本题考查资源最优配置。帕累托最优状态是不存在帕累托改进的资源配置状态。

2. D【解析】本题考查垄断与市场失灵。垄断导致资源无法达到最优配置，是因为垄断者把价格定在高于市场均衡价格上，使得一部分消费者需求不能得到满足，市场

机制难以充分有效地发挥。

3. C 【解析】本题考查外部性与市场失灵。外部不经济就是某人或某企业的经济活动会给社会上其他人带来损害，但该人或该企业却不必为这种损害进行补偿。如果外部性是由生产造成的，就是生产的外部不经济。

4. D 【解析】本题考查外部经济的影响。对于产生外部经济的生产者来说，其私人收益小于社会收益。因此缺乏生产积极性，其产出水平低于社会最优产出水平。

5. C 【解析】本题考查公共物品的非排他性特点。非排他性，是指公共物品可以由任何消费者进行消费，其中任何一个消费者都不会被排除在外。

6. B 【解析】本题考查准公共物品的概念。准公共物品是具有有限的非竞争性和非排他性的物品。

7. A 【解析】本题考查公共物品的分类。典型的准公共物品如教育、医疗卫生、收费公路等。

8. D 【解析】本题考查道德风险的概念。由于信息不对称，市场的一方不能观察到另一方的行动，则另一方就可能采取不利于对方的行动，这就是道德风险问题。

9. C 【解析】本题考查信息不对称。由于信息不对称的存在，就会产生逆向选择和道德风险等问题。

10. B 【解析】本题考查政府对市场的干预。政府可以使用税收的手段对那些产生外部不经济的企业，如对产生严重污染的企业征收适度的赋税即排污税或排污费。

11. C 【解析】本题考查科斯定理。科斯定理：只要财产权是明确的，并且交易成本为零或很小，那么，无论在开始时将财产权赋予谁，市场均衡的最终结果都是有效率的，实现资源配置的帕累托最优。

二、多项选择题

1. ABCE 【解析】本题考查资源配置达到帕累托最优状态的条件。整个经济实现一般均衡，并且资源配置达到帕累托最优状态的条件包括经济主体是完全理性的、信息是完全的、市场是完全竞争的、经济主体的行为不存在外部影响。

2. ABD 【解析】本题考查垄断与市场失灵。完全垄断市场、寡头垄断市场和垄断竞争市场都是不完全竞争市场，由于不完全竞争市场的广泛存在，市场机制很难充分有效地发挥作用，资源就不能实现最优配置。选项C、E错误。

3. ACDE 【解析】本题考查外部性与市场失灵。由于外部性或外部影响的存在，市场机制就不能有效地进行资源配置。选项B错误。

4. AE 【解析】本题考查公共物品的特征。公共物品的特征包括非竞争性和非排他性。

5. BD 【解析】本题考查政府对市场的干预。通过法律手段限制垄断，可以制定《反垄断法》。另外还可以对垄断行业进行公共管制。

6. BCE 【解析】本题考查政府对市场的干预。消除外部性的传统方法包括税收和补贴，将相关企业合并从而使外部性内部化等手段。首先，政府可以使用税收的手段对那些产生外部不经济的企业，如对产生严重污染的企业征收适度的赋税即排污税或排污费，这种税的数额应等于治理污染的费用。而对于那些具有外部经济的企业，政府应给予财政补贴，使其私人收益等于社会收益。随着产权理论的出现和发展，明确和界定产权才成为消除外部性的重要途径，因此A、D项不符合题意。

本章思维导图

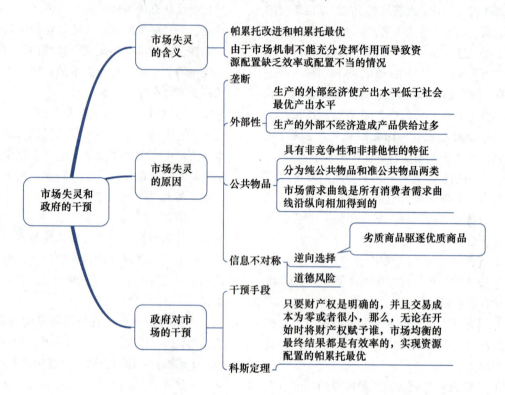

第7章 国民收入核算和简单的宏观经济模型

考情分析

本章主要讲述了国民收入核算的基本指标和方法、宏观经济均衡的基本模型、消费理论、储蓄函数、投资乘数、总需求和总供给等内容。本章在最近三年的考试中分值分布不均匀，平均在2分左右。

最近三年本章考试题型、分值分布

年份	单项选择题	多项选择题	合计
2019年	2题2分	1题2分	3题4分
2018年	1题1分	—	1题1分
2017年	1题1分	—	1题1分

本章主要考点

1. 国内生产总值的含义和计算方法。
2. 储蓄—投资恒等式。
3. 凯恩斯的消费理论。
4. 储蓄函数。
5. 投资乘数的计算公式。
6. 总需求与总供给的影响因素。

重点、难点讲解及典型例题

▶ **考点一 国民收入核算**

国内生产总值的含义与计算方法的具体内容见表7-1。

表7-1 国内生产总值的含义与计算方法

含义	（1）按市场价格计算的一个国家（或地区）在一定时期内生产活动的最终成果； （2）目前普遍使用的衡量经济活动总量的基本指标	
形态	价值形态、收入形态、产品形态	
与GNP比较	区别	国民总收入 GNI（国民生产总值 GNP）是一个收入概念，国内生产总值是一个生产概念
	联系	国民总收入：一个国家（或地区）所有常住单位在一定时期内收入初次分配的最终结果； **国民总收入＝国内生产总值（GDP）＋来自国外的净要素收入**

		续表
计算方法	生产法	核算各个产业在一定时期生产的最终产品的市场价值
	收入法	(1) 从生产过程中创造原始收入的角度计算的国内生产总值； (2) 收入法增加值=劳动者报酬+固定资产折旧+生产税净额+营业盈余； (3) 收入法国内生产总值=所有常住单位收入法增加值之和； (4) 劳动者报酬为居民所得；固定资产折旧和营业盈余为企业、单位所得；生产税净额为政府所得
	支出法	(1) 从社会最终使用的角度计算的国内生产总值； (2) 国内生产总值=最终消费+资本形成总额+净出口； (3) 运用支出法核算国内生产总值，可以计算资本形成率和最终消费率； (4) 如果对居民和政府的支出分开核算： 国内生产总值(GDP)=居民消费(C)+投资(I)+政府购买(G)+净出口($X-M$)

【例1·多选题】支出法计算国内生产总值包括的内容有( )。
A. 最终消费　　　　　　　　　　　　B. 净进口
C. 资本形成总额　　　　　　　　　　D. 净出口
E. 固定资产折旧

解析 ▶ 本题考查国内生产总值的计算。在支出法下，国内生产总值=最终消费+资本形成总额+净出口。　　　　　　　　　　　　　　　　　　　答案 ▶ ACD

▶ 考点二　宏观经济均衡的基本模型（见表7-2）

表7-2　宏观经济均衡的基本模型

类比项	部门	支出角度	收入角度	储蓄—投资恒等式
两部门	消费者(居民) 企业	即 $GDP=Y=C+I$ GDP：国内生产总值 Y：总支出 C：消费支出 I：投资支出	即 $GDP=Y=C+S$ Y：总收入 C：消费 S：储蓄	$I=S$
三部门	消费者(居民) 企业 政府部门	即 $GDP=Y=C+I+G$ G：政府购买支出	即 $Y=C+S+T$ T：政府净收入=政府总税收-转移支付	$I=S+(T-G)$
四部门	消费者(居民) 企业 政府部门 国外部门	即 $GDP=C+I+G+(X-M)$ $(X-M)$：净出口	假定总收入不变 即 $Y=C+S+T$	$I=S+(T-G)+(M-X)$

【例2·单选题】如果用 I 表示投资、S 表示储蓄、T 表示税收、G 表示政府购买、X 表示出口、M 表示进口，则三部门经济中的储蓄—投资恒等式是( )。
A. $I=S$　　　　　　　　　　　　　B. $I=S+(T-G)+(M-X)$
C. $I=S+(T-G)$　　　　　　　　　　D. $I=S+(M-X)$

解析 ▶ 本题考查三部门经济中的储蓄—投资恒等式。三部门经济中的储蓄—投资恒等式是：$I=S+(T-G)$。　　　　　　　　　　　　　　　　　　　　　答案 ▶ C

▶ 考点三 消费、储蓄和投资

(一)消费理论(见表7-3)

表7-3 消费理论

类比项	前提/观点	消费函数
凯恩斯消费理论	假设前提： (1)边际消费倾向递减规律①； (2)收入是决定消费的最重要的因素； (3)平均消费倾向会随着收入的增加而减少	$C=\alpha+\beta Y$ C代表消费，α代表自发消费，β代表边际消费倾向，β和Y的乘积代表由收入引致的消费，该公式的含义就是消费等于自发消费和引致消费之和
莫迪利安尼的生命周期消费理论	强调了消费与个人生命周期阶段之间的关系，认为人们会在更长的时间范围内计划他们的生活消费开支，以达到他们在整个生命周期内消费的最佳配置，实现一生消费效用的最大化	$C=aWR+cYL$ C代表消费，WR代表财产收入，YL代表劳动收入，a代表财富的边际消费倾向，c代表劳动收入的边际消费倾向
弗里德曼的持久收入理论	将人们的收入分为暂时性收入和持久性收入，并认为消费是持久性收入的稳定函数	$C_t=cYP_t$ C_t代表现期消费支出，c代表边际消费倾向，YP_t代表现期持久收入

注：①边际消费倾向递减规律：随着收入的增长，消费随之增长；但消费支出在收入中所占比重却不断减小。

(二) MPC、APC、MPS 和 APS 之间的比较(见表7-4)

表7-4 MPC、APC、MPS 和 APS 之间的比较

类比项	公式	取值范围	关系
边际消费倾向(MPC)	消费的增量和收入的增量的比率，即 $MPC=\Delta C/\Delta Y$	$0<MPC<1$	$MPC+MPS=1$ $APC+APS=1$ $MPC<APC$
边际储蓄倾向(MPS)	储蓄的增量和收入的增量的比率，即 $MPS=\Delta S/\Delta Y$	$0<MPS<1$	
平均消费倾向(APC)	消费总量在收入总量中所占的比例，即 $APC=C/Y$	平均消费倾向可能大于、等于或小于1	
平均储蓄倾向(APS)	储蓄总量在收入总量中所占的比例，即 $APS=S/Y$	—	

(三)储蓄函数、投资函数和投资乘数

1. 储蓄函数

根据凯恩斯的假定，收入是决定储蓄最主要的因素。消费函数和储蓄函数互为补数，二者之和总是等于收入。储蓄函数的公式为 $S=-\alpha+(1-\beta)Y$，其中，$(1-\beta)$为边际储蓄倾向(MPS)。

2. 投资函数

投资是利率的减函数，假定投资和利率之间呈线性关系，投资函数可以写为 $I=I(r)=e-dr$，其中，e表示自主投资，与利率无关。$-dr$表示引致投资，随着利率的变化呈反方向变化。

3. 投资乘数

投资乘数用公式表示为 $k = \Delta Y/\Delta I = 1/(1-\beta) = 1/s$，其中，$s$ 表示边际储蓄倾向。

4. 简单的国民收入决定

$$Y = (\alpha + \bar{I})/(1-\beta)$$

【例3·多选题】 关于投资乘数的说法正确的有（ ）。

A. 边际消费倾向越大，投资乘数越大　　B. 边际储蓄倾向越大，投资乘数越大

C. 边际消费倾向越小，投资乘数越大　　D. 投资乘数是边际消费倾向的倒数

E. 投资乘数是边际储蓄倾向的倒数

解析 本题考查投资乘数。投资乘数是边际储蓄倾向的倒数，所以边际储蓄倾向越大，投资乘数越小。边际储蓄倾向等于1减去边际消费倾向，所以边际消费倾向越大，边际储蓄倾向越小，投资乘数越大。　　**答案** AE

▶ 考点四　总需求和总供给

（一）影响总需求和总供给的因素（见表7-5）

表7-5　影响总需求和总供给的因素

总需求	(1)利率、税收、价格总水平：与总需求呈**反向变动**； (2)货币供给量、政府购买、预期：与总需求呈**同向变动**
总供给	(1)基本因素：价格和成本； (2)其他因素：企业预期、技术进步、工资水平变动、能源及原材料价格变动等

（二）总需求曲线和总供给曲线（见表7-6）

表7-6　总需求曲线和总供给曲线

类比项	曲线形态	效应/决定因素
总需求曲线	只分析价格总水平与总需求的关系，总需求曲线**向右下方倾斜**	(1)财富效应：由价格总水平的变动引起居民收入及财富的实际购买力的反向变动，从而导致总需求反方向变动的现象； (2)利率效应：由价格总水平的变动引起利率变化，利率与投资、消费及总需求的反方向变化的现象； (3)出口效应：由价格总水平通过汇率变动影响出口需求的变化并与总需求成反方向变化的现象
总供给曲线	长期总供给曲线：一条与横轴 Y 相交的**垂直线**	从长期来看，总供给变动与价格总水平无关。长期总供给只决定于劳动、资本与技术以及经济体制等因素
	短期总供给曲线：一条**向右上方倾斜**的曲线	—

（三）总供求模型

(1) 从长期来看，影响价格总水平的是总需求。

(2) 假定在短期内总供给曲线不变，由于总需求的增长使总需求曲线向右平行移动，则会导致价格总水平上涨。

(3) 由于总需求增长，使得总需求曲线向右平移，而总供给曲线不变，因此总供给曲线和总需求曲线的交点向右上方移动，价格总水平上涨。这就是需求拉动型通货膨胀的基本模型。

【例4·多选题】下列影响总需求的因素中,与总需求呈反方向变动的因素有( )。
A. 利率
B. 税收
C. 政府购买
D. 货币供给量
E. 价格总水平

解析 ▶ 本题考查总需求的影响因素。利率、税收、价格总水平都与总需求成反比。

答案 ▶ ABE

历年考题解析

一、单项选择题

1. (2019年)关于国民收入核算法及其应用的说法,正确的是( )。
   A. 运用收入法核算国民收入可以计算最终消费率
   B. 运用生产法核算国民收入可以计算最终消费率
   C. 运用支出法核算国民收入可以计算最终消费率
   D. 计算最终消费率需要三种方法综合运用

   解析 ▶ 本题考查支出法国内生产总值构成。运用支出法核算国内生产总值,可以计算资本形成率和最终消费率。 答案 ▶ C

2. (2019年)以边际消费倾向递减规律为假设的消费理论是( )。
   A. 弗里德曼的消费理论
   B. 莫迪利安尼的消费理论
   C. 科斯的消费理论
   D. 凯恩斯的消费理论

   解析 ▶ 本题考查消费理论。凯恩斯的消费理论建立在三个假设(或前提)基础上:(1)边际消费倾向递减规律;(2)收入是决定消费的最重要的因素;(3)平均消费倾向随着收入的增加而减少。 答案 ▶ D

3. (2018年)可以用于计算最终消费率的是( )。
   A. 运用支出法核算的国内生产总值
   B. 运用消费法核算的国内生产总值
   C. 运用收入法核算的国内生产总值
   D. 运用生产法核算的国内生产总值

   解析 ▶ 本题考查国内生产总值的计算。支出法国内生产总值的构成包括最终消费、资本形成总额和净出口。运用支出法核算的国内生产总值,可以计算资本形成率和最终消费率。 答案 ▶ A

4. (2017年)关于边际消费倾向、平均消费倾向及其相互关系的说法,正确的是( )。
   A. 边际消费倾向恒等于平均消费倾向
   B. 边际消费倾向可能大于、等于或小于0
   C. 平均消费倾向总是在0~1之间
   D. 边际消费倾向总是小于平均消费倾向

   解析 ▶ 本题考查凯恩斯的消费理论。边际消费倾向大于0小于1。平均消费倾向可能大于、等于或小于1。边际消费倾向总是小于平均消费倾向,选项D说法正确。

   答案 ▶ D

二、多项选择题

1. (2019年)采用收入法核算的国内生产总值的构成项目有( )。
   A. 政府购买
   B. 生产税净额
   C. 净出口
   D. 固定资产折旧
   E. 劳动者报酬

   解析 ▶ 本题考查国内生产总值的计算方法。收入法增加值=劳动者报酬+固定资产折旧+生产税净额+营业盈余。 答案 ▶ BDE

2. (2018年)关于消费函数和储蓄函数的含义及其关系的说法,正确的有( )。
   A. 边际储蓄倾向大于0并小于1
   B. 边际储蓄倾向大于1
   C. 当储蓄函数已知,即可求得消费函数
   D. 边际消费倾向总是小于平均消费倾向

E. 消费函数和储蓄函数互为补数

解析 本题考查储蓄函数。边际储蓄倾向大于0并小于1，选项B错误。

答案 ACDE

同步系统训练

一、单项选择题

1. 从社会最终使用的角度计算国内生产总值的方法是（　　）。
   A. 生产法　　　　B. 收入法
   C. 支出法　　　　D. 转移法

2. 如果 C 表示消费、I 表示投资、G 表示政府购买、X 表示出口、M 表示进口，则按照支出法计算的国内生产总值（GDP）的公式是（　　）。
   A. $GDP=C+I+G+X$
   B. $GDP=C+I+G-M$
   C. $GDP=C+I+G+(X-M)$
   D. $GDP=C+I+G+(M-X)$

3. 宏观经济模型中，国民收入构成的基本公式是（　　）。
   A. 储蓄—收入恒等式
   B. 储蓄—投资恒等式
   C. 消费—投资恒等式
   D. 消费—储蓄恒等式

4. 如果用 I 表示投资、S 表示储蓄、T 表示税收、G 表示政府购买、X 表示出口、M 表示进口，则四部门经济中储蓄和投资的恒等关系是（　　）。
   A. $I=S+(T-G)+(M-X)$
   B. $I=S+T-G+M$
   C. $I=S+(T-G)+(X-M)$
   D. $I=S+(M-X)$

5. 凯恩斯消费函数的斜率取决于（　　）。
   A. 收入水平　　　B. 边际消费倾向
   C. 平均消费倾向　D. 平均储蓄倾向

6. 关于边际消费倾向的说法错误的是（　　）。
   A. 边际消费倾向是消费的增量和收入的增量之比
   B. 边际消费倾向的取值范围总是大于0而小于1的
   C. 边际消费倾向的取值范围可能大于、等于或小于1
   D. 边际消费倾向小于平均消费倾向

7. 根据凯恩斯消费理论，关于消费支出的说法正确的是（　　）。
   A. 在收入中所占的比重会不断增加
   B. 与个人生命周期有关系，不同的时期，消费支出不一样
   C. 是根据持久收入决定的
   D. 由自发消费和引致消费构成

8. 关于消费函数和储蓄函数的说法，错误的是（　　）。
   A. 消费等于自发消费和引致消费之和
   B. 储蓄与消费之间的依存关系被称为储蓄函数
   C. 消费函数和储蓄函数互为补数
   D. 消费函数公式为 $C=\alpha+\beta Y$

9. 边际消费倾向（MPC）和边际储蓄倾向（MPS）的关系是（　　）。
   A. $MPC+MPS=1$　　B. $MPC>MPS$
   C. $MPC+MPS>1$　　D. $MPC\times MPS=1$

10. 关于凯恩斯投资函数的说法，正确的是（　　）。
    A. 实际利率越低，投资量越大
    B. 实际利率越高，自主性投资越大
    C. 实际利率越低，投资量越小
    D. 利率为零时，自主性投资也为零

11. 由价格总水平变动引起利率变化，利率与投资、消费及总需求的反方向变化的现象称为（　　）。
    A. 价格效应　　B. 利率效应
    C. 预期效应　　D. 出口效应

12. 关于总供给的说法，错误的是（　　）。
    A. 总供给的变动主要取决于企业的利润水平

B. 企业预期是影响总供给的重要因素

C. 总供给曲线向右下方倾斜

D. 长期总供给曲线是一条与横轴(总产出)相交的垂直线

二、多项选择题

1. 关于国内生产总值的说法,正确的有( )。
   A. 国内生产总值是用最终产品来计量的
   B. 国内生产总值是目前世界各国普遍使用的衡量经济活动总量的基本指标
   C. 国内生产总值具有价值形态、收入形态和产品形态
   D. 国内生产总值与国民总收入一样都是收入概念
   E. 国内生产总值加上来自国外的净要素收入就是国民总收入

2. 关于收入法核算国内生产总值的说法,正确的有( )。
   A. 收入法是从生产过程中创造原始收入的角度计算国内生产总值
   B. 收入法国内生产总值由所有常驻单位增加值之和构成
   C. 劳动者报酬属于居民所得收入
   D. 生产税净额属于企业所得收入
   E. 固定资产折旧和营业盈余属于政府所得收入

3. 凯恩斯消费理论的假设前提有( )。
   A. 边际消费倾向递减规律

B. 平均消费倾向(APC)会随着收入的增加而增加

C. 收入是决定消费的最重要的因素

D. 平均消费倾向(APC)会随着收入的增加而减少

E. 储蓄是决定消费的最重要的因素

4. 当消费函数为$C=100+0.8Y$(其中C表示消费,Y表示收入)时,下列说法正确的有( )。
   A. 边际储蓄倾向为0.2
   B. 当$Y=1\,000$时,消费支出为900
   C. 投资乘数为0.5
   D. 当消费支出为900时,储蓄为100
   E. 边际消费倾向为0.8

5. 关于投资的说法,正确的有( )。
   A. 投资是利率的增函数
   B. 投资的成本就是利息
   C. 实际利率越低,投资量越大
   D. 预期的通货膨胀率和折旧等不会影响投资
   E. 决定投资的主要因素有实际利率、预期收益率和投资风险等

6. 影响总需求变动的因素主要有( )。
   A. 利率   B. 生产成本
   C. 货币供给量   D. 政府购买
   E. 税收

同步系统训练参考答案及解析

一、单项选择题

1. C 【解析】本题考查国内生产总值的计算方法。支出法从社会最终使用的角度计算国内生产总值。

2. C 【解析】本题考查国内生产总值的计算方法。用支出法计算GDP的公式为:$GDP=C+I+G+(X-M)$。

3. B 【解析】本题考查储蓄—投资恒等式。国民收入构成的基本公式是储蓄—投资恒等式。

4. A 【解析】本题考查储蓄—投资恒等式。四部门经济中储蓄和投资的恒等关系是$I=S+(T-G)+(M-X)$。

5. B 【解析】本题考查凯恩斯的消费理论。凯恩斯的消费函数为$C=\alpha+\beta Y$,其中β为边际消费倾向,也是消费函数的斜率。

6. C 【解析】本题考查边际消费倾向。边际消费倾向(MPC)是指消费的增量和收入的增量之比,$0<MPC<1$。平均消费倾向是消费总量在收入总量中所占的比例,因为消

费可能大于、等于或小于收入，所以平均消费倾向可能大于、等于或小于1。选项C错误。

7. D 【解析】本题考查凯恩斯的消费理论。凯恩斯认为人们不断增加的收入中，用于消费支出的比例会越来越小，选项A错误。选项B属于生命周期消费理论的观点。选项C属于持久收入理论的观点。

8. B 【解析】本题考查消费函数和储蓄函数。储蓄与收入之间的依存关系被称为储蓄函数。选项B错误。

9. A 【解析】本题考查边际消费倾向和边际储蓄倾向的关系。边际消费倾向（MPC）和边际储蓄倾向（MPS）之和恒等于1，即$MPC+MPS=1$。

10. A 【解析】本题考查凯恩斯的投资函数。凯恩斯认为，实际利率越低，投资量越大。自主投资与利率无关，即使利率为零时也会存在。

11. B 【解析】本题考查利率效应的含义。由价格总水平变动引起利率变化，利率与投资、消费及总需求的反方向变化的现象称为利率效应。

12. C 【解析】本题考查总供给。短期总供给曲线一般是一条向右上方倾斜的曲线。长期总供给曲线是一条与横轴（总产出）相交的垂直线。

二、多项选择题

1. ABCE 【解析】本题考查国内生产总值的含义。国内生产总值与国民总收入不同，国内生产总值是一个生产概念，国民总收入是一个收入概念。选项D错误。

2. ABC 【解析】本题考查国内生产总值的计算方法。收入法国内生产总值=劳动者报酬+固定资产折旧+生产税净额+营业盈余。劳动者报酬属于居民所得收入，固定资产折旧和营业盈余属于企业、单位所得收入，生产税净额属于政府所得收入。选项D、E说法错误。

3. ACD 【解析】本题考查凯恩斯的消费理论。凯恩斯的消费理论建立在三个假设（或三个前提）上：（1）边际消费倾向递减规律；（2）收入是决定消费的最重要的因素；（3）平均消费倾向（APC）会随着收入的增加而减少。

4. ABDE 【解析】本题考查消费函数。当$Y=1\,000$时，$C=100+0.8×1\,000=900$，选项B正确。β是边际消费倾向，为0.8，边际储蓄倾向$s=1-\beta=0.2$，选项A、E正确。投资乘数$k=1/(1-\beta)=1/s=5$，选项C错误。当$C=900$时，$Y=1\,000$，则储蓄$S=1\,000-900=100$，选项D正确。

5. BCE 【解析】本题考查投资函数。投资是利率的减函数。预期的通货膨胀率和折旧等也在一定程度上影响投资。选项A、D错误。

6. ACDE 【解析】本题考查影响总需求变动的因素。影响总需求的因素主要有利率、货币供给量、政府购买、税收、预期、价格总水平。选项B是影响总供给变动的因素。

本章思维导图

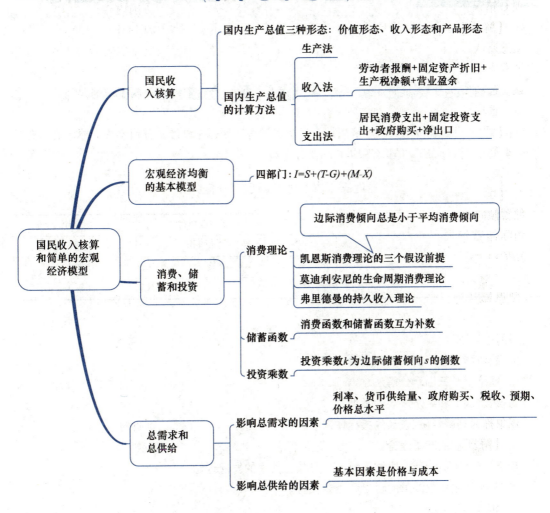

第8章 经济增长和经济发展理论

考情分析

本章主要讲述经济增长、经济周期、经济发展等问题,考试涉及分值不多,本章在最近三年的考试中分值分布不均匀,平均在 2~3 分左右。

最近三年本章考试题型、分值分布

年份	单项选择题	多项选择题	合计
2019 年	2题2分	2题4分	4题6分
2018 年	1题1分	—	1题1分
2017 年	1题1分	—	1题1分

本章主要考点

1. 经济增长与经济发展的比较。
2. 经济增长三因素分解法。
3. 经济周期和经济波动的类型。
4. 分析和预测经济波动的指标体系。
5. 经济发展的基本理论。
6. 树立和落实创新、协调、绿色、开放、共享的发展理念。
7. 供给侧结构性改革的含义和主要任务。

重点、难点讲解及典型例题

▶ 考点一 经济增长

(一)经济增长概述(见表8-1)

表 8-1 经济增长概述

含义	(1)在一定时期内,一个国家或地区的总产出与前期相的增长量; (2)经济增长率:衡量一国经济增长速度的指标
表现形式	(1)用现行价格计算的 GDP(现价 GDP)——反映一国或地区的经济发展规模; (2)用不变价格计算的 GDP(不变价 GDP)——用来计算经济增长速度
指标缺点	(1)GDP 只衡量总产出,不包含随经济增长对生态与环境变化的影响; (2)经济增长率不能全面反映经济发展的实际状况

决定因素	劳动的投入数量、劳动生产率、资本的投入数量、资本的效率
与经济发展的关系	(1)经济发展包括经济增长，也包括技术进步、结构优化、制度变迁、福利改善、人与自然之间关系的进一步和谐等； (2)经济增长是经济发展的基础，不简单地等同于经济发展

(二)经济增长因素分解(见表 8-2)

表 8-2　经济增长因素分解

两因素分解法	经济增长率(G_Q)＝劳动时间的增加率(G_H)＋劳动生产率的增加率(G_P)
三因素分解法	(1)经济增长率＝技术进步率(全要素生产率)＋劳动份额×劳动增长率＋资本份额×资本增长率； (2)<u>索洛余值</u>(全要素生产率)：在经济增长中，扣除劳动、资本等要素投入数量等因素对经济增长率的贡献之后的余值

【例 1·单选题】关于经济增长与经济发展的说法，正确的是(　　)。
A. 用不变价格计算的 GDP 可以反映一国或地区的经济发展规模
B. 用现行价格计算的 GDP 可以用来计算经济增长速度
C. 经济发展是一个国家或地区在一定时期内的总产出与前期相比所实现的增长
D. 经济增长率的高低是衡量一个国家总体经济实力增长速度的标志

解析　本题考查经济增长与经济发展。用现行价格计算的 GDP 可以反映一个国家或地区的经济发展规模。用不变价格计算的 GDP 可以用来计算经济增长速度。选项 A、B 说反了。经济增长是一个国家或地区在一定时期内的总产出与前期相比所实现的增长，选项 C 错误。

答案　D

▶ **考点二　经济周期和经济波动**

(一)经济周期和经济波动的类型(见表 8-3)

表 8-3　经济周期和经济波动的类型

分类标准	类型	备注
按周期波动的时间长短	长周期(康德拉耶夫周期)	50~60 年(长波循环)
	中周期(朱格拉周期)	8 年左右(大循环) 对经济运行影响较大且较为明显
	短周期(基钦周期)	3~5 年(小循环)
按照经济总量绝对下降或相对下降的不同情况	古典型周期	在低谷时的经济增长为负增长，即经济总量 GDP 绝对减少
	增长型周期	(1)处在低谷时的经济增长率为正值，即经济总量只是相对减少； (2)我国的经济周期属于增长型周期波动

(二)分析和预测经济波动的指标体系(见表8-4)

表8-4 分析和预测经济波动的指标体系

类型	含义	具体指标
一致指标（同步指标）	指标的峰顶与谷底出现的时间与总体经济运行的峰谷出现的时间一致，可以综合地描述总体经济所处状态	工业总产值、固定资产投资额、社会消费品零售总额
先行指标（领先指标）	可以预测总体经济运行的轨迹	制造业订货单、股票价格指数、广义货币 M_2
滞后指标	对总体经济运行中已经出现的峰顶和谷底的确认	库存、居民消费价格指数

【例2·单选题】在分析和预测经济波动的指标体系中，固定资产投资额属于( )。
A. 领先指标   B. 同步指标
C. 先行指标   D. 滞后指标

解析 ▶ 本题考查分析和预测经济波动的指标体系。一致指标也叫同步指标。在我国，一般把工业总产值、固定资产投资额和社会消费品零售总额等视为一致指标。   答案 ▶ B

▶ 考点三 经济发展

(一)经济发展的基本理论
(1)经济发展不仅包括经济增长，还包括经济结构和社会结构的变化，具体包括：
①产业结构的不断优化。
②城市化进程的逐步推进。
③广大居民生活水平的持续提高。（经济发展的核心）
④国民收入分配状况的逐步改善。
(2)经济发展基本内核：以人民为中心。
(3)可持续发展是经济发展的重要内容，是"既满足当代人的需要，又不对后代人满足其需要的能力构成危害的发展"。
(二)树立和落实创新、协调、绿色、开放、共享的发展理念
经济社会发展的主要目标和基本理念的具体内容见表8-5。

表8-5 经济社会发展的主要目标和基本理念

主要目标	经济保持中高速增长；人民生活水平和质量普遍提高；国民素质和社会文明程度显著提高；生态环境质量总体改善；各方面制度更加成熟更加定型
基本理念	(1)创新——引领发展的第一动力； (2)协调——持续健康发展的内在要求； (3)绿色——永续发展的必要条件和人民对美好生活追求的重要体现； (4)开放——国家繁荣发展的必由之路； (5)共享——中国特色社会主义的本质要求

(三)供给侧结构性改革的主要任务
去产能、去库存、去杠杆、降成本、补短板。
(四)建设现代化经济体系的主要内容
(1)深化供给侧结构性改革，大力发展实体经济。
(2)提升创新地位，使其成为引领经济发展的第一动力。

(3)乡村振兴，推进农业农村现代化。

(4)区域协调发展，优化我国经济空间布局。

(5)完善社会主义市场经济体制，发挥市场的决定性作用。

(6)引进来和走出去并重，形成全面开放新格局。

【例3·多选题】党的十八届五中全会明确提出的"十三五"时期经济社会发展的主要目标有（　　）。

A. 人民生活水平和质量普遍提高
B. 经济保持中高速增长
C. 生态环境质量总体改善
D. 人民币升值
E. 国民素质和社会文明程度显著提高

解析 本题考查"十三五"时期经济社会发展的主要目标。"十三五"时期经济社会发展的主要目标有：(1)经济保持中高速增长。(2)人民生活水平和质量普遍提高。(3)国民素质和社会文明程度显著提高。(4)生态环境质量总体改善。(5)各方面制度更加成熟更加定型。

答案 ABCE

历年考题解析

一、单项选择题

1. (2019年)通常情况下，反映一个国家或地区经济发展规模的指标是用（　　）计算的GDP。

A. 虚拟价格
B. 不变价格
C. 现行价格
D. 基期价格

解析 本题考查经济增长。现行价格计算的GDP可以反映一个国家或地区的经济发展规模，不变价计算的GDP可以用来计算经济增长速度。

答案 C

2. (2019年)在分析经济波动状况的指标体系中，可以预测总体经济运行轨迹的指标称为（　　）。

A. 核心指标
B. 领先指标
C. 滞后指标
D. 一致指标

解析 本题考查领先指标。先行指标也称领先指标，通过这些指标可以预测总体经济运行的轨迹。

答案 B

3. (2018年)建设现代化经济体系，必须把发展经济的着力点放在（　　）上。

A. 虚拟经济
B. 传统经济
C. 实体经济
D. 市场经济

解析 本题考查建设现代化经济体系的主要内容。党的十九大报告指出，建设现代化经济体系，必须把发展经济的着力点放在实体经济上，把提高供给体系质量作为主攻方向，显著增强我国经济质量优势。

答案 C

4. (2017年)下列分析和预测经济运行及其波动的统计指标中，属于一致性指标的是（　　）。

A. 社会消费品零售总额
B. 制造业订货单
C. 房地产价格指数
D. 广义的货币供应量

解析 本题考查分析和预测经济波动的指标体系。在我国，一般把工业总产值、固定资产投资额和社会消费品零售总额等视为一致指标。

答案 A

二、多项选择题

1. (2019年)决定经济增长的具体因素主要有（　　）。

A. 劳动投入的数量
B. 劳动生产率
C. 资本的投入数量
D. 市场预期
E. 资本的效率

解析 本题考查经济增长。决定经济增长的基本因素包括劳动的投入数量、资本的投入数量、劳动生产率和资本的效率。

答案 ABCE

2. (2019年)当年我国进一步推进供给侧结构性改革的主要任务,除了去产能外,还有( )。
   A. 去杠杆　　　B. 去库存
   C. 调结构　　　D. 补短板
   E. 保重点

   解析 本题考查经济发展。我国推进供给侧结构性改革的主要任务包括去产能、去库存、去杠杆、降成本、补短板五大任务。

   答案 ABD

3. (2018年)下列可用于经济波动状况分析的经济指标中,属于一致指标的有( )。
   A. 股票价格指数
   B. 商品库存
   C. 固定资产投资额
   D. 居民消费价格指数
   E. 社会消费品零售总额

   解析 本题考查分析和预测经济波动的指标体系。在我国,一般把工业总产值、固定资产投资额和社会消费品零售总额等视为一致指标。

   答案 CE

同步系统训练

一、单项选择题

1. 关于经济增长和经济发展的说法,正确的是( )。
   A. 没有一定的经济发展,就不会有经济增长
   B. 经济发展是经济增长的保障
   C. 经济增长是经济发展的基础
   D. 经济增长的含义比经济发展广泛

2. 在两因素分解法中,经济增长率的计算公式为( )。
   A. $G_Y = G_A + \alpha G_L + \beta G_K$
   B. $G_Q = G_H + G_P$
   C. $G_A = G_Y - \alpha G_L - \beta G_K$
   D. $G_H = G_Q + G_P$

3. 将劳动、资本等要素投入数量因素对经济增长率的贡献扣除之后,技术进步因素对经济增长的贡献份额称为( )。
   A. 净要素生产率　　B. 技术生产率
   C. 经济增长率　　　D. 全要素生产率

4. 假设某个国家2014—2019年,GDP年均增长8%,资本存量年均增长率为5%,劳动力年均增长率为2%。如果资本在GDP增长中的份额为60%,劳动力为40%,这一时期全要素生产率为( )。
   A. 3.0%　　　B. 4.0%
   C. 7.0%　　　D. 4.2%

5. 关于经济周期的说法,错误的是( )。
   A. 经济周期是总体经济活动
   B. 经济周期是个别部门或个别经济总量指标
   C. 经济周期是指总体经济活动沿着经济增长的总体趋势而出现的有规律的扩张和收缩
   D. 经济周期需要通过一组经济总量指标,包括GDP、就业和金融市场指标等才能说明经济周期

6. 按周期波动的时间长短划分的经济周期类型中,对经济运行影响较大且较为明显的是( )。
   A. 长周期　　　B. 短周期
   C. 中周期　　　D. 全周期

7. 一国经济运行处于低谷,经济增长率保持正值但增长幅度比过去有所下降的经济周期称为( )。
   A. 增长型周期　　B. 古典型周期
   C. 大循环　　　　D. 长波循环

8. 经济周期按阶段可以划分为扩张阶段和收缩阶段,其中扩张阶段可以细分为( )。

A. 复苏阶段和萧条阶段
B. 复苏阶段和繁荣阶段
C. 衰退阶段和繁荣阶段
D. 衰退阶段和萧条阶段

9. 在经济周期的复苏和繁荣阶段可能出现的情况是( )。
   A. 通货膨胀　　B. 失业率高
   C. 投资活动萎缩　D. 生产发展缓慢

10. 我国的经济周期属于( )波动。
    A. 短周期　　B. 长周期
    C. 古典型周期　D. 增长型周期

11. 下列分析和预测经济波动的指标中,属于先行指标、可预测经济运行轨迹的是( )。
    A. 固定资产投资额
    B. 制造业订货单
    C. 库存
    D. 居民消费价格指数

12. 中国特色社会主义发展基本理念的内容是( )。
    A. 创新、协调、绿色、开放、公正
    B. 创新、协调、绿色、开放、公平
    C. 创新、协调、绿色、开放、共享
    D. 稳定、协调、绿色、开放、共享

二、多项选择题

1. 按照经济周期波动的时间长短,经济周期可以分为( )。
   A. 基钦周期
   B. 古典型周期
   C. 朱格拉周期

D. 康德拉耶夫周期
E. 增长型周期

2. 分析和预测经济波动的指标分为( )。
   A. 同步指标　　B. 领先指标
   C. 关键指标　　D. 滞后指标
   E. 收益指标

3. 下列分析和预测经济波动的指标中,属于滞后指标的有( )。
   A. 制造业订货单
   B. 库存
   C. 工业总产值
   D. 居民消费价格指数
   E. 社会消费品零售总额

4. 经济发展不仅包括经济增长,而且还包括经济结构和社会结构的变化。这些变化包括( )。
   A. 产业结构的不断优化
   B. 经济增长主要依靠投资、出口拉动
   C. 城市化进程的逐步推进
   D. 广大居民生活水平的持续提高
   E. 国民收入分配状况的逐步改善

5. 关于可持续发展的说法,正确的有( )。
   A. 既满足当代人需要,又不对后代人满足其需要的能力构成危害
   B. 在一个时期内,要保持经济高速增长
   C. 优先发展经济,经济高速发展是可持续发展的基础
   D. 要正确处理经济增长和资源、环境、生态保护之间的关系
   E. 可持续发展是经济发展的重要内容

同步系统训练参考答案及解析

一、单项选择题

1. C 【解析】本题考查经济发展和经济增长的关系。经济增长是经济发展的基础,没有一定的经济增长,就不会有经济发展。经济发展是一个比经济增长更广的概念。

2. B 【解析】本题考查经济增长的两因素分解法。两因素分解法的计算公式为:$G_Q = G_H + G_P$。选项A是三因素分解法的计算公式;选项C是"索洛余值"的计算公式。

3. D 【解析】本题考查全要素生产率的概念。全要素生产率是经济增长中扣除劳动、资本等要素投入数量等因素对经济增长率的贡献后的余值。

4. D 【解析】本题考查全要素生产率的计

算。全要素生产率 = 8% − 2% × 40% − 5% × 60% = 4.2%。

5. B 【解析】本题考查经济周期的内涵。经济周期是总体经济活动，而不是个别部门或个别经济总量指标，选项B错误。

6. C 【解析】本题考查经济周期的类型。按周期波动的时间长短，经济周期分为长周期、中周期、短周期三种类型，在现实生活中，对经济运行影响较大且较为明显的是中周期。

7. A 【解析】本题考查增长型周期的概念。如果处在低谷时的经济增长率为正值，即经济总量GDP只是相对减少而非绝对减少，则为增长型周期。

8. B 【解析】本题考查经济周期的阶段划分。扩张阶段可以细分为复苏阶段和繁荣阶段。

9. A 【解析】本题考查经济周期各阶段的特征。通货膨胀是在经济周期的复苏和繁荣阶段可能出现的现象。

10. D 【解析】本题考查我国的经济波动。我国的经济周期属于增长型周期波动。

11. B 【解析】本题考查分析和预测经济波动的指标体系。通过先行指标可以预测总体经济运行的轨迹，制造业订货单、股票价格指数和广义货币M_2等属于先行指标。

12. C 【解析】本题考查经济发展。"十三五"时期经济社会发展的基本理念是：创新、协调、绿色、开放、共享。

二、多项选择题

1. ACD 【解析】本题考查经济周期的类型。按照经济周期波动的时间长短，经济周期主要有三种类型：长周期(康德拉耶夫周期)、中周期(朱格拉周期)和短周期(基钦周期)。

2. ABD 【解析】本题考查分析和预测经济波动的指标体系。在经济分析中，把一系列经济指标划分为一致指标(同步指标)、先行指标(领先指标)和滞后指标。

3. BD 【解析】本题考查分析和预测经济波动的指标体系。滞后指标是对总体经济运行中已经出现的峰顶和谷底的确认，如库存、居民消费价格指数等。

4. ACDE 【解析】本题考查经济发展的基本理论。经济发展不仅包括经济增长，还包括经济结构和社会结构的变化，具体包括：(1)产业结构的不断优化；(2)城市化进程的逐步推进；(3)广大居民生活水平的持续提高；(4)国民收入分配状况的逐步改善。

5. ADE 【解析】本题考查可持续发展。选项B、C错误，可持续发展要正确处理经济增长和资源、环境、生态保护之间的关系，使它们之间保持协调、和谐关系。

本章思维导图

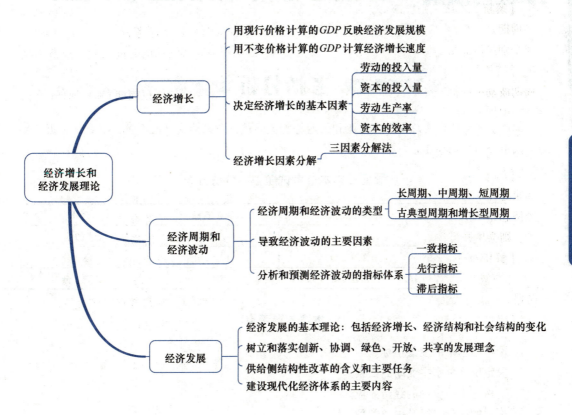

第9章 价格总水平和就业、失业

考情分析

本章主要讲述价格总水平、就业和失业等相关问题,考试涉及分值不多,本章在最近三年的考试中分值平均在 3 分左右。

最近三年本章考试题型、分值分布

年份	单项选择题	多项选择题	合计
2019 年	2 题 2 分	—	2 题 2 分
2018 年	2 题 2 分	1 题 2 分	3 题 4 分
2017 年	1 题 1 分	1 题 2 分	2 题 3 分

本章主要考点

1. 价格总水平的度量指标。
2. 决定价格总水平变动的因素。
3. 价格总水平变动的经济效应。
4. 失业的统计口径及失业类型。
5. 奥肯定律、就业弹性系数与菲利普斯曲线。

重点、难点讲解及典型例题

▶ 考点一 价格总水平

(一)价格总水平的含义和度量(见表9-1)

表 9-1 价格总水平的含义和度量

含义	在一定时期内,一个国家或地区的全社会各类商品和服务价格变动状态的平均或综合
度量方法	(1)编制各种价格指数,如消费者价格指数、批发价格指数等; (2)计算国内生产总值缩减指数
度量指标	我国采用居民消费价格指数(CPI)作为基本指标

(二)价格总水平变动的决定因素和经济效应(见表9-2)

表9-2 价格总水平变动的决定因素和经济效应

决定因素	货币供给量、货币流通速度、总产出	(1)价格总水平的决定方程：$\pi = m+v-y$；π代表价格总水平变动率或通货膨胀率，m代表货币供给量的变动率，v代表货币流通速度的变动率，y代表 GDP 的变动率； (2)价格总水平的变动与货币供给量、货币流通速度的变化呈<u>正方向变动</u>，而与总产出的变化呈<u>反方向变动</u>
	总需求、总供给	(1)一般来说，价格总水平和总需求呈<u>反方向变动</u>； (2)长期：总供给与价格总水平无关；短期：价格总水平和总供给呈<u>同方向变动</u>； (3)总需求增长快于总供给的增长，价格总水平可能上升；反之，价格总水平可能下降
经济效应	直接效应	对工资的影响：(1)实际工资变动率=名义工资变动率/价格总水平变动率； (2)实际工资的变动与名义工资的变动呈同方向，与价格总水平的变动呈反方向
		对利率的影响：(1)实际利率=名义利率-价格总水平变动率； (2)名义利率不变时，实际利率与价格总水平变动呈反方向变动；价格总水平不变时，名义利率与实际利率相等；名义利率低于价格总水平上涨率时，实际利率为负
		对汇率的影响：(1)汇率实际上由两国价格总水平变动之比决定； (2)本国的价格总水平上涨率高于外国的价格总水平上涨率，本国货币就会贬值，以本币表示的汇率就一定会上升
	间接效应	对企业生产经营决策的影响，对收入分配结构以及对经济增长的影响

【例1·多选题】决定价格总水平变动的主要因素有(   )。
A. 总产出
B. 货币流通速度
C. 产业结构
D. 货币供给量
E. 总需求和总供给

解析 本题考查决定价格总水平变动的因素。决定价格总水平变动的主要因素包括货币供给量、货币流通速度和总产出，总需求和总供给。　　　　　**答案** ABDE

▶考点二 就业和失业

(一)就业和失业的统计(见表9-3)

表9-3 就业和失业的统计

我国的统计口径	就业人口	在16周岁以上，从事一定社会劳动并取得劳动报酬或经营收入的人员
	失业人口	城镇登记失业人员：有非农业户口，在法定的劳动年龄段内(16岁至退休年龄)，有劳动能力，无业而要求就业，并在当地就业服务机构进行失业登记的人员

就业与失业水平的统计	发达国家	(1)失业率是反映一个国家或地区劳动力资源利用状况的最重要的指标； (2)失业率=(失业总人数/民用劳动力总人数)×100%； (3)就业率=(就业人口/民用成年人口总数)×100%
	我国	(1)主要统计指标：城镇登记失业率； (2)2018年首次正式公布城镇调查失业率
	自然失业率	又称为非加速通货膨胀失业率，一个国家或地区在长期内总存在一个正常失业率。在正常失业率水平下，劳动力市场处于供求均衡状态，价格总水平处于稳定状态

(二)失业的类型(见表9-4)

表9-4 失业的类型

失业的类型		内容
自愿失业(不接受现行工资水平)	摩擦性失业	因为劳动者找到最适合自己的偏好和技能的工作需要一定的时间而引起的失业，即由于劳动者从一个工作转换到另一个工作的过程中出现的失业
	结构性失业	劳动者的技能和现有就业岗位所需技能不匹配，导致失业；有时因为产业结构调整造成，如新产业兴起、旧产业衰落
需求不足型失业(非自愿失业)		需求不足型失业、周期性失业：劳动者在现行工资水平下找不到工作的状况，或指总需求相对不足减少劳动力派生需求所导致的失业，是宏观经济调控关注的重点

【例2·多选题】按照古典经济学观点，下列属于自愿失业类型的有(　)。
A. 摩擦性失业　　　　　　　　B. 周期性失业
C. 结构性失业　　　　　　　　D. 体制性失业
E. 需求不足型失业

解析▶ 本题考查自愿失业的类型。按照古典经济学观点，自愿失业的类型主要包括摩擦性失业和结构性失业。

答案▶ AC

▶考点三　失业和经济增长及价格总水平的相互关系

有关奥肯定律、就业弹性系数、菲利普斯曲线的具体内容见表9-5。

表9-5 奥肯定律、就业弹性系数、菲利普斯曲线

奥肯定律	公式	$(y-y^*)/y^* = -2\times(u-u^*)$ y代表实际GDP，y^*代表潜在的GDP，u代表实际失业率，u^*代表自然失业率
	含义	(1)表明在经济增长和就业之间存在一定的正相关关系； (2)政策含义：政府应把促进经济增长作为增加就业或降低失业的主要途径
就业弹性系数	公式	就业弹性系数(E_e)=就业增长速度(E)/经济增长速度(Y)
	含义	经济增长每变化一个百分点所对应的就业数量变化的百分比
	决定因素	(1)取决于产业结构等因素； (2)第三产业或服务业所占比例较大，就业弹性较高

菲利普斯曲线	最初的曲线	反映**失业率**与**货币工资率**之间的关系，失业率越低，工资增长率越高
	简单的曲线	描述**通货膨胀率**与**失业率**之间的相互关系，表明失业率与通货膨胀率之间存在负相关关系
	其他观点	(1) 弗里德曼认为，通货膨胀和失业的替代关系只在**短期**内才有可能； (2) 长期的菲利普斯曲线是一条**和横轴垂直的直线**

【例3·单选题】根据奥肯定律，政府应当把( )作为增加就业的主要途径。

A. 稳定物价 B. 促进经济增长
C. 平衡国际收支 D. 稳定经济秩序

解析 本题考查奥肯定律。根据奥肯定律，政府应当把促进经济增长作为增加就业或降低失业的主要途径。

答案 B

历年考题解析

一、单项选择题

1. (2019年)下列经济因素变化中，通常情况下与价格总水平的变动是反方向的是( )。
   A. 货币流通速度的变化
   B. 总供给
   C. 货币供应量的变化
   D. 总产出的变化

   解析 本题考查价格总水平。价格总水平与货币供给量、货币流通速度的变化呈正方向变动，与总产出的变化呈反方向变动。

   答案 D

2. (2019年)根据失业的分类，因总需求不足而减少劳动力派生需求所导致的失业是( )。
   A. 周期性失业 B. 自愿失业
   C. 摩擦性失业 D. 强制失业

   解析 本题考查周期性失业。需求不足型失业也叫非自愿失业、周期性失业，是指劳动者在现行工资水平下找不到工作的状况，或总需求相对不足减少劳动力派生需求所导致的失业。

   答案 A

3. (2018年)劳动者找到最适合自己的偏好和技能的工作需要一定的时间而引起的失业是( )。
   A. 结构性失业 B. 摩擦性失业
   C. 周期性失业 D. 需求不足型失业

   解析 本题考查失业的类型。摩擦性失业是因为劳动者找到最适合自己的偏好和技能的工作需要一定的时间而引起的失业，也就是由于劳动者从一个工作转换到另一个工作的过程中出现的失业。

   答案 B

4. (2018年)奥肯定律描述的是( )。
   A. 经济波动和就业
   B. 经济增长和通货膨胀
   C. 经济增长和居民收入
   D. 经济增长和失业

   解析 本题考查奥肯定律。奥肯定律提出了经济增长和失业之间的具体数量相关关系。

   答案 D

二、多项选择题

1. (2018年)关于价格总水平变动对利率影响的说法，正确的有( )。
   A. 当名义利率低于价格总水平上涨率时，实际利率为负
   B. 价格总水平不变时，名义利率与实际利率相等
   C. 实际利率是扣除了价格总水平变动影响因素的利率
   D. 实际利率取决于名义利率与价格总水平变动率之差
   E. 在名义利率不变的情况下，实际利率与

价格总水平呈同方向变动

解析 本题考查价格总水平变动的经济效应。在名义利率不变时,实际利率与价格总水平变动呈反方向变动。 **答案** ABCD

2.(2017年)关于菲利普斯曲线的说法,正确的有( )。

A. 菲利普斯曲线适用于任何国家,都具有相同数量关系

B. 菲利普斯曲线在短期和长期都具有相同的意义

C. 简单的菲利普斯曲线是一条描述通货膨胀率与失业率之间相互关系的曲线

D. 按照经济学家弗里德曼的观点,菲利普斯曲线从长期来看是不存在的

E. 从长期来看,菲利普斯曲线是一条和横轴平行的直线

解析 本题考查菲利普斯曲线。简单的菲利普斯曲线是一条表示通货膨胀率与失业率之间相互关系的曲线,选项C说法正确。按照经济学家弗里德曼的观点,通货膨胀和失业之间的所谓替代关系只在短期内才是可能的,而在长期内则是不存在的,选项D说法正确。 **答案** CD

同步系统训练

一、单项选择题

1. 如果以 π 代表价格总水平的变动率,m 代表货币供给量的变动率,v 代表货币流通速度的变动率,y 代表国内生产总值的变动率,那么价格总水平的决定方程是( )。

   A. $\pi=m+v-y$ B. $\pi=m+v$
   C. $\pi=m-y$ D. $\pi=v-y$

2. 关于价格总水平变动的直接效应,说法错误的是( )。

   A. 实际工资是以当时的货币形式表现的工资
   B. 实际利率是货币购买力不变时的利率
   C. 名义利率低于价格总水平上涨率时,实际利率为负
   D. 本国的价格总水平上涨率低于外国的价格总水平上涨率,本币升值,以本币表示的汇率下降

3. 由于劳动者在现行工资水平下找不到工作,或总需求相对不足减少劳动力派生需求所导致的失业属于( )。

   A. 季节性失业   B. 摩擦性失业
   C. 结构性失业   D. 周期性失业

4. 反映一个国家或地区劳动力资源利用状况的最重要的经济指标是( )。

   A. 就业率   B. 人口出生率
   C. 失业率   D. 城镇化率

5. 奥肯定律用公式表示为( )。

   A. $(y-y^*)/y^*=-2\times(u-u^*)$
   B. $(y-y^*)/y^*=2\times(u-u^*)$
   C. $(y-y^*)\times y^*=-2\times(u-u^*)$
   D. $(y^*-y)\times y^*=2\times(u^*-u)$

6. 一个国家或地区一定时期内的就业增长率与经济增长率之间的比值称为( )。

   A. 就业弹性   B. 就业系数
   C. 就业增速   D. 就业比率

7. 根据统计部门数据,2019年某国城镇就业人员为39 310万人,比2018年城镇就业人员增长了2.8%。全年国内生产总值为636 463亿元,比2018年增长了7.4%,则2019年该国城镇就业弹性系数约为( )。

   A. 0.06   B. 0.38
   C. 0.78   D. 16.20

8. 简单的菲利普斯曲线描述的是( )。

   A. 通货膨胀和居民收入增长率之间的关系
   B. 经济增长率和失业率之间的关系
   C. 通货膨胀率和失业率之间的关系
   D. 财政收入增长率和失业率之间的关系

二、多项选择题

1. 目前,世界各国特别是在发达的国家或地

区，度量价格总水平的方法主要有（ ）。
A. 编制各种价格指数
B. 计算国内生产总值缩减指数
C. 计算国民生产总值缩减指数
D. 编制各种消费指数
E. 编制各种成本指数

2. 关于决定价格总水平变动因素的说法，正确的有（ ）。
A. 价格总水平的变动与货币供给量、货币流通速度的变化呈反方向变动
B. 价格总水平的变动与总产出的变化呈反方向变动
C. 一般来说，价格总水平和总需求呈反方向变动
D. 从长期来看，总供给变动与价格总水平无关
E. 从短期来说，价格总水平和总供给呈同方向变动

3. 关于就业和失业的说法，正确的有（ ）。
A. 失业是指有劳动能力并愿意就业但在目前没有从事有报酬或收入的工作的现象
B. 努力扩大就业减少失业，是提高人民生活水平的重要途径
C. 促进经济增长是增加就业的主要途径
D. 如果第三产业在 GDP 中所占比例较大，则就业弹性较高

E. 解决自愿失业是宏观经济调控的重点

4. 以下属于自愿性失业情形的有（ ）。
A. 某地区经济贫困，总需求不足导致失业
B. 某国家发生经济危机导致大量失业
C. 总需求萎缩造成的失业
D. 某人从一个工作转换到另外一个工作的过程中出现失业
E. 产业结构调整使得原有劳动者不具备新产业所要求的技术而失业

5. 下列失业类型中，属于宏观经济关注重点的有（ ）。
A. 非自愿失业   B. 摩擦性失业
C. 周期性失业   D. 结构性失业
E. 需求不足型失业

6. 关于奥肯定律的含义和作用的说法，正确的有（ ）。
A. 奥肯定律揭示了经济增长和就业之间的关系
B. 奥肯定律揭示了通货膨胀和失业之间的关系
C. 奥肯定律揭示了经济增长和财政收入之间的关系
D. 奥肯定律揭示了经济增长和国际资本流动之间的关系
E. 奥肯定律的政策含义是政府应当把促进经济增长作为降低就业的主要途径

同步系统训练参考答案及解析

一、单项选择题

1. A　【解析】本题考查决定价格总水平变动的因素。价格总水平决定方程：$\pi = m + v - y$。

2. A　【解析】本题考查价格总水平变动的经济效应。名义工资是以当时的货币形式表现的工资。实际工资是扣除了价格变动影响因素的工资。选项 A 错误。

3. D　【解析】本题考查失业的类型。周期性失业（需求不足型失业、非自愿失业）是指劳动者在现行工资水平下找不到工作的状况，或由于总需求相对不足减少劳动力派生需求引起的失业。这种失业与经济周期相联系。

4. C　【解析】本题考查就业与失业水平的统计。失业率是反映一个国家或地区劳动力资源利用状况的最重要的指标，是失业总人数与民用劳动力总人数的比率。

5. A　【解析】本题考查奥肯定律。奥肯定律用公式表示为：$(y - y^*)/y^* = -2 \times (u - u^*)$。

6. A　【解析】本题考查就业弹性系数。就业弹性是一个国家或一个地区一定时期内的劳动就业增长率与经济增长率的比值，即

经济增长每变化一个百分点所对应的就业数量变化的百分比。

7. B 【解析】本题考查就业弹性系数。就业弹性系数=就业增长速度/经济增长速度=2.8%/7.4%≈0.38。

8. C 【解析】本题考查菲利普斯曲线。简单的菲利普斯曲线是描述通货膨胀率与失业率之间相互关系的图形。

二、多项选择题

1. AB 【解析】本题考查度量价格总水平的方法。目前，世界各国特别是在发达的国家或地区，度量价格总水平的方法主要有两种：一是编制各种价格指数，如消费者价格指数、批发价格指数等；二是计算国内生产总值缩减指数。

2. BCDE 【解析】本题考查决定价格总水平变动的因素。价格总水平的变动与货币供给量、货币流通速度的变化呈同方向变动，选项 A 错误。

3. ABCD 【解析】本题考查就业与失业。需求不足型失业，即非自愿失业是宏观经济调控的重点，选项 E 错误。

4. DE 【解析】本题考查失业的类型。选项 A、B、C 属于需求不足型失业，即非自愿性失业。选项 D 属于摩擦性失业，选项 E 属于结构性失业。

5. ACE 【解析】本题考查失业的类型。需求不足型失业，也叫非自愿失业、周期性失业，是宏观经济调控中需要关注的重点。选项 B、D 是自愿失业。

6. AE 【解析】本题考查奥肯定律。奥肯定律表明了在经济增长和就业之间存在一定的正相关关系。政府应当把促进经济增长作为增加就业或降低失业的主要途径。

本章思维导图

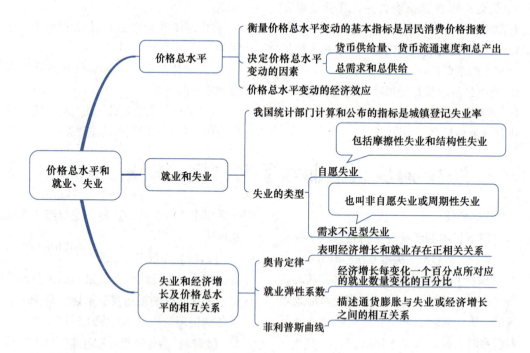

第10章 国际贸易理论和政策

考情分析

本章主要讲述国际贸易理论、政府对国际贸易干预的目的、倾销的界定和反倾销措施分析等内容,本章在最近三年的考试中分值分布不均匀,通常在3分左右。

最近三年本章考试题型、分值分布

年份	单项选择题	多项选择题	合计
2019年	—	1题2分	1题2分
2018年	1题1分	1题2分	2题3分
2017年	2题2分	1题2分	3题4分

本章主要考点

1. 国际贸易理论的演变。
2. 影响国际贸易的因素。
3. 政府对国际贸易干预的目的。
4. 倾销的界定和反倾销措施分析。

重点、难点讲解及典型例题

▶考点一 国际贸易理论

(一)国际贸易理论的演变(见表10-1)

表10-1 国际贸易理论的演变

理论	提出人	观点
绝对优势理论	亚当·斯密	各国应集中生产并出口具有绝对优势的产品,进口不具有绝对优势的产品,其结果是可以节约社会资源,提高产出水平
比较优势理论	大卫·李嘉图	只要两国之间存在生产成本上的差异,即使其中一方处于完全的劣势地位,国际贸易仍会发生,而且贸易会使双方获得收益
赫克歇尔—俄林理论	赫克歇尔和俄林	各国应集中生产并出口能够充分利用本国充裕要素的产品,进口需要密集使用本国稀缺要素的产品
规模经济贸易理论	克鲁格曼	(1)大规模的生产可以降低单位产品的生产成本。该理论用来解释相似资源储备国家之间和同类工业品之间的双向贸易现象; (2)克鲁格曼认为工业产品是类似的,但不同质,大多数工业产品的市场是不完全竞争的;传统的国际贸易理论假设各国生产的产品是同质的,国际市场是完全竞争的

(二)影响国际贸易的因素

1. 影响进出口贸易的因素(见表10-2)

表10-2 影响进出口贸易的因素

贸易类型	影响因素
出口	汇率水平;自然资源的丰裕程度;生产能力和技术水平;国际市场需求水平和需求结构变动
进口	汇率水平;一国的经济总量或总产出水平;国际市场商品的供给情况和价格水平的高低

【提示】一国货币汇率下降→本币贬值→出口增加、进口减少→旅游收入、劳务收入增加
一国货币汇率上升→本币升值→出口减少、进口增加→旅游收入、劳务收入减少。

2. 一国对外贸易的发展水平,取决于以下因素:
(1)本国的总体经济状况和经济实力;
(2)产品竞争力;
(3)世界市场的供求关系;
(4)各国政府对进出口贸易的限制或贸易政策。

【例1·多选题】影响一国出口贸易的主要因素有( )。
A. 自然资源的丰裕程度
B. 生产能力和技术水平的高低
C. 汇率水平的高低
D. 国际市场商品的供给情况
E. 国际市场需求水平和需求结构变动

解析 ▶ 本题考查影响出口贸易的因素。影响出口贸易的因素有:(1)自然资源的丰裕程度;(2)生产能力和技术水平的高低;(3)汇率水平的高低;(4)国际市场需求水平和需求结构变动。

答案 ▶ ABCE

考点二 国际贸易政策

(一)政府对国际贸易的干预(见表10-3)

表10-3 政府对国际贸易的干预

目的	为了保护国内产业免受国外竞争者的损害,维持本国的经济增长和国际收支平衡			
干预措施	对进口贸易的干预	关税壁垒	征收高额进口关税	
		非关税壁垒	进口配额制	对一定时期某产品的进口数量和金额直接限制
			自愿出口限制	出口国在压力下自愿限制某产品一定时期的出口数量或金额
			歧视性公共采购	一国政府给予国内供应商优先获得政府公共采购订单的措施,对外国供应商是一种歧视
			技术标准和卫生检疫标准	设置技术标准、卫生检疫标准,限制产品的进口
	对出口贸易的干预	出口补贴	直接补贴	直接以现金形式弥补国内外市场的差价
			间接补贴	出口退税、出口信贷等

(二)倾销的界定和反倾销措施分析

1. 倾销(见表10-4)

表10-4 倾销

含义	出口商以低于正常价值的价格向进口国销售产品,并因此给进口国产业造成损害的行为	
确定产品正常价值的标准	(1)原产国标准; (2)第三国标准; (3)按照同类产品在原产国的生产成本,加合理销售费、管理费、一般费用和利润确定	
类型	掠夺性倾销	在短期内以不合理的低价向国外市场销售产品,一旦竞争对手被排除,再重新提高产品销售价格
	持续性倾销	出口企业为长期占领市场,实现利润最大化目标而无限期地持续以低价向国外市场出口产品
	隐蔽性倾销	出口企业按国际市场的正常价格出售产品给进口商,但进口商则以倾销性的低价在进口国市场上抛售,其亏损部分由出口企业予以补偿
	偶然性倾销	出口国国内存在大量剩余产品,为处理这些产品而以倾销方式向国外市场抛售

2. 反倾销措施(见表10-5)

表10-5 反倾销措施

含义	(1)属于贸易救济措施; (2)进口国针对价格倾销而采取征收反倾销税等措施来抵消不利影响的行为
征收反倾销税的要求	(1)产品存在以低于正常价值水平进入另一国市场的事实; (2)倾销对某一成员方的相关产业造成重大损失; (3)损害与低价倾销之间存在因果关系

【例2·单选题】出口企业按正常价格销售给进口商,进口商以倾销性低价在进口国市场抛售产品,亏损由出口企业补偿,这种倾销类型属于( )。

A. 持续性倾销　　　　　　　　　B. 掠夺性倾销
C. 隐蔽性倾销　　　　　　　　　D. 偶然性倾销

解析　本题考查隐蔽性倾销的概念。隐蔽性倾销指出口企业按国际市场的正常价格出售产品给进口商,但进口商则以倾销性的低价在进口国市场上抛售,其亏损部分由出口企业予以补偿。

答案　C

历年考题解析

一、单项选择题

1. (2018年)经济学家亚当·斯密提出的国际贸易理论是( )。
   A. 绝对优势理论
   B. 要素禀赋理论
   C. 比较优势理论
   D. 规模经济贸易理论
   解析　本题考查国际贸易理论的演变。绝对优势理论是英国经济学家亚当·斯密在18世纪提出的。 答案　A

2. (2017年)能够用来解释具有相似资源储备国家之间或者同类工业品之间的双向贸易现象的理论是( )。
   A. 规模经济贸易理论
   B. 赫克歇尔—俄林理论
   C. 比较优势理论

D. 绝对优势理论

解析 本题考查国际贸易理论的演变。规模经济贸易理论可以用来解释具有相似资源储备国家之间或者同类工业品之间的双向贸易现象。

答案 A

3. (2017年)下列政府政策措施中,能对进口贸易产生限制作用的是( )。
   A. 设定卫生检验标准
   B. 直接补贴
   C. 出口信贷
   D. 限制倾销

解析 本题考查国际贸易政策。政府对进口贸易的干预主要采取关税限制和非关税限制两种方式。选项A属于非关税限制。选项B、C、D属于对出口贸易进行的干预。

答案 A

二、多项选择题

1. (2019年)在国际贸易中存在的倾销类型包括( )。
   A. 掠夺性倾销　　B. 强制性倾销
   C. 偶然性倾销　　D. 持续性倾销
   E. 隐蔽性倾销

解析 本题考查倾销的类型。国际贸易中的倾销的类型包括:掠夺性倾销、持续性倾销、隐蔽性倾销和偶然性倾销。

答案 ACDE

2. (2018年)下列由政府实行的进出口贸易干预措施中,不属于非关税壁垒的有( )。
   A. 出口信贷
   B. 反倾销税
   C. 歧视性公共采购
   D. 出口补贴
   E. 卫生检疫标准

解析 本题考查政府对国际贸易干预的目的。非关税壁垒,是指采用关税以外的手段对外国商品进口设置障碍的各种措施。如进口配额制、自愿出口限制、歧视性公共采购、技术标准和卫生检疫标准等。

答案 ABD

3. (2017年)关于倾销和反倾销的说法,正确的有( )。
   A. 进口国征收反倾销税可以根据本国需要随意确定标准
   B. 反倾销措施属于贸易救济措施
   C. 反倾销的措施可采用征收反倾销税
   D. 倾销的实质就是低价出口产品
   E. 确定是否属于倾销行为的关键是认定产品的正常价值

解析 本题考查倾销的界定和反倾销措施分析。倾销,是指出口商以低于正常价值的价格向进口国销售商品,并因此给进口国产业造成损害的行为。确认出口国企业低价销售行为是否为倾销行为的关键,是关于产品正常价值的认定。反倾销措施属于贸易救济措施,是指进口国针对价格倾销这种不公平的贸易行为采取征收反倾销税等措施来抵消不利影响的行为。选项B、C、E正确。

答案 BCE

同步系统训练

一、单项选择题

1. 只要两国之间存在生产成本上的差异,即使其中一方处于完全的劣势地位,国际贸易仍会发生,而且会使双方获得收益,该观点的理论依据是( )。
   A. 绝对优势理论
   B. 比较优势理论
   C. 赫克歇尔—俄林理论
   D. 规模经济理论

2. 主张各国应生产、出口密集使用本国丰裕要素的产品,进口需要密集使用本国稀缺要素的产品。该理论是( )。
   A. 要素禀赋理论
   B. 绝对优势理论
   C. 比较优势理论
   D. 后发优势贸易理论

3. 赫克歇尔—俄林理论认为，国际贸易的基础是（　）。
   A. 生产资源配置或要素储备比例上的差别
   B. 大规模的生产可以降低单位产品的生产成本
   C. 同类产品的生产更具有相同的要素密集性
   D. 各国在生产技术上的绝对差异导致劳动生产率和生产成本的绝对差异
4. 关税壁垒政策是通过（　）来实现的。
   A. 歧视性公共采购
   B. 卫生检疫标准
   C. 进口配额制
   D. 征收高额进口关税
5. 政府对国际贸易的干预措施中，进口配额属于（　）。
   A. 间接补贴　　B. 直接补贴
   C. 关税壁垒　　D. 非关税壁垒
6. 政府对本国的国际贸易进行干预的各项措施中，以现金形式弥补出口企业国际市场价格和本国国内市场价格的差价的方式属于（　）。
   A. 间接出口补贴　B. 直接出口补贴
   C. 直接进口补贴　D. 间接进口补贴
7. 下列政府政策措施中，属于间接出口补贴的是（　）。
   A. 出口信贷　　B. 自愿出口限制
   C. 技术标准　　D. 最高限价制
8. 世界贸易组织规定，确定产品正常价值可依据的标准不包括（　）。
   A. 原产国标准
   B. 进口国标准
   C. 第三国标准
   D. 同类产品在原产国的生产成本，加合理销售费、管理费、一般费用和利润
9. 出口国国内存在大量剩余产品，为处理这些产品而以倾销方式向国外市场抛售，这种倾销方式属于（　）。
   A. 掠夺性倾销　　B. 持续性倾销
   C. 隐蔽性倾销　　D. 偶然性倾销
10. 关于反倾销税的说法，错误的是（　）。
    A. 反倾销税是进口国主管机关对确认倾销产品征收的一种附加税
    B. 反倾销税的税额不得超过所裁定的倾销幅度
    C. 反倾销税的纳税义务人是倾销产品的进口商
    D. 进口商不得直接或间接替出口商承担反倾销税

二、多项选择题

1. 影响一国进口贸易的主要因素有（　）。
   A. 汇率水平
   B. 生产能力和技术水平的高低
   C. 国际市场商品的供给情况
   D. 一国的经济总量或总产出水平
   E. 国际市场商品价格水平的高低
2. 政府对国际贸易进行干预或限制的目的在于（　）。
   A. 增加进口，减少出口
   B. 提高产品价格，提高本国产品在国际市场上的竞争力
   C. 保护国内产业免受国外竞争者的损害
   D. 维持本国的经济增长
   E. 维持国际收支平衡
3. 政府对国际贸易进行干预的手段包括（　）。
   A. 财务核算　　B. 关税壁垒
   C. 非关税壁垒　D. 出口退税
   E. 出口补贴
4. 以下属于非关税壁垒措施的有（　）。
   A. 某国政府提高制成品的进口关税税率，限制进口
   B. 某进口国政府对电子产品设定较高的技术标准
   C. 某国政府给予国内的供应商优先获得政府公共采购订单
   D. 某国对进口的化妆品采取卫生检疫，限制国外化妆品的进口
   E. 某出口国和进口国谈判自愿限制某些商品在一定时间内的出口数量

5. 关于倾销的说法，正确的有( )。
   A. 倾销对出口国本身不会产生不利影响
   B. 倾销会阻碍进口国相关产业发展
   C. 倾销对第三国没有影响
   D. 倾销会扰乱出口国市场秩序
   E. 倾销会使第三国在进口国的市场份额减少

6. 世界贸易组织规定，对出口国某一产品征收反倾销税必须符合的要求有( )。
   A. 倾销对某一成员方的相关产业造成重大损失
   B. 该产品存在以低于正常价值水平进入另一国市场的事实
   C. 该产品进入另一国市场给该国生产同类产品的企业带来竞争压力
   D. 该产品在出口国供不应求
   E. 损害与低价倾销之间存在因果关系

同步系统训练参考答案及解析

一、单项选择题

1. B 【解析】本题考查比较优势理论。比较优势理论认为，只要两国之间存在生产成本上的差异，即使其中一方处于完全的劣势地位，国际贸易仍会发生，而且贸易会使双方都获得收益。

2. A 【解析】本题考查要素禀赋理论。根据要素禀赋理论，各国应集中生产并出口能够充分利用本国充裕要素的产品，进口需要密集使用本国稀缺要素的产品。

3. A 【解析】本题考查生产要素禀赋理论。赫克歇尔—俄林理论认为，国际贸易的基础是生产资源配置或要素储备比例上的差别。

4. D 【解析】本题考查政府对国际贸易干预的目的。关税壁垒，是指国家通过征收高额进口关税来限制外国商品进口的一种外贸政策。

5. D 【解析】本题考查政府对国际贸易干预的目的。非关税壁垒包括进口配额制、自愿出口限制、歧视性公共采购、技术标准和卫生检疫标准等。

6. B 【解析】本题考查政府对国际贸易干预的目的。以现金形式弥补出口企业国际市场价格和本国国内市场价格的差价的方式属于出口补贴中的直接补贴。

7. A 【解析】本题考查政府对国际贸易干预的目的。间接补贴包括出口退税、出口信贷等。

8. B 【解析】本题考查倾销的界定。世界贸易组织规定确定产品正常价值可依据的标准，主要有三类：(1)原产国标准；(2)第三国标准；(3)按照同类产品在原产国的生产成本，加合理销售费、管理费、一般费用和利润确定。

9. D 【解析】本题考查偶然性倾销的概念。偶然性倾销指出口国国内存在大量剩余产品，为处理这些产品而以倾销方式向国外市场抛售。

10. D 【解析】本题考查反倾销。反倾销税的纳税义务人是倾销产品的进口商，而不是出口商。出口商不得直接或间接替进口商承担反倾销税。选项D错误。

二、多项选择题

1. ACDE 【解析】本题考查进口贸易的影响因素。影响一国进口贸易的主要因素有：(1)一国的经济总量或总产出水平；(2)汇率水平；(3)国际市场商品的供给情况和价格水平的高低。选项B是影响出口贸易的因素。

2. CDE 【解析】本题考查政府对国际贸易干预的目的。政府对国际贸易进行干预或限制的目的，主要是保护国内产业免受国外竞争者的损害，维持本国的经济增长和国际收支平衡。

3. BCDE 【解析】本题考查政府对国际贸易

干预的目的。政府对进口贸易的干预主要采取关税限制和非关税限制两种方式，即关税壁垒和非关税壁垒。政府干预出口贸易以刺激出口增加的主要措施是出口补贴，分为直接补贴和间接补贴，间接补贴如出口退税、出口信贷等。

4. BCDE 【解析】本题考查政府对国际贸易干预的目的。非关税壁垒，是指采用关税以外的手段对外国商品进口设置障碍的各种措施，如进口配额制、自愿出口限制、歧视性公共采购、技术标准和卫生检疫标准等。选项A属于关税壁垒。

5. BDE 【解析】本题考查倾销的影响。倾销不仅会对进口国造成实质性伤害，对出口国本身和第三国也会产生不利的影响。选项A、C错误。

6. ABE 【解析】本题考查反倾销措施。世界贸易组织规定，对出口国某一产品征收反倾销税必须符合以下要求：（1）该产品存在以低于正常价值水平进入另一国市场的事实；（2）倾销对某一成员方的相关产业造成重大损失；（3）损害与低价倾销之间存在因果关系。

本章思维导图

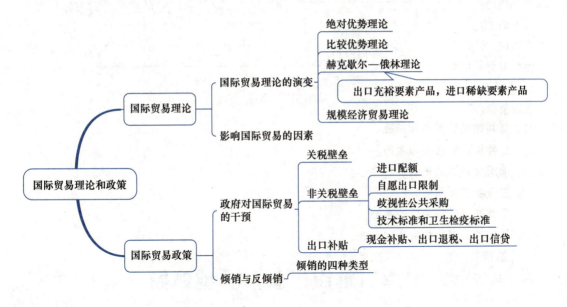

第11章 公共物品与财政职能

考情分析

本章主要讲述公共物品的融资与生产、市场与政府的经济活动范围、财政的基本职能、公共选择与政府失灵等内容，都是需要记忆的知识，本章在最近三年的考试中平均分值在2分左右。

最近三年本章考试题型、分值分布

年份	单项选择题	多项选择题	合计
2019年	—	2题4分	2题4分
2018年	1题1分	—	1题1分
2017年	1题1分	—	1题1分

本章主要考点

1. 公共物品的概念和特征。
2. 公共物品的融资与生产。
3. 政府经济活动范围。
4. 财政的基本职能。
5. 公共选择的三大理论基石。
6. 常见的政府失灵的表现形式。

重点、难点讲解及典型例题

▶ **考点一　公共物品的定义及其融资与生产**

（一）公共物品的概述（见表11-1）

表11-1　公共物品的概述

定义		公共物品是指这样的物品，增加一个人对该物品消费的同时，不会减少其他人对该物品的消费（萨缪尔森首次提出这个定义）
特征	非竞争性（主要特征）	公共物品被提供之后，如果增加一个人对它的消费，不会增加额外的成本（强调了集体提供公共物品的潜在收益）
	非排他性（派生特征）	公共物品被提供之后，如果想要排除一个人额外的消费，在技术上是不可行的（指出了通过市场机制提供公共物品的潜在困难）

续表		
需求显示	公共物品的需求显示通过具有强制性的政治交易来实现（私人物品的需求显示通过自愿的市场交易来实现）	

(二)公共物品的融资与生产(见表 11-2)

表 11-2 公共物品的融资与生产

类比项	分类	内容
公共物品的融资	政府融资（强制融资）	(1)公共物品在消费上具有非排他性，容易出现"免费搭车"现象； (2)政府应作为公共物品供给的资金提供者，以强制税收的形式为公共物品融资； (3)缺点：政府融资难以满足社会成员对公共物品的多样化需求
	私人融资（自愿融资）	(1)公共物品在消费上的非排他性是阻碍私人融资的关键因素； (2)缺点：私人融资可能导致公共物品供给的数量不足和结构不平衡
	联合融资	常见的手段是政府以财政补贴和税收优惠等方式，鼓励私人机构提供公共物品
公共物品的生产	政府生产	—
	合同外包	(1)合同外包是公共服务提供私有化的表现； (2)支持公共物品提供私有化的理由同样的服务由私人生产成本更低，反对者认为私人生产降低了服务的质量
	介于政府生产和合同外包之间的方式	包括特许经营、合同委托等，服务供给主体也不仅包括政府和私人企业，还包括社会组织、慈善机构、事业单位等

(三)公共物品供给的制度结构

公共物品供给的制度结构涉及四个方面的内容：(1)**公共物品供给的决策制度**(核心)；(2)公共物品供给的融资制度；(3)公共物品供给的生产制度；(4)公共物品的受益分配制度。

【例 1·单选题】关于公共物品融资的说法，错误的是( )。

A. 私人融资可能导致公共物品供给的数量不足和结构不平衡
B. 强制融资难以满足社会成员对公共物品的多样化需求
C. 政府应作为公共物品供给的资金提供者，以强制税收的形式为公共物品融资
D. 自愿融资常见的手段是政府以财政补贴和税收优惠等方式，鼓励私人机构提供公共物品

解析 本题考查公共物品的融资。联合融资常见的手段是政府以财政补贴和税收优惠等方式，鼓励私人机构提供公共物品，选项 D 错误。 **答案** D

▶ 考点二 市场与政府的经济活动范围

(一)市场和市场效率
(1)市场系统由居民、企业和政府三个主体组成。
(2)居民(家庭)是社会的基本细胞，也是社会生活的基本单位。
(3)企业是商品生产和商品交换的基本单位，其基本目标是利润最大化并实现扩大再生产。

(二)政府经济活动范围

政府经济活动范围应主要集中于五个方面：**提供公共物品或服务**；**矫正外部性**；**维持有效竞争**；**调节收入分配**；**稳定经济**。

考点三 财政的基本职能（见表11-3）

表11-3 财政的基本职能

类比项	目标	机制手段
资源配置职能	实现全社会资源配置效率的最优状态	配置社会资源的机制和手段： (1)确定社会公共需要的基本范围、财政收支占国内生产总值的合理比例； (2)优化财政支出结构； (3)为公共工程提供必要的资金保障； (4)通过直接投资、财政贴息、税收优惠，引导和调节社会投资方向，提高社会整体投资效率； (5)通过实行部门预算制度、建立国库集中收付制度和绩效评价制度等体制、机制改革，提高财政自身管理和运营效率
收入分配职能	实现公平收入分配	实现收入分配职能的机制和手段： (1)根据市场和政府的职责分工，明确市场和政府对社会收入分配的范围和界限； (2)加强税收调节（如征收企业所得税、个人所得税、资源税等）； (3)发挥财政转移支付作用（如增加对经济发展相对较慢地区的转移性支出，增加社会保障、收入保障、教育和健康等转移性支出）； (4)发挥公共支出的作用（如提供公共卫生防疫、福利设施与服务、保障性住房等）
经济稳定和发展职能	实现充分就业、物价稳定、经济增长和国际收支平衡	实现经济稳定和发展职能的机制和手段： (1)通过财政政策和货币政策的协调配合，推动社会总需求和总供给的基本平衡，保证物价和经济发展的稳定，实现充分就业和国际收支平衡； (2)通过税收、财政补贴、财政贴息、公债等，调节社会投资需求水平，影响就业水平，使经济保持一定的增长；通过财政直接投资，调节社会经济结构，调节社会有效供给能力； (3)通过税收等调节个人消费水平和结构； (4)财政加大对节约资源、能源和环境保护的投入，加大对科教文卫事业的投入，完善社会保障制度建设等，实现经济和社会的协调健康发展

【例2·单选题】下列属于财政实现经济稳定和发展职能的机制和手段的是（　）。
A. 降低所得税税率
B. 优化财政支出结构
C. 通过税收调节收入再分配
D. 通过税收、财政补贴等，调节社会投资需求水平，影响就业水平

解析 ▶ 本题考查财政经济稳定和发展职能。选项A、C属于财政实现收入分配职能的机制和手段。选项B属于财政配置社会资源的机制和手段。　　　　答案 ▶ D

考点四 公共选择与政府失灵

(一)公共选择
(1)公共选择是关于"政府失灵"的理论，分析的是政治场景和公共选择中的个人行为。
(2)公共选择的三大理论基石：个人主义方法论、经济人假设、作为一种交易的政治过程。

(二)政府失灵的表现形式
(1)选民"理性的无知"与"理性的非理性"。
(2)政治家(政党)选票极大化。

(3)投票循环。

(4)官僚体系无效率。

(5)利益集团与寻租。

【例3·多选题】 常见的政府失灵表现为( )。

A. 官僚体系效率高

B. 政治家提出符合选民意愿的提案只是为了获利和再次当选

C. 所有的投票规则都是有缺陷的,民主投票将没有任何结果

D. 利益集团对于公共政策的形成和运行起着不可忽视的作用

E. 理性的选民不指望能影响选举结果而没有动力花费时间和成本去搜寻有关选举的信息

解析 本题考查政府失灵的表现形式。选项A应该是"官僚体系无效率"。 **答案** BCDE

历年考题解析

一、单项选择题

(2018年)关于公共选择的说法,正确的是( )。

A. 公共选择理论产生于20世纪40-50年代的英国

B. 公共选择理论是关于"市场失灵"的理论

C. 公共选择理论分析的是政治场景和公共选择中的个人行为

D. 公共选择理论不以"经济人"为假设

解析 本题考查公共选择。公共选择理论产生于20世纪40—50年代的美国。公共选择是关于"政府失灵"的理论。它从与经济学同样的个人主义方法论和"经济人"假设出发,对个人在政治环境中的行为,作出科学的分析与判断。 **答案** C

二、多项选择题

1. (2019年)关于财政实现其职能的机制和手段的说法,正确的有( )。

A. 通过税收调节个人消费水平和结构,属于经济稳定和发展职能

B. 通过财政贴息引导和调节社会投资方向,属于资源配置职能

C. 通过建立国库集中收付制度提高财政自身管理效率,属于收入分配职能

D. 通过个人所得税将个人收益调节到合理水平,属于资源配置职能

E. 通过公共支出提供社会福利,属于收入分配职能

解析 本题考查财政的基本职能。选项C属于资源配置职能。选项D属于收入分配职能。 **答案** ABE

2. (2018年)下列行为中,符合尼斯坎南模型的有( )。

A. 通过公共物品和服务的生产外包,提高效率

B. 增加某一行业官僚部门的数量,提高竞争性

C. 通过改变对官僚的鼓励,引导其最小化既定产出的成本

D. 通过政府垄断生产公共物品,提高效率

E. 增强官僚部门内部的竞争性

解析 本题考查尼斯坎南模型。尼斯坎南模型在公共物品的政府生产上,具有重要的政策含义:(1)应当增强官僚部门内部的竞争性,增加某一行业官僚部门的数量是方法之一,也可以允许其他行业现有的官僚部门通过业务参与以强化竞争;(2)通过改变对官僚的激励,引导其最小化既定产出的成本;(3)通过公共物品和服务的生产外包,让更多的私人营利性企业加入公共物品和服务的生产过程中来,以期提高效率。 **答案** ABCE

同步系统训练

一、单项选择题

1. 关于公共物品生产的说法，错误的是（ ）。
   A. 政府生产是指代表公众利益的政治家雇佣公共雇员，与他们签订就业合同，合同中对所需提供的物品或服务作出具体规定
   B. 采用合同外包方式时，只有包给营利性质的机构才是公共服务提供私有化的表现
   C. 支持公共物品提供私有化的理由是同样的服务由私人生产成本更低
   D. 反对公共物品提供私有化的理由是认为私人生产降低了服务的质量

2. 某种纯公共物品的总供给量保持不变，一个人增加该物品的消费，其他人对该物品的消费会（ ）。
   A. 相应增加　　B. 相应减少
   C. 不受影响　　D. 趋于平均

3. 财政收入分配职能的目标是（ ）。
   A. 实现按劳分配
   B. 完善收入体制
   C. 实现共同富裕
   D. 实现公平分配

4. 在财政实现收入分配职能的机制和手段中，（ ）在全社会范围内进行收入的直接调节，具有一定的强制性。
   A. 收入的初次分配活动
   B. 通过公共支出提供社会福利等进行的收入分配
   C. 通过税收进行的收入再分配活动
   D. 通过财政转移支付对收入进行再分配

5. 通过资源税调节自然资源形成的级差收入，是财政发挥（ ）职能的体现。
   A. 收入分配　　B. 资源配置
   C. 经济稳定　　D. 经济发展

6. 财政经济稳定职能的行使重点是（ ）。
   A. 协调社会资源在私人部门和政府部门之间的配置
   B. 维持社会资源在高水平利用状况下的稳定
   C. 稳定物价水平和实现国际收支平衡
   D. 改善经济结构和提高经济增长速度

7. 理性的选民由于不指望自己的一票能够影响选举结果，因而没有动力花费时间和成本去搜寻有关选举的信息，这称为（ ）。
   A. "非理性的无知"
   B. "非理性的理性"
   C. "理性的无知"
   D. "理性的非理性"

8. 关于公共选择与政府失灵的说法，错误的是（ ）。
   A. 公共选择是关于"政府失灵"的理论
   B. 根据"孔多塞悖论"，理性的个人是否投票传达对公共物品的需求信息，取决于参加投票的期望净收益
   C. 尼斯坎南的官僚理论解释了官僚体系缺乏效率的原因
   D. 尼斯坎南认为官僚在给定需求约束和成本约束条件下，会最大化本部门的总预算

二、多项选择题

1. 公共物品供给的制度结构包括（ ）。
   A. 决策制度
   B. 融资制度
   C. 受益分配制度
   D. 生产制度
   E. 隔离墙制度

2. 财政的基本职能包括（ ）。
   A. 稳定价格
   B. 配置资源
   C. 分配收入
   D. 稳定和发展经济
   E. 国际收支顺差

3. 以下由政府财政提供的有（ ）。
   A. 生产电风扇

B. 防震救灾

C. 防止传染病

D. 发展义务教育

E. 发展餐饮业

4. 以下属于财政配置资源范围的有（　）。

A. 对社会资源配置的引导性支出

B. 满足政府履行职能需要的支出

C. 介入竞争性产业的支出

D. 满足政府机关的正常运转和执行社会公共职能的基本需要支出

E. 市场不能有效提供而社会又需要的准公共物品和服务的支出

5. 财政配置社会资源可以通过（　）等方式，引导和调节社会投资方向，提高社会整体投资效率。

A. 政府直接投资

B. 财政贴息

C. 国际信贷

D. 银行透支

E. 税收优惠

6. 公共选择是关于政府失灵的理论，其理论基石有（　）。

A. 经济人假设

B. 个人主义方法论

C. 集体主义方法论

D. 作为一种交易的经济过程

E. 作为一种交易的政治过程

同步系统训练参考答案及解析

一、单项选择题

1. B 【解析】本题考查公共物品的生产。选项B错误，在合同外包中，私人签约者可能是营利性机构，也可能是非营利性机构，不论其性质如何，合同外包都是公共服务提供私有化的表现。

2. C 【解析】本题考查公共物品的定义。公共物品是指增加一个人对该物品消费的同时，不会减少其他人对该物品消费的物品。

3. D 【解析】本题考查财政的收入分配职能。财政收入分配职能的目标是实现公平分配。

4. C 【解析】本题考查财政的收入分配职能。通过税收进行的收入再分配活动，是在全社会范围内进行的收入的直接调节，具有一定的强制性。

5. A 【解析】本题考查财政的收入分配职能。财政实现收入分配职能的机制和手段之一是加强税收调节，如通过资源税调节自然资源形成的级差收入。

6. B 【解析】本题考查财政的经济稳定和发展职能。财政经济稳定职能的行使重点是维持社会资源在高水平利用状况下的稳定。

7. C 【解析】本题考查政府失灵的表现形式。"理性的无知"，是指理性的选民由于不指望自己的一票能够影响选举结果，因而没有动力花费时间和成本去搜寻有关选举的信息。

8. B 【解析】本题考查公共选择与政府失灵。选项B错误，通过投票传达对公共物品的需求信息，理性的个人投票与否，取决于参加投票的期望净收益，这是唐斯的"理性投票人假说"。

二、多项选择题

1. ABCD 【解析】本题考查公共物品供给的制度结构。公共物品供给的制度结构包括决策制度、融资制度、生产制度和受益分配制度。

2. BCD 【解析】本题考查财政的基本职能。财政具有资源配置、收入分配、经济稳定与发展职能。

3. BCD 【解析】本题考查财政的资源配置职能。财政资源配置范围应当是市场失灵而社会又需要的公共物品和服务的领域。

选项 B、C、D 属于公共物品和服务。

4. ABDE 【解析】本题考查财政的资源配置职能。财政资源配置的范围包括：(1)满足政府履行职能的需要，包括政府机关的正常运转和执行社会公共职能的基本需要；(2)市场不能有效提供而社会又需要的准公共物品和服务的支出；(3)对社会资源配置的引导性支出。

5. ABE 【解析】本题考查财政的资源配置职能。通过政府直接投资、财政贴息、税收优惠等。

6. ABE 【解析】本题考查公共选择的理论基石。公共选择具有三大理论基石：(1)个人主义方法论；(2)经济人假设；(3)作为一种交易的政治过程。

本章思维导图

公共物品与财政职能
- 公共物品的定义及其融资与生产
  - 公共物品及其特征 —— 纯公共物品的两大特征
  - 公共物品的需求显示
  - 公共物品的融资与生产
    - 政府融资、私人融资和联合融资
    - 政府生产和合同外包
  - 公共物品供给的制度结构 —— 核心是决策问题
- 市场与政府的经济活动范围
  - 市场和市场效率
  - 政府经济活动范围
- 财政的基本职能
  - 资源配置职能 —— 配置范围是市场失灵而社会又需要的公共物品和服务领域
  - 收入分配职能
    - 实现收入分配职能的机制和手段
      - 明确政府作用范围
      - 税收调节
      - 财政转移支付
      - 公共支出
  - 经济稳定和发展职能
- 公共选择与政府失灵
  - 公共选择的三大理论基石
    - 个人主义方法论
    - 经济人假设
    - 作为一种交易的政治过程
  - 政府失灵及其表现形式

第 12 章 财政支出

考情分析

本章主要讲述财政支出分类、财政支出规模及其增长趋势、财政收支矛盾与支出结构优化、财政支出绩效评价等基本内容，本章在最近三年的考试中平均分值在 3~4 分左右，属于需要多关注的章节。

最近三年本章考试题型、分值分布

年份	单项选择题	多项选择题	合计
2019 年	3 题 3 分	—	3 题 3 分
2018 年	2 题 2 分	1 题 2 分	3 题 4 分
2017 年	2 题 2 分	1 题 2 分	3 题 4 分

本章主要考点

1. 财政支出的分类方法。
2. 衡量财政支出规模的指标。
3. 财政支出规模变化的指标。
4. 财政支出规模的历史趋势。
5. 财政支出规模增长的理论解释。
6. 我国财政支出结构存在的问题。
7. 财政支出绩效评价的内容与方法。

重点、难点讲解及典型例题

▶ 考点一　财政支出及其分类

(一)财政支出

1. 含义

为了履行职能、取得所需商品和劳务，政府进行的资金支付，是政府行为活动的成本。

2. 财政支出指标(见表 12-1)

表 12-1　财政支出指标

指标	含义	性质
财政支出规模	财政支出总额占国内生产总值的比重	反映政府参与社会经济生活的程度

续表

指标	含义	性质
财政支出结构	财政支出总额中各类支出所占的比重	反映政府用各项财政资金都做了什么,反映政府参与社会经济生活的广度和重点
财政支出的经济性质	各项财政支出的具体经济构成	反映政府参与社会经济活动时履行的职能

(二)财政支出分类方法

1. 国际上常用的分类方法(见表12-2)

表12-2 国际上常用的分类方法

适用于编制政府预算的分类	(1)**财政支出功能分类**:按政府提供公共物品和服务的产出性质分类,反映政府的职能活动; (2)**财政支出经济分类**:按政府生产公共物品的成本投入分类,反映政府支出的经济性质和具体用途,是更细的反映。从微观层面追踪政府财政支出的去向和具体用途
根据交易的经济性质分类	(1)**购买性支出**:政府为履行职能从私人部门取得物品和劳务,支付资金,包括政府消费性支出和政府投资性支出; (2)**转移性支出**:政府依法向受益对象拨付财政资金,不获得相应物品和劳务,不涉及等价交换,会造成财富在社会主体间重新分配; (3)该分类体系可以从宏观上考察政府作为经济主体直接参与经济过程的程度,职能偏好于资源配置,还是收入再分配

2. 中国的政府支出分类改革

我国参照国际货币基金组织的要求并结合我国实际,实施了收支分类改革。

支出功能分类科目设类、款、项三级。一般公共预算支出功能分类科目为:一般公共服务支出、外交支出、国防支出、公共安全支出、教育支出、科学技术支出、文化旅游体育与传媒支出、社会保障和就业支出、社会保险基金支出、卫生健康支出、节能环保支出、城乡社区支出、农林水支出、交通运输支出等26类支出。

【例1·单选题】下列财政支出分类方法中,能够从微观层面清晰地追踪政府财政支出的去向和具体用途的是( )。

A. 支出的最终结果分类
B. 交易的经济性质分类
C. 支出经济分类
D. 支出功能分类

解析 本题考查财政支出分类方法。支出经济分类能够从微观层面清晰地追踪政府财政支出的去向和具体用途。

答案 C

考点二 财政支出规模及其增长趋势

(一)衡量财政支出规模的指标

(1)衡量财政支出规模的指标:绝对规模指标和相对规模指标。

(2)我国常用的相对规模指标(见表12-3)。

表 12-3 我国常用的相对规模指标

类比项	指标	反映的内容	增长趋势
常用测量方法	当年财政支出占当年国内生产总值的比重	反映政府干预经济的程度	比重不断上升
	当年中央财政支出占全国财政支出的比重	反映中央政府对地方政府的控制程度	比重相对稳定，取决于国家的制度安排
其他方法	人均财政支出	与人口变量相联系，反映人均享受的公共服务的水平	一般呈现不断增长的趋势

(二)财政支出规模变化的指标

1. 财政支出增长率[$\Delta G(\%)$]

$\Delta G(\%) =$ (当年财政支出−上年财政支出)/上年财政支出 $= (G_n - G_{n-1})/G_{n-1} = \Delta G/G_{n-1}$

2. 财政支出增长的弹性系数(E_g)

$E_g =$ 财政支出增长率/国内生产总值增长率 $= \Delta G(\%)/\Delta GDP(\%)$

弹性系数大于1，表明财政支出增长速度快于国内生产总值增长速度。

3. 财政支出增长的边际倾向(MGP)

$MGP =$ 财政支出增长额/国内生产总值增长额 $= \Delta G/\Delta GDP$

(三)财政支出规模增长的理论解释(见表12-4)

表 12-4 财政支出规模增长的理论解释

理论	代表人物	内容/观点
政府活动扩张法则	瓦格纳	(1)结论：支出规模不断扩大是社会经济发展的客观规律； (2)财政支出不断增长的原因：社会和经济发展增加了对政府活动的需求
梯度渐进增长理论	(1)皮考克； (2)魏斯曼	(1)认为英国的公共支出增长是"阶梯式的""非连续的"； (2)财政支出的最高限度：公众可以容忍的税收负担； (3)公共支出增长的内在原因：公众可容忍税收水平的提高； (4)公共支出增长的外在原因：公众所能接受的税收水平因社会出现动荡而提高，使整个财政支出在逐渐上升的过程中出现较大幅度的增长
经济发展阶段增长理论	马斯格雷夫	(1)结论：财政支出数量的变化，是随着不同时期财政支出作用的变化而变化的； (2)在经济发展的初期阶段：政府投资在总投资中所占比重较大； (3)在经济发展的中期阶段：政府投资在总投资中所占比重相对下降； (4)在经济发展的成熟阶段：政府投资在总投资中所占比重又进一步提高
非均衡增长理论	鲍莫尔	(1)通过分析公共部门平均劳动生产率的状况对财政支出增长原因作出解释； (2)将国民经济部门区分为进步部门与非进步部门； (3)两部门的差异来自技术和劳动发挥的作用不同，在进步部门，技术起着决定作用；在非进步部门，劳动起着决定作用； (4)生产率偏低的政府部门的支出快速增长
公共选择学派的解释	公共选择学派	(1)选民在进行财政事务决策时，具有"财政幻觉"，他们更关心扩大公共支出能给自己带来的好处，忽视了税收负担也有可能同时增长； (2)政治家为获得公众拥护和赢得选票，总是倾向于以更大的财政支出作为争取选民的手段； (3)在很多公共事务上，往往是官僚机构掌握着更精确的成本信息； (4)在任何一项具体的事务上，所谓的公共利益都很难界定

【例2·多选题】德国社会政策学派代表人瓦格纳提出的"政府活动扩张法则"认为，财政支出增长的原因有( )。

A. 工业化引起的市场扩张，使市场当事人之间的关系更加复杂，产生的冲突和矛盾增加，进而产生对商业法律和契约的需要

B. 在一个国家经济发展的不同时期，财政支出所发挥的作用是不同的

C. 为了纠正市场失灵问题对资源配置效率的负面影响，需要政府参与资源配置

D. 随着经济的不断增长，文化、教育、福利等财政支出增长率将超过国内生产总值的增长率

E. 财政支出水平随着税收收入的增长而逐渐上升

解析 ▶ 本题考查瓦格纳法则。选项B是马斯格雷夫的"经济发展阶段增长理论"的内容。选项E是皮考克和魏斯曼的"梯度渐进增长理论"的内容。

答案 ▶ ACD

▶ 考点三　我国的财政收支矛盾与支出结构优化

(一)财政支出总量快速增长、支出结构有所调整

财政支出的重点逐步由经济建设向提供公共物品和服务转变。

(二)我国财政支出结构存在的问题

(1)购买性支出占财政支出的比重长期偏大，转移性支出的比重处于较低的水平。

(2)相对于消费性支出而言，投资性支出占财政支出的比重仍在较高的水平上。

(3)社会性支出的比重近年来虽有上升，但仍有待进一步增加数量和改善质量。

(三)优化我国财政支出结构

更多关注再分配问题，**压缩购买性支出，扩大转移性支出的比重**，并使财政支出向人力资本和社会资本倾斜。处理投资性支出与消费性支出关系时，一方面**控制并调减投资性支出的规模**，另一方面**对投资性支出有保有压**。

具体措施包括：(1)严格控制一般性开支；(2)优化转移支付结构；(3)大力支持教育事业发展；(4)大力支持医疗卫生事业发展；(5)大力支持社会保障和就业工作；(6)大力支持生态环境建设。

【例3·多选题】根据国家发展规划的要求，优化我国财政支出结构应该做到( )。

A. 扩大购买性支出的比重　　　　B. 扩大转移性支出的比重

C. 扩大投资性支出规模　　　　　D. 严控一般性行政消费支出

E. 保障经济社会发展薄弱环节和民生支出需要

解析 ▶ 本题考查我国财政支出结构的优化。选项A错误，应相应压缩购买性支出。选项C错误，应调减投资性支出的规模。

答案 ▶ BDE

▶ 考点四　财政支出绩效评价

(一)财政支出绩效评价的概述

绩效评价的主体：政府及其财政部门。

绩效评价的对象：使用财政资金的部门或机构。

绩效评价的内容：公共委托—代理事项。

西方国家的"3E"原则包括：**经济性、效率性和效果性**，后加入"**公平性**"。

(二)财政支出绩效评价的内容和方法(见表12-5)

表 12-5 财政支出绩效评价的内容和方法

评价原则	统一领导原则、分类管理原则、客观公正原则、科学规范原则	
评价指标选择原则	(1)确定合理的绩效评价指标是财政支出绩效评价的关键； (2)指标的选择要遵循相关性、可比性、重要性和经济性原则来确定	
评价程序	分为前期准备、实施评价和撰写评价报告三个阶段	
评价方法	比较法	通过对绩效目标与绩效结果、历史情况和评价期情况、不同部门和地区同类支出的比较，综合分析评价绩效目标完成情况的评价方法
	因素分析法	通过分析影响目标、结果及成本的内外因素，综合分析评价绩效目标完成情况的评价方法
	公众评价法	对无法直接用指标计量其效果的支出，通过专家评估、公众问卷及抽样调查，对各项绩效评价内容的完成情况进行打分，并根据分值评价绩效目标完成情况的评价方法
	成本效益分析法	将一定时期内的支出与效益进行对比分析，来评价绩效目标完成情况的评价方法

【例4•多选题】西方国家在实践中总结出的财政支出绩效评价的"$3E$"原则有(   )。

A. 效率性　　　　　　　　　　B. 公平性
C. 经济性　　　　　　　　　　D. 弹性
E. 效果性

解析　本题考查财政支出绩效评价。在财政支出绩效评价中，西方国家的"$3E$"原则包括：经济性、效率性和效果性。后加入"公平性"。　　**答案**　ACE

历年考题解析

一、单项选择题

1. (2019年)在我国政府支出分类改革中，支出功能分类科目设(   )。
   A. 类、款、项三级
   B. 类、款两级
   C. 款、项两级
   D. 类、款、项、目四级

   解析　本题考查中国的政府支出分类改革。在我国政府支出分类改革中，支出功能分类科目设类、款、项三级。　　**答案**　A

2. (2019年)在解释财政支出增长时，经济发展阶段增长理论的提出者是(   )。
   A. 英国经济学家亚当·斯密
   B. 德国经济学家瓦格纳
   C. 法国经济学家李嘉图
   D. 美国经济学家马斯格雷夫

   解析　本题考查经济发展阶段增长理论。美国经济学家马斯格雷夫提出用经济发展阶段论来解释财政支出增长的原因。　　**答案**　D

3. (2018年)财政支出绩效评价的对象是(   )。
   A. 财政部门
   B. 社会所有的部门或机构
   C. 政府及其财政部门
   D. 使用财政资金的部门或机构

   解析　本题考查绩效评价的含义。绩效评价的对象是使用财政资金的部门或机构。　　**答案**　D

4. (2017年)我国财政支出2015年为175 768亿元，2016年为187 841亿元，2016年财政支出增长率是(   )。
   A. 6.43%　　　　B. 6.87%
   C. 6.47%　　　　D. 6.83%

   解析　本题考查财政支出增长率的计算。(187 841−175 768)/175 768＝6.87%。　　**答案**　B

5. (2017年)"财政支出数量的变化,是随着不同时期财政支出作用的变化而变化的",这一结论来自( )。
   A. 马斯格雷夫提出的经济发展阶段增长理论
   B. 瓦格纳提出的政府活动扩张法则
   C. 鲍莫尔提出的非均衡增长理论
   D. 皮克和魏斯曼提出的梯度渐进增长理论

   解析 本题考查财政支出规模增长理论。马斯格雷夫提出的经济发展阶段增长理论认为,财政支出数量的变化,是随着不同时期财政支出作用的变化而变化的。
   答案 A

二、多项选择题

1. (2018年)财政支出绩效评价程序包括( )。
   A. 前期准备　　B. 反馈评价结果
   C. 撰写评价报告　　D. 实施评价
   E. 进行评价分析

   解析 本题考查财政支出绩效评价的内容与方法。绩效评价程序一般分为前期准备、实施评价和撰写评价报告三个阶段。
   答案 ACD

2. (2017年)部门预算支出绩效评价方法有( )。
   A. 比较法　　B. 因素分析法
   C. 公众评价法　　D. 净现值法
   E. 成本效益分析法

   解析 本题考查部门预算支出绩效评价方法。部门预算支出绩效评价方法包括比较法、因素分析法、公众评价法和成本效益分析法。
   答案 ABCE

同步系统训练

一、单项选择题

1. 通常情况下,能够反映政府实际参与社会经济生活程度的数据是( )。
   A. 财政支出结构
   B. 财政支出规模
   C. 转移支付规模
   D. 转移支付结构

2. 在实施( )过程中,政府依法向受益对象拨付财政资金但并不要求获得相应的物品与劳务。
   A. 转移性支出
   B. 购买性支出
   C. 社会管理支出
   D. 经济管理支出

3. 下列财政指标中,属于反映财政支出增长额与国内生产总值增长额之间关系的是( )。
   A. 财政支出增长的弹性系数
   B. 财政支出增长的边际倾向
   C. 财政支出增长率
   D. 财政支出超支率

4. 关于财政支出增长的弹性系数的说法,正确的是( )。
   A. 表示为当年财政支出比上年同期财政支出增长的百分比
   B. 表示为财政支出增长率与国内生产总值增长率之比
   C. 表明财政支出增长额与国内生产总值增长额之间的关系
   D. 弹性系数大于1,表明国内生产总值增长速度快于财政支出增长速度

5. 财政支出之所以会不断增长,是因为随着工业化进程、社会和经济的发展增加了对政府活动的需求,提出这种观点的经济学家是( )。
   A. 皮考克　　B. 瓦格纳
   C. 魏斯曼　　D. 鲍莫尔

6. 根据英国经济学家皮考克和魏斯曼提出的"梯度渐进增长理论",在正常年份财政支出的最高限度是( )。
   A. 社会财富总量
   B. 政府举借债务规模

C. 财政支出需要
D. 公众可以容忍的税收负担

7. 随着市场在资源配置中决定性作用的增强，政府对经济的管理逐步从直接和微观管理向间接和宏观管理转变。与此相适应，我国财政支出重点应逐步从经济建设向( )转变。
   A. 提供公共物品和服务
   B. 支持国有经济发展
   C. 支持私营经济发展
   D. 城市建设

8. 关于非均衡增长理论的说法，错误的是( )。
   A. 部门的差异来自技术和劳动发挥的作用不同
   B. 通过分析私人部门平均劳动生产率的状况得出的
   C. 将国民经济部门区分为生产率不断提高与生产率提高缓慢两大类别
   D. 在生产率不断提高的部门，技术起着决定作用

9. 关于财政支出绩效评价的说法，正确的是( )。
   A. 财政支出绩效评价的内容是公共委托—代理事项
   B. 财政支出绩效评价的主体是使用财政资金的部门或机构
   C. 财政支出绩效评价的关键是选择合适的评价方法
   D. 财政支出绩效评价采取定性分析，不采用定量分析

10. 实施部门预算支出绩效评价的原则不包括( )。
    A. 效率优先原则 B. 统一领导原则
    C. 客观公正原则 D. 科学规范原则

11. 实施部门预算支出绩效评价时，将一定时期内的支出与效益进行比较分析，来评价绩效目标完成情况的评价方法是( )。
    A. 比较法   B. 因素分析法
    C. 公众评价法 D. 成本效益分析法

二、多项选择题

1. 下列属于购买性支出的有( )。
   A. 捐赠支出
   B. 债务利息支出
   C. 政府消费性支出
   D. 政府投资性支出
   E. 政府补助支出

2. 下列财政支出中，属于按交易的经济性质分类的有( )。
   A. 环境保护支出
   B. 购买性支出
   C. 经济事务支出
   D. 医疗保健支出
   E. 转移性支出

3. 反映财政支出的相对规模时，我国常用的测量指标有( )。
   A. 人均财政支出
   B. 当年财政支出占当年国内生产总值的比重
   C. 当年财政支出占当年国民生产总值的比重
   D. 当年中央财政支出占全国财政支出的比重
   E. 当年财政支出占财政收入的比重

4. 公共选择学派分别从( )等方面，提出了理解政府支出规模的新视角。
   A. 选民   B. 政治家
   C. 官僚行为   D. 民主制度的特征
   E. 政府机关的效率

5. 预算绩效评价体系是指通过评价财政分配资金的( )，提高财政支出的使用效率，优化财政支出的直接经济效益和社会效益。
   A. 公平性   B. 合规性
   C. 合理性   D. 经济性
   E. 有效性

6. 确定财政支出绩效评价指标应遵循的原则有( )。
   A. 平衡性原则   B. 相关性原则
   C. 可比性原则   D. 重要性原则
   E. 经济性原则

同步系统训练参考答案及解析

一、单项选择题

1. B 【解析】本题考查财政支出规模。财政支出规模反映政府实际参与社会经济生活的程度。

2. A 【解析】本题考查转移性支出。在实施转移性支出过程中，政府依法向受益对象拨付财政资金但并不要求获得相应的物品与劳务。

3. B 【解析】本题考查财政支出规模变化的指标。财政支出增长的边际倾向表明财政支出增长额与国内生产总值增长额之间的关系。

4. B 【解析】本题考查财政支出规模变化的指标。财政支出增长的弹性系数，是指财政支出增长率与国内生产总值增长率之比。弹性系数大于1，表明财政支出增长速度快于国内生产总值增长速度。

5. B 【解析】本题考查财政支出规模增长的理论解释。瓦格纳认为财政支出之所以会不断增长，是因为随着工业化进程、社会和经济的发展增加了对政府活动的需求。

6. D 【解析】本题考查财政支出规模增长的理论解释。"梯度渐进增长理论"认为公众可以容忍的税收负担是财政支出的最高限度。

7. A 【解析】本题考查我国的财政支出结构。我国财政支出重点应逐步从经济建设向提供公共物品和服务转变。

8. B 【解析】本题考查鲍莫尔的非均衡增长理论。非均衡增长理论是由美国经济学家鲍莫尔通过分析公共部门平均劳动生产率的状况提出的。

9. A 【解析】本题考查财政支出绩效评价。财政支出绩效评价的主体是政府及其财政部门，绩效评价的对象是使用财政资金的部门或机构，选项B错误。财政支出绩效评价的关键是确定合理的绩效评价指标，选项C错误。财政支出绩效评价采取定性和定量相结合的方式，选项D错误。

10. A 【解析】本题考查实施部门预算支出绩效评价的原则。实施部门预算支出绩效评价的原则是统一领导原则、分类管理原则、客观公正原则和科学规范原则。

11. D 【解析】本题考查财政支出绩效评价。成本效益分析法，是指将一定时期内的支出与效益进行对比分析，来评价绩效目标完成情况的评价方法。

二、多项选择题

1. CD 【解析】本题考查财政支出的分类。购买性支出包括政府消费性支出和政府投资性支出。

2. BE 【解析】本题考查财政支出分类方法。根据交易的经济性质，将财政支出分为购买性支出（或消耗性支出）和转移性支出。

3. BD 【解析】本题考查衡量财政支出规模的指标。我国常用两种测量方法来反映财政支出的相对规模：一是当年财政支出占当年国内生产总值的比重；二是当年中央财政支出占全国财政支出的比重。

4. ABCD 【解析】本题考查财政支出规模增长的理论解释。公共选择学派分别从选民、政治家、官僚行为及民主制度的特征等方面，提出了理解政府支出规模的新视角。

5. BCE 【解析】本题考查预算绩效评价体系的概念。所谓预算绩效评价体系，是指通过评价财政分配资金的合规性、合理性和有效性，提高财政支出的使用效率，优化财政支出的直接经济效益和社会效益。

6. BCDE 【解析】本题考查财政支出绩效评价。财政支出绩效评价指标的选择要遵循相关性、可比性、重要性和经济性原则来确定。

本章思维导图

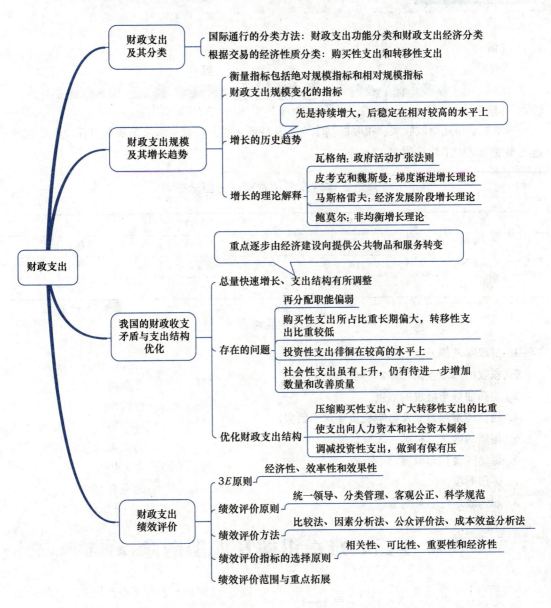

第13章 财政收入

考情分析

本章主要讲述财政收入、税收的基本含义及特征、税负转嫁及国债等基本内容。本章在最近三年的考试中平均分值在4~5分左右。

最近三年本章考试题型、分值分布

年份	单项选择题	多项选择题	合计
2019年	2题2分	3题6分	5题8分
2018年	1题1分	1题2分	2题3分
2017年	3题3分	—	3题3分

本章主要考点

1. 财政收入的分类。
2. 税收的基本含义和基本特征。
3. 拉弗曲线与征税的限度。
4. 税负转嫁的方式及影响税负转嫁的因素。
5. 国债的含义、种类、政策功能。
6. 国债的负担与限度。
7. 国债制度。
8. 加强政府性债务的管理。

重点、难点讲解及典型例题

▶ 考点一 财政收入概述（见表13-1）

表13-1 财政收入概述

含义		政府为履行职能、实施公共政策和提供公共物品与服务的需要而筹集的资金的总和
分类[①]	税收	政府从私人部门获得的强制性资金转移
	社会缴款	包括社会保障计划收入和雇主提供的退休福利之外的其他社会保险计划收入
	赠与收入	从其他政府或国际组织得到的非强制性的转移，是财政收入的补充
	其他收入	包括出售商品和服务的收入（如使用费和规费）、利息和其他财产收入（如国有资产经营收入）、除赠与以外的其他现金或实物形式的自愿转移以及罚金和罚款

续表

衡量口径	最小口径	仅包含税收收入
	小口径	(1)税收收入+纳入财政预算的非税收入； (2)不包括政府债务收入和专款专用的政府收入（如社会缴款）； (3)最常用的财政收入口径，是我国统计年鉴中对外公布的口径
	中口径	财政预算收入+社会保障缴费收入
	大口径	全部政府收入
财政集中度 （宏观税负）		(1)也称宏观税负，国家通过各种形式，从国民经济收支环流中截取并运用的资金占国民经济总量的比重； (2)衡量宏观税负的口径，从小到大分别是： 税收占 GDP 的比重→财政收入占 GDP 的比重→财政收入加上政府性基金收入、国有资本经营预算收入、社会保障基金收入后的合计占 GDP 的比重

注：①《政府收支分类科目》将一般公共预算收入科目分为：税收收入、社会保险基金收入、非税收入、贷款转贷回收本金收入、债务收入、转移性收入。

【例 1·多选题】 根据国际货币基金组织 2001 年《政府财政统计手册》的分类标准，政府的主要收入来源渠道有(　　)。

A. 税收　　　　　　　　　　　　B. 赠与收入
C. 非税收入　　　　　　　　　　D. 社会缴款
E. 其他收入

解析 本题考查财政收入及其分类。参考国际标准，政府有四种主要的收入来源渠道，即税收、社会缴款、赠与收入和其他收入。　　　　　　　　　　　　　　　**答案** ABDE

▶ 考点二　税收

（一）税收的基本含义与特征（见表 13-2）

表 13-2　税收的基本含义与特征

基本含义	国家为实现其职能，凭借其政治权力，依法参与单位和个人的财富分配，强制无偿地取得财政收入的一种形式，其内涵包括： (1)征收主体是国家，征收客体是单位和个人； (2)征收目的是为满足国家实现其职能的需要或满足社会公共需要； (3)征收的依据是法律，凭借的是政治权力，而不是财产权力； (4)征税的过程是物质财富从私人部门单向地、无偿地转移给国家的过程； (5)征收的直接结果是国家通过税收方式取得了财政收入
基本特征	(1)强制性：国家直接凭借政治权力，通过法律形式对社会产品实行强制征收； (2)无偿性：国家不向纳税人支付任何报酬。无偿性是税收本质的体现，是区分税收收入与其他财政收入形式的重要特征； (3)固定性：国家通过法律形式预先规定了课税对象、税基及税率等要素，税收征纳双方都无权随意变更征纳标准

（二）拉弗曲线（见图 13-1）

(1)拉弗曲线是对税率与税收收入或经济增长之间关系的形象描述。其含义是：保持适度的宏观税负水平是促进经济增长的一个重要条件。

(2)税率有一个限额，低于限额税收收入随着税率增加而增加；高于限额税收收入随着税率增加而减少。

(3)拉弗曲线提示各国政府：征税有禁区，要注意涵养税源。

【例2·单选题】 关于拉弗曲线的说法，错误的是( )。

A. 拉弗曲线的基本含义是保持适度的宏观税负水平是促进经济增长的一个重要条件

B. 拉弗曲线表明，在较低的税率区间内，税收收入将随税率的增加而减少

C. 拉弗曲线提示各国政府，征税有"禁区"，要注意涵养税源

D. 拉弗曲线描述的是税率与税收收入或经济增长之间的关系

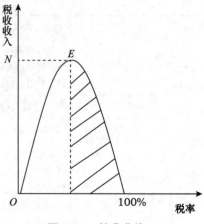

图 13-1 拉弗曲线

解析 ▶ 本题考查拉弗曲线。根据拉弗曲线，税收收入最初随着税率的提高而增加，达到一定税率水平后，税收收入随着税率的提高而下降，选项B错误。 **答案** ▶ B

▶考点三 税负转嫁

(一)税负转嫁方式(见表13-3)

表 13-3 税负转嫁方式

方式	含义
前转(顺转)	(1)提高商品价格将税负向前转给商品的购买者或最终消费者； (2)多发生在**流转税**上，是**最典型和最普遍**的形式(转给买方)
后转(逆转)	压低购入商品或者生产要素进价，将税负转给商品或者生产要素供给者(转给卖方)
混转(散转)	税负既可以转嫁给供应商，也可以转嫁给购买者
消转	通过改善经营管理、提高劳动生产率等措施降低成本、增加利润来抵消税负(自己消化)
旁转(侧转)	税负转嫁给购买者或者供应者以外的其他人
税收资本化 (资本还原)	(1)将购买的生产要素未来应缴纳的税款，通过从购入价格中预先扣除的方法(压低生产要素购买价格)，向后转嫁给生产要素的出售者； (2)**后转的特殊形式**，现在承担未来的税收，最典型的是对**土地交易**的课税

(二)税收资本化与税负后转的区别

(1)税负后转借助的是**一般消费品**；税收资本化借助的是**资本品**。税收资本化主要发生在土地和收益来源较具永久性质的政府债券等资本物品的交易中。

(2)税负后转是在商品交易时发生的**一次性税款的一次性转嫁**；税收资本化是在商品交易后发生的预期**历次累计税款的一次性转嫁**。

(三)影响税负转嫁的因素(见表13-4)

表 13-4 影响税负转嫁的因素

影响因素	容易转嫁	不易转嫁
应税商品供给与需求的弹性(关键因素)	需求弹性小、供给弹性大的商品	需求弹性大、供给弹性小的商品

续表

影响因素	容易转嫁	不易转嫁
课税商品的性质	生活必需品(需求弹性小,消费基础广泛)	非生活必需品(小汽车,需求弹性大,消费基础较窄)
课税与经济交易的关系	通过经济交易过程,间接对纳税人征的税	与经济交易无关,直接对纳税人征的税
课税范围的大小	课税范围广	课税范围窄

【例3·多选题】关于税收资本化和税负后转的说法,正确的有( )。
A. 税收资本化是税负后转的一种特殊形式
B. 二者都是表面上由买主支付的税款通过压低购入价格而转由卖者负担
C. 二者都是在商品交易时发生的一次性税款的一次性转嫁
D. 二者在转嫁媒介上是不同的
E. 税负后转借助的是一般消费品,而税收资本化借助的是资本品

解析 本题考查税负的转嫁方式。税负后转是在商品交易时发生的一次性税款的一次性转嫁,税收资本化是在商品交易后发生的预期历次累计税款的一次性转嫁。　　**答案** ABDE

▶考点四　国债的含义、种类及政策功能

(一)国债的基本含义和种类(见表13-5)

表13-5　国债的基本含义和种类

含义		以中央政府为主体,依据信用原则取得的一种有偿形式的、非经常性的财政收入,具有自愿性、有偿性和灵活性的特征,以政府信用做担保,风险小,有"金边债券"之称
种类	发行区域不同	内债和外债
	发行期限不同	短期国债(≤1年)、中期国债(1~10年)、长期国债(≥10年); 短期国债的流动性强,被称为"有利息的钞票",典型形式是国库券
	利率变动情况不同	固定利率国债(利率固定); 浮动利率国债(利率根据物价指数或市场利息率的变动情况调整)
	能否在证券市场流通	上市(流通)国债(中短期国债); 非上市(流通)国债(长期国债)
	债务本位不同	货币国债; 实物国债(一般在高通货膨胀时采用,1950年我国发行的"人民胜利折实公债")

(二)国债的政策功能

1. 国债的政策功能包括弥补财政赤字、筹集建设资金、调节货币供给量和利率、调控宏观经济。

2. 弥补财政赤字的方式
(1)向中央银行借款:造成货币供给增加,诱发或加剧通货膨胀。
(2)增税:不利于经济发展,存在政治风险。

(3) **发行国债**：对经济可能产生的副作用比较小。各国普遍做法。

(三) 国债的负担与限度

1. 国债的负担

从四个方面分析：认购者负担(债权人负担)；债务人负担(政府负担)；纳税人负担；代际负担。

2. 国债的限度(见表13-6)

表 13-6　国债的限度

衡量国债绝对规模的指标	(1)国债余额(即历年累积债务的总规模)；(2)当年发行国债的总额；(3)当年到期需还本付息的国债总额
衡量国债相对规模的指标	(1)**国债负担率**=(国债累计余额/国内生产总值)×100%；国债负担率的警戒线为发达国家不超过60%，发展中国家不超过45%
	(2)**债务依存度**=(当年的债务收入/当年财政支出总额)×100%；债务依存度警戒线在15%～20%之间

【例4·单选题】关于国债负担率的说法，错误的是(　　)。

A. 国债负担率又称国民经济承受能力
B. 国际公认的国债负担率的警戒线为发展中国家不超过45%
C. 国债负担率是国债累计余额占国内生产总值的比重
D. 一国的 GDP 值越大，国债负担率越大，国债的发行空间越大

解析　本题考查国债的限度。一国的 GDP 值越大，国债负担率越小，国债的发行空间越大。选项 D 错误。　　　**答案**　D

▶ **考点五　国债制度与国债市场的功能**

(一) 国债制度

1. 国债制度的构成(见表13-7)

表 13-7　国债制度的构成

国债发行制度	国债发行条件：决定发行条件的关键是国债的发行方式	
	国债发行方式：公募招标(面向多数投资者公开招投标)、承购包销、直接发售(直接面对商业银行等机构投资者)、"随买"方式(面向小投资者、不可上市)	
国债偿还制度	偿还方式：抽签分次偿还法、到期一次偿还法、转期偿还法(以新发行的国债来偿还原有到期的)、提前偿还法、市场购销法	
国债市场制度	发行市场(一级市场)	
	流通市场(二级市场)	证券交易所
		场外交易市场(柜台市场、店头市场)

2. 证券交易所内国债交易分类(见表13-8)

表13-8 证券交易所内国债交易分类

分类标准	交易方式	要点
国债成交订约和清算的期限	现货交易	(1)成交时当即交割; (2)它是证券交易中最古老的交易方式,也是国债交易中最普通、最常用的方式
	回购交易	(1)卖出债券→签订合约(约定期限和价格)→买回债券; (2)国债回购有两笔国债买卖交易,第一笔交易为即期交易,第二笔交易为远期交易
	期货交易	(1)以国债期货合约为交易对象的交易方式; (2)国债期货合约是买卖双方就将来某一特定时刻、按照某一特定价格,购买或出售某一特定数量的某一特定国债产品所作的承诺; (3)四项基本要素:期限、价格、数量和标的国债; (4)期货国债具有保值、投机和套利功能
	期权交易	交易双方为限制损失或保障利益而订约,同意在约定时间内,按照协定价格买进或卖出契约中指定的债券,也可以放弃买进或卖出这种债券的交易方式

(二)国债市场的功能

(1)实现国债的发行和偿还。

(2)调节社会资金的运行。

【例5·单选题】交易双方为限制损失或保障利益而订约,同意在约定时间内,按照协定价格买进或卖出契约中指定的债券,也可以放弃买进或卖出这种债券的交易方式是(　　)。

A. 回购交易方式　　　　　　　　B. 现货交易方式
C. 期货交易方式　　　　　　　　D. 期权交易方式

解析▶ 本题考查国债市场制度。期权交易方式,是指交易双方为限制损失或保障利益而订约,同意在约定时间内,按照协定价格买进或卖出契约中指定的债券,也可以放弃买进或卖出这种债券的交易方式。

答案▶ D

▶ 考点六　加强政府性债务管理

(一)政府性债务的分类

(1)政府负有偿还责任的债务:需由财政资金偿还。

(2)政府或有债务:由债务人以自身收入偿还,正常情况下无须政府承担偿还责任。

①政府负有担保责任的债务:政府提供担保,当某个被担保人无力偿还时,政府需要承担连带责任。

②政府可能承担救助责任的债务:政府不负有法律偿还责任,但当债务人出现偿债困难时,政府可能需要给予一定的救助。

(二)中央政府债务管理制度

中央政府债务实行**余额管理**。

中央国债余额限额根据累计赤字和应对当年短收需发行的债务等因素合理确定,报全国人民代表大会或其常务委员会审批。

(三)地方政府债务管理制度(见表13-9)

表13-9 地方政府债务管理制度

制度	具体规定
建立规范的地方政府举债融资机制	(1)主体:经国务院批准省、自治区、直辖市政府可以适度举债;市县级政府确需举借债务的由省、自治区、直辖市政府代为举借,政府不得通过企事业单位等举借; (2)方式:地方政府举债采用政府债券方式
地方政府举债规模的报批	由国务院报全国人民代表大会或其常委会批准
对地方政府债务实行规模控制和分类管理	(1)地方债规模:**实行限额管理**; (2)地方债分类: ①一般债务:通过发行一般债券融资,纳入一般公共预算管理; ②专项债务:通过发行专项债券融资,纳入政府性基金预算管理
严格限定政府举债程序和资金用途	(1)程序:建立地方政府信用评级制度; (2)资金用途:地方政府举债只能用于公益性资本支出和适度归还存量债务,不得用于经常性支出
建立债务风险预警和化解机制	地方政府对其举借的债务负有偿还责任,中央政府实行不救助原则
建立考核问责机制	(1)把政府性债务作为一个硬指标纳入政绩考核; (2)政府主要负责人作为第一责任人

【例6·单选题】关于加强政府性债务管理的说法,正确的是( )。
 A. 中央政府债务实行限额管理
 B. 地方政府债务实行余额管理
 C. 政府举债不得用于归还存量债务
 D. 地方政府专项债务纳入政府性基金预算管理
 解析 本题考查加强政府性债务管理。中央政府债务实行余额管理,地方政府债务实行限额管理,选项A、B错误。地方政府举债只能用于公益性资本支出和适度归还存量债务,不得用于经常性支出,选项C错误。
 答案 D

历年考题解析

一、单项选择题

1.(2019年)关于税负向后转嫁的说法,正确的是( )。
 A. 后转是在商品交易后发生
 B. 后转是预期历次累计税款的一次性转嫁
 C. 纳税人通过抬高购入商品或生产要素进价的方式进行的
 D. 后转借助的是一般消费品
 解析 本题考查税负转嫁。选项A、B错误,税负后转是在商品交易时发生的一次性税款的一次性转嫁。选项C错误,后转是纳税人通过压低购入商品或者生产要素进价的方式进行的。
 答案 D

2.(2019年)在国债交易中,最普通、最常用的方式是( )。
 A. 回购交易   B. 期权交易
 C. 现货交易   D. 期货交易
 解析 本题考查国债制度。现货交易方式是证券交易中最古老的方式,也是国债交易中最普通、最常用的方式。
 答案 C

3.(2018年)按照拉弗曲线的描述,正确的是( )。

A. 在较低的税率区间内，税收收入将随税率的降低而增加

B. 税率的提高不会对劳动供给产生负激励

C. 随着税率的提高税收收入一直增加

D. 在高的税率区间内，税收收入将随税率的增加而降低

解析 本题考查拉弗曲线。在较低的税率区间内，税收收入将随税率的增加而增加，但由于税收毕竟会对纳税人投资和工作的积极性产生影响，继续提高边际税率超过一定的限度，将对劳动供给与投资产生负激励，进而抑制经济增长，使税基减小，税收收入下降。 **答案** D

4. (2017年)关于拉弗曲线的说法，正确的是( )。

A. 拉弗曲线描述了通货膨胀率与税收收入或经济增长之间的关系

B. 拉弗曲线描述了税率与国内生产总值之间的关系

C. 拉弗曲线描述了通货膨胀率与国内生产总值之间的关系

D. 拉弗曲线描述了税率与税收收入或经济增长之间的关系

解析 本题考查拉弗曲线。拉弗曲线是对税率与税收收入或经济增长之间关系的形象描述。 **答案** D

5. (2017年)关于税负转嫁的说法，正确的是( )。

A. 对非生活必需品的课税，税负容易转嫁

B. 课税范围越狭窄，税负越容易转嫁

C. 对需求弹性小的商品课税，税负容易转嫁

D. 与经济交易无关而直接对纳税人课征的税，税负容易转嫁

解析 本题考查影响税负转嫁的因素。需求弹性小的商品，价格提高对商品需求量的影响不大，税负容易转嫁。 **答案** C

6. (2017年)自1981年我国恢复发行国债以来，没有实行过的国债发行方式是( )。

A. 行政摊派 B. 定向购买

C. 承购包销 D. 招标发行

解析 本题考查国债的制度。自1981年我国恢复发行国债以来，发行方式经历了行政摊派、承购包销和招标发行三种方式。 **答案** B

二、多项选择题

1. (2019年)关于不同口径的财政收入的说法，正确的有( )。

A. 大口径的财政收入包括政府全部收入

B. 小口径的财政收入包括政府债务收入

C. 最小口径的财政收入仅包括税收收入

D. 中口径的财政收入包括财政预算收入

E. 中口径的财政收入包括社会保障缴费收入

解析 本题考查衡量财政收入的不同口径。在财政收入的口径中，较大一些的口径(小口径)除税收收入外，还包含纳入财政预算(即一般预算)的非税收入，包括税收收入和其他非税收入，但不包括政府债务收入。 **答案** ACDE

2. (2019年)关于社会缴款的说法，正确的有( )。

A. 无业人员不能进行社会缴款

B. 缴款额与缴款人的报酬、工资或雇员数量相关

C. 社会缴款可以是强制性的，也可以是自愿性的

D. 社会缴款可以由雇员、代表雇员的雇主、自营职业者缴纳

E. 税收不属于社会缴款

解析 本题考查政府收入的分类。社会缴款可以由雇员、代表雇员的雇主、自营职业者缴纳，也可以由无业人员缴纳。 **答案** BCDE

3. (2019年)关于我国地方债务管理制度的说法，正确的有( )。

A. 一般债务纳入一般公共预算管理

B. 地方政府举债可用于经常性支出

C. 地方政府举债要遵循市场化原则

D. 地方政府债务分为一般债务和专项债

务两类

E. 专项债务纳入政府性基金预算管理

解析 本题考查地方政府债务管理。地方政府举债只能用于公益性资本支出和适度归还存量债务，不得用于经常性支出。

答案 ACDE

4. （2018 年）我国国债的偿还方式主要有（　）。

A. 到期一次偿还　　B. 市场购销法
C. 约定分期偿还　　D. 转期偿还
E. 提前偿还

解析 本题考查国债的制度。我国国债偿还方式主要有：抽签分次偿还法、到期一次偿还法、转期偿还法、提前偿还法、市场购销法。

答案 ABDE

同步系统训练

一、单项选择题

1. 政府从私人部门获得的强制性资金转移是指（　）。
   A. 税收
   B. 社会缴款
   C. 赠与收入
   D. 国有资本经营收入

2. 国家通过各种形式，从国民经济收支环流中截取并运用的资金占国民经济总量的比重称为（　）。
   A. 宏观税负　　B. 微观税负
   C. 国债负担率　D. 国债集中度

3. 关于税收基本特征的说法，正确的是（　）。
   A. 税收具有强制性、无偿性和灵活性的特征
   B. 税收的强制性是税收本质的体现
   C. 税收的无偿性是区分税收收入和其他财政收入形式的重要特征
   D. 直接凭借政治权力通过法律形式对社会产品征税是税收无偿性的体现

4. 拉弗曲线是对税率与税收收入之间关系的形象描述，其形状是（　）。
   A. 向右下方倾斜　B. 向右上方倾斜
   C. 先上升后下降　D. 先下降后上升

5. 厂商通过提高其所提供商品价格的方法，将其所纳税款转移给商品购买者或最终消费者负担。根据税负转嫁理论，这种行为属于典型的（　）行为。
   A. 后转　　B. 前转
   C. 消转　　D. 旁转

6. 在资本品交易中，生产要素购买者将所购的生产要素未来应当缴纳的税款，通过从购入价格中预先扣除（压低生产要素购买价格）的方法，向后转嫁给生产要素的出售者，这种税负转嫁方式称为（　）。
   A. 后转　　B. 前转
   C. 消转　　D. 税收资本化

7. 决定税负转嫁状况的关键因素是（　）。
   A. 课税商品的性质
   B. 课税与经济交易的关系
   C. 课税范围的大小
   D. 商品的供给与需求弹性

8. 对经济产生不良影响较小的财政赤字弥补方式是（　）。
   A. 向中央银行借款
   B. 增加税收
   C. 发行国债
   D. 增加收费

9. 当今世界各国弥补财政赤字的普遍做法是（　）。
   A. 增加税收　　B. 举借公债
   C. 压缩支出　　D. 收取企业利润

10. 2019 年某国国债收入 0.6 万亿元。截至该年年末国债累计余额 8 万亿元，国内生产总值 40 万亿元，财政支出 10 万亿元，则该国 2019 年国债负担率为（　）。
    A. 20%　　B. 1.5%
    C. 6%　　D. 2.5%

11. 关于债务依存度的说法，错误的是（　）。
    A. 它是国债累计余额占国内生产总值的

比重

B. 反映了一个国家的财政支出有多少是依靠发行国债来实现的

C. 当债务依存度过高时，表明财务支出过分依赖债务收入

D. 国际公认的债务依存度警戒线在15%~20%之间

12. 关于国债制度和国债市场功能的说法，错误的是（　）。

A. 现货交易是最普通和最常用的国债交易方式

B. 发行数额是决定国债发行条件的关键

C. 国债流通市场分为证券交易所和场外交易市场

D. 国债市场可以实现国债的发行和偿还

二、多项选择题

1. 参考国际上的政府收入分类标准，结合我国的实际情况，将政府一般公共预算收入科目分为（　）。

A. 税收收入　　B. 社会缴款
C. 赠与收入　　D. 转移性收入
E. 社会保险基金收入

2. 国债的特征包括（　）。

A. 自愿性　　B. 强制性
C. 有偿性　　D. 固定性
E. 灵活性

3. 一般来说，国债的政策功能包括（　）。

A. 弥补财政赤字
B. 筹集建设资金
C. 缩小外贸顺差

D. 调控宏观经济
E. 调节货币供应量

4. 衡量国债相对规模的指标有（　）。

A. 国债余额
B. 国债负担率
C. 债务依存度
D. 当年发行的国债总额
E. 当年到期需还本付息的国债总额

5. 国债的发行方式包括（　）。

A. 直接发售方式
B. 公募招标方式
C. "随买"方式
D. 私募方式
E. 承购包销方式

6. 影响国债偿付方式选择的因素包括（　）。

A. 能否减少财政支出
B. 是否有利于调控货币供应量
C. 是否有利于稳定国债行市
D. 是否能保障持券人的投资利益
E. 是否能增加政府的国债收益

7. 关于地方政府债务管理制度的说法，正确的有（　）。

A. 市县级政府可以适度自行举借债务
B. 政府债务只能通过政府及其部门举借，不得通过企事业单位等举借
C. 地方政府举债采取政府债券方式
D. 地方政府债务规模实行限额管理，地方政府举债不得突破批准的限额
E. 把政府性债务作为一个硬指标纳入政绩考核

同步系统训练参考答案及解析

一、单项选择题

1. A　【解析】本题考查政府收入的分类。税收是政府从私人部门获得的强制性资金转移。

2. A　【解析】本题考查财政集中度的概念。财政集中度也称为宏观税负，是指国家通过各种形式，从国民经济收支环流中截取并运用的资金占国民经济总量的比重。

3. C　【解析】本题考查税收的基本特征。税收具有强制性、无偿性和固定性的特征，选项A错误。税收的无偿性是税收本质的体现，选项B错误。税收的强制性，是指政府直接凭借政治权力，通过法律形式对社会产品实行强制征收，选项D错误。

4. C 【解析】本题考查拉弗曲线的形状。拉弗曲线是一条先上升后下降的曲线。

5. B 【解析】本题考查税负转嫁方式。前转又称"顺转"或"向前转嫁",是指纳税人将其所纳税款通过提高其所提供商品价格的方式,向前转移给商品的购买者或者最终消费者负担的一种形式。

6. D 【解析】本题考查税负转嫁的方式。税收资本化,又称"资本还原",是指生产要素购买者将所购买的生产要素未来应当缴纳的税款,通过从购入价格中预先扣除(压低生产要素购买价格)的方法,向后转嫁给生产要素的出售者。

7. D 【解析】本题考查影响税负转嫁的因素。商品的供给与需求弹性是决定税负转嫁状况的关键因素。

8. C 【解析】本题考查国债的功能。以发行国债方式弥补财政赤字对经济可能产生的副作用比较小。

9. B 【解析】本题考查国债的政策功能。举借公债弥补财政赤字是当今世界各国的普遍做法。

10. A 【解析】本题考查国债负担率。国债负担率 = 国债累计余额/国内生产总值×100% = 8/40×100% = 20%。

11. A 【解析】本题考查国债的限度。债务依存度是当年债务收入与当年财政支出的比例关系。选项A是国债负担率。

12. B 【解析】本题考查国债制度和国债市场的功能。国债的发行方式是决定国债发行条件的关键。

二、多项选择题

1. ADE 【解析】本题考查财政收入及其分类。我国将政府一般公共预算收入科目分为税收收入、社会保险基金收入、非税收入、贷款转贷回收本金收入、债务收入、转移性收入。

2. ACE 【解析】本题考查国债的特征。国债具有自愿性、有偿性和灵活性的特征。

3. ABDE 【解析】本题考查国债的政策功能。国债的政策功能包括弥补财政赤字;筹集建设资金;调节货币供应量和利率;调控宏观经济。

4. BC 【解析】本题考查衡量国债相对规模的指标。衡量国债相对规模的指标有两个:(1)国债负担率;(2)债务依存度。选项A、D、E属于衡量国债绝对规模的指标。

5. ABCE 【解析】本题考查国债的发行方式。国债的发行方式有公募招标方式、承购包销方式、直接发售方式和"随买"方式。

6. ABCD 【解析】本题考查国债偿还制度。我国国债偿还方式主要有抽签分次偿还法、到期一次偿还法、转期偿还法、提前偿还法和市场购销法等。对某种国债具体选择哪种方式,主要考虑的因素是能否减少财政支出,是否有利于调控货币供应量,是否有利于稳定国债行市,是否能保障持券人的投资利益。

7. BCDE 【解析】本题考查地方政府债务管理制度。选项A错误,经国务院批准,省、自治区、直辖市政府可以适度举借债务,市县级政府确需举借债务的由省、自治区、直辖市政府代为举借。

本章思维导图

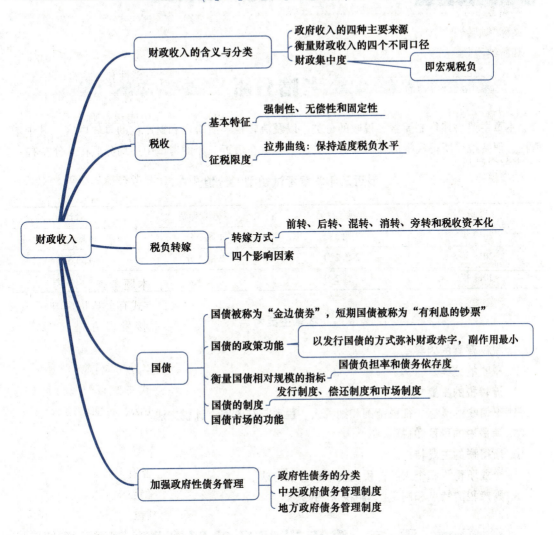

第14章 税收制度

考情分析

本章主要讲述税制要素、税收的分类,以及流转税、所得税和财产税的具体内容。其中增值税、消费税、所得税等内容需要重点关注。本章在最近三年的考试中平均分值在6分左右。

最近三年本章考试题型、分值分布

年份	单项选择题	多项选择题	合计
2019年	3题3分	1题2分	4题5分
2018年	2题2分	2题4分	4题6分
2017年	2题2分	3题6分	5题8分

本章主要考点

1. 税制要素的内容。
2. 税收的分类。
3. 流转税的主要特点。
4. 增值税的类型、征税范围和纳税人、税率与征收率、计税方法。
5. 消费税的税目和税率。
6. 所得税的主要特点。
7. 企业所得税和个人所得税的税率和计税方法。
8. 财产税的特点和制定《车船税法》的意义。

重点、难点讲解及典型例题

▶ **考点一 税制要素**

(一)税收制度的基本要素

1. 纳税人

即纳税主体,直接负有纳税义务的单位和个人,可以是自然人,也可以是法人。

【注意】关于负税人与扣缴义务人的理解:

(1)负税人是最终负担税款的单位和个人。对个人所得税、企业所得税来说,负税人=纳税人;对于增值税、消费税来说,负税人≠纳税人。

(2)扣缴义务人是法律、行政法规规定负有代扣代缴、代收代缴义务的单位和个人。它既非纯粹意义上的纳税人,又非实际负担税款的负税人,只是负有代为扣税并缴纳税款的法定职责的义务人。

2. 课税对象

又称"征税客体",是税法规定的征税目的物,是**不同税种相互区别的主要标志**。

现代税制下主要的课税对象有所得、消费和财富,与之相关的概念是税源、税目和计税依据。

税源:税收的经济来源或最终出处。

税目:税法规定的课税对象的具体项目,**反映具体的征税范围,代表征税的广度**。

计税依据:计算应纳税额的依据。

3. 税率(见表 14-1)

表 14-1 税率

含义	税法规定的应征税额与征税对象数额(量)之间的比例,是计算应征税额的标准,是税收制度的中心环节,体现征税的深度	
计算公式	应征税额=课税对象×税率	
基本形式	比例税率	(1)对同一征税对象,不论数量大小,都按同一比例征收的税率; (2)在其具体运用上,包括**单一比例税率和差别比例税率**; (3)差别比例税率又可分为**产品差别比例税率、行业差别比例税率、地区差别比例税率和幅度差别比例税率**
	定额税率	(1)按征税对象的一定计量单位规定固定税额(一般适用于从量计征的税收); (2)在其具体运用上,也可分为**单一定额税率、差别定额税率、幅度定额税率和分类分级定额税率**
	累进税率	累进税率因计算方法和依据不同,又可分为**全额累进税率和超额累进税率**

(二)税收制度的其他要素

(1)纳税环节。

(2)纳税期限:纳税人发生纳税义务后向国家缴纳税款的期限。

(3)减税免税。

①减税是指对应纳税额少征一部分税款。

②免税是指对应纳税额全部免征。

③除税法列举的免税项目外,一般减税、免税都属于定期减免性质,税法规定有具体的减免条件和期限,到期就应当恢复征税。

(4)违章处理:是税收强制性特征的体现。

(5)纳税地点。

【例 1 · 单选题】关于税制要素的说法,正确的是( )。

A. 扣缴义务人是实际负担税款的负税人

B. 税率是税收制度的中心环节

C. 负税人是直接负有纳税义务的单位和个人

D. 税源是对课税对象的具体划分,反映具体的征税范围

解析 本题考查税制要素。扣缴义务人不是实际负担税款的负税人,而是负有代为扣税并缴纳税款法定职责的义务人,选项 A 错误。纳税人是直接负有纳税义务的单位和个人,选项 C 错误。税目是对课税对象的具体划分,反映具体的征税范围,选项 D 错误。 答案 B

考点二　税收的分类(见表14-2)

表14-2　税收的分类

分类标准	类型	税种
按课税对象的不同划分	流转税(主体税种)	增值税、消费税等
	所得税	个人所得税、企业所得税
	财产税	房产税、车船税、契税等
	资源税类	资源税、土地使用税等
	行为税类	印花税、城市维护建设税等
按计量课税对象的标准不同划分	从价税	增值税、所得税
	从量税	我国消费税中的啤酒、汽油、柴油等课税项目
按税收与价格的关系划分	价内税	消费税、增值税(零售环节)
	价外税	增值税(零售环节以前)
按税负能否转嫁划分	直接税	个人所得税、企业所得税、财产税
	间接税	各种流转税
按税收管理权限和使用权限划分	中央税	消费税、关税
	地方税	契税、房产税、耕地占用税、土地增值税、城镇土地使用税、车船税
	中央和地方共享税	增值税、个人所得税、企业所得税

【例2·多选题】增值税属于(　　)。
A. 中央和地方共享税　　　　　　　B. 流转税
C. 从价税　　　　　　　　　　　　D. 间接税
E. 财产税

解析▶本题考查税收的分类。流转税,是指以商品交换和提供劳务的流转额为征税对象的税收,增值税属于流转税。从价税,是指以征税对象的价格为计税依据的税收,增值税属于从价税。中央和地方共享税是指属于中央政府与地方政府共同享有并按照一定比例分成的税种,如增值税。间接税,是纳税人能将税负转嫁给他人负担的税收,增值税属于间接税。

答案▶ABCD

考点三　流转税

(一)流转税的主要特点
(1)课征普遍。
(2)以商品和劳务的流转额或交易额为计税依据。
(3)除少数税种或税目实行定额税率外,流转税普遍实行比例税率,计算简单,便于征收管理。

(二)增值税(见表14-3)

表14-3 增值税

课征对象	单位和个人生产经营过程中取得的增值额
特点	(1)不重复征税,具有中性税收的特征; (2)逐环节征税,逐环节扣税,最终消费者是全部税款的承担者; (3)税基广阔,具有征收的普遍性和连续性
优点	(1)能够平衡税负,促进公平竞争; (2)既便于对出口商品退税,又可避免对进口商品征税不足; (3)在组织财政收入上具有稳定性和及时性; (4)在税收征管上可以互相制约,交叉审计
类型	(1)消费型:允许扣除购入固定资产中所含的税款(课税对象只限于消费资料); (2)收入型:允许扣除固定资产折旧中的所含税款(课税对象相当于国民收入); (3)生产型:不允许扣除固定资产中所含的税款(课税对象相当于国民生产总值) **我国从2009年1月1日起,全面实施消费型增值税**
征税范围	包括货物的生产、批发、零售和进口四个环节
纳税人	(1)即**境内销售货物或者提供加工、修理修配劳务,销售服务、无形资产或者不动产,以及进口货物的单位和个人**; (2)分为一般纳税人和小规模纳税人; (3)纳税人一经认定为一般纳税人后,不得转为小规模纳税人
税率	适用于一般纳税人,税率分为四档: (1)纳税人销售或者进口货物,除列举的外,税率均为13%;提供有形动产租赁服务,提供加工、修理修配劳务和应税服务,除适用低税率范围外,税率也为13%; (2)纳税人销售或者进口包括粮食在内的农产品、自来水、暖气、石油液化气、天然气、食用植物油、冷气、热水、煤气、居民用煤炭制品、食用盐、农机、饲料、农药、农膜、化肥、沼气、二甲醚、图书、报纸、杂志、音像制品、电子出版物,税率为9%;提供交通运输、邮政、**基础电信**、建筑、**不动产租赁服务**,销售不动产,**转让土地使用权**,税率也为9%; (3)**提供增值电信服务、金融服务、生活服务以及除不动产租赁以外的现代服务,除转让土地使用权之外的销售无形资产,税率为6%**; (4)纳税人出口货物,税率为0,国务院另有规定的除外;符合规定的境内单位和个人跨境销售服务、无形资产行为,税率为0
征收率	适用于小规模纳税人和特定一般纳税人,均按3%的征收率计征,但**销售自行开发、取得、自建的不动产以及不动产经营租赁服务按5%计征**
计税方法	(1)一般纳税人采取扣税法,应纳税额=销项税额-进项税额,销项税额=销售额×适用税率; (2)小规模纳税人不实行扣税法,应纳税额=销售额×征收率; (3)进口货物应纳税额计算公式为:组成计税价格×税率

(三)消费税(见表14-4)

表14-4 消费税

征税范围和纳税人	消费税采取列举征税办法;在我国境内生产、委托加工和进口应税消费品的单位和个人,为消费税的纳税义务人
税目	烟、酒、高档化妆品、贵重首饰及珠宝玉石、鞭炮焰火、成品油、摩托车、小汽车、高尔夫球及球具、高档手表、游艇、木制一次性筷子、实木地板、电池、涂料共15类消费品
税率	比例税率和定额税率
计税方法	从价定率、从量定额或二者复合计税,如卷烟和白酒实行复合计税办法

【例3·多选题】 流转税的主要特点有( )。

A. 课征普遍
B. 税负相对公平
C. 计算简便，便于征收管理
D. 税额与商品成本水平密切相关
E. 以商品和劳务的流转额或交易额为计税依据

解析 ▶ 本题考查流转税的主要特点。选项B属于所得税的特点。流转税税额与成本和费用水平无关，选项D错误。　　　　　　　　　　　　　　　　　　　　　　　**答案** ▶ ACE

▶ 考点四　所得税（见表14-5）

表14-5　所得税

所得税的特点	（1）税负相对比较公平； （2）所得税类一般不存在重复征税问题，税负也不易转嫁； （3）税源可靠，收入具有弹性	
企业所得税	（1）个人独资企业、合伙企业**不适用**企业所得税法； （2）税率为**25%**； （3）非居民企业在中国境内未设立机构、场所的，或者虽设立但取得的所得与其所设机构、场所没有实际联系的，应当就其来源于中国境内的所得缴纳企业所得税，适用税率为**20%**； （4）应纳税所得额=企业每一纳税年度的收入总额-不征税收入、免税收入、各项扣除以及允许弥补的以前年度亏损； （5）应纳税额=应纳税所得额×税率-依法减免和抵免税额	
个人所得税	概述	个人所得税是对个人的所得征收的一种税。我国现行个人所得税采取**综合与分类相结合的征收制度**
	纳税人	（1）个人所得税以所得人为纳税人，以**支付所得的单位或者个人为扣缴义务人**； （2）个人所得税的纳税人，分为**居民个人和非居民个人**； ①居民个人：在中国境内有住所，或者无住所而一个纳税年度内在中国境内居住累计满183天的个人； **居民个人从中国境内和境外取得的所得**，依照规定缴纳个人所得税； ②非居民个人：在中国境内无住所又不居住，或者无住所而一个纳税年度内在中国境内居住累计不满183天的个人； **非居民个人从中国境内取得的所得**，依照规定缴纳个人所得税
	课税对象	（1）个人所得税的课税对象共有9项：①工资、薪金所得；②劳务报酬所得；③稿酬所得；④特许权使用费所得；⑤经营所得；⑥利息、股息、红利所得；⑦财产租赁所得；⑧财产转让所得；⑨偶然所得； （2）综合所得：第①项至第④项，按**纳税年度合并计算**个人所得税； （3）第⑤项至第⑨项所得，**按月或者按次分项计算**个人所得税

续表

个人所得税	税率	(1)综合所得：适用3%~45%的**超额累进税率**； (2)经营所得：适用5%~35%的**超额累进税率**； (3)利息、股息、红利所得，财产租赁所得，财产转让所得和偶然所得：适用**比例税率**，税率为**20%**
	应纳税额的计算	(1)个人所得税应纳税额的计算公式为： 个人所得税应纳税额=应纳税所得额×适用税率 (2)个人所得税应纳税所得额的计算： ①综合所得： A. 居民个人：以每一纳税年度的收入额减除费用60 000元以及专项扣除、专项附加扣除和依法确定的其他扣除后的余额，为应纳税所得额。其中，**劳务报酬所得**、**稿酬所得**、**特许权使用费所得以收入减除20%**的费用后的余额为收入额，**稿酬所得的收入额减按70%计算**； a. 专项扣除包括居民个人按照国家规定的范围和标准缴纳的**基本养老保险、基本医疗保险、失业保险等社会保险费和住房公积金**等； b. 专项附加扣除包括**子女教育、继续教育、大病医疗、住房贷款利息或者住房租金、赡养老人**等支出； B. 非居民个人的工资、薪金所得，以每月收入额减除费用5 000元后的余额为应纳税所得额。非居民个人的劳务报酬所得、稿酬所得、特许权使用费所得，以每次收入额为应纳税所得额； ②经营所得：以每一纳税年度的收入总额减除成本、费用以及损失后的余额，为应纳税所得额； ③财产租赁所得：每次收入不超过4 000元的，减除费用800元；4 000元以上的，减除20%的费用，其余额为应纳税所得额； ④财产转让所得：以转让财产的收入额减除财产原值和合理费用后的余额，为应纳税所得额； ⑤利息、股息、红利所得和偶然所得：以每次收入额为应纳税所得额； ⑥扣除：个人将其所得对教育、扶贫、济困等公益慈善事业进行捐赠，捐赠额未超过纳税人申报的应纳税所得额30%的部分，可以从其应纳税所得额中扣除；国务院规定对公益慈善事业捐赠实行全额税前扣除的，从其规定
	免征	(1)省级人民政府、国务院部委和中国人民解放军军以上单位，以及外国组织、国际组织颁发的科学、教育、技术、文化、卫生、体育、环境保护等方面的奖金； (2)国债和国家发行的金融债券利息； (3)按国家统一规定发给的补贴、津贴； (4)福利费、抚恤金、救济金； (5)保险赔款； (6)军人的转业费、复员费、退役金； (7)按照国家统一规定发给干部、职工的安家费、退职费、基本养老金或者退休费、离休费、离休生活补助费； (8)依照有关法律规定应予免税的各国驻华使馆、领事馆的外交代表、领事官员和其他人员的所得； (9)中国政府参加的国际公约、签订的协议中规定免税的所得

		续表
个人所得税	减征	(1) 残疾、孤老人员和烈属的所得； (2) 因自然灾害遭受重大损失的； 减征具体幅度和期限，由省、自治区、直辖市人民政府规定，并报同级人民代表大会常务委员会备案
	征收管理	(1) 纳税人应办理纳税申报的情形： ①取得综合所得需要办理汇算清缴；②取得应税所得没有扣缴义务人；③取得应税所得，扣缴义务人未扣缴税款；④取得境外所得；⑤因移居境外注销中国户籍；⑥非居民个人在中国境内从两处以上取得工资、薪金所得；⑦国务院规定的其他情形； (2) 居民个人取得综合所得，按年计算个人所得税；有扣缴义务人的，由扣缴义务人按月或者按次**预扣预缴税款**；需要办理汇算清缴的，应当在取得所得的**次年3月1日至6月30日内**办理汇算清缴； (3) 纳税人取得经营所得，按年计算个人所得税，由纳税人在**月度或者季度终了后15日内**向税务机关报送纳税申报表，并预缴税款；在取得所得的**次年3月31日前**办理汇算清缴； (4) 纳税人取得应税所得没有扣缴义务人的，应当在取得所得的**次月15日内**向税务机关报送纳税申报表，并缴纳税款； (5) 扣缴义务人每月或者每次预扣、代扣的税款，应当在**次月15日内**缴入国库，并向税务机关报送扣缴个人所得税申报表

【例4·单选题】下列各项中，不属于个人所得税的"综合所得"项目按年计算征税的是(   )。

A. 工资薪金所得　　　　　　　　　　B. 劳务报酬所得

C. 经营所得　　　　　　　　　　　　D. 特许权使用费所得

解析　本题考查个人所得税的课税对象。对于居民纳税人而言，综合所得只包括工资薪金所得、劳务报酬所得、稿酬所得和特许权使用费所得。　　　　　　　　　　答案　C

考点五　财产税(见表14-6)

表14-6　财产税

特点	优点	(1) 符合税收的纳税能力原则； (2) 课税对象是财产价值，税源比较充分，且相对稳定； (3) 财产税具有收入分配的功能； (4) 属于直接税，税负不易转嫁
	缺点	(1) 税收负担存在一定的不公平性； (2) 收入弹性较小，变动困难； (3) 在经济不发达的时期，课征财产税在一定程度上对资本的形成可能带来障碍
种类	房产税	(1) 纳税人：在我国城市、县城、建制镇和工矿区内拥有房屋产权的单位和个人，包括产权所有人、承典人、房产代管人或使用人； (2) 征税对象：房屋； (3) 征税范围：城市、县城、建制镇和工矿区的房屋； (4) 税率：从价计征的税率为**1.2%**，从租计征的税率为**12%**； (5) 计税依据：房产计税价值(**房产余值**)或房产**租金收入**
	车船税	(1) 作为第一部由条例上升为法律的税法和第一部地方税收的法律具有标志性作用； (2) 纳税人：车辆、船舶的所有人或管理人

【例5·单选题】我国现行税收体系中,第一个由国务院行政法规规范上升为全国人大常委会立法规范的税种是( )。

A. 车船税　　　　　　　　B. 增值税
C. 消费税　　　　　　　　D. 房产税

【答案】A

解析 本题考查车船税的发展。车船税法作为第一部由条例上升为法律和第一部地方税收的法律具有标志性作用。

历年考题解析

一、单项选择题

1. (2019年)纳税人即纳税主体,是指直接负有纳税义务的( )。
   A. 单位和个人　　B. 法人
   C. 自然人　　　　D. 扣缴义务人

   解析 本题考查税收制度。纳税人即是纳税主体,是指直接负有纳税义务的单位和个人。　　**答案** A

2. (2019年)关于消费税的说法,正确的是( )。
   A. 消费税属于中央税
   B. 消费税属于财产税
   C. 消费税属于从价税
   D. 消费税属于行为税

   解析 本题考查税收分类。中央税是指中央管辖课征并支配的税种,如目前我国的消费税、关税。　　**答案** A

3. (2019年)下列商品或服务中,适用增值税税率为9%的是( )。
   A. 销售小汽车
   B. 基础电信服务
   C. 有形动产租赁服务
   D. 增值电信服务

   解析 本题考查增值税。选项A、C适用增值税税率为13%。选项D适用增值税税率为6%。　　**答案** B

4. (2018年)关于减税和免税的说法,错误的是( )。
   A. 免税是指不征税
   B. 减税是指对纳税额少征一部分税款

   C. 免税是指对应纳税额全部免征
   D. 减税、免税一般都具有定期减免性质

   解析 本题考查减税和免税。选项A错误,免税是指对应纳税额全部免征。　　**答案** A

5. (2018年)企业所得税应纳税所得额,是指企业每一纳税年度的收入总额,减除不征税收入、免税收入、各项扣除以及( )。
   A. 允许弥补的以前年度亏损和抵免税额后的余额再乘以税率
   B. 允许弥补的以前年度亏损后的余额再乘以税率
   C. 允许弥补的以前年度亏损和抵免税额后的余额
   D. 允许弥补的以前年度亏损后的余额

   解析 本题考查企业所得税。应纳税所得额的计算方法为:企业每一纳税年度的收入总额,减除不征税收入、免税收入、各项扣除以及允许弥补的以前年度亏损后的余额,为应纳税所得额。　　**答案** D

6. (2017年)关于扣缴义务人的说法,正确的是( )。
   A. 自然人不能成为扣缴义务人
   B. 各种类型的企业都可以成为扣缴义务人
   C. 扣缴义务人的扣缴义务属于非法定义务
   D. 扣缴义务人是实际负担税款的负税人

   解析 本题考查税制要素。扣缴义务人既可以是各种类型的企业,也可以是机关、社会团体、民办非企业单位、部队、学校和其他单位,或者是个体工商户、个人合伙经营者和其他自然人。扣缴义务人既非纯粹意义上的纳税人，又非实际负担税款的负税人，只是负有代为扣税并缴纳税款法定职责的义务人。它的义务由法律基于行政便宜主义而设定，为法定义务。

答案 B

7.（2017年）增值税纳税人包括在中华人民共和国境内销售货物或者提供劳务加工、修理修配劳务，销售服务，无形资产或者不动产，以及（ ）。

A. 进口货物和服务的单位和个人
B. 进口货物的单位
C. 进口货物的单位和个人
D. 进口货物和服务的单位

解析 本题考查增值税纳税人。凡在中华人民共和国境内销售货物或者提供加工、修理修配劳务，销售服务、无形资产或者不动产，以及进口货物的单位和个人，为增值税的纳税人。

答案 C

二、多项选择题

1.（2019年）从量税的计税依据包括（ ）。

A. 数量　　B. 体积
C. 重量　　D. 里程
E. 容量

解析 本题考查税收分类。从量税是指以课税对象的数量、重量、容量或体积为计税依据的税收。

答案 ABCE

2.（2018年）关于税目的说法，正确的有（ ）。

A. 税目代表征税的广度
B. 税目体现征税的深度
C. 税目是对课税对象的具体划分
D. 税目是计算应纳税额的依据
E. 税目是税法规定的课税对象的具体项目

解析 本题考查税制要素。税目，即税法规定的课税对象的具体项目，是对课税对象的具体划分，反映具体的征税范围，代表征税的广度。

答案 ACE

3.（2018年）差别比例税率包括（ ）。

A. 幅度差别比例税率
B. 地区差别比例税率

C. 产品差别比例税率
D. 企业差别比例税率
E. 行业差别比例税率

解析 本题考查差别比例税率。差别比例税率可分为产品差别比例税率、行业差别比例税率、地区差别比例税率和幅度差别比例税率四种。

答案 ABCE

4.（2017年）下列纳税人提供的服务中，增值税税率为6%的有（ ）。

A. 增值电信服务
B. 基础电信服务
C. 金融服务
D. 邮政服务
E. 不动产租赁服务

解析 本题考查增值税的税率。提供增值电信服务、金融服务、生活服务以及除不动产租赁以外的现代服务，除转让土地使用权之外的销售无形资产，税率为6%。选项B、D、E的税率为9%。

答案 AC

5.（2017年）增值税的优点有（ ）。

A. 能够平衡税负，促进公平竞争
B. 便于对出口商品退税
C. 税负不易转嫁
D. 在组织财政收入上具有稳定性及时性
E. 税负征管可以互相制约，交叉审计

解析 本题考查增值税。增值税的优点包括能够平衡税负，促进公平竞争；既便于对出口商品退税，又可避免对进口商品征税不足；在组织财政收入上具有稳定性和及时性；在税收征管上可以互相制约，交叉审计。

答案 ABDE

6.（2017年）根据《中华人民共和国个人所得税法》，属于非居民纳税人的有（ ）。

A. 在中国境内无住所且不居住的个人
B. 在中国境内无住所或不居住的个人
C. 在中国境内无住所且居住不满一年的个人
D. 在中国境内无住所或居住不满一年的个人

E. 在中国境内无住所而在中国境内居住满一年的个人

解析 本题考查所得税。非居民纳税人,是指在中国境内没有住所又不居住,或无住所且居住不满一年的个人,其仅就来源于中国境内的所得,向我国政府缴纳个人所得税。

答案 AC

同步系统训练

一、单项选择题

1. 下列税种中,纳税人与负税人合一的是( )。
   A. 增值税　　　　B. 关税
   C. 消费税　　　　D. 个人所得税

2. 下列税制要素中,( )是不同税种之间相互区别的主要标志。
   A. 税率　　　　　B. 纳税人
   C. 课税对象　　　D. 纳税环节

3. 在税制要素中,反映具体的征税范围、代表征税广度的是( )。
   A. 纳税人　　　　B. 计税依据
   C. 税目　　　　　D. 纳税环节

4. 在我国现行税制中,属于直接税的是( )。
   A. 增值税　　　　B. 车船税
   C. 消费税　　　　D. 关税

5. 我国消费税中的啤酒、汽油等课税项目采用的税收形式是( )。
   A. 从价税　　　　B. 从量税
   C. 复合税　　　　D. 滑准税

6. 下列税收中,既属于价内税又属于中央税的是( )。
   A. 消费税　　　　B. 契税
   C. 增值税　　　　D. 房产税

7. 关于增值税的说法,错误的是( )。
   A. 增值税是我国最重要的税种,其收入居各税种之首
   B. 国家从2009年1月1日起,在全国全面实施消费型增值税
   C. 增值税的征收率适用于小规模纳税人和一般纳税人,均按5%的征收率计征
   D. 小规模纳税人不实行扣税法,其应纳税额计算公式为:应纳税额=销售额×征收率

8. 关于增值税计税方法的说法,正确的是( )。
   A. 小规模纳税人缴纳增值税采用扣税法
   B. 一般纳税人的进项税额为购进货物或接受应税劳务所支付或负担的增值税额
   C. 一般纳税人的应纳税额=销售额×征收率
   D. 进口货物的应纳税额=组成计税价格×税率-进项税额

9. 我国的消费税采取( )征税的办法。
   A. 全面　　　　　B. 列举
   C. 消费　　　　　D. 进口

10. 目的是调整产品结构、引导消费方向、保证国家财政收入,平均税率一般比较高的税种是( )。
    A. 消费税　　　　B. 增值税
    C. 所得税　　　　D. 财产税

11. 下列税种中,直接调节居民收入分配的是( )。
    A. 增值税　　　　B. 个人所得税
    C. 消费税　　　　D. 城镇土地使用税

12. 在我国现行税制体系中,房产税、车船税等属于( )。
    A. 流转税　　　　B. 所得税
    C. 财产税　　　　D. 关税

二、多项选择题

1. 下列各项中,构成税制要素的有( )。
   A. 纳税人　　　　B. 纳税环节
   C. 税率　　　　　D. 税务机关
   E. 课税对象

2. 关于税源、税目和计税依据的说法,正确的有( )。

A. 税收的经济来源或最终出处是税源
B. 税源反映具体的征税范围，代表征税的广度
C. 税法规定的课税对象的具体项目是税目
D. 税目以收入的形式存在
E. 计算应纳税额的依据就是计税依据

3. 关于税收分类的说法，错误的有（　）。
A. 按计量课税对象的标准不同划分为从价税和从量税
B. 流转税、所得税、财产税属于直接税
C. 按税收与价格的关系划分为价内税和价外税
D. 主要的流转税税种有增值税、消费税
E. 印花税、土地使用税属于资源税类

4. 下列税种中，属于中央与地方共享税的有（　）。
A. 增值税　　　　B. 关税
C. 消费税　　　　D. 个人所得税
E. 企业所得税

5. 通常情况下，税率的基本类型有（　）。
A. 差别税率　　　B. 比例税率
C. 宏观税率　　　D. 定额税率
E. 累进税率

6. 所得税的主要特点包括（　）。
A. 税负相对比较公平
B. 单环节征收，不存在重复征税问题
C. 税负容易转嫁
D. 税源可靠，收入具有弹性
E. 以商品和劳务的流转额或交易额为计税依据

7. 关于财产税的说法，正确的有（　）。
A. 课征财产税符合税收的纳税能力原则
B. 财产税的课税对象是财产价值
C. 征收财产税的收入弹性较大，为满足财政需要而变动财产税收入较为容易
D. 财产税具有收入分配功能
E. 在经济不发达时期，课征财产税会降低投资者的投资积极性

同步系统训练参考答案及解析

一、单项选择题

1. D 【解析】本题考查税制要素。在实际生活中，有的税种由纳税人自己负担，纳税人本身就是负税人，如个人所得税、企业所得等。有的税收虽然由纳税人缴纳，但实际上是由别人负担的，纳税人和负税人不一致，如增值税、消费税等。

2. C 【解析】本题考查税制要素。课税对象，即征税课体，是指税法规定的征税的目的物。课税对象是不同税种之间相互区别的主要标志。

3. C 【解析】本题考查课税对象。税目是对课税对象的具体划分，反映具体的征税范围，代表征税的广度。

4. B 【解析】本题考查税收的分类。直接税包括所得税、财产税。间接税包括各种流转税税种，如增值税、消费税等。车船税属于财产税，所以是直接税。

5. B 【解析】本题考查税收的分类。我国消费税中的啤酒、汽油、柴油等课税项目采用的是从量税的形式。

6. A 【解析】本题考查税收的分类。消费税既属于价内税又属于中央税。由于税收的分类比较多，需要准确区别并加以把握。

7. C 【解析】本题考查增值税。增值税的征收率适用于小规模纳税人和特定一般纳税人，均按3%的征收率计征，但销售自行开发、取得、自建的不动产以及不动产经营租赁服务按5%计征。

8. B 【解析】本题考查增值税计税方法。一般纳税人缴纳增值税采用扣税法，对小规模纳税人不实行扣税法，选项A错误。一般纳税人应纳税额为销项税额扣除进项税额后的余额，选项C错误。进口货物应纳税额计算公式为：应纳税额=组成计税价格×税率，选项D错误。

9. B 【解析】本题考查消费税的征税范围。消费税采取列举征税办法,即只对列入征税目录的消费品征税,未列入的不征税。

10. A 【解析】本题考查消费税的含义。消费税是对特定消费品和消费行为征收的一种税,其目的是调整产品结构、引导消费方向、保证国家财政收入,平均税率一般较高。

11. B 【解析】本题考查个人所得税。个人所得税可以直接调节居民收入分配。

12. C 【解析】本题考查财产税的税种。我国现行税制中的财产税类的税种主要有房产税、车船税等。

二、多项选择题

1. ABCE 【解析】本题考查税制要素。税制要素主要包括纳税人、课税对象、税率、纳税环节、纳税期限、减税和免税、违章处理、纳税地点等。

2. ACE 【解析】本题考查税制要素。税源是以收入的形式存在的,税目反映具体的征税范围,代表征税的广度。选项B、D错误。

3. BE 【解析】本题考查税收的分类。流转税属于间接税,所得税和财产税属于直接税,选项B错误。印花税、城市维护建设税属于行为税类,土地使用税属于资源税类,选项E错误。

4. ADE 【解析】本题考查税收的分类。中央和地方共享税包括增值税、个人所得税、企业所得税等。关税和消费税属于中央税。

5. BDE 【解析】本题考查税率。一般来说,税率可分为比例税率、定额税率(固定税额)和累进(退)税率。

6. ABD 【解析】本题考查所得税的主要特点。所得课税的特点:(1)税负相对比较公平,比较符合"量能负担"原则。(2)单环节征收,不存在重复征税问题,也不易转嫁,不会影响商品的相对价格。(3)税源可靠,收入具有弹性。

7. ABDE 【解析】本题考查财产税的特点。选项C错误,财产税收入弹性小,为满足财政需要而变动财产税收入是很困难的。

本章思维导图

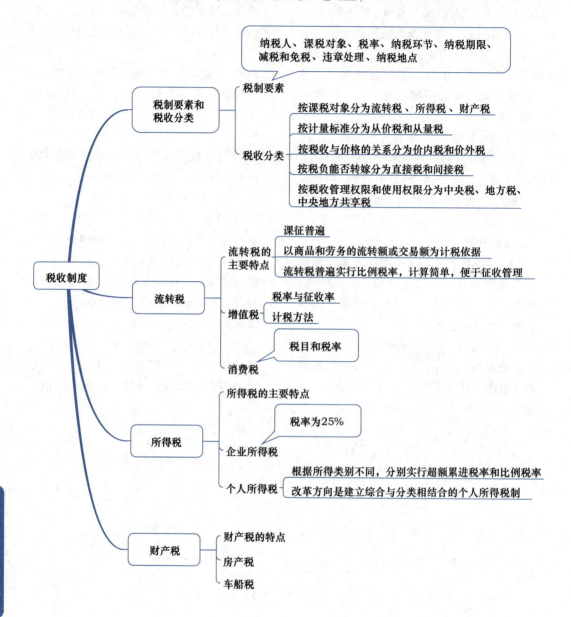

第15章 政府预算

考情分析

本章主要讲述政府预算职能与原则、我国政府预算职权划分、我国政府预算体系、我国政府预算编制和执行制度等内容。本章在最近三年的考试中分值分布不均匀,平均在3分左右。

最近三年本章考试题型、分值分布

年份	单项选择题	多项选择题	合计
2019年	2题2分	1题2分	3题4分
2018年	1题1分	—	1题1分
2017年	1题1分	1题2分	2题3分

本章主要考点

1. 政府预算的基本含义。
2. 政府预算的职能、原则和分类。
3. 我国政府预算职权划分。
4. 我国政府预算体系。
5. 我国政府预算编制制度。
6. 我国政府预算执行制度。
7. 实施全面规范、公平透明预算制度的主要内容。

重点、难点讲解及典型例题

▶ 考点一 政府预算概述(见表15-1)

表15-1 政府预算概述

含义	具有法律规定和制度保证的、经法定程序审核批准的政府年度财政收支计划
具体含义	(1)技术方面: ①形式:以预算平衡表的形式体现,反映政府资金的来源和流向,体现政府年度工作重点和方向; ②内容:政府对财政收支的计划安排,反映可供政府集中支配的财政资金的数量多少,是政府理财的主导环节和基本环节; (2)政治方面:政府预算是重大的政治行为; (3)本质方面:政府预算是国家和政府意志的体现,要经过国家权力机关的审查和批准才能生效,是重要的法律性文件

续表

要点	(1)政府预算是规范政府财政经济行为的一种制度安排； (2)政府预算制度**最早出现在英国**
职能	(1)**反映政府部门活动**。反映和规定政府在预算年度内的活动范围、方向和重点； (2)**监督政府部门收支运作情况**。监督政府收支运作的途径和窗口； (3)**控制政府部门的支出**。预算调整须经同级人大常委会审议、批准
原则	(1)完整性原则。必须包括所有财政收入和支出内容； (2)统一性原则。统一预算科目，统一口径、程序； (3)可靠性原则； (4)合法性原则。预算的成立、调整和执行结果须经立法机关审查批准； (5)公开性原则； (6)年度性原则。世界各国采用的预算年度有两种：历年制和跨年制

【例1·单选题】关于政府预算的说法，错误的是（ ）。
A. 政府预算是具有法律规定和制度保证的、经法定程序审核批准的政府年度财政收支计划
B. 从本质方面看，政府预算是国家和政府意志的体现
C. 政府预算要经过国务院的审查和批准才能生效
D. 政府预算制度最早出现在英国

解析 ▶ 本题考查政府预算的含义。从本质方面看，政府预算是国家和政府意志的体现，要经过国家权力机关的审查和批准才能生效，是重要的法律性文件，选项C错误。 **答案** ▶ C

▶ 考点二 政府预算的分类（见表15-2）

表15-2 政府预算的分类

依据	分类	内容
按预算编制形式	单式预算	(1)优点：①简单明了、整体性强，能够清晰反映政府财政收支全貌，有利于公众监督政府预算的实施；②便于编制，易于操作； (2)缺点：没有区分各项财政收支的经济性质，不利于政府对复杂的财政活动进行深入分析、管理和监督
	复式预算	(1)一般由经常预算和资本预算组成。经常预算主要以税收为收入来源，以行政事业项目为支出对象；资本预算主要以国债为收入来源，以经济建设项目为支出对象； (2)优点：①由于区分了政府预算收入和支出的经济性质和用途，便于政府科学安排预算收支结构，突出重点，分类控制预算收支平衡；②便于政府灵活运用资本性投资和国债等手段，对宏观经济运行实施宏观调控； (3)缺点：编制和实施比较复杂，有一定难度
按预算编制依据的内容和方法	增量预算 （也称基数预算）	(1)在以前预算年度的基础上，按新预算年度经济发展情况加以调整后确定新预算年度的财政收支计划指标； (2)增量预算保持了各项财政收支指标的连续性，是一种传统的预算编制方法
	零基预算	(1)不考虑以前年度的财政收支执行情况，只以新预算年度经济社会发展情况和财力可能为依据，重新评估各项收支的必要性及其所需金额后确定新预算年度的财政收支计划指标； (2)优点：有利于克服增量预算下政府收支指标刚性增长的弊端，提高预算支出效率

依据	分类	内容
按预算作用的时间长短	年度预算	预算有效期为一年的政府预算
	多年预算（也称中期预算或滚动预算）	指预算有效期为几年（多为三年至五年）的政府预算，一般不具有法律效力，也不需要经过国家权力机关的批准。编制时一般都是采取逐年递推或滚动的形式
按预算收支平衡状况	平衡预算	预算收入基本等于预算支出的预算
	差额预算	包括收入大于支出的盈余预算和支出大于收入的赤字预算
按预算项目是否直接反映经济效益	投入预算	用来控制各项支出用途和金额的预算
	绩效预算	先由政府部门确定需要履行的职能以及为履行职能需要消耗的资源，在此基础上制定绩效目标，并用量化指标来衡量其在实施每项计划过程中取得的成绩和完成工作的情况
	规划—项目预算	(1)确定总体目标，拟定最优决策，以利于国家经济资源合理配置的一种预算制度； (2)核心：使用成本—效益和成本—有效性分析
按预算管理层级	中央预算	原则上一级政府、一级财政、一级预算
	地方预算	

【例2·多选题】 复式预算的优点有（ ）。

A. 便于编制，易于操作
B. 编制和实施比较简单
C. 能够清晰反映政府收支全貌，有利于公众监督政府预算的实施
D. 便于政府科学安排预算收支结构，突出重点，分类控制预算收支平衡
E. 便于政府灵活运用资本性投资和国债等手段对宏观经济运行实施宏观调控

解析 ▶ 本题考查复式预算的优点。复式预算的优点有：(1)由于区分了政府预算收入和支出的经济性质和用途，便于政府科学安排预算收支结构，突出重点，分类控制预算收支平衡；(2)便于政府灵活运用资本性投资和国债等手段，对宏观经济运行实施宏观调控。选项A、B、C是单式预算的优点。

答案 ▶ DE

▶ **考点三 我国政府预算职权划分**（见表15-3）

2014年修正后的《中华人民共和国预算法》对立法机关、各级政府、政府财政主管部门和预算执行部门、单位的预算管理职权做了明确规定。

表15-3 我国政府预算职权划分

部门		职权
各级人民代表大会	全国人民代表大会	(1)有权审查中央和地方预算草案及其预算执行情况报告； (2)批准中央预算和中央预算执行情况的报告； (3)改变或撤销全国人大常委会关于预、决算的不适当决议
	县级以上地方各级人民代表大会	(1)有权审查本级总预算草案及本级总预算执行情况的报告； (2)批准本级预算和本级预算执行情况的报告； (3)改变或撤销本级人大常委会关于预算、决算的不适当的决议

续表

部门		职权
各级人民代表大会常务委员会	全国人大常委会	(1)有权监督中央和地方预算的执行； (2)审核和批准中央预算的调整方案，审查批准中央决算； (3)撤销同宪法、法律相抵触的关于预算、决算的行政法规、决定和命令，撤销同宪法、法律和行政法规相抵触的关于预算、决算的地方性法规和决议
	县级以上地方各级人大常委会	(1)有权监督本级总预算执行； (2)审查和批准本级预算的调整方案，审查批准本级政府决算； (3)撤销本级政府和下一级人大及其常委会关于预算、决算的不适当的决定、命令和决议
各级人民政府		(1)组织编制本级预算草案，向本级人民代表大会做关于本级总预算草案的报告(报告权)； (2)组织本级总预算执行(组织权)； (3)决定本级政府预备费动用(决定权)； (4)编制本级预算调整方案等(编制权)
各级政府财政部门		(1)具体编制本级预算草案、本级预算的调整方案、本级决算草案(具体编制权)； (2)具体组织本级总预算的执行(具体组织权)； (3)提出本级预备费动用方案(提出权)； (4)定期向本级人民政府和上一级财政部门报告各级预算的执行情况(报告权)
各级政府业务主管部门		(1)制定本部门预算具体执行办法； (2)编制本部门预算草案、决算草案； (3)组织和监督本部门预算的执行； (4)定期向本级政府财政部门报告预算的执行情况
各单位及审计机关		—

【例3·多选题】下列属于全国人大常委会预算管理职权的有(   )。
A. 审查和批准中央决算
B. 批准中央预算
C. 批准中央预算执行情况的报告
D. 审查地方预算执行情况的报告
E. 审查和批准中央预算的调整方案

解析 ▶ 本题考查我国政府预算职权的划分。全国人大常委会的预算管理职权包括：(1)监督：中央和地方预算的执行。(2)审查和批准：中央预算的调整方案、中央决算。(3)撤销：国务院制定的同宪法、法律相抵触的关于预算、决算的行政法规、决定和命令；省、自治区、直辖市人民代表大会及其常务委员会制定的同宪法、法律和行政法规相抵触的关于预算、决算的地方性法规和决议。

答案 ▶ AE

▶ 考点四 我国政府预算体系(见表15-4)

表15-4 我国政府预算体系

预算体系	具体内容
一般公共预算	(1)含义：政府凭借国家政治权力筹集的以税收为主体的财政收入，用于保障和改善民生，维持国家机构正常运转，保障国家安全等方面的收支预算； (2)目前我国每年统计公报公布的财政收入、财政支出、财政赤字的数字，属于一般公共预算； (3)一般公共预算是政府预算体系的基础

续表

预算体系	具体内容
政府性基金预算	（1）含义：政府通过向社会征收基金、收费以及出让土地、发行彩票等方式取得收入，专项用于支持特定基础设施建设和社会事业发展的收支预算； （2）政府性基金预算与财政预算都属于政府预算的范畴。二者区别为资金的管理方式不同； （3）管理原则：以收定支，专款专用，结余结转下年继续使用
国有资本经营预算	（1）含义：国家取得国有资本收益，进行收益分配而发生的各项收支预算； （2）要求：国有资本经营预算支出按照当年预算收入规模安排，不列赤字； （3）核心：调整国家和国有企业之间的分配关系，是实现国有资本经营管理战略目标的重要手段； （4）编制原则：①统筹兼顾、适度集中；②相对独立、相互衔接；③分级编制、逐步实施； （5）从2010年开始，中央国有资本经营预算提交全国人大审查批准
社会保险基金预算	编制原则：（1）依法建立，规范统一；（2）统筹编制，明确责任；（3）专项基金，专款专用；（4）相对独立，有机衔接（社会保险基金不能用于平衡财政预算，财政预算可补助社会保险基金）；（5）收支平衡，留有结余

【例4·单选题】以收定支、专款专用、结余结转下年度继续使用，是( )的管理原则。

A. 政府性基金预算

B. 公共财政预算

C. 国有资本经营预算

D. 支付债务预算

解析 ▶ 本题考查政府性基金预算的管理原则。政府性基金预算的管理原则是以收定支，专款专用，结余结转下年继续使用。

答案 ▶ A

▶ 考点五　预算编制制度和预算执行制度

政府预算制度是财政运行的基本规则，是**财政制度的核心**，一般通过"**预算法**"的形式确定。

（一）预算编制制度

1. 建立部门预算制度

（1）**部门预算制度**是市场经济国家财政预算管理的基本形式。

（2）部门收入预算编制采用**标准收入预算法**。部门支出预算编制采用**零基预算法**。

（3）部门预算采取自下而上的编制方式，编制程序实行"**两上两下**"的基本流程。

2. 将预算外资金纳入预算管理

从2011年1月1日起，将按预算外资金管理的收入（不含教育收费）全部纳入预算管理。

（1）中央各部门各单位的教育收费作为本部门的事业收入，纳入财政专户管理。

（2）中央部门预算外收入全部上缴中央国库，支出通过财政预算或政府性基金预算安排。其中，交通运输部集中的航道维护收入纳入政府性基金预算管理，其他的预算外收入纳入一般预算管理。

（二）预算执行制度

预算执行制度是政府预算制度的重要组成部分，是预算实施的关键环节。

1. 建立国库集中收付制度

我国从2001年开始，正式实施国库管理制度改革。主要内容是：（1）建立以财政部门为主体的国库单一账户体系，所有财政性资金在<u>国库单一账户</u>体系中运作；(2)规范财政性资金收缴方式，所有收入通过代理银行<u>直接缴入国库或财政专户</u>；(3)改变财政资金分散拨付方式，对不同类型的支出分别采取<u>财政直接支付和财政授权支付</u>等方式。

2. 实行政府采购制度

运行机制：集中采购和分散采购相结合，以集中为主，分散为辅；公开招标和非公开招标相结合；委托采购与自行采购相结合。

【例5·单选题】关于预算编制制度的说法，错误的是( )。

A. 市场经济国家财政预算管理的基本形式是部门预算制度

B. 部门收入预算编制采用零基预算法

C. 部门预算采用自下而上的编制方式，编制程序实行"两上两下"的基本流程

D. 我国财政部从2011年1月1日起，将按预算外资金管理的收入(不含教育收费)全部纳入预算管理

解析 本题考查我国的预算编制制度。选项B错误，部门收入预算编制采用标准收入预算法，部门支出预算编制采用零基预算法。

答案 B

▶ 考点六　实施全面规范、公开透明预算制度的主要内容

建立全面规范、公开透明预算制度的主要内容有：

(1)建立健全预算编制、执行、监督相互制约、相互协调机制。

(2)完善政府预算体系。

(3)建立跨年度预算平衡机制。

(4)实施中期财政规划管理。

(5)全面推进预算绩效管理。

(6)建立政府资产报告制度。

政府资产报告通常包括<u>政府资产报表和政府资产分析报告</u>两部分。

(7)建立权责发生制政府综合财务报告制度。

(8)建立财政库底目标余额管理制度。

主要内容包括：①建立国库现金流量预测制度；②完善国库现金管理银行账户、资金清算及核算体系；③健全完善国库现金管理投融资运行机制；④完善国库现金管理风险监控管理机制。

(9)推进预算、决算公开。

【例6·多选题】下列财政改革内容中，属于建立全面规范、公开透明预算制度的有( )。

A. 建立跨年度预算平衡机制

B. 全面推进预算绩效管理

C. 实施中期财政规划管理

D. 建立权责发生制综合财务报告制度

E. 健全中央和地方财力与事权相匹配的财政体制

解析 本题考查实施全面规范、公开透明预算制度的主要内容。选项A、B、C、D属于建立全面规范、公开透明预算制度的内容。

答案 ABCD

历年考题解析

一、单项选择题

1. (2019年)我国开始将预算外资金管理的收入(不含教育收费)全部纳入预算管理的时间是( )。
   A. 2011年1月1日
   B. 2010年1月1日
   C. 2009年1月1日
   D. 2008年1月1日

   解析 本题考查预算编制制度。财政部从2011年1月1日起,将按预算外资金管理的收入(不含教育收费)全部纳入预算管理。 **答案** A

2. (2019年)部门预算采取自下而上的编制方式,编制程序实行( )的基本流程。
   A. "两上两下"
   B. "一上一下"
   C. "四上四下"
   D. "三上三下"

   解析 本题考查预算编制制度。部门预算采取自下而上的编制方式,编制程序实行"两上两下"的基本流程。 **答案** A

3. (2018年)政府资产报告通常包括( )。
   A. 政府资产报表和政府负债报表
   B. 政府资产报表和政府资产分析报告
   C. 政府现金流量报表和政府负债报表
   D. 政府现金流量报表和政府资产分析报告

   解析 本题考查政府资产报告。政府资产报告通常包括政府资产报表和政府资产分析报告两部分。 **答案** B

4. (2017年)关于政府多年预算的说法,正确的是( )。
   A. 多年预算必须经过国家权力机关批准
   B. 多年预算一般具有法律效力
   C. 多年预算每3~5年编制一次
   D. 编制多年预算一般采取逐年递推或滚动的形式

   解析 本题考查政府预算的分类。多年预算,是指对连续多个年度(一般为3~5年)的财政收支进行预测、规划或规定的一种财政计划形式。编制多年预算一般都是采取逐年递推或滚动的形式,即多年预算每年编制一次,每次向前滚动一年。多年预算一般不具有法律效力,要提交国家权力机关作为审议年度预算时的参照,但不需要经过国家权力机关批准。 **答案** D

二、多项选择题

1. (2019年)关于政府性基金预算的说法,正确的有( )。
   A. 政府性基金预算也属于政府预算的范畴
   B. 政府性基金预算的结余不得结转下年使用
   C. 政府性基金预算的收入具有指定用途、专款专用的特征
   D. 政府性基金预算是政府通过向社会征收基金、收费以及出让土地、发行彩票等方式取得
   E. 政府性基金预算由全国人民代表大会常务委员会审批

   解析 本题考查政府性基金预算。选项B错误,政府性基金预算的管理原则是以收定支、专款专用、结余结转下年继续使用。选项E错误,政府性基金项目由财政部审批,重要的政府性基金项目须报国务院审批。 **答案** ACD

2. (2018年)社会保险基金预算按险种分别编制,主要包括( )。
   A. 农村居民基本养老保险基金
   B. 生育保险基金
   C. 企业职工基本养老保险基金
   D. 失业保险基金
   E. 工伤保险基金

   解析 本题考查社会保险基金预算的编制范围。社会保险基金预算按险种分别编

制，包括企业职工基本养老保险基金、城乡居民基本养老保险基金、失业保险基金、城镇职工基本医疗保险基金、居民基本医疗保险基金、工伤保险基金和生育保险基金等内容。　　**答案** ▶ BCDE

3. （2017年）财政库底目标余额管理的主要内容包括( )。

   A. 建立国库现金流量预测制度
   B. 完善国库集中支付制度
   C. 完善国库现金管理银行账户、资金清算及核算体系
   D. 健全完善国库现金管理投融资运行机制
   E. 完善国库现金管理风险监控管理机制

   解析 ▶ 本题考查建立财政库底目标余额管理制度。建立财政库底目标余额管理制度的主要内容包括：一是建立国库现金流量预测制度；二是完善国库现金管理银行账户、资金清算及核算体系；三是健全完善国库现金管理投融资运行机制；四是完善国库现金管理风险监控管理机制。

   答案 ▶ ACDE

同步系统训练

一、单项选择题

1. 政府预算活动的每个环节都必须根据法定程序进行，政府预算的成立、调整和执行结果，都会经过立法机关审查批准，这是政府预算( )原则。
   A. 统一性　　　　B. 公开性
   C. 完整性　　　　D. 合法性

2. 按预算编制形式分类，预算可以分为( )。
   A. 增量预算和零基预算
   B. 单式预算和复式预算
   C. 年度预算和多年预算
   D. 中央预算和地方预算

3. 主要以税收为收入来源、以行政事业项目为支出对象的政府预算是( )。
   A. 绩效预算　　　B. 地方预算
   C. 资本预算　　　D. 经常预算

4. 关于增量预算和零基预算的说法，正确的是( )。
   A. 零基预算是在以前预算年度基础上，按新预算年度经济发展情况加以调整后确定的
   B. 增量预算不考虑以前年度收支执行情况、重新评估各项收支必要性
   C. 零基预算保持了各项财政收支指标的连续性
   D. 增量预算和零基预算是按照预算编制依据的内容和方法进行分类的

5. 决定本级政府预备费动用的机构是( )。
   A. 各级人大　　　B. 各级人大常委会
   C. 各级人民政府　D. 各级财政部门

6. 政府通过向社会征收基金、收费以及出让土地、发行彩票等方式取得收入，专项用于支持特定基础设施建设和社会事业发展的收支预算是( )。
   A. 社会保险基金预算
   B. 一般公共预算
   C. 政府性基金预算
   D. 国有资本经营预算

7. 关于国有资本经营预算的说法，错误的是( )。
   A. 从2010年开始，中央国有资本经营预算提交全国人大审查批准
   B. 国有资本经营预算支出按照当年预算收入规模安排，可以列赤字
   C. 国有资本经营预算制度的核心是调整国家和国有企业之间的分配关系
   D. 国有资本经营预算是国家以国有资产所有者身份取得的国有资本收益

8. 关于社会保险基金预算的说法，错误的是( )。
   A. 社会保险基金预算2013年正式提交全国人大

B. 社会保险基金预算不能用于平衡一般公共预算

C. 社会保险基金预算可以调剂部分资金用于平衡国有资本经营预算和政府性基金预算

D. 社会保险基金预算是政府通过社会保险缴费、一般公共预算安排等方式取得收入，专项用于社会保险的收支预算

9. 我国政府预算体系的基础是( )。

A. 政府性基金预算
B. 一般公共预算
C. 国有资本经营预算
D. 社会保险基金预算

10. 财政制度的核心是( )。

A. 财政收入制度　B. 财政支出制度
C. 政府预算制度　D. 国家金库制度

11. 建立国库集中收付制度的主要内容不包括( )。

A. 建立国库单一账户体系
B. 规范财政性资金收缴方式
C. 改变财政资金分散拨付方式
D. 采用传统的财政资金银行账户管理体系和资金缴拨方式

二、多项选择题

1. 关于政府预算的含义，说法正确的有( )。

A. 政府预算以预算平衡表的形式体现
B. 政府预算是政府行为活动的成本
C. 政府预算反映了可供政府集中支配的财政资金数量的多少
D. 政府预算是政府对财政收支的计划安排
E. 政府预算是规范政府财政经济行为的一种制度安排

2. 在现代经济社会条件下，政府预算具有的职能包括( )。

A. 资源配置职能
B. 反映政府部门活动
C. 控制政府部门的支出
D. 收入分配职能

E. 监督政府部门收支运作情况

3. 单式预算的优点包括( )。

A. 便于分类控制预算收支平衡
B. 能够清晰反映政府财政收支全貌
C. 便于政府对复杂的财政活动进行分析、管理和监督
D. 便于政府灵活运用资本性投资和国债手段，调控宏观经济运行
E. 便于编制，易于操作

4. 按预算收支平衡状况分类，政府预算可分为( )。

A. 零基预算　　　B. 投入预算
C. 差额预算　　　D. 绩效预算
E. 平衡预算

5. 按预算项目是否直接反映经济效益分类，政府预算分为( )。

A. 平衡预算　　　B. 投入预算
C. 绩效预算　　　D. 规划—项目预算
E. 差额预算

6. 根据《中华人民共和国预算法》，各级人民政府的预算管理职权有( )。

A. 审批本级预算调整方案
B. 组织编制本级预算草案
C. 决定本级政府预备费动用
D. 编制本级预算调整方案
E. 组织编制本级决算草案

7. 根据《中华人民共和国预算法》，各级财政部门的预算管理职权有( )。

A. 具体编制本级预算调整方案
B. 具体编制本级预算草案
C. 决定本级政府预备费动用
D. 审批本级政府决算
E. 具体编制本级决算草案

8. 我国完整的政府预算体系包括( )。

A. 政府性基金预算
B. 社会保险基金预算
C. 国有资本经营预算
D. 一般公共预算
E. 投资基金预算

同步系统训练参考答案及解析

一、单项选择题

1. D 【解析】本题考查政府预算的原则。合法性原则是指政府预算活动的每个环节都必须按照法定程序进行，政府预算的成立、调整和执行结果都必须经过立法机关审查批准。

2. B 【解析】本题考查政府预算的分类。按预算编制形式分类，预算可以分为单式预算和复式预算。

3. D 【解析】本题考查政府预算的分类。经常预算主要以税收为收入来源，以行政事业项目为支出对象。

4. D 【解析】本题考查政府预算的分类。增量预算是在以前预算年度基础上，按新预算年度经济发展情况加以调整后确定的，选项 A 错误。零基预算不考虑以前年度收支执行情况，重新评估各项收支必要性，选项 B 错误。增量预算保持了各项财政收支指标的连续性，选项 C 错误。

5. C 【解析】本题考查预算管理职权的划分。决定本级政府预备费动用的机构是各级人民政府。

6. C 【解析】本题考查政府性基金预算。政府性基金预算，是指政府通过向社会征收基金、收费以及出让土地、发行彩票等方式取得收入，专项用于支持特定基础设施建设和社会事业发展的收支预算。

7. B 【解析】本题考查国有资本经营预算。国有资本经营预算支出按照当年预算收入规模安排，不列赤字。

8. C 【解析】本题考查社会保险基金预算。社会保险基金预算是政府通过社会保险缴款、一般公共预算安排和其他方式筹集的资金，专项用于社会保险的收支预算。2013 年正式提交全国人大。社会保险基金预算不能用于平衡一般公共预算等其他预算，选项 C 错误。

9. B 【解析】本题考查我国政府预算的体系。我国完整的政府预算体系包括一般公共预算、政府性基金预算、国有资本经营预算和社会保险基金预算，其中一般公共预算是政府预算体系的基础。

10. C 【解析】本题考查政府预算制度。政府预算制度是财政制度的核心，是财政赖以存在的基础，是国家政治体制的重要组成部分。

11. D 【解析】本题考查预算执行制度。建立国库集中收付制度的主要内容是：取消各部门在商业银行开设的账户，建立以财政部门为主体的国库单一账户体系。规范财政性资金收缴方式，所有收入通过代理银行直接缴入国库或财政专户。改变财政资金分散拨付方式，对不同类型的支出分别采取财政直接支付和财政授权支付等方式。

二、多项选择题

1. ACDE 【解析】本题考查政府预算的含义。财政支出是政府行为活动的成本，选项 B 说法错误。

2. BCE 【解析】本题考查政府预算的职能。政府预算的职能包括：(1)反映政府部门的活动；(2)监督政府部门收支运作情况；(3)控制政府部门的支出。

3. BE 【解析】本题考查单式预算的优点。单式预算的优点有：一是简单明了，整体性强，能够清晰反映政府财政收支全貌，有利于公众监督政府预算的实施；二是便于编制，易于操作。A、C、D 项属于复式预算的优点。

4. CE 【解析】本题考查政府预算的分类。按预算收支平衡状况分类，预算分为平衡预算和差额预算。

5. BCD 【解析】本题考查政府预算的分类。按预算项目是否直接反映经济效益分类，政府预算分为投入预算、绩效预算和规划—项目预算。

6. BCDE 【解析】本题考查政府预算职权的划分。各级人民政府的预算管理权包括编制本级预算草案，向本级人民代表大会做关于本级总预算草案的报告；组织本级总预算执行；决定本级政府预备费动用；编制本级预算调整方案；监督本级各部门和下一级人民政府的预算执行；改变或撤销本级各部门和下一级人民政府关于预算方面的不恰当决定或命令；向本级人民代表大会及其常务常委会报告本级总预算的执行情况；组织编制本级决算草案。选项 A 属于各级人民代表大会常务委员会的职权。

7. ABE 【解析】本题考查政府预算职权的划分。各级政府财政部门具体编制本级预算草案；具体组织本级总预算的执行；提出本级预备费动用方案；具体编制本级预算的调整方案；定期向本级人民政府和上一级财政部门报告各级预算的执行情况；具体编制本级决算草案。选项 C 属于各级人民政府的职权。选项 D 属于县级以上地方各级人民代表大会常务委员会的职权。

8. ABCD 【解析】本题考查我国政府的预算体系。我国完整的政府预算体系包括一般公共预算、政府性基金预算、国有资本经营预算和社会保险基金预算。

本章思维导图

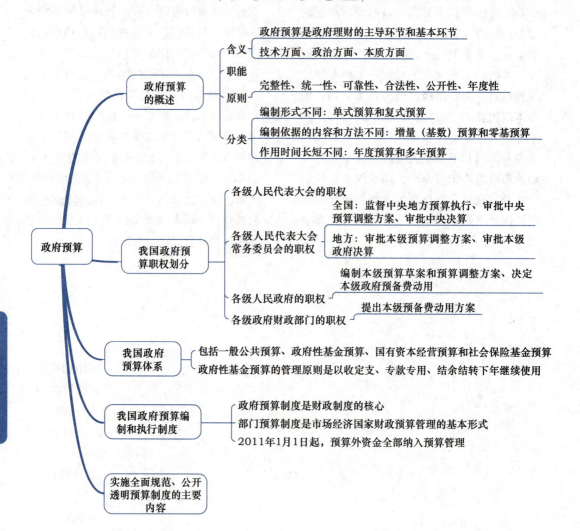

第16章 财政管理体制

考情分析

本章应把握财政管理体制的内容和类型、分税制财政管理体制改革的主要内容及成效、财政转移支付的特点及分类。本章在最近三年考试中分值分布不均匀,平均在2分左右。仍需有侧重点的进行把握。

最近三年本章考试题型、分值分布

年份	单项选择题	多项选择题	合计
2019年	1题1分	—	1题1分
2018年	1题1分	1题2分	2题3分
2017年	—	1题2分	1题2分

本章主要考点

1. 财政管理体制的内容与类型。
2. 分税制财政管理体制改革的主要内容。
3. 分税制财政管理体制改革的主要成效。
4. 财政转移支付的特点。
5. 我国现行的财政转移支付制度。

重点、难点讲解及典型例题

▶考点一 财政管理体制的含义及内容

(一)财政管理体制的含义

国家管理和规范中央与地方政府之间以及地方各级政府之间划分财政收支范围和财政管理职责与权限的一项根本制度。

(1)广义:包括政府预算管理体制、税收管理体制、公共部门财务管理体制等。
(2)狭义:政府预算管理体制。**政府预算管理体制是财政管理体制的中心环节。**

(二)财政管理体制的主要内容(见表16-1)

表16-1 财政管理体制的主要内容

财政分配和管理机构的设置	我国财政管理机构分为五级:中央、省、市、县、乡

政府间事权及支出责任的划分	(1)各级政府间财政关系划分的依据：政府职能界定和政府间事权划分； (2)财政管理体制的**基础性内容：政府间财政支出划分**； (3)政府间事权及支出责任划分遵循的原则： ①**受益原则**：公共产品和服务的受益范围； ②**效率原则**：产品的配置效率； ③**区域原则**：公共产品和服务的区域性； ④**技术原则**：公共产品和服务的规模大小、技术难易程度
政府间财政收入的划分	(1)决定政府间财政收入划分的**主要标准：税种属性**； (2)市场经济国家收入划分遵循的原则： ①**集权原则**：收入份额较大的主体税种划归中央政府； ②**效率原则**：流动性强的收入为中央收入，流动性不强、相对稳定的收入为地方收入； ③**恰当原则**：调控能力强、体现国家主权的收入作为中央收入； ④**收益与负担对等原则**：收益与负担直接对应的收入作为地方政府收入。 (3)政府间财政收支划分呈现的基本特征：**收入结构与支出结构的非对称性安排**。收入结构划分以中央政府为主，支出结构划分则以地方政府为主
政府间财政转移支付	协调中央政府与地方政府间财政关系的重要配套制度

【例1·单选题】财政管理体制的基础性内容是（　　）。
A. 政府间财政收入划分
B. 政府间财政支出划分
C. 财政分配和管理机构的设置
D. 政府间财政转移支付制度的建立

解析 ▶ 本题考查财政管理体制的内容。政府间财政支出划分是财政管理体制的基础性内容。

答案 ▶ B

▶ 考点二　财政管理体制的类型和作用

(一)财政管理体制的类型(见表16-2)

表16-2　财政管理体制的类型

模式	内容	实行国家
财政联邦制模式	在这种模式下，中央与地方之间、地方上级与下级财政之间没有整体关系，政府间的财政联系主要依靠分税制和转移支付制度来实现	美、加、德、澳、俄、墨、印
财政单一制模式	在这种模式下，地方在中央决策和授权范围内对财政活动进行管理	法、英、日、韩、意

(二)我国财政管理体制的变化
1994年国务院取消包干制，实行**分税制**财政管理体制。
(三)财政管理体制的作用
(1)保证各级政府和财政职能的有效履行。
(2)调节各级和各地政府及其财政之间的不平衡。
(3)促进社会公平，提高财政效率。

【例2·单选题】 从世界各国财政管理体制的差异看,财政管理体制一般分为( )。

A. 联邦制和包干制　　　　　　　　B. 分税制和包干制
C. 联邦制和单一制　　　　　　　　D. 分税制和单一制

解析 ▶ 本题考查财政管理体制的模式。从世界各国财政管理体制的差异看,财政管理体制一般分为联邦制和单一制。　　　　　　　　　　　　　　　答案 ▶ C

▶ 考点三　分税制财政管理体制

(一)分税制财政体制的内容

1. 支出责任划分(见表16-3)

表16-3　支出责任划分

中央财政支出	(1)国家安全、外交、中央国家机关运转经费,调整国民经济结构、协调地区发展、实施宏观调控的支出、由中央直接管理的事业发展支出; (2)举例:国防、武警经费,外交支出,地质勘探费,文教卫科事业费
地方财政支出	(1)本地区政权机关所需支出,本地区经济、社会发展支出; (2)举例:公检法经费,民兵事业费,城市维护建设费

2. 收入划分(见表16-4)

表16-4　收入划分(列举部分税种)

划分原则	(1)中央税:维护国家权益、实施宏观调控所必需的税种; (2)中央与地方共享税:同经济发展直接相关的主要税种; (3)地方税:适合地方征管的税种,并调整、充实地方税种,增加地方税收入
中央收入	关税,海关代征消费税和增值税,消费税,证券交易印花税,车辆购置税,出口退税,船舶吨税等
中央地方共享收入	(1)增值税中央分享50%、地方分享50%; (2)纳入共享范围的企业所得税和个人所得税中央分享60%,地方分享40%; (3)海洋石油资源税为中央收入,其余资源税为地方收入
地方收入	城镇土地使用税,城市维护建设税,房产税,车船税,印花税,耕地占用税,契税,烟叶税,土地增值税等

(二)分税制财政管理体制改革的主要成效
(1)建立了财政收入稳定增长机制。
(2)增强了中央政府宏观调控能力。
(3)促进了产业结构调整和资源优化配置。

(三)深化财政体制改革的主要任务与内容

1. 完善中央与地方的事权和支出责任划分
(1)适度加强中央事权。
(2)明确中央与地方共同事权。
(3)明确区域性公共服务为地方事权。
(4)调整中央与地方的支出责任。

2. 进一步理顺中央和地方的收入划分

【例3·单选题】 根据分税制财政管理体制改革,将维护国家权益、实施宏观调控所必需的税种划分为( )。

A. 地方税　　　　　　　　　　　　B. 中央税
C. 行为税　　　　　　　　　　　　D. 中央与地方共享税

解析 ▶ 本题考查分税制财政管理体制。将维护国家权益、实施宏观调控所必需的税种划分为中央税。

答案 ▶ B

▶ **考点四　财政转移支付**

(一)财政转移支付概述(见表16-5)

表16-5　财政转移支付概述

含义		政府间财政转移支付制度是在处理中央与地方财政关系时,协调上下级财政之间关系的一项重要制度(最早提出转移支付概念的是经济学家庇古)
作用		(1)弥补地方政府收支差额(最基本作用); (2)解决因地方政府间财政状况不同而造成的公共服务水平的不均; (3)增强中央政府对地方政府的控制能力
特点		完整性、对称性、科学性、统一性和灵活性相结合、法制性
分类	均衡拨款	对于地方事权范围的支出项目,中央政府通过一般性转移支付实施财力匹配与均衡
	专项拨款	专项转移支付严格限于中央委托事务、共同事权事务、效益外溢事务和符合中央政策导向事务

(二)我国现行的财政转移支付制度(见表16-6)

表16-6　我国现行的财政转移支付制度

组成	含义	内容
一般性转移支付	中央财政安排给地方财政的补助支出,由地方统筹安排。目的是弥补地区的财力缺口,均衡地区间财力差距,实现地区间基本公共服务能力的均等化	包括均衡性转移支付、民族地区转移支付、县级基本财力保障机制奖补资金、调整工资转移支付、农村税费改革转移支付、资源枯竭城市转移支付等具体项目
专项转移支付	需要按照规定用途使用资金	重点用于教育、医疗卫生、社会保障、支农等公共服务领域

(三)税收返还制度

目前,中央对地方税收返还包括增值税定额返还、消费税定额返还、所得税基数返还(企业所得税、个人所得税分享改革后的基数返还)和成品油价格与税费改革税收返还。

(四)规范财政转移支付制度的任务

1.完善一般性转移支付的稳定增长机制

(1)增加一般性转移支付规模和比例;(2)中央出台减收增支政策形成的地方财力缺口,原则上通过一般性转移支付调节。

2.清理、整合、规范专项转移支付项目

【例4·多选题】关于财政转移支付的说法,正确的有(　)。

A. 我国的财政转移支付由一般性转移支付和专项转移支付组成
B. 专项转移支付重点用于教育、医疗卫生、社会保障、支农等公共服务领域
C. 均衡转移支付、民族地区转移支付属于专项转移支付
D. 调整工资转移支付、农村税费改革转移支付属于一般性转移支付
E. 对于地方事权范围的支出项目,中央政府通过一般性转移支付实施财力匹配与均衡

解析 本题考查财政转移支付制度。目前,一般性转移支付包括均衡性转移支付、民族地区转移支付、县级基本财力保障机制奖补资金、调整工资转移支付、农村税费改革转移支付、资源枯竭城市转移支付等具体项目。选项C说法错误。 **答案** ABDE

考点五 合理划分中央与地方财政事权和支出责任(见表16-7)

表16-7 合理划分中央与地方财政事权和支出责任

总体要求	(1)坚持中国特色社会主义道路和党的领导; (2)坚持财政事权由中央决定; (3)坚持有利于健全社会主义市场经济体制; (4)坚持法治化规范化道路; (5)坚持积极稳妥统筹推进
划分原则	(1)体现基本公共服务受益范围; (2)兼顾政府职能和行政效率; (3)实现权、责、利相统一; (4)激励地方政府主动作为; (5)做到支出责任与财政事权相适应
主要内容	(1)推进中央与地方财政事权划分:①适度加强中央的财政事权;②保障地方履行财政事权;③减少并规范中央与地方共同财政事权;④建立财政事权划分动态调整机制; (2)完善中央与地方支出责任划分:①中央的财政事权由中央承担支出责任;②地方的财政事权由地方承担支出责任;③中央与地方共同财政事权区分情况划分支出责任; (3)加快省以下财政事权和支出责任划分

【例5·多选题】 合理划分中央与地方财政事权和支出责任的主要内容包括( )。
A. 推进中央与地方财政事权划分
B. 增加并规范中央与地方共同财政事权
C. 完善中央与地方支出责任划分
D. 加快省以下财政事权和支出责任划分
E. 将更多支出责任交给基层政府承担

解析 本题考查合理划分中央与地方财政事权和支出责任的主要内容。推进中央与地方财政事权划分时,要减少并规范中央与地方共同财政事权,选项B错误。在加快省以下财政事权和支出责任划分时,应避免将过多支出责任交给基层政府承担,选项E错误。 **答案** ACD

历年考题解析

一、单项选择题

1. (2019年)关于现行中央地方支出责任的划分,说法正确的是( )。
   A. 公检法经费由中央财政承担
   B. 民兵事业费由中央财政承担
   C. 地质勘探费由地方财政承担
   D. 外交支出由中央财政承担

   解析 本题考查支出责任划分。公检法经费、民兵事业费由地方财政支出。外交支出、地质勘探费由中央财政支出。 **答案** D

2. (2018年)关于联邦制的财政管理体制的说法,正确的是( )。
   A. 美国、英国、法国都实行联邦制的财政管理体制
   B. 在联邦制的财政管理体制下,地方财政由中央财政统一管理

C. 在联邦制的财政管理体制下，政府间的财政联系主要依靠分税制和转移支付制度来实现

D. 在联邦制的财政管理体制下，地方政府拥有的分权水平较低，自主性较小

解析 本题考查财政管理体制的类型。法国、英国实行财政单一制。选项 A 错误。在财政单一制模式下，地方财政由中央财政统一管理，地方政府拥有的分权水平较低，自主性较小。选项 B、D 错误。

答案 C

二、多项选择题

1．（2018 年）广义的财政管理体制主要包括( )。

A. 公共部门财务管理体制
B. 国有企业管理体制
C. 国有资本管理体制
D. 税收管理制度
E. 政府预算管理体制

解析 本题考查财政管理体制的含义。广义的财政管理体制主要包括政府预算管理体制、税收管理体制、公共部门财务管理体制等。

答案 ADE

2．（2017 年）合理划分中央与地方财政事权和支出责任的总体要求包括( )。

A. 坚持财政事权由中央决定
B. 坚持有利于健全社会主义市场经济体制
C. 坚持法治化规范化道路
D. 坚持加强中央对微观事务的直接管理
E. 坚持积极稳妥统筹推进

解析 本题考查合理划分中央与地方财政事权和支出责任。合理划分中央与地方财政事权和支出责任的总体要求包括：(1)坚持中国特色社会主义道路和党的领导。(2)坚持财政事权由中央决定。(3)坚持有利于健全社会主义市场经济体制。(4)坚持法治化规范化道路。(5)坚持积极稳妥统筹推进。

答案 ABCE

同步系统训练

一、单项选择题

1. 狭义的财政管理体制是指( )。
   A. 税收管理体制
   B. 政府预算管理体制
   C. 国有资产收益管理体制
   D. 公共部门财务管理体制

2. 关于财政管理体制的说法，错误的是( )。
   A. 政府预算管理体制是财政管理体制的中心环节
   B. 满足财政支出需要是决定政府间财政收入划分的主要标准
   C. 政府间财政收支划分的基本特征是收入结构与支出结构的非对称性安排
   D. 在财政单一制下，地方在中央决策和授权范围内管理财政活动

3. 上级政府对下级政府转移支付的财力，与能够满足该级政府承担、履行的事权职责需求相对应，体现了财政转移支付的( )特点。
   A. 完整性   B. 对称性
   C. 法制性   D. 灵活性

4. 根据政府间财政收入划分原则，一般应作为地方政府财政收入的是( )。
   A. 流动性强的税收收入
   B. 调控功能比较强的税收收入
   C. 收入份额较大的主体税种收入
   D. 收益和负担能够直接对应的使用费收入

5. 根据分税制财政管理体制的规定，将同经济发展直接相关的主要税种划分为( )。
   A. 中央与地方共享税
   B. 中央与地方共管税
   C. 地方税
   D. 中央税

6. 按照我国现行分税制财政管理体制的规定，关税属于( )。
   A. 中央税

B. 中央与地方共管税
C. 中央与地方共享税
D. 地方税

7. 按照我国现行分税制财政管理体制的规定，下列属于地方固定收入的税种是（　）。
   A. 消费税　　　　B. 车船税
   C. 资源税　　　　D. 所得税

8. 2019年某省征收个人所得税收入总额为500亿元，按照现行所得税中央与地方分享比例，该省应分享的个人所得税收入为（　）亿元。
   A. 125　　　　　B. 250
   C. 200　　　　　D. 300

9. 最早提出转移支付概念的经济学家是（　）。
   A. 亚当·斯密　　B. 庇古
   C. 大卫·李嘉图　D. 瓦格纳

10. 中央财政就中央地方共同承担事务进行补偿而设立的需要按规定用途使用的资金项目被称为（　）。
    A. 财力性转移支付
    B. 横向转移支付
    C. 一般性转移支付
    D. 专项转移支付

二、多项选择题

1. 财政管理体制的内容主要有（　）。
   A. 预算管理权限的划分
   B. 政府间财政收入的划分
   C. 政府间财政转移支付制度
   D. 财政分配和管理机构的设置
   E. 政府间事权及支出责任的划分

2. 政府间财政收入划分一般遵循的原则有（　）。
   A. 集权原则　　　B. 区域原则
   C. 效率原则　　　D. 恰当原则
   E. 收益与负担对等原则

3. 财政联邦制模式下，联邦（中央）与州（地方）之间的权力关系具有的特点包括（　）。
   A. 联邦（中央）与州（地方）在宪法规定的领域内相互独立、平等，互不从属
   B. 联邦（中央）与州（地方）都直接对公民行使权力，每个公民都隶属于两级或多级政府
   C. 规章制度主要由中央统一制定、安排
   D. 地方政府拥有的分权水平较低，自主性较小
   E. 联邦（中央）与州（地方）之间在宪法规定的事务上相互协调

4. 下列税收中，属于我国中央固定收入的有（　）。
   A. 关税　　　　　B. 增值税
   C. 资源税　　　　D. 消费税
   E. 城市维护建设税

5. 财政转移支付制度具有的作用有（　）。
   A. 为地方政府提供稳定的收入来源，弥补其收支差额
   B. 有利于实现政府间财政关系的纵向平衡
   C. 有利于增强中央政府对地方政府的控制能力
   D. 增强了地方政府提供本地区公共物品和服务的能力
   E. 完全解决了各地方之间因财务状况不同而造成的公共服务水平的不均等

6. 财政转移支付的特点有（　）。
   A. 完整性　　　　B. 对称性
   C. 法制性　　　　D. 稳定性
   E. 统一性和灵活性相结合

7. 根据财政转移支付的分类，专项转移支付严格限于（　）。
   A. 地方事权范围的支出项目
   B. 中央委托事务
   C. 共同事权事务
   D. 效益外溢事务
   E. 符合中央政策导向事务

8. 关于推进中央与地方财政事权划分的说法，正确的有（　）。
   A. 适度加强中央的财政事权
   B. 保障地方履行财政事权
   C. 加强中央与地方共同财政事权
   D. 建立财政事权划分动态调整机制
   E. 减少并规范中央与地方共同财政事权

同步系统训练参考答案及解析

一、单项选择题

1. B 【解析】本题考查狭义的财政管理体制。狭义的财政管理体制，是指政府预算管理体制。广义的财政管理体制主要包括政府预算管理体制、税收管理体制和公共部门财务管理体制等。

2. B 【解析】本题考查财政管理体制的内容与类型。税种属性是决定政府间财政收入划分的主要标准。选项 B 错误。

3. B 【解析】本题考查财政转移支付的特点。对称性：上级政府对下级政府转移支付的财力，与能够满足该级政府承担、履行的事权职责需求相对应。

4. D 【解析】本题考查政府间财政收入划分的原则。选项 A、B、C 一般划归为中央政府收入，选项 D 一般作为地方政府收入。

5. A 【解析】本题考查分税制财政管理体制。我国分税制财政管理体制中，将同经济发展直接相关的主要税种划分为中央与地方共享税。

6. A 【解析】本题考查分税制财政管理体制。关税体现国家主权，应当作为中央政府的收入，因此，关税属于中央税。

7. B 【解析】本题考查分税制财政管理体制。选项 A 属于中央税，选项 C、D 属于中央与地方共享税。

8. C 【解析】本题考查分税制财政管理体制。根据规定，所得税中央分享 60%，地方分享 40%。所以该省应分享的个人所得税收入 = 500×40% = 200（亿元）。

9. B 【解析】本题考查财政转移支付的概念。最早提出转移支付概念的是著名经济学家庇古。

10. D 【解析】本题考查我国现行的财政转移支付制度。专项转移支付，是指中央财政为实现特定的宏观政策及事业发展战略目标，以及对委托地方政府代理的一些事务或中央地方共同承担事务进行补偿而设立的补助资金，需要按规定用途使用。注意"规定用途"。

二、多项选择题

1. BCDE 【解析】本题考查财政管理体制的内容。财政管理体制的内容包括：（1）财政分配和管理机构的设置；（2）政府间事权及支出责任的划分；（3）政府间财政收入的划分；（4）政府间财政转移支付制度。

2. ACDE 【解析】本题考查政府间财政收入的划分。政府间财政收入划分原则包括集权原则；效率原则；恰当原则；收益与负担对等原则。选项 B 属于政府间事权及支出责任的划分原则。

3. ABE 【解析】本题考查财政管理体制的类型。财政联邦制模式下，联邦（中央）与州（地方）之间的权力关系具有的特点包括：一是联邦（中央）与州（地方）在宪法规定的领域内相对独立、平等，互不从属；二是联邦（中央）与州（地方）都直接对公民行使权力，每个公民都隶属于两级或多级政府；三是联邦（中央）与州（地方）之间在宪法规定的事务上相互协调。选项 C、D 属于财政单一制模式的特点。

4. AD 【解析】本题考查分税制财政体制的主要内容。增值税和资源税属于中央和地方共享收入。城市维护建设税属于地方固定收入。

5. ABCD 【解析】本题考查财政转移支付制度。财政转移支付制度可以在一定程度上解决各地方之间因财务状况不同而造成的公共服务水平的不均等，并不能完全解决。选项 E 错误。

6. ABCE 【解析】本题考查财政转移支付制度。财政转移支付的特点：（1）完整性；（2）对称性；（3）科学性；（4）统一性和灵活性相结合；（5）法制性。

7. BCDE 【解析】本题考查财政转移支付制度。专项转移支付严格限于中央委托事务、共同事权事务、效益外溢事务和符合中央政策导向事务。

8. ABDE 【解析】本题考查合理划分中央与地方财政事权和支出责任的主要内容。推进中央与地方财政事权划分：(1)适度加强中央的财政事权；(2)保障地方履行财政事权；(3)减少并规范中央与地方共同财政事权；(4)建立财政事权划分动态调整机制。

本章思维导图

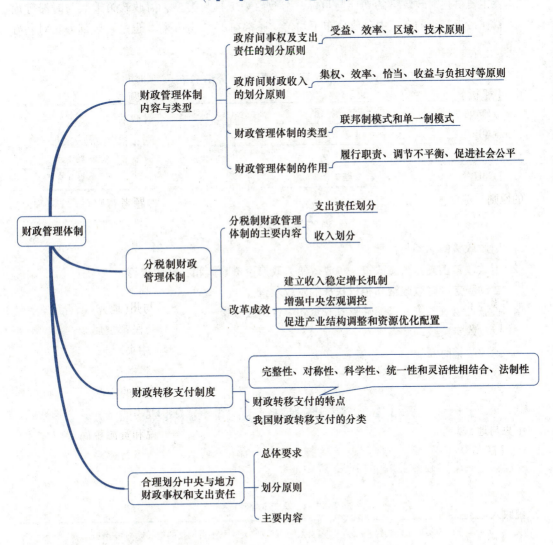

第17章 财政政策

考情分析

本章主要讲述财政政策的功能与目标、财政政策工具与类型、财政政策乘数与时滞等内容。本章在最近三年的考试中分值分布不均匀，通常在1~2分左右，也是财政部分相对基础的章节。

最近三年本章考试题型、分值分布

年份	单项选择题	多项选择题	合计
2019年	1题1分	—	1题1分
2018年	1题1分	—	1题1分
2017年	2题2分	—	2题2分

本章主要考点

1. 财政政策的功能与目标。
2. 财政政策工具：预算政策、税收政策、政府投资政策和补贴政策等。
3. 自动稳定的财政政策和相机抉择的财政政策。
4. 扩张性财政政策、紧缩性财政政策和中性财政政策。
5. 财政政策乘数。
6. 财政政策时滞。
7. 我国财政政策实践经验。

重点、难点讲解及典型例题

▶ 考点一 财政政策概述（见表17-1）

表17-1 财政政策概述

含义	一国政府为实现预期的经济社会发展目标，对财政收支关系进行调整的指导原则和措施
构成	预算政策、税收政策、支出政策、国债政策等
功能	**导向**功能、**协调**功能、**控制**功能、**稳定**功能
目标	促进充分就业、物价基本稳定、国际收支平衡、经济稳定增长

▶ 考点二 财政政策工具(见表17-2)

表17-2 财政政策工具

政策手段	作用
预算政策	(1)社会总供给大于总需求→政府扩大支出预算、保持一定赤字→扩大社会总需求； (2)社会总供给小于总需求→政府缩小支出预算、保持预算盈余→抑制社会总需求
税收政策	(1)经济繁荣时期→提高税率、减少税收优惠→增加税收→抑制社会总需求； (2)经济萧条时期→降低税率、增加税收优惠→减少税收→扩大社会总需求
政府投资政策	(1)经济过热时期→降低投资支出水平→抑制社会总需求→经济降温； (2)经济萧条时期→提高投资支出水平→扩大社会总需求→缓解或消除经济衰退
补贴政策	(1)经济过热时期→减少财政补贴支出→抑制社会总需求； (2)经济萧条时期→增加财政补贴支出→扩大社会总需求
公债政策	(1)流动性效应：通过调整公债的流动性程度，改变社会经济资源的流动状况，可以对经济运行产生扩张性或者紧缩性的影响； (2)利率效应：通过调整国债发行利率水平来影响金融市场利率的变化，可对经济运行产生扩张性或紧缩性的影响
公共支出政策	(1)狭义的购买性支出：政府的消费性支出； (2)转移性支出：直接表现为财政资金无偿、单方面转移的支出，包括政府补助支出、捐赠支出和债务利息支出

【例1·单选题】当经济处于过热时期，政府应采取的投资政策措施是( )。
A. 提高投资支出水平，缓解或者逐步消除经济衰退
B. 降低税率、增加税收优惠，扩大社会总供给
C. 提高补贴，扩大转移支付，降低社会总需求
D. 降低投资支出水平，使经济降温、平稳回落

解析 ▶ 本题考查政府投资政策。当经济处于过热时期，政府可通过降低投资支出水平，抑制社会总需求，使经济降温、平稳回落。 答案 ▶ D

▶ 考点三 财政政策的类型

(一)财政政策的分类(见表17-3)

表17-3 财政政策的分类

划分依据	类型	含义	内容
按照调节经济周期的作用划分	自动稳定财政政策	指财政制度本身内在的、不需要采取其他干预行为就能自动调节经济运行的机制，该机制又称财政"自动稳定器"	(1)累进所得税的自动稳定作用； (2)政府福利支出的自动稳定作用
	相机抉择财政政策	指政府根据经济社会状况，主动使用不同类型的反经济周期的财政政策工具，干预经济运行，实现财政政策目标	(1)汲水政策①：在经济萧条时，通过公共投资来启动社会需求，使经济恢复活力的方法； (2)补偿政策：经济萧条时采用扩张性政策调节，经济繁荣时采用紧缩性政策调节的方法

续表

划分依据	类型	含义	内容
按照在调节经济总量和结构中的不同功能划分	扩张性财政政策	通过财政收支活动增加和刺激社会总需求的政策	社会总需求小于社会总供给的情况下，通过减税、增加财政支出等手段扩大社会总需求
	紧缩性财政政策	通过财政收支活动缩小和抑制社会总需求的政策	社会总需求大于社会总供给的情况下，通过增税、减少财政支出等手段抑制社会总需求
	中性财政政策	又称均衡性财政政策，在经济稳定增长时期，政府通过实施财政收支基本平衡或者动态平衡的财政政策，保持经济持续稳定发展	社会总供求基本平衡，经济稳定增长时期采用

注：①汲水政策的特点包括：
- 以市场经济的自发机制为前提，是一种诱导经济复苏的政策；
- 以扩大公共投资规模为手段，启动和活跃社会投资；
- 财政投资规模具有有限性；
- 是一种短期财政政策。

(二)财政政策与货币政策配合类型(见表17-4)

表17-4　财政政策与货币政策配合类型

类型	组合	效果
"双松"	扩张性财政政策与扩张性货币政策	优：刺激经济增长，扩大就业 劣：会带来通胀的风险
"双紧"	紧缩性财政政策与紧缩性货币政策	优：可有效抑制需求膨胀与通货膨胀 劣：可能会带来经济停滞
"松紧"	紧的财政政策和松的货币政策	优：控制通货膨胀，保持经济适度增长 劣：货币政策过松难以抑制通胀
	松的财政政策和紧的货币政策	优：保持经济适度增长，尽可能避免通胀 劣：长期使用会积累大量财政赤字

【例2·多选题】根据财政政策在调节国民经济总量和结构中的不同功能，财政政策划分为(　　)。

A. 自动稳定的财政政策　　　　B. 扩张性财政政策
C. 紧缩性财政政策　　　　　　D. 相机抉择的财政政策
E. 中性财政政策

解析 ▶ 本题考查财政政策的类型。根据财政政策在调节国民经济总量和结构中的不同功能来划分，财政政策可分为扩张性财政政策、紧缩性财政政策和中性财政政策。**答案** ▶ BCE

▶ 考点四　财政政策乘数与时滞

(一)财政政策乘数(见表17-5)

(1)财政政策乘数包括税收乘数、政府购买支出乘数和平衡预算乘数。

(2)政府投资或支出扩大、税收减少：对国民收入有成倍扩大作用，产生宏观经济**扩张效应**。

(3)政府投资或支出减少、税收增加：对国民收入有成倍收缩作用，产生宏观经济**紧缩效应**。

表 17-5 财政政策乘数

分类	含义	公式	特点和作用
税收乘数	国民收入变动与税收变动的比率	$K_T = \Delta Y/\Delta T$ $= -b/(1-b)$ 其中 b 代表边际消费倾向	(1)税收乘数为负值，税收与国民收入呈反方向变动； (2)政府减税时，国民收入增加，增加量为税收减少量的 $b/(1-b)$ 倍
政府购买支出乘数	国民收入变动与政府购买支出变动的比率	$K_G = \Delta Y/\Delta G$ $= 1/(1-b)$	(1)政府购买支出乘数为正数，购买性支出与国民收入呈正方向变动； (2)政府增加购买性支出时，国民收入增加，增加量为支出增加量的 $1/(1-b)$ 倍； (3)购买性支出乘数大于税收乘数，说明增加财政支出政策对经济增长的作用大于减税政策
平衡预算乘数	政府在增加或减少税收的同时，等量增加或减少购买性支出，维持财政收支平衡，对国民收入变动的影响程度	$K_b = \Delta Y/\Delta G(\Delta T)$ $= (1-b)/(1-b)$ $= 1$	即使政府实行平衡预算政策，仍具有扩张效应，其效应等于1

(二)财政政策的时滞

时滞 { 认识时滞、行政时滞 } 内在时滞(只属于研究过程，与决策机关没有直接关系)
     { 决策时滞、执行时滞、效果时滞 } 外在时滞(与决策单位直接发生关系，而且直接影响社会的经济活动)

【**例3·单选题**】若边际消费倾向为0.6，则政府购买支出乘数为( )。
A. 1　　　　　　　　　　　　　B. 2.5
C. 3　　　　　　　　　　　　　D. 5
解析 本题考查财政政策乘数。政府购买支出乘数＝1/(1－边际消费倾向)＝1/(1－0.6)＝2.5。　　　　　　　　　　　　　　　　　　　　　　　　　　　**答案** B

▶ **考点五　我国财政政策实践经验**

(一)实施积极财政政策的主要内容
(1)扩大政府公共投资，加强各项重点建设。
(2)实施结构性减税政策，减轻企业和居民负担。
(3)大幅度增加对低收入群体的补贴，扩大居民消费需求。
(4)优化财政支出结构，保障和改善民生。
(5)大力支持科技创新和节能减排，推动经济发展方式转变。
(二)我国实施财政政策的基本经验
(1)相机抉择确定财政政策。

(2)短期调控政策和长期发展政策相结合。

(3)加强宏观调控政策之间的协调配合。

(4)注重国内外政策的协调。

历年考题解析

单项选择题

1. (2019年、2017年)如果边际消费倾向为0.6,则税收乘数为( )。

   A. -5　　　　　B. -1.5

   C. 1.5　　　　　D. 5

   解析 本题考查财政政策乘数。税收乘数=-边际消费倾向/(1-边际消费倾向)=-0.6/(1-0.6)=-1.5。 **答案** B

2. (2018年)假设边际消费倾向为0.8,则平衡预算乘数为( )。

   A. -4　　　　　B. 5

   C. 1　　　　　D. -5

   解析 本题考查财政政策乘数。平衡预算乘数=国民收入变动率/政府购买支出变动率(或者税收变动率)=(1-b)/(1-b)=1。 **答案** C

3. (2017年)下列措施中,属于紧缩性财政政策的是( )。

   A. 增加财政投资　　B. 降低税率

   C. 增加财政补贴　　D. 减少税收优惠

   解析 本题考查财政政策。选项A、B、C属于扩张性财政政策。 **答案** D

同步系统训练

一、单项选择题

1. 政府为扩大社会投资规模,通过税收优惠等方式激励私人投资,引导国民经济运行,这体现了财政政策的( )功能。

   A. 稳定　　　　　B. 协调

   C. 导向　　　　　D. 控制

2. 用以达到财政政策目标的各种财政手段称为( )。

   A. 财政政策功能　　B. 财政政策类型

   C. 财政政策乘数　　D. 财政政策工具

3. 财政政策工具中,( )调节经济的作用主要表现在财政收支的规模及其差额上。

   A. 预算　　　　　B. 补贴

   C. 税收　　　　　D. 公债

4. 最终形成各类固定资产的财政政策工具是( )。

   A. 公债政策　　　B. 补贴政策

   C. 预算政策　　　D. 政府投资政策

5. 关于财政政策的说法,正确的是( )。

   A. 补偿政策属于自动稳定财政政策

   B. 累进所得税制度属于自动稳定财政政策

   C. 经济繁荣时采用紧缩性政策来调节社会需求属于汲水政策

   D. 经济萧条时进行公共投资来增加社会有效需求,使经济恢复活力属于均衡政策

6. 在经济稳定增长时期,政府通过实施财政收支基本平衡或者动态平衡的财政政策,保持经济的持续稳定发展。这种政策属于( )财政政策。

   A. 自动稳定　　　B. 相机抉择

   C. 紧缩性　　　　D. 中性

7. "双紧"搭配类型的政策效果是( )。

   A. 可以有效抑制需求膨胀与通货膨胀,但也可能会带来经济停滞的后果

   B. 刺激经济增长,扩大就业,但也会带来通货膨胀的风险

   C. 在控制通货膨胀的同时,保持适度经济增长,但难以抑制通货膨胀

   D. 保持经济适度增长的同时,尽可能避免通货膨胀,但长期使用会积累大量财政

赤字

8. 税收乘数为负值，表明（　　）。
   A. 税收增减与政府转移支出呈反方向变动
   B. 税收增减与政府购买支出呈反方向变动
   C. 税收增减与居民收入呈同方向变动
   D. 税收增减与国民收入呈反方向变动

9. 政府在增加或减少税收的同时，等量增加或减少购买性支出，维持财政收支平衡，对国民收入变动的影响程度可以用（　　）来表示。
   A. 国民收入变动率
   B. 政府购买支出乘数
   C. 税收乘数
   D. 平衡预算乘数

10. 关于财政政策乘数的说法，错误的是（　　）。
    A. 税收乘数始终为负数，政府购买支出乘数为正数
    B. 如果政府投资扩大、税收减少，对宏观经济会产生扩张效应
    C. 购买性支出乘数大于税收乘数，这表明增加财政支出政策对经济增长的作用大于减税政策
    D. 平衡预算乘数始终为1，说明政府实行平衡预算政策，对国民经济既无扩张效应，也无紧缩效应

二、多项选择题

1. 在现代市场经济中，财政政策的功能包括（　　）。
   A. 导向功能　　B. 协调功能
   C. 控制功能　　D. 稳定功能
   E. 资源配置功能

2. 财政政策通过调节社会总需求与总供给，优化社会资源配置，以实现（　　）的目标。
   A. 物价基本稳定　　B. 国际收支平衡
   C. 促进充分就业　　D. 平衡部门预算
   E. 经济稳定增长

3. 以下属于转移性支出的有（　　）。
   A. 政府补助支出　　B. 政府消费支出
   C. 政府捐赠支出　　D. 政府购买支出
   E. 债务利息支出

4. 当社会总供给大于总需求时，政府可实施的财政政策措施有（　　）。
   A. 实行中性预算平衡政策
   B. 增加财政补贴支出
   C. 降低税率
   D. 提高政府投资支出水平
   E. 缩小预算支出规模

5. 按照调节经济周期的作用划分，财政政策分为（　　）。
   A. 自动稳定的财政政策
   B. 扩张性财政政策
   C. 紧缩性财政政策
   D. 相机抉择的财政政策
   E. 中性财政政策

6. 财政"自动稳定器"的作用主要表现为（　　）等的自动稳定作用。
   A. 累进所得税　　B. 消费型增值税
   C. 政府福利支出　　D. 政府购买支出
   E. 流转税

7. 财政政策乘数主要包括（　　）。
   A. 税收乘数
   B. 债务乘数
   C. 赤字预算乘数
   D. 政府购买支出乘数
   E. 平衡预算乘数

同步系统训练参考答案及解析

一、单项选择题

1. C　【解析】本题考查财政政策的功能。政府为扩大社会投资规模，通过加速折旧、补贴、贴息、税收优惠等方式，激励私人投资，可以体现财政政策的导向功能。

2. D　【解析】本题考查财政政策工具的概念。财政政策工具，是指用以达到财政政策目标的各种财政手段。

3. A 【解析】本题考查财政政策工具。预算调节经济的作用主要表现在财政收支的规模及其差额上。

4. D 【解析】本题考查财政政策工具。政府投资，是指政府用于资本项目的建设性支出，它最终形成各类固定资产。

5. B 【解析】本题考查财政政策的类型。补偿政策和汲水政策属于相机决策的财政政策。补偿政策是指政府有意识地从当时经济状态的反方向上调节经济变动的财政政策，以实现稳定经济波动的目的。比如，经济繁荣时采用紧缩性政策来调节，经济萧条时采用扩张性政策来调节。选项A、C错误。汲水政策是指在经济萧条时期进行公共投资，以增加社会有效需求，使经济恢复活力。所以选项D错误。

6. D 【解析】本题考查财政政策的类型。中性财政政策，又称均衡性财政政策，是指在经济稳定增长时期，政府通过实施财政收支基本平衡或者动态平衡的财政政策，既不产生扩张效应，也不产生紧缩效应，以保持经济的持续稳定发展。

7. A 【解析】本题考查财政政策的类型。选项B是"双松"的政策效果，选项C是紧财政、松货币的政策效果，选项D是松财政、紧货币的政策效果。

8. D 【解析】本题考查财政政策乘数。由于税收增加会减少社会总需求，进而减少国民收入，所以，税收乘数为负值，说明税收增减与国民收入增减呈反方向变动。

9. D 【解析】本题考查财政政策乘数。平衡预算乘数，是指政府收入和支出同时以相等数量增加或减少时，即政府在增加(或减少)税收的同时，等量增加(或减少)购买性支出，维持财政收支平衡，对国民收入变动的影响程度。

10. D 【解析】本题考查财政政策乘数。选项D错误。平衡预算乘数表明，即使增加税收会减少国民收入，但如果同时等额增加政府支出，国民收入也会以支出增加的数量增加。这意味着即使政府实行平衡预算政策，仍具有扩张效应，其效应等于1。

二、多项选择题

1. ABCD 【解析】本题考查财政政策的功能。财政政策的功能包括导向功能、协调功能、控制功能和稳定功能。

2. ABCE 【解析】本题考查财政政策的目标。财政政策的目标包括促进充分就业；物价基本稳定；国际收支平衡；经济稳定增长。

3. ACE 【解析】本题考查公共支出政策。转移性支出是直接表现为财政资金无偿、单方面转移的支出，包括政府补助支出、捐赠支出和债务利息支出。

4. BCD 【解析】本题考查财政政策的工具。社会总供给大于总需求时，需要刺激总需求，要采用扩张性的财政政策。选项B、C、D都是扩张性的财政政策，选项E属于紧缩性的财政政策。

5. AD 【解析】本题考查财政政策的类型。按照调节经济周期的作用划分，财政政策分为自动稳定的财政政策和相机抉择的财政政策。

6. AC 【解析】本题考查财政政策的类型。财政"自动稳定器"的作用主要表现在累进所得税(包括个人所得税和企业所得税)的自动稳定作用和政府福利支出的自动稳定作用。

7. ADE 【解析】本题考查财政政策的乘数。财政政策乘数具体包括税收乘数、政府购买支出乘数和平衡预算乘数。

本章思维导图

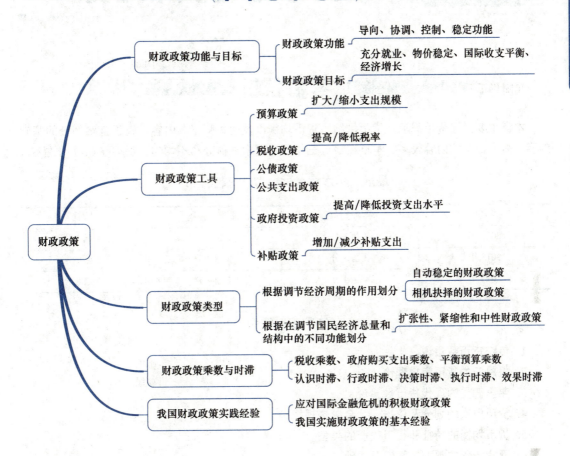

第18章 货币供求与货币均衡

考情分析

本章主要讲述货币需求、货币供给、货币均衡以及通货膨胀等内容，属于金融部分的基础内容，需要记忆的内容较多。本章在最近三年的考试中分值分布不均匀，平均在 6~7 分左右。

最近三年本章考试题型、分值分布

年份	单项选择题	多项选择题	合计
2019 年	3 题 3 分	1 题 2 分	4 题 5 分
2018 年	3 题 3 分	2 题 4 分	5 题 7 分
2017 年	4 题 4 分	2 题 4 分	6 题 8 分

本章主要考点

1. 传统货币数量说。
2. 凯恩斯的货币需求理论。
3. 弗里德曼的现代货币数量说。
4. 货币层次的划分及依据、社会融资规模。
5. 货币均衡的特征和货币失衡的类型。
6. 通货膨胀的类型、原因及治理。

重点、难点讲解及典型例题

考点一 货币需求相关理论（见表 18-1）

表 18-1 货币需求相关理论

相关理论		货币需求函数	主要观点	代表人物
传统货币数量说	现金交易数量说	$MV=PT$（费雪方程式） P：物价水平 T：商品和劳务的交易量 V：货币流通速度 M：货币量	(1) 货币量决定物价水平； (2) 货币量是最活跃的因素	费雪

续表

相关理论		货币需求函数	主要观点	代表人物
传统货币数量说	现金余额数量说	$\pi = \dfrac{K \times Y}{M}$（剑桥方程式） Y：总资源(总收入) K：总资源中愿意以货币形式持有的比重 π：货币价值 M：名义货币供给 $K \times Y$：真实货币需求	其他因素不变，物价水平与货币量成正比，货币价值与货币量成反比	庇古
凯恩斯的货币需求理论(流动性偏好理论)		$L = L_1(Y) + L_2(i)$ $L_1 = L_1(Y)$ 是国民收入的增函数 $L_2 = L_2(i)$ 是利率的减函数	货币需求由交易动机、预防动机、投机动机三个动机决定。其中交易动机和预防动机构成交易性需求，是国民收入的增函数。投机动机构成投机性需求，是利率的减函数	凯恩斯
弗里德曼的现代货币数量说		$\dfrac{M}{P} = f(y_P, w; r_m, r_b, r_e, \dfrac{1}{p} \cdot \dfrac{\mathrm{d}P}{\mathrm{d}t}; u)$ M：名义货币量 P：物价水平 y_P：恒久性收入 w：非人力财富占总财富的比例 $r_m、r_b、r_e$：分别为存款、债券和股票的预期名义收益率 $\dfrac{1}{P} \cdot \dfrac{\mathrm{d}P}{\mathrm{d}t}$：物价水平的预期变动率 u：随机因素的影响总和	影响人们持有实际货币的因素： (1)财富总额和财富构成(恒久性收入、人力财富与货币需求成正比)； (2)各种资产的预期收益和机会成本(其他金融资产的收益率与货币需求成反比)； (3)其他因素	弗里德曼

【例1·单选题】关于费雪的交易方程式的说法，错误的是( )。

A. 费雪的现金交易方程式是 $MV = PT$

B. 物价是被动因素

C. 最活跃的因素是货币量

D. 反映的是货币量决定货币价值的理论

解析 本题考查传统货币数量说。费雪交易方程式所反映的是货币量决定物价水平的理论，选项D错误。 **答案** D

▶ **考点二　货币供给与货币供应量**

(一)货币供给分析

(1)货币供给的机制：侧重于货币创造过程。

(2)货币供给的决定：侧重于分析决定货币供应量的因素。

(二)货币供给层次划分(见表18-2)

划分依据：**资产的流动性**，即各种货币转化为通货或现实购买力的能力。

表 18-2 货币供给层次划分

层次	内容	说明
M_0	流通中的货币	现金（企事业单位、个人、机关团体、非存款类金融机构所持有的硬币和现钞）
M_1（狭义货币供应量）	M_0+单位活期存款	央行重点调控对象
M_2（广义货币供应量）	M_1+准货币（单位定期存款+个人存款+除财政存款以外的其他存款）	研究宏观经济的主要变量

(三)社会融资规模

(1)社会融资规模是指一定时期内实体经济（非金融企业和住户）从金融体系获得的资金总额。

(2)社会融资规模统计指标具体内容（见表18-3）。

表 18-3 社会融资规模统计指标

指标名称	内容
金融机构通过表内业务向实体经济提供的资金支持	人民币贷款、外币贷款
金融机构通过表外业务向实体经济提供的资金支持	委托贷款、信托贷款、未贴现的银行承兑汇票
实体经济利用规范的金融工具、在正规金融市场所获得的直接融资	非金融企业境内股票筹资、企业债券融资
其他方式向实体经济提供的资金支持	保险公司赔偿、投资性房地产、小额贷款公司和贷款公司贷款

【例2·多选题】根据我国目前对货币层次的划分，属于M_2而不属于M_1的有（　）。

A. 单位活期存款

B. 单位定期存款

C. 流通中的货币

D. 个人存款

E. 股票

解析　本题考查货币供给层次的划分。选项A属于M_1；选项C既属于M_0，又属于M_1；选项E不属于货币供给。

答案　BD

▶ 考点三　货币供给机制（见图18-1）

货币供应量包括现金和存款两部分，其中现金是中央银行的负债，存款是商业银行的负债。

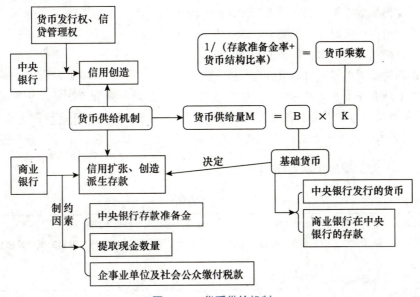

图 18-1 货币供给机制

【例3·多选题】基础货币包括( )。
A. 中央银行发行的货币
B. 财政部门在中央银行的存款
C. 财政部门在商业银行的存款
D. 商业银行在中央银行的存款
E. 中央银行的资产

解析 ▶ 本题考查货币供给机制。基础货币包括中央银行发行的货币和商业银行在中央银行的存款。

答案 ▶ AD

▶ 考点四 货币均衡与失衡

(一)货币均衡的特征
(1)货币供给与货币需求<u>大体一致</u>,而非数量完全相等。
(2)货币均衡是<u>动态</u>过程,短期内供求可能不一致,但长期内大体一致。
(3)货币均衡在一定程度上反映了<u>经济总体均衡状况</u>。

(二)货币失衡的类型
(1)<u>总量性</u>货币失衡:货币供应量小于货币需求量,或货币供应量大于货币需求量。
(2)<u>结构性</u>货币失衡:货币供给结构与货币需求结构不相适应,必须通过经济结构调整加以解决。

(三)货币均衡水平的决定
(1)流通领域的货币数量取决于货币的均衡水平。
(2)若将物价自然上升因素考虑进去,则流通领域中货币数量的增长应略高于国内生产总值的增长,用公式表示为:

货币供应量增长率 = GDP 增长率 + 物价自然上涨率($M_1' = Y' + P'$)

【例4·多选题】货币均衡的特征有( )。
A. 货币均衡是一个动态的过程

B. 货币均衡是货币需求和货币供给在数量上的完全一致
C. 货币均衡在一定程度上反映了经济总体均衡状况
D. 货币均衡是货币供求在静态上保持一致
E. 货币均衡是货币需求与货币供给大体一致

解析 本题考查货币均衡的特征。选项 B 错误,货币均衡是货币供给与货币需求的大体一致,而非货币供给与货币需求在数量上的完全相等。选项 D 错误,货币均衡是动态的过程,在短期内货币供求可能不一致,但在长期内是大体一致的。　　**答案** ACE

考点五　通货膨胀(见表 18-4)

表 18-4　通货膨胀

定义		(1)萨缪尔森定义为:在一定时期内,商品和生产要素价格总水平持续不断地上涨; (2)马克思主义货币理论定义为:在纸币流通条件下,由于纸币的过度发行而引起的纸币贬值、物价上涨现象; (3)共同点:基本标志都是**物价上涨**
产生原因	直接原因	过度的信贷供给
	主要原因	(1)财政原因:发生财政赤字和推行赤字财政政策; (2)信贷原因(信用膨胀):财政赤字的压力、社会上过热的经济增长要求的压力和银行自身决策失误
	其他原因	投资规模过大、国民经济结构比例失调、国际收支长期顺差等
类型	按成因划分	需求拉上型	具有自发性、诱发性和支持性的特点。因社会总需求过度增长,导致商品和劳务供给不足、物价持续上涨
		成本推进型	分为工资推进型和利润推进型两种。因成本自发性增加而导致物价上涨
		输入型	因进口商品价格上升、费用增加而使物价总水平上涨,实质是一种通货膨胀的国际传导现象
		结构型	因经济结构方面的因素变动,引起物价总水平上涨
	按表现形式划分	公开型(开放性)	物价随货币数量变动,自发波动
		抑制型(隐蔽性)	在实行物价管制的情况下,表现为人们普遍持币待购使货币流通速度减慢
治理措施	紧缩的需求政策	紧缩性财政政策	(1)减少政府支出(购买性支出、转移性支出); (2)增加税收; (3)发行公债:发行公债后,可以利用"挤出效应"减少民间部门的投资和消费,抑制社会总需求
		紧缩性货币政策	(1)提高法定存款准备金率:央行提高法定存款准备金率、降低商业银行创造货币的能力,从而达到紧缩信贷规模、削减投资支出、减少货币供给量的目的; (2)提高再贴现率; (3)公开市场操作:中央银行一般会在公开市场上向商业银行等金融机构出售有价证券,从而紧缩信用、减少货币供给量
	积极的供给政策		减税、削减社会福利开支、适当增加货币供给发展生产、精简规章制度

【例 5·多选题】根据通货膨胀的成因,可以划分为(　　)。
A. 需求拉上型通货膨胀　　　　　　　B. 成本推进型通货膨胀
C. 输入型通货膨胀　　　　　　　　　D. 输出型通货膨胀

E. 结构型通货膨胀

解析 本题考查通货膨胀的类型。按通货膨胀的形成原因，通货膨胀可以分为需求拉上型通货膨胀、成本推进型通货膨胀、输入型通货膨胀和结构型通货膨胀。 **答案** ABCE

历年考题解析

一、单项选择题

1. (2019年)经济学家庇古提出了关于货币需求的剑桥方程式，该方程式认为（ ）。
   A. 恒久性收入越高，所需货币越多
   B. 货币供求的速度决定物价水平
   C. 货币供求的数量决定货币价值
   D. "流动性偏好"决定货币需求

   解析 本题考查传统货币数量说。庇古认为，货币的价值由货币供求的数量关系决定。 **答案** C

2. (2019年)关于货币供给机制的说法，错误的是（ ）。
   A. 商业银行不能无限制的创造派生存款
   B. 中央银行每放出一笔信用，通过银行体系的辗转存贷，都可以派生出大量新增存款
   C. 信用创造货币是当代不兑现信用货币制度下货币供给机制的重要内容
   D. 信用创造货币的功能不为中央银行所掌握

   解析 本题考查货币供给机制。信用创造货币的功能为中央银行所掌握。 **答案** D

3. (2019年)通货膨胀的基本标志是（ ）。
   A. 失业率上升
   B. 物价上涨
   C. 贸易逆差
   D. 经济增长速度下降

   解析 本题考查通货膨胀。物价上涨是通货膨胀的基本标志。 **答案** B

4. (2018年)经济学家弗里德曼认为，恒久性收入和货币数量之间的关系是恒久性收入越高，个人（ ）。
   A. 所需的货币数量越多
   B. 持有的货币数量越多
   C. 所需的货币数量越少
   D. 持有的货币数量越少

   解析 本题考查弗里德曼的货币需求函数。弗里德曼认为，恒久性收入越高，所需货币数量越多。 **答案** A

5. (2018年)在我国货币供应量指标中，属于M_1的是（ ）。
   A. 其他存款(财政存款除外)
   B. 个人存款
   C. 单位定期存款
   D. 单位活期存款

   解析 本题考查货币供给层次的划分。M_0=流通中货币；$M_1 = M_0$+单位活期存款；$M_2 = M_1$+单位定期存款+个人存款+其他存款(财政存款除外)。 **答案** D

6. (2018年)经济学家费雪提出了现金交易数量说。该理论认为（ ）。
   A. 货币量决定物价水平
   B. 通货紧缩程度决定物价水平
   C. 通货膨胀程度决定物价水平
   D. 货币流通速度决定货币价值

   解析 本题考查传统货币数量说。费雪提出了现金交易数量说，交易方程式所反映的是货币量决定物价水平的理论。 **答案** A

7. (2017年)经济学家凯恩斯提出的货币需求理论又称为（ ）。
   A. 现金交易数量理论
   B. 流动性偏好理论
   C. 现金余额数量理论
   D. 恒久性收入理论

   解析 本题考查凯恩斯的货币需求理论。凯恩斯提出的货币需求理论又称为流动性偏好理论。 **答案** B

8. (2017年)在货币供给机制中,中央银行和商业银行具备的功能是( )。
   A. 中央银行具备创造派生存款的功能,商业银行具备信用创造货币的功能
   B. 中央银行具备信用创造货币的功能,商业银行具备创造派生存款的功能
   C. 中央银行和商业银行都具备创造派生存款的功能
   D. 中央银行和商业银行都具备信用创造货币的功能

   解析 本题考查货币供给机制。中央银行具备信用创造货币的功能。商业银行不具备信用创造货币的功能,却具备在中央银行发行货币的基础上扩张信用、创造派生存款的能力。
   答案 B

9. (2017年)关于货币均衡水平的说法,正确的是( )。
   A. 流通中的货币数量取决于货币的均衡水平
   B. 流通中的货币必须借助外力才可能保持供求均衡水平
   C. 如果考虑物价自然上升的影响,流通中货币数量的增长应等于国内生产总值的增长
   D. 如果考虑物价自然上升的影响,流通中货币数量的增长应低于国内生产总值的增长

   解析 本题考查货币均衡。货币在运动过程中通过其内在机制的自我调节,能够自发保持供给与需求的均衡关系,选项B错误。如果考虑物价自然上升的影响,流通中货币数量的增长应略高于国内生产总值的增长,选项C、D错误。
   答案 A

10. (2017年)解决结构性货币失衡的途径是调整( )。
    A. 货币层次   B. 货币供应量
    C. 经济结构   D. 劳动力结构

    解析 本题考查货币均衡。结构性货币失衡必须通过经济结构的调整加以解决。
    答案 C

二、多项选择题

1. (2019年)经济学家凯恩斯提出的货币需求理论认为( )。
   A. 货币需求由交易动机、预防动机、投机动机决定
   B. 恒久性收入越高,所需货币越多
   C. 当利率降到某一低点时,货币需求会无限增大,此时无人愿意持有债券,都愿意持有货币
   D. 货币供求的数量决定物价水平
   E. 人力财富比例越高,所需准备的货币越多

   解析 本题考查凯恩斯的货币需求理论。选项B、E属于弗里德曼的现代货币数量说。选项D属于费雪的现金交易数量说。
   答案 AC

2. (2018年)下列金融统计指标中,计入我国社会融资规模的是( )。
   A. 非金融机构在我国A股市场获得的直接融资
   B. 金融机构通过表外业务向实体经济提供的信托贷款
   C. 金融机构通过表内业务向实体经济提供的人民币贷款
   D. 房地产公司从地下钱庄获得的高利贷
   E. 保险公司向受灾的投保企业提供的损失赔偿

   解析 本题考查社会融资规模。社会融资规模统计指标主要由四个部分构成:(1)金融机构通过表内业务向实体经济提供的资金支持,包括人民币贷款和外币贷款。(2)金融机构通过表外业务向实体经济提供的资金支持,包括委托贷款、信托贷款和未贴现的银行承兑汇票。(3)实体经济利用规范的金融工具、在正规金融市场所获得的直接融资,主要包括非金融企业境内股票筹资和企业债券融资。(4)其他方式向实体经济提供的资金支持,主要包括保险公司赔偿、投资性房地产、小额贷款公司和贷款公司贷款。
   答案 ABCE

3.（2018年）关于货币均衡特征的说法，正确的是（ ）。
   A. 在一定时期内，货币供给与货币需求在动态上保持一致
   B. 在长期内，货币供给与货币需求大体一致
   C. 在短期内，货币供给与货币需求完全一致
   D. 在任一时点上，货币供给与货币需求在数量上完全相等
   E. 在现代经济中，货币均衡在一定程度上反映了经济总体均衡状况

解析 本题考查货币均衡。货币均衡具有以下特征：(1)货币均衡是货币供给与货币需求的大体一致，而非在数量上的完全相等。(2)货币均衡是一个动态过程，在短期内货币供求可能不一致，但在长期内是大体一致的。(3)现代经济中货币均衡在一定程度上反映了经济总体均衡状况。

答案 ABE

4.（2017年）货币需求作为一种经济需求，是由（ ）共同决定的。
   A. 货币需求能力 B. 货币价值
   C. 货币需求愿望 D. 货币供应数量
   E. 货币供应能力

解析 本题考查货币需求。货币需求作为一种经济需求，理当是由货币需求能力和货币需求愿望共同决定的有效需求。

答案 AC

5.（2017年）流通中货币（M_0）的持有者包括（ ）。
   A. 企事业单位
   B. 存款类金融机构
   C. 非存款类金融机构
   D. 个人
   E. 机关团体

解析 本题考查货币供给层次的划分。流通中的货币 M_0，指企事业单位、个人、机关团体、非存款类金融机构所持有的硬币和现钞总和。

答案 ACDE

同步系统训练

一、单项选择题

1. 剑桥学派的"现金余额数量说"提出，假设其他因素不变，则（ ）。
   A. 物价水平与货币量成反比，货币价值与货币量成正比
   B. 物价水平与货币量成正比，货币价值与货币量成正比
   C. 物价水平与货币量成正比，货币价值与货币量成反比
   D. 物价水平与货币量成反比，货币价值与货币量成反比

2. 费雪方程式和剑桥方程式都说明商品价格和货币价值的升降取决于（ ）。
   A. 国民收入水平 B. 商品的供求
   C. 货币量的变化 D. 利率水平

3. 弗里德曼的现代货币数量说提出的货币需求函数是（ ）。
   A. $MV=PT$
   B. $\pi = \dfrac{K \times Y}{M}$
   C. $\dfrac{M}{P} = f(y_P, w; r_m, r_b, r_e, \dfrac{1}{P} \cdot \dfrac{dP}{dt}; u)$
   D. $L = L_1(Y) + L_2(i)$

4. 根据我国货币供给层次的划分，既属于狭义货币供应量（M_1），又属于广义货币供应量（M_2）的是（ ）。
   A. 单位活期存款
   B. 单位定期存款
   C. 个人存款
   D. 财政存款除外的其他存款

5. 货币乘数等于存款准备金率与（ ）之和的倒数。
   A. 贴现率
   B. 货币结构比率

C. 利息率

D. 存款结构比率

6. 中央银行在宏观调控时重点关注货币的（　　）失衡。

A. 结构性　　　B. 局部性

C. 综合性　　　D. 总量性

7. 过多的货币追逐过少的商品会引起（　　）型通货膨胀。

A. 需求拉上　　B. 结构

C. 成本推进　　D. 输入

8. 通货膨胀可按其成因分为很多类型，因（　　）引发的通货膨胀称为输入型通货膨胀。

A. 成本自发性增加而导致物价上涨

B. 进口商品价格上升、费用增加而使物价总水平上涨

C. 经济结构方面的因素变动

D. 社会总需求过度增长，超过了社会总供给的增长幅度，导致商品和劳务供给不足、物价持续上涨

9. 公开型通货膨胀和抑制型通货膨胀的划分标准是（　　）。

A. 通货膨胀的程度

B. 通货膨胀的表现形式

C. 通货膨胀的预期

D. 通货膨胀的成因

10. 造成通货膨胀的直接原因是（　　）。

A. 信贷供给过度

B. 财政赤字规模过大

C. 定期存款余额过大

D. 国际收支长期保持顺差

11. 在通货膨胀时期，中央银行采取下列（　　）措施，可以抑制商业银行对中央银行的贷款需求，增加商业银行的借款成本，迫使商业银行提高贷款利率。

A. 提高法定存款准备金率

B. 提高再贴现率

C. 公开市场操作

D. 发行公债

12. 提高存款准备金率对货币供求的影响是（　　）。

A. 增加货币需求

B. 减少货币需求

C. 减少货币供给

D. 增加货币供给

二、多项选择题

1. 关于凯恩斯货币需求理论的需求动机，说法正确的有（　　）。

A. 需求动机由交易动机、预防动机和投机动机组成

B. 交易动机即由于收入和支出的时间不一致，为进行日常交易而产生的持有货币的愿望

C. 投机动机即由于收入的不确定性，根据收入变化的预期需要持有货币以便从中获利的动机

D. 交易动机和预防动机共同构成交易性需求，是国民收入的减函数

E. 投机动机构成投机性需求，是利率的减函数

2. 凯恩斯的货币需求函数建立在（　　）假定之上。

A. 未来的不确定性

B. 未来的确定性

C. 收入是短期资产

D. 利润是短期资产

E. 利润是长期资产

3. 弗里德曼认为，影响人们持有实际货币的因素有（　　）。

A. 财富构成　　B. 财富总额

C. 投资倾向　　D. 预防动机

E. 各种资产的预期收益率

4. 关于社会融资规模的说法，正确的有（　　）。

A. 社会融资规模是指一定时期内实体经济从金融体系获得的资金总额

B. 社会融资总规模的概念在2010年中央经济工作会议中首次提出

C. 社会融资规模包括实体经济从银行业获得的融资

D. 社会融资规模不包括实体经济从证券

业和保险业获得的融资
E. 社会融资规模可以全面反映金融经济关系

5. 制约商业银行创造派生存款能力的主要因素包括( )。
   A. 储户提取现金的数量
   B. 商业银行创造货币的能力
   C. 企事业单位及公众缴付税款的数量
   D. 银行间同业拆借的数量
   E. 商业银行缴存中央银行存款准备金的数量

6. 货币失衡的主要类型有( )。
   A. 整体性失衡
   B. 局部性失衡
   C. 综合性失衡
   D. 总量性失衡
   E. 结构性失衡

7. 关于通货膨胀的说法，正确的有( )。
   A. 通货膨胀是有效需求大于有效供给
   B. 通货膨胀是指一次性或短期的价格总水平的上升
   C. 通货膨胀是指一般物价水平持续上涨的状态
   D. 物价上涨是通货膨胀的基本标志
   E. 通货膨胀通常是由货币供给过度所引起的

8. 需求拉上型通货膨胀的特点有( )。
   A. 成本的增长诱使消费支出增长
   B. 政府为阻止失业率上升而增加支出
   C. 政府采取紧缩性财政政策以减少总需求
   D. 政府采取扩张性货币政策以增加总需求
   E. 支出的增长与实际的或预期的成本增长密切相关

9. 在治理通货膨胀的措施中，属于紧缩的需求政策的措施有( )。
   A. 政府发行公债
   B. 增加政府支出
   C. 减少政府税收
   D. 提高法定存款准备金率
   E. 中央银行通过公开市场向金融机构出售有价证券

同步系统训练参考答案及解析

一、单项选择题

1. C 【解析】本题考查传统货币数量说。剑桥学派认为，假定其他因素不变，物价水平与货币量成正比，货币价值与货币量成反比。

2. C 【解析】本题考查传统货币数量说。费雪方程式表明货币数量决定物价水平。剑桥方程式认为，假设其他因素不变，货币价值与货币数量成反比。因此，两者都认为商品价格和货币价值的升降取决于货币数量的变化。

3. C 【解析】本题考查弗里德曼的货币需求函数。选项A是费雪方程式，选项B是剑桥学派现金余额数量说的方程式，选项D是凯恩斯货币需求理论的货币需求函数。

4. A 【解析】本题考查货币供给层次。按照我国货币层次的划分：M_0 = 流通中货币；$M_1 = M_0$ + 单位活期存款；$M_2 = M_1$ + 单位定期存款 + 个人存款 + 其他存款(财政存款除外)。因此，单位活期存款既属于M_1又属于M_2。

5. B 【解析】本题考查货币乘数的概念。货币乘数等于存款准备金率与货币结构比率之和的倒数。

6. D 【解析】本题考查货币失衡的类型。由于结构性货币失衡根源于经济结构，因此，中央银行在宏观调控时更多地关注总量性货币失衡。

7. A 【解析】本题考查通货膨胀的类型。需求拉上型通货膨胀，是指因社会总需求过度增长，超过了社会总供给的增长幅度，导致商品和劳务供给不足、物价持续上涨的通货膨胀类型。

8. B 【解析】本题考查通货膨胀的类型。输入型通货膨胀，是指因进口商品价格上升、费用增加而使物价总水平上涨所引起的通货膨胀。选项 A 是成本推进型通货膨胀的成因，选项 C 是结构型通货膨胀的成因，选项 D 是需求拉上型通货膨胀的成因。

9. B 【解析】本题考查通货膨胀的类型。按照通货膨胀的表现形式，通货膨胀可以分为公开型通货膨胀和抑制型通货膨胀。

10. A 【解析】本题考查通货膨胀的原因。过度的信贷供给是造成通货膨胀的直接原因。

11. B 【解析】本题考查通货膨胀的治理。提高再贴现率，不仅可以抑制商业银行对中央银行的贷款需求，还可以增加商业银行的借款成本，迫使商业银行提高贷款利率和贴现率，结果企业因贷款成本增加而减少投资，货币供给量也随之减少。

12. C 【解析】本题考查通货膨胀的治理。提高存款准备金率，商业银行存在中央银行的存款准备金就会增加，相应就减少了商业银行投放的贷款量，也就减少了货币供给。

二、多项选择题

1. ABE 【解析】本题考查凯恩斯的货币需求理论。投机动机即由于利率的不确定性，根据对市场利率变化的预期需要持有货币以便从中获利的动机，选项 C 错误。交易性需求由获得的收入多少决定，是国民收入的增函数，选项 D 错误。

2. AC 【解析】本题考查凯恩斯的货币需求函数。凯恩斯的货币需求函数建立在"未来的不确定性"和"收入是短期资产"这两个假定之上。

3. ABE 【解析】本题考查弗里德曼的现代货币数量说。弗里德曼认为，影响人们持有实际货币的因素有：（1）财富总额与财富构成；（2）各种资产的预期收益率和机会成本；（3）其他因素。

4. ABCE 【解析】本题考查社会融资规模。社会融资规模既包括实体经济从银行业获得的融资，也包括实体经济从证券业和保险业获得的融资。

5. ACE 【解析】本题考查货币供给机制。商业银行不能无限地创造派生存款。银行体系扩张信用、创造派生存款的能力主要受到三类因素的制约：（1）缴存中央银行存款准备金；（2）提取现金数量；（3）企事业单位及社会公众缴付税款。

6. DE 【解析】本题考查货币失衡的类型。货币失衡主要有两大类型：总量性货币失衡和结构性货币失衡。

7. ACDE 【解析】本题考查通货膨胀。选项 B 错误。根据萨缪尔森对通货膨胀的定义，通货膨胀是在一定时期内，商品和生产要素价格总水平持续不断地上涨。

8. ABD 【解析】本题考查通货膨胀的类型。需求拉上型通货膨胀的特点包括：（1）自发性，即支出的增长是独立的，与实际的或预期的成本增长无关；（2）诱发性，成本的增长导致工资及其他收入的增长，诱使消费支出增长；（3）支持性，政府为阻止失业率上升而增加支出，或采取扩张性财政政策或货币政策以增加总需求。

9. ADE 【解析】本题考查通货膨胀的治理。治理通货膨胀的紧缩的需求政策包括紧缩性财政政策和紧缩性货币政策。紧缩性财政政策包括减少政府支出；增加税收；发行公债。紧缩性货币政策包括提高法定存款准备金率；提高再贴现率；公开市场操作，在通货膨胀时期，中央银行一般会通过公开市场向商业银行等金融机构出售有价证券。

本章思维导图

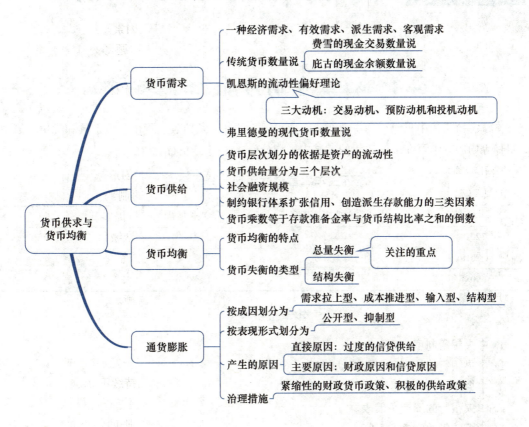

第19章 中央银行与货币政策

考情分析

本章主要讲述中央银行的主要业务、中央银行的资产负债表、货币政策工具和货币政策中介目标等内容。本章在最近三年的考试中平均分值在 3~5 分左右。

最近三年本章考试题型、分值分布

年份	单项选择题	多项选择题	合计
2019 年	1 题 1 分	2 题 4 分	3 题 5 分
2018 年	1 题 1 分	1 题 2 分	2 题 3 分
2017 年	1 题 1 分	1 题 2 分	2 题 3 分

本章主要考点

1. 中央银行制度。
2. 中央银行的职责和业务活动特征。
3. 中央银行的主要业务。
4. 中央银行的资产负债表。
5. 货币政策的定义和目标。
6. 货币政策工具和中介目标。
7. 货币政策传导机制。
8. 近年来我国货币政策的实践。

重点、难点讲解及典型例题

考点一 中央银行概述(见表 19-1)

表 19-1 中央银行概述

性质和地位	(1)中央银行(也被称为货币当局)处于金融中介体系的**中心环节**。中央银行是**发行的银行**、**银行的银行**、**政府的银行**,具有**国家行政管理机关和银行的双重性质**; (2)中国人民银行的地位:我国的中央银行; (3)中国人民银行的职能:制定和执行货币政策;维护金融稳定;提供金融服务
建立央行制度必要性	(1)集中货币发行权的需要; (2)代理国库和为政府筹措资金的需要; (3)管理金融业的需要; (4)国家对社会经济发展实行干预的需要
职责	利用其所拥有的经济力量,对金融和经济活动进行管理、控制和调节

	续表
业务活动特征	由中央银行的职责决定，主要包括： (1)不以营利为目的； (2)不经营商业银行业务或非银行金融业务，不对个人、企事业单位、社会团体提供担保或发放贷款，业务服务对象是政府部门、商业银行、其他金融机构； (3)在制定和执行货币政策时，具有相对独立性，不受其他部门行政干预

【例1·多选题】以下属于中央银行业务活动特征的有( )。
A. 不以营利为目的
B. 对居民办理存贷款业务
C. 与政府发生资金往来关系
D. 在制定和执行货币政策时具有相对独立性
E. 在制定和执行财政政策时完全没有独立性

解析▶ 本题考查中央银行业务活动的特征。中央银行的业务对象是政府部门、商业银行和其他金融机构，不为居民办理业务，选项B错误。财政政策由财政部制定，选项E错误。

答案▶ ACD

▶ 考点二 中央银行的主要业务(见表19-2)

表19-2 中央银行的主要业务

业务	货币发行业务	对银行的业务	对政府的业务
内容	央行的主要业务，中国人民银行是我国法定的唯一的货币发行机构	(1)集中存款准备金； (2)充当最后贷款人； (3)组织全国银行间的清算业务(主要的中间业务)	(1)代理国库； (2)代理发行国家债券； (3)对国家提供信贷支持； (4)保管外汇和黄金储备； (5)制定并监督执行有关金融管理法规

【例2·单选题】我国法定的货币发行机构是( )。
A. 中国银行   B. 国家开发银行
C. 中国建设银行   D. 中国人民银行

解析▶ 本题考查中央银行的主要业务。中国人民银行是我国法定的唯一的货币发行机构，负责贯彻货币发行政策，组织人民币发行业务。

答案▶ D

▶ 考点三 中央银行的资产负债表(见表19-3)

表19-3 货币当局的资产负债表

资产	负债
国外资产(包括外汇、货币黄金及其他国外资产)(主要) 对政府债权 对其他存款性公司债权 对其他金融性公司债权 对非金融部门债权 其他资产	储备货币(包含货币发行、其他存款性公司存款)(主要) 不计入储备货币的金融性公司存款 发行债券 国外负债 政府存款 自有资金 其他负债

储备货币是中央银行资产负债表**负债方**的**主要项目**。

【例3·多选题】储备货币是中央银行负债的主要项目，它包括(　　)。

A. 货币发行　　　　　　　　　　B. 政府存款
C. 黄金　　　　　　　　　　　　D. 外汇
E. 其他存款性公司存款

解析　▶ 本题考查中央银行资产负债表。储备货币是中央银行资产负债表负债方的主要项目，包含货币发行、其他存款性公司存款、非金融机构存款。　　　　答案 ▶ AE

考点四　货币政策

(一)货币政策目标

一国货币政策的目标体系构成：稳定物价、经济增长、充分就业和平衡国际收支。

我国货币政策的目标：**保持货币币值稳定，以此促进经济增长**。

(二)货币政策工具

1. 一般性货币政策工具(见表19-4)

表19-4　一般性货币政策工具

类型	内容	优点	缺点
法定存款准备金率	(1)含义：商业银行等将其所吸收的存款和发行的票据存放在中央银行的最低比率； (2)主要用于应付商业银行等面临的挤提，通常以不兑现货币形式存放在中央银行； (3)紧缩货币政策，提高法定存款准备金率；扩张货币政策，调低法定存款准备金率； (4)货币乘数的大小与法定存款准备金率成反比	灵活控制商业银行的信用扩张能力	(1)超额准备金的反向变动可以弱化存款准备金的作用； (2)对货币乘数的影响很大，作用力度很强； (3)见效较慢、时滞较长
再贴现	(1)含义：中央银行向持有商业票据等支付工具的商业银行进行贴现的行为； (2)紧缩货币政策，提高再贴现率；扩张货币政策，调低再贴现率	弹性相对法定存款准备金率要大一些、作用力度相对要缓和一些	主动权操纵在商业银行手中，需要商业银行的主动配合
公开市场操作	(1)含义：中央银行在证券市场上公开买卖国债、发行票据的活动； (2)对象：商业银行和其他金融机构； (3)紧缩货币政策，卖出债券；扩张货币政策，买入债券	(1)直接影响货币供应量； (2)进行经常性、连续性操作； (3)中央银行可以主动出击； (4)公开市场操作的规模和方向可以灵活安排，中央银行有可能用其对货币供应量进行微调	(1)金融市场必须具备全国性，还有相当的独立性，证券种类必须齐全并达到必需的规模； (2)必须有其他货币政策工具配合

2. 选择性货币政策工具

主要包括消费者信用控制、不动产信用控制、优惠利率、预缴进口保证金等。

3. 直接信用控制

4. 间接信用指导

(三)货币政策的中介目标(见表19-5)

表19-5 货币政策的中介目标

定义	中介目标,也被称为中间指标、中间变量,是处于货币政策工具变量(操作目标)和货币政策目标变量(最终目标)之间的变量指标
选择原则	**可控性、可测性、相关性**
类型	(1)利率(短期的市场利率); (2)货币供应量; (3)超额准备金或基础货币; (4)通货膨胀率

(四)货币政策的传导机制

(1)货币政策的传导途径和作用机理:政策工具→操作目标→中介目标→最终目标。

(2)货币政策传导效率取决于:①能够对货币政策变动做出灵敏反应的经济主体;②较为发达的金融市场;③较高程度的利率汇率市场化。

【例4·单选题】 关于一般性货币政策工具的说法,错误的是( )。

A. 法定存款准备金率是指根据法律规定,商业银行等将其所吸收的存款和发行的票据存放在中央银行的最低比率

B. 公开市场操作往往作为货币政策的一种自动稳定机制

C. 再贴现是中央银行对商业银行所持有的商业票据进行贴现的行为

D. 公开市场操作政策的主动权完全掌握在中央银行手中

解析 本题考查货币政策工具。选项B错误,法定存款准备金率具有一定的缺陷,因此,其往往是作为货币政策的一种自动稳定机制,而不将其当作适时调整的经常性政策工具来使用。

答案 B

▶ **考点五 近年来我国货币政策的实践**

(1)2010~2017年,我国已连续8年实施**稳健的货币政策**。

(2)2018年12月,中央经济工作会议决定:宏观政策要强化**逆周期调节**,继续实施**积极的财政政策和稳健的货币政策**,适时预调微调,稳定总需求。

历年考题解析

一、单项选择题

1.(2019年)关于再贴现政策的说法,正确的是( )。

A. 如果没有法定存款准备金率政策配合,再贴现政策就无法发挥作用

B. 与法定存款准备金率相比,再贴现政策工具的弹性相对更大一些,作用力度相对更强

C. 再贴现政策对货币乘数的影响很大,作用力度很强

D. 再贴现政策是否能够获得预期效果与商业银行是否主动配合有关

解析 本题考查再贴现政策。选项A错误,如果没有法定存款准备金制度配合,公开市场操作就无法发挥作用。选项B错误,与法定存款准备金率工具相比,再贴现工具的弹性相对要大一些,作用力度相对要缓和一些。选项C错误,法定存款准备金率对货币乘数的影响很大,作用力度很强。

答案 D

2. (2018年)在货币当局资产负债表中,列入资产方的国外资产项目的是( )。
A. 货币黄金
B. 不计入储备货币的金融性公司存款
C. 储备货币
D. 政府存款

解析 本题考查中央银行资产负债表。在国际上,中央银行承担稳定本国币值的重要职责,代表国家管理外汇、货币黄金及其他国外资产,外汇、货币黄金及其他国外资产列入资产方的国外资产项目。

答案 A

3. (2017年)关于中央银行对政府业务的说法,正确的是( )。
A. 中央银行通过公开市场操作买卖国债
B. 中央银行监督商业银行交易和储备黄金或外汇
C. 中央银行负责在商业银行向国家财政提供商业贷款时进行清算
D. 中央银行代理国库业务既为政府提供了财务收支服务,又增强了自身资金实力

解析 本题考查中央银行的主要业务。中央银行代理国库,既为政府提供了财务收支服务,又增强了自身资金实力。

答案 D

二、多项选择题

1. (2019年)中央银行的信贷业务主要有( )。
A. 为商业银行提供再贴现
B. 代理国家发行债券
C. 为商业银行提供再贷款
D. 管理外汇和黄金储备
E. 组织全国银行间的清算

解析 本题考查中央银行的主要业务。中央银行的信贷业务主要有接受商业银行提交的有价证券作为抵押物而向商业银行提供的再抵押放款、为商业银行贴现商业票据的再贴现和再贷款三种方式。

答案 AC

2. (2019年)关于货币当局资产负债表的说法,正确的有( )。
A. 对政府的项目主要体现在列入资产方的接受政府存款和列入负债方的对政府债权
B. 不计入储备货币的金融性公司存款列入资产方
C. 自有资金列入负债方
D. 外汇、货币黄金列入资产方的国外资产项目
E. 储备货币是负债方的主要项目

解析 本题考查中央银行资产负债表。选项A错误,对政府的项目主要体现在列入负债方的接受政府存款和列入资产方的对政府债权。选项B错误,不计入储备货币的金融性公司存款列入负债方。

答案 CDE

3. (2018年)关于货币当局资产负债表的说法,正确的有( )。
A. 外汇、货币黄金列入资产方的国外资产项目
B. 对政府的项目主要体现在列入负债方的接受政府存款和列入资产方的对政府债权
C. 发行债券列入负债方
D. 储备货币是资产方的主要项目
E. 不计入储备货币的金融性公司存款列入负债方

解析 本题考查货币当局的资产负债表。储备货币是中央银行资产负债表负债方的主要项目。选项D错误。

答案 ABCE

4. (2018年)关于一般性货币政策工具的说法,正确的有( )。
A. 再贴现政策是否能够获得预期效果与商业银行的主动配合与否无关
B. 它是对货币总量的调节,以影响整个宏观经济
C. 法定存款准备金率政策主要用于应付商业银行等面临的挤提,通常以不兑现货币形式存放在中央银行
D. 与法定存款准备金率政策相比,再贴现政策的弹性相对要大一些,作用力度相

对要缓和一些

E. 如果没有法定存款准备金率政策配合，公开市场操作政策就无法发挥作用

解析 本题考查一般性货币政策工具。再贴现政策的主动权操纵在商业银行手中，因为向中央银行请求贴现票据以取得信用支持，仅是商业银行融通资金的途径之一，商业银行还有其他的诸如出售证券、发行存单等融资方式。所以，中央银行的再贴现政策是否能够获得预期效果，还取决于商业银行是否采取主动配合的态度，选项A说法有误。 **答案** BCDE

5. (2017年)中央银行选择货币政策中介目标依据的原则包括( )。
   A. 诱发性　　　B. 可控性
   C. 可测性　　　D. 相关性
   E. 自发性

解析 本题考查货币政策的中介目标。选择货币政策中介目标依据的原则是可控性、可测性和相关性。 **答案** BCD

同步系统训练

一、单项选择题

1. 下列金融市场交易主体中，属于中央银行业务服务对象的是( )。
   A. 居民个人　　　B. 工业企业
   C. 商业银行　　　D. 社会团体

2. 我国中央银行的主要职能不包括( )。
   A. 制定和执行货币政策
   B. 维护金融稳定
   C. 提供金融服务
   D. 实现充分就业

3. 以下属于中央银行主要的中间业务的是( )。
   A. 人民币发行业务
   B. 全国清算业务
   C. 信贷业务
   D. 转贴现业务

4. 中央银行运用货币政策进行金融宏观调控时，主要通过调控( )来影响社会经济生活。
   A. 货币供给量
   B. 货币需求量
   C. 法定存款准备金率
   D. 再贴现率

5. 根据《银行法》的规定，我国货币政策的最终目标是( )。
   A. 保持国家外汇储备的适度增长
   B. 保持国内生产总值以较快的速度增长
   C. 保持货币币值稳定，并以此促进经济增长
   D. 保证充分就业

6. 关于一般性货币政策工具的说法，正确的是( )。
   A. 公开市场操作使中央银行能够随时根据金融市场变化，经常、连续地买卖国债
   B. 法定存款准备金率政策通常被作为经常性政策工具来使用
   C. 没有税收政策的配合，公开市场操作无法发挥作用
   D. 法定存款准备金率对货币乘数的影响很小

7. 某国中央银行规定商业银行对居民提供汽车贷款的最低首付款比例是40%，最长还款期限是5年，这种规定属于( )。
   A. 消费者信用控制
   B. 不动产信用控制
   C. 间接信用指导
   D. 直接信用控制

8. 中央银行最常使用的直接信用管制工具是( )。
   A. 流动比率
   B. 预缴进口保证金
   C. 信用配额
   D. 规定存贷款最高利率限制

9. 下列货币当局资产负债项目中，不属于负

债项目的是( )。
  A. 储备货币　　B. 对政府债权
  C. 政府存款　　D. 自有资金
10. 通常情况下，作为货币政策中间目标的利率是( )。
  A. 短期市场利率
  B. 法定存款准备金利率
  C. 优惠利率
  D. 固定利率
11. 货币政策传导机制是指中央银行运用货币政策工具影响( )，进而最终实现既定政策目标的传导途径与作用机理。
  A. 操作目标　　B. 中介指标
  C. 最终目标　　D. 统计指标
12. 不少国家将基础货币作为货币政策中介目标，主要原因在于( )。
  A. 它与各种支出变量有着稳定可靠的关系
  B. 它的数字一目了然，数值也易于调控
  C. 它直接决定了商业银行的资产业务规模
  D. 它有利于实现总需求与总供给的平衡

二、多项选择题

1. 中央银行的主要业务包括( )。
  A. 对企业的业务
  B. 货币发行的业务
  C. 对政府的业务
  D. 对银行的业务
  E. 对居民的业务
2. 在中央银行资产负债表中，应列入资产方的项目有( )。
  A. 国外资产　　B. 储备货币
  C. 发行债券　　D. 对政府的债权
  E. 自有资金
3. 货币政策包含的内容有( )。
  A. 货币政策目标
  B. 货币政策的作用过程
  C. 货币政策效果
  D. 货币政策工具
  E. 货币政策的措施目标
4. 一国货币政策目标体系通常包括( )。
  A. 物价稳定
  B. 充分就业
  C. 平衡国际收支
  D. 社会公平
  E. 经济增长
5. 当实施紧缩货币政策，希望减少货币供给时，中央银行应该( )。
  A. 提高法定存款准备金率
  B. 提高再贴现率
  C. 在公开市场上卖出国债
  D. 降低法定存款准备金率
  E. 在公开市场上买入国债
6. 中央银行使用的一般性货币政策工具包括( )。
  A. 法定存款准备金率
  B. 再贴现率
  C. 窗口指导
  D. 消费者信用控制
  E. 公开市场操作
7. 以下属于法定存款准备金率政策的主要缺陷的有( )。
  A. 见效较慢，时滞较长
  B. 作用力度较小，时滞较短
  C. 只能对货币供应量进行微调
  D. 对货币乘数的影响很大，作用力度很强
  E. 商业银行可以通过变动超额存款准备金来反向抵销其政策作用
8. 关于中央银行再贴现政策的说法，正确的有( )。
  A. 再贴现政策的主动权操纵在中央银行手中
  B. 与法定存款准备金率相比，其弹性相对大些
  C. 采取再贴现政策是否能获得预期效果，受到商业银行是否采取主动配合态度的影响
  D. 再贴现是货币政策的一般性政策工具
  E. 当中央银行提高再贴现率时，会增加货币供应量

9. 以下属于直接信用控制手段的有( )。
   A. 利率最低限　　B. 窗口指导
   C. 信用配额　　　D. 流动比率
   E. 直接干预

10. 间接信用指导是指中央银行通过( )等办法间接影响商业银行的信用创造。
    A. 道义劝告
    B. 不动产信用控制
    C. 窗口指导

    D. 预缴进口保证金
    E. 信用配额

11. 货币政策传导机制的效率取决于( )。
    A. 较为发达的金融市场
    B. 较高程度的利率汇率市场化
    C. 较为稳定的货币政策手段
    D. 较多的金融市场监管主体
    E. 能够对货币政策变动做出灵敏反应的经济主体

同步系统训练参考答案及解析

一、单项选择题

1. C 【解析】本题考查中央银行业务活动特征。中央银行不经营一般性银行业务，业务服务对象是政府部门、商业银行及其他金融机构。

2. D 【解析】本题考查中央银行制度。中国人民银行的主要职能包括：制定和执行货币政策；维护金融稳定；提供金融服务。

3. B 【解析】本题考查中央银行的主要业务。全国清算业务为中央银行主要的中间业务，并由此使中央银行成为全国金融业的清算中心。

4. A 【解析】本题考查货币政策的目标。中央银行通过控制货币供给量来实现货币政策目标。

5. C 【解析】本题考查货币政策的目标。《银行法》第三条规定："货币政策目标是保持货币币值稳定，并以此促进经济增长。"

6. A 【解析】本题考查一般性货币政策工具。法定存款准备金率政策作为货币政策的一种自动稳定机制，而不作为适时调整的经常性政策工具来使用，选项 B 错误。没有法定存款准备金制度配合，公开市场操作无法发挥作用，选项 C 错误。法定存款准备金率对货币乘数的影响很大，作用力度很强，选项 D 错误。

7. A 【解析】本题考查货币政策工具。消费者信用控制的主要内容包括：规定分期付款购买耐用消费品的首付最低金额、还款最长期限、适用的耐用消费品种类等。

8. D 【解析】本题考查货币政策工具。直接信用控制手段包括利率最高限、信用配额、流动比率和直接干预等。规定存贷款最高利率限制是最常使用的工具。

9. B 【解析】本题考查中央银行的资产负债表。货币当局资产负债表中，负债项目包括储备货币、不计入储备货币的金融性公司存款、发行债券、国外负债、政府存款、自有资金、其他负债。

10. A 【解析】本题考查货币政策中介目标。中央银行将短期市场利率作为货币政策的中间目标。

11. B 【解析】本题考查货币政策传导机制。货币政策传导机制是指中央银行运用货币政策工具影响中介指标，进而最终实现既定政策目标的传导途径与作用机理。

12. B 【解析】本题考查货币政策的中介目标。基础货币是构成货币供应量倍数伸缩的基础，它可以满足可测性与可控性的要求，数字一目了然，数量易于调控。不少国家把它视为较理想的中介目标。

二、多项选择题

1. BCD 【解析】本题考查中央银行的主要业务。中央银行的主要业务包括：货币发行业务、对银行的业务和对政府的业务。

2. AD 【解析】本题考查中央银行的资产负债表。中央银行的资产包括：国外资产；对政府的债权；对其他存款性公司的债权；对其他金融性公司债权；对非金融性部门债权；其他资产。

3. ACD 【解析】本题考查货币政策的内容。货币政策的内容包括：政策目标、实现目标所运用的政策工具、预期达到的政策效果。

4. ABCE 【解析】本题考查货币政策目标。一国货币政策目标体系通常包括稳定物价、经济增长、充分就业、平衡国际收支。

5. ABC 【解析】本题考查货币政策工具。若中央银行采取紧缩政策，可提高法定存款准备金率、提高再贴现率、卖出国债。选项 D、E 属于扩张的货币政策。

6. ABE 【解析】本题考查货币政策工具。中央银行一般性货币政策工具包括法定存款准备金率、再贴现、公开市场操作。

7. ADE 【解析】本题考查货币政策工具。法定存款准备金率政策的主要缺陷：(1)商业银行可以通过变动超额存款准备金来反向抵销其政策作用；(2)对货币乘数的影响很大，作用力度强；(3)见效较慢，时滞较长。

8. BCD 【解析】本题考查货币政策工具。再贴现政策的主动权操纵在商业银行手中，选项 A 错误。当中央银行提高再贴现率时，商业银行借入资金的成本上升，基础货币得到收缩，选项 E 错误。

9. CDE 【解析】本题考查货币政策工具。直接信用控制的手段主要包括利率最高限、信用配额、流动比率和直接干预等。

10. AC 【解析】本题考查货币政策工具。间接信用指导即中央银行通过道义劝告、窗口指导等办法间接影响商业银行的信用创造。选项 B、D 属于选择性货币政策工具，选项 E 属于直接信用控制。

11. ABE 【解析】本题考查货币政策传导机制。货币政策传导效率取决于：(1)能够对货币政策变动做出灵敏反应的经济主体；(2)较为发达的金融市场；(3)较高程度的利率汇率市场化。

本章思维导图

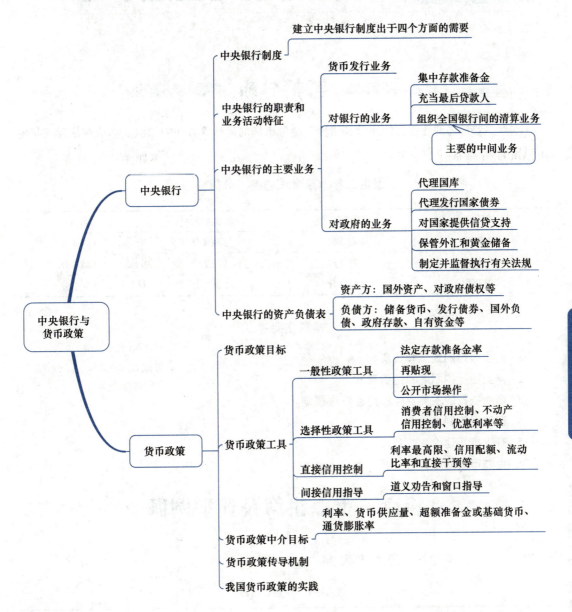

第20章 商业银行与金融市场

考情分析

本章主要讲述商业银行的运营和管理、金融市场的运行等方面的知识。本章在最近三年的考试中平均分值在5分左右。

最近三年本章考试题型、分值分布

年份	单项选择题	多项选择题	合计
2019年	3题3分	2题4分	5题7分
2018年	2题2分	1题2分	3题4分
2017年	3题3分	1题2分	4题5分

本章主要考点

1. 商业银行的定义和性质。
2. 商业银行的职能和组织形式。
3. 商业银行的主要业务和经营管理原则。
4. 存款保险制度。
5. 有效市场理论。
6. 金融市场的结构。

重点、难点讲解及典型例题

▶ 考点一　商业银行概述（见表20-1）

表20-1　商业银行概述

含义		商业银行以吸收工商业存款、发放贷款为主要业务，并为客户提供金融服务，是金融机构体系中最为核心的部分
性质	与一般工商企业比较	商业银行是金融企业，承担资金融通的职能；其他工商企业不具有这个职能
	与中央银行、政策性银行比较	商业银行以营利为目的，追求利润最大化；央行与政策性银行一般不以营利为目的
	与非银行金融机构比较	商业银行的业务范围广泛、业务种类齐全，是唯一能吸收公众活期存款的金融机构；非银行金融机构的经营范围狭窄，经营不完全的信用业务，或不以银行信用方式融通资金

续表

职能	信用中介(**最基本的职能**)	吸收存款，发放贷款
	支付中介	接受客户委托，办理汇兑、非现金结算等业务，企业的总会计、总出纳，社会的总账房
	信用创造	扩张信用
组织形式	按机构设置分类	单一银行制(如美国)和总分行制(各国普遍采用，英国是典型代表)
	按业务经营范围分类	专业化银行制和综合化银行制(全能银行制)

【例1·多选题】 商业银行是典型的银行，与非银行金融机构比较，区别主要在于( )。
A. 是否以盈利为目的　　　　　　　　B. 是否经营完全的信用业务
C. 经营范围的宽窄　　　　　　　　　D. 是否以银行信用方式融通资金
E. 经营管理制度

解析 ▶ 本题考查商业银行的性质。商业银行与非银行金融机构相比：非银行金融机构的经营范围很窄，经营不完全的信用业务，或不以银行信用方式融通资金。　　**答案** ▶ BCD

▶ **考点二　商业银行的主要业务和经营管理原则**

(一)商业银行的主要业务(见表20-2)

表20-2　商业银行的主要业务

业务类型	内容	特别说明
负债业务	吸收存款、借款业务	形成商业银行的资金来源
资产业务	票据贴现、贷款业务、投资业务	将所聚集的货币资金加以运用，获取收益
中间业务	结算、信托、租赁、代理、咨询业务	不使用自己的资金而为客户办理货币支付和其他委托事项，并收取手续费

(二)商业银行的资金来源(见表20-3)

表20-3　商业银行的资金来源

资金来源	内容
自有资金	发行股票所筹集的股本、公积金、未分配利润
外来资金	(1)**吸收存款**——主要来源； (2)借款：包括再贴现、向中央银行借款、同业拆借、发行金融债券、国际货币市场借款、结算过程中的短期资金占用

(三)商业银行贷款业务的分类
(1)按期限划分：短期贷款(1年以内)、中期贷款(1~5年)、长期贷款(5年以上)。
(2)按条件划分：信用贷款、担保贷款。
(3)按用途划分：资本贷款、商业贷款、消费贷款。

(四)商业银行经营管理的基本原则
(1)盈利性原则：获得尽可能高的收益。
(2)流动性原则：保持变现能力。
(3)安全性原则：按期回本，避免本金受损。
(4)盈利性与流动性**负相关**，盈利性与安全性**负相关**。

【例2·单选题】 商业银行自有资金的来源不包括( )。

A. 股本
B. 公积金
C. 未分配利润
D. 发行金融债券

解析 ▶ 本题考查商业银行的业务。商业银行的资金来源包括自有资金和吸收的外来资金两部分，自有资金包括成立时发行股票所筹集的股本以及公积金、未分配利润。发行金融债券是外来资金的形成渠道。

答案 ▶ D

▶ 考点三　存款保险制度（见表20-4）

表20-4　存款保险制度

定义	存款类金融机构作为投保人，根据其吸收存款的数额，按规定的保费率向存款保险机构缴纳保费，当存款机构发生经营危机导致无法满足存款人提款要求时，由存款保险机构向存款人偿付被保险存款 【注意】资金来源主要是金融机构按规定交纳的保费，存款人并不需要交保费
组织形式	(1)由政府建立存款保险机构； (2)由政府与银行界共同建立存款保险机构； (3)在政府支持下由银行同业联合建立存款保险机构
投保存款保险的金融机构	(1)根据我国的《存款保险条例》，凡是吸收存款的银行业金融机构，包括商业银行(含外商独资银行和中外合资银行)、农村合作银行、农村信用合作社等应当投保存款保险； (2)参照国际惯例，外国银行在中国的分支机构的存款、中资银行海外分支机构的存款不纳入存款保险范围
被保险的存款范围	(1)包括人民币存款、外币存款； (2)不包括金融机构同业存款、投保机构的高级管理人员在本投保机构的存款以及存款保险基金管理机构规定不予保险的其他存款
存款保险基金的来源及运用	资金来源：(1)投保机构交纳的保费；(2)在投保机构清算中分配的财产；(3)存款保险基金管理机构运用存款保险基金获得的收益；(4)其他收入
	资金运用：(1)存放在中国人民银行；(2)投资政府债券、中央银行票据、信用等级较高的金融债券及其他高等级债券；(3)国务院批准的其他资金运用形式
偿付	偿付限额：最高偿付限额为人民币50万元
	偿付情形：(1)被接管：存款保险基金管理机构担任投保机构的接管组织；(2)撤销：存款保险基金管理机构实施被撤销投保机构的清算；(3)破产：人民法院裁定受理对投保机构的破产申请

【例3·单选题】 根据我国的《存款保险条例》，下列金融机构应当投保存款保险的是( )。

A. 外国银行在中国的分支机构
B. 证券公司
C. 外商独资商业银行
D. 保险公司

解析 ▶ 本题考查存款保险制度。根据《存款保险条例》，凡是吸收存款的银行业金融机构，包括商业银行(含外商独资银行和中外合资银行)、农村合作银行、农村信用合作社等，都应当投保存款保险。

答案 ▶ C

考点四 金融市场

(一)金融市场效率

(1)定义:金融市场实现金融资源优化配置功能的程度。

(2)内容:①金融市场以最低的交易成本为资金需求者提供金融资源的能力;②金融市场的资金需求者使用金融资源向社会提供有效产出的能力。

(二)有效市场理论(见表20-5)

提出者:法玛。

表20-5 有效市场理论

类型	特点
弱型效率	有关证券的历史资料(如价格、交易量等)对证券的价格变动没有任何影响
半强型效率	有关证券公开发表的资料(如公司对外公布的盈利报告等)对证券的价格变动没有任何影响
强型效率	有关证券的所有相关信息,包括公开发表的资料以及内幕信息对证券的价格变动没有任何影响

(三)金融市场的结构

1. 货币市场与资本市场

货币市场:交易的金融资产期限在1年及以下,如**同业拆借市场、票据市场、短期债券市场**。

资本市场:交易的金融资产期限在1年以上,如**股票市场、长期债券市场、投资基金市场**。

2. 金融市场的类型(见表20-6)

表20-6 金融市场的类型

分类	含义	内容
同业拆借市场	金融机构之间以货币借贷方式进行短期资金融通活动的市场	(1)作用:用于弥补短期资金不足、票据清算的差额以及解决临时性资金短缺需求; (2)特点:期限短、流动性高、利率敏感性强、交易方便; (3)典型的同业拆借利率:伦敦银行同业拆借利率
票据市场	以各种票据为载体进行资金融通的市场	(1)商业票据市场和银行承兑汇票市场是票据市场中最主要的两个子市场; (2)商业票据是一种短期无担保证券,发行人为了筹措短期资金或弥补短期资金缺口,在货币市场上发行并承诺偿付本息的凭证,以企业的直接信用作保证; (3)银行承兑汇票是银行信用和商业信用的结合
债券市场	发行和买卖债券的场所	债券市场既具有货币市场属性,又具有资本市场属性。短期政府债券的流动性在货币市场中最高,几乎所有的金融机构都参与交易
股票市场	股票发行和交易的场所	(1)按发行和交易的场所,可分为发行市场(一级市场)和流通市场(二级市场); (2)按市场的组织形式分为场内交易市场和场外交易市场(柜台交易市场)
投资基金市场	—	投资基金是一种利益共享、风险共担的集合投资方式,优势是专家理财
金融期货(期权)市场	金融期货(期权)交易的市场	金融期货市场具有锁定和规避金融市场风险、实现价格发现的功能,金融期权市场是金融期货市场的发展和延伸,二者都属于金融衍生品市场
外汇市场	以不同种货币计值的两种票据之间交换的市场	

【例4·单选题】美国经济学家法玛认为，如果有关证券的历史资料不影响证券价格的变动，则证券市场达到( )。

A. 弱型效率　　　　　　　　B. 半强型效率
C. 半弱型效率　　　　　　　D. 强型效率

解析 本题考查有效市场理论。弱型效率是有关证券的历史资料(如价格、交易量等)对证券的价格变动没有任何影响。

答案 A

【例5·多选题】同业拆借市场对商业银行的作用包括( )。

A. 弥补短期资金不足　　　　B. 弥补票据清算的差额
C. 解决临时性资金短缺需求　D. 吸引存款
E. 规避金融市场风险

解析 本题考查同业拆借市场。同业拆借市场的资金主要用于：弥补短期资金不足、票据清算的差额、解决临时性资金短缺需求。

答案 ABC

历年考题解析

一、单项选择题

1. (2019年)关于商业银行资产业务的说法，正确的是( )。

   A. 为了获取更高利益，商业银行可将所吸收的资金全部加以运用，不做留存
   B. 贷款业务在银行资产中的比重一般排在首位
   C. 消费贷款属于资本贷款
   D. 票据贴现业务不是信用业务

   解析 本题考查贷款业务。选项A错误，银行必须保留一部分现金和在中央银行的存款以应付客户提取，其余部分以票据贴现、贷款和证券投资等方式加以运用。选项C错误，资本贷款和消费贷款是贷款按用途划分的两个类别，二者不是从属关系。选项D错误，票据贴现业务是信用业务。

   答案 B

2. (2019年)下列贷款中，不属于担保贷款的是( )。

   A. 保证贷款　　　　B. 信用贷款
   C. 抵押贷款　　　　D. 质押贷款

   解析 本题考查贷款业务。担保贷款是指以特定的抵押品作为担保的贷款，包括保证贷款、抵押贷款和质押贷款。

   答案 B

3. (2019年)存款保险基金的来源不包括( )。

   A. 存款人缴纳的保费
   B. 投保机构交纳的保费
   C. 在投保机构清算中分配的财产
   D. 存款保险基金管理机构运用存款保险基金获得的收益

   解析 本题考查存款保险基金的来源。存款保险基金的来源包括：(1)投保机构交纳的保费；(2)在投保机构清算中分配的财产；(3)存款保险基金管理机构运用存款保险基金获得的收益；(4)其他合法收入。

   答案 A

4. (2018年)下列商业银行业务中，属于资产业务的是( )。

   A. 定期存款业务　　B. 抵押贷款业务
   C. 租赁业务　　　　D. 代理业务

   解析 本题考查商业银行的主要业务。资产业务主要包括票据贴现、贷款业务和投资业务。选项A属于负债业务。选项C、D属于中间业务。

   答案 B

5. (2018年)根据美国芝加哥大学教授法玛关于有效市场的定义，如果有关证券公开发表的资料对证券的价格变动没有任何影响，则证券市场达到( )。

   A. 半强型效率　　　B. 弱型效率

C. 强型效率　　　D. 零型效率

解析 本题考查有效市场理论。如果有关证券公开发表的资料(如公司对外公布的盈利报告等)对证券的价格变动没有任何影响,则证券市场达到半强型效率。

答案 A

6. (2017年)商业银行最基本的职能是(　)。
   A. 支付中介　　　B. 信用创造货币
   C. 集中准备金　　D. 信用中介

解析 本题考查商业银行的基本职能。信用中介是商业银行最基本的职能。

答案 D

7. (2017年)下列经济活动原则中,不属于商业银行基本经营管理原则的是(　)。
   A. 盈利性原则　　B. 流动性原则
   C. 自愿性原则　　D. 安全性原则

解析 本题考查商业银行经营管理原则。商业银行经营管理原则包括盈利性原则、流动性原则、安全性原则。

答案 C

8. (2017年)关于我国现行存款保险偿付限额的说法,正确的是(　)。
   A. 偿付限额固定不变
   B. 最高偿付限额为60万元人民币,超过部分不予偿付
   C. 最高偿付限额为50万元人民币,超过部分从所在投保机构清算财产中受偿
   D. 最高偿付限额为70万元人民币,超过部分由中国银行酌情予以偿付

解析 本题考查存款保险制度。存款保险实行限额偿付,最高偿付限额为人民币50万元。同一存款人在同一家投保机构所有存款账户的本金和利息加起来在50万元以内的,全额赔付;超过50万元的部分,从该投保机构清算财产中受偿。

答案 C

二、多项选择题

1. (2019年)关于商业银行中间业务的说法,正确的有(　)。
   A. 商业银行不能办理财产信托业务
   B. 商业银行可以自主发行和兑付国债,无需财政部门委托
   C. 票据贴现不属于商业银行的中间业务
   D. 商业银行办理中间业务时无须投入自有资金
   E. 购买有价证券属于商业银行的中间业务

解析 本题考查商业银行的主要业务。选项A错误,商业银行可以办理财产信托业务,属于中间业务。选项B错误,商业银行受财政部门的委托,代理发行和兑付国债,这是商业银行的代理业务。选项E错误,购买有价证券属于商业银行的资产业务。

答案 CD

2. (2019年)关于我国存款保险制度的说法,正确的有(　)。
   A. 存款保险最高赔付限额为人民币50万元,超出存款部分一律不予偿付
   B. 当存款类金融机构被接管、撤销或者破产时,存款人有权要求存款保险基金管理机构在规定的限额内,使用存款保险基金偿付存款人的被保险存款
   C. 存款保险实施限额偿付,偿付额度固定不变
   D. 存款保险基金的运用,应当遵循安全、流动、保值增值的原则
   E. 凡吸收存款的银行业金融机构,包括商业银行(含外商独资银行和中外合资银行)、农村合作银行、农村信用合作社等,都应当投保存款保险

解析 本题考查存款保险制度。选项A错误,超过50万元的部分,从投保机构清算财产中受偿。选项C错误,偿付限额不是固定不变的,中国人民银行会同国务院有关部门可以根据经济发展、存款结构变化、金融风险状况等因素调整。

答案 BDE

3. (2018年)关于商业银行主要业务的说法,正确的有(　)。
   A. 吸收存款是商业银行外来资金的主要渠道
   B. 负债业务是形成商业银行资金来源的业务
   C. 结算过程中的短期资金占用是商业银行

的存款业务

D. 为防范银行风险，金融管理当局对商业银行证券投资的范围一般都有限制性规定

E. 票据贴现业务在商业银行资产中的比重一般排在首位

解析 ▶ 本题考查商业银行的主要业务。结算过程中的短期资金占用属于商业银行的借款业务，选项C错误。贷款业务在商业银行资产中的比重一般排在首位，选项E错误。

答案 ▶ ABD

4.（2017年）下列商业银行业务中，属于负债业务的有（ ）。
A. 吸收活期存款　B. 质押贷款
C. 投资房地产　　D. 向中央银行借款
E. 结算业务

解析 ▶ 本题考查商业银行的负债业务。选项B、C属于投资业务，选项E属于中间业务。

答案 ▶ AD

同步系统训练

一、单项选择题

1. 与非银行金融机构相比，只有商业银行能够办理的业务是（ ）。
   A. 代理业务　　　B. 结算业务
   C. 吸收活期存款　D. 发放贷款

2. 某商业银行向某企业贷款3 000万元人民币，体现了商业银行（ ）的职能。
   A. 支付中介　B. 信用创造
   C. 货币创造　D. 信用中介

3. 商业银行组织资金来源的主要业务是（ ）。
   A. 吸收存款　B. 票据贴现
   C. 发放贷款　D. 发行股票

4. 商业银行获得收益的主要业务活动是（ ）。
   A. 负债业务　B. 资产业务
   C. 中间业务　D. 结算业务

5. 商业银行应客户的要求，买进未到付款日期票据的行为被称为（ ）。
   A. 贴现　　B. 同业拆借
   C. 再贴现　D. 转贴现

6. 在商业银行的贷款中，以设备的更新改造或增添固定资产等为目的的贷款指的是（ ）。
   A. 资本贷款　B. 商业贷款
   C. 消费贷款　D. 经营贷款

7. 某商业银行为客户办理资金收付业务，客户为此支付了1万元手续费。这种业务属于商业银行的（ ）。
   A. 中间业务　B. 负债业务
   C. 贷款业务　D. 票据贴现业务

8. 关于商业银行主要业务的说法，错误的是（ ）。
   A. 中间业务是商业银行作为"支付中介"而提供的多种形式的金融服务
   B. 商业贷款属于生产或经营周转性质的贷款
   C. 商业银行从事投资业务要以其资金作为投资而持有各种证券
   D. 商业银行开展信托业务时，可以利用自有资金，也可以利用客户的资金

9. 金融市场效率发挥的前提是（ ）。
   A. 政府的严格管制
   B. 资本的合理运动
   C. 商业银行的有效运作
   D. 投资者的积极参与

10. 以下对市场有效性的划分正确的是（ ）。
    A. 有关证券公开的资料对证券价格无任何影响的市场达到弱型效率
    B. 有关证券的所有资料都对证券价格无影响的市场达到强型效率
    C. 有关证券公开发表的资料对证券价格无影响的市场达到强型效率
    D. 有关证券的历史资料对证券价格无影响的市场达到半强型效率

11. 将金融市场划分为货币市场和资本市场的依据是交易的金融工具的（ ）。

A. 期限长短 B. 收益性
C. 风险性　　D. 安全性

12. 商业票据作为金融工具，它以（　）作保证。
    A. 企业间的直接信用
    B. 银行与企业间的信用
    C. 银行信用
    D. 企业与证券公司间的信用

13. 银行大额可转让定期存单的特点不包括（　）。
    A. 不记名　　B. 具有零售性质
    C. 利率可固定　D. 存单金额比较大

14. 既具有货币市场属性，又具有资本市场属性的金融市场是（　）。
    A. 商业票据市场
    B. 银行承兑汇票市场
    C. 债券市场
    D. 同业拆借市场

15. 关于金融期货市场的说法，错误的是（　）。
    A. 可规避市场风险
    B. 可锁定市场风险
    C. 交易双方需要缴纳期权费
    D. 具有实现价格发现的功能

二、多项选择题

1. 商业银行的主要职能包括（　）。
   A. 支付中介　B. 货币创造
   C. 信用中介　D. 货币发行
   E. 信用创造

2. 按照业务经营范围，商业银行的组织形式可以分为（　）。
   A. 单一银行制　B. 总分行制
   C. 专业化银行制　D. 综合化银行制
   E. 联邦银行制

3. 商业银行外来资金的形成渠道包括（　）。
   A. 发行金融债券　B. 未分配利润
   C. 吸收存款　　D. 发行股票
   E. 同业拆借

4. 商业银行资产的运用方法有（　）。
   A. 借款　　　B. 票据贴现
   C. 贷款　　　D. 结算
   E. 证券投资

5. 下列业务中，属于商业银行借款业务的有（　）。
   A. 融资性租赁　B. 再贴现
   C. 转账结算　　D. 同业拆借
   E. 发行金融债券

6. 按照用途的不同，商业银行的贷款可以划分为（　）。
   A. 资本贷款　B. 担保贷款
   C. 消费贷款　D. 商业贷款
   E. 信用贷款

7. 根据我国的《存款保险条例》，被保险的存款不包括（　）。
   A. 外币存款
   B. 人民币存款
   C. 金融机构的同业存款
   D. 投保机构的高级管理人员在本投保机构的存款
   E. 中资银行海外分支机构的存款

8. 以下属于资本市场的有（　）。
   A. 股票市场　B. 票据市场
   C. 同业拆借市场　D. 投资基金市场
   E. 短期债券市场

9. 同业拆借市场的特点有（　）。
   A. 期限短　　B. 交易方便
   C. 流动性高　D. 利率敏感性强
   E. 收入免税

同步系统训练参考答案及解析

一、单项选择题

1. C 【解析】本题考查商业银行的性质。与非银行金融机构相比，商业银行的经营范围广泛，业务种类齐全，它是唯一能够面向公众吸收活期存款的金融机构。

2. D 【解析】本题考查商业银行的职能。信用中介：商业银行吸收存款，集中社会上闲置的资金，又通过发放贷款，将集中起来的资金贷放给资金短缺部门，发挥着化货币为资本的作用。

3. A 【解析】本题考查商业银行的主要业务。吸收存款是商业银行组织资金来源的主要业务。

4. B 【解析】本题考查商业银行的主要业务。资产业务是商业银行将所聚集的货币资金加以运用的业务，是商业银行获得收益的主要业务活动。

5. A 【解析】本题考查商业银行的主要业务。贴现是商业银行应客户的要求，买进未到付款日期的票据。

6. A 【解析】本题考查商业银行的主要业务。资本贷款是指以设备的更新改造或增添固定资产等为目的的贷款，属于投资性质的贷款。

7. A 【解析】本题考查商业银行的主要业务。中间业务是指商业银行不使用自己的资金而为客户办理支付和其他委托事项，并从中收取手续费的业务。如结算业务、信托业务、租赁业务、代理业务、咨询业务。

8. D 【解析】本题考查商业银行的主要业务。选项 D 错误，信托业务属于中间业务，中间业务是指商业银行不使用自己的资金而为客户办理支付和其他委托事项，并从中收取手续费的业务。

9. B 【解析】本题考查金融市场的效率。金融市场效率发挥的前提是资本的合理运动，正是资本的不间断的运动才使社会资源的优化配置得以实现。

10. B 【解析】本题考查法玛对市场有效性的划分。弱型效率：有关证券的历史资料（如价格、交易量等）对证券的价格变动没有任何影响；半强型效率：有关证券公开发表的资料（如公司对外公布的盈利报告等）对证券的价格变动没有任何影响；强型效率：有关证券的所有相关信息，包括公开发表的资料及内幕信息对证券价格变动没有任何影响，证券价格充分、及时地反映了与证券有关的所有信息。

11. A 【解析】本题考查金融市场的结构。按照市场上交易的金融工具的期限长短，金融市场划分为货币市场和资本市场。

12. A 【解析】本题考查票据市场。商业票据是短期无担保证券，它是以企业间的直接信用作保证的。

13. B 【解析】本题考查票据市场。银行大额可转让定期存单是由商业银行和其他金融机构为了吸引存款而发行的一种不记名的存款凭证，它是认购人对银行提供的信用。它的特点有：(1)不记名；(2)属于批发性质的金融工具，存单的金额由发行银行确定，一般都比较大；(3)利率既可固定，也可浮动。

14. C 【解析】本题考查债券市场。债券市场既具有货币市场属性，又具有资本市场属性。

15. C 【解析】本题考查金融期货市场。选项 C 错误，期权费是进行期权交易时要缴纳的。

二、多项选择题

1. ACE 【解析】本题考查商业银行的主要职能。商业银行的主要职能包括信用中介、支付中介、信用创造。

2. CD 【解析】本题考查商业银行的组织形式。商业银行的组织形式按照业务经营范围可以划分为专业化银行制和综合化银行制两种形式。按照机构设置种类的不同，可以划分为单一银行制和总分行制两种形式。

3. ACE 【解析】本题考查商业银行的业务。外来资金的形成渠道主要是吸收存款、向中央银行借款、从同业拆借市场拆借、发行金融债券、从国际货币市场借款等，其中又以吸收存款为主。

4. BCE 【解析】本题考查商业银行的业务。商业银行资产主要以票据贴现、贷款和证券投资等方式加以运用。

5. **BDE** 【解析】本题考查商业银行的借款业务。商业银行的借款业务主要有：再贴现或向中央银行借款，同业拆借，发行金融债券，国际货币市场借款，结算过程中的短期资金占用等。

6. **ACD** 【解析】本题考查商业银行的业务。按用途划分，商业银行的贷款可分为资本贷款、商业贷款和消费贷款。选项B、E是按照贷款条件来划分的。

7. **CDE** 【解析】本题考查存款保险制度。参照国际惯例，外国银行在中国的分支机构以及中资银行海外分支机构的存款原则上不纳入存款保险范围。被保险的存款既包括人民币存款也包括外币存款。但是，金融机构同业存款、投保机构的高级管理人员在本投保机构的存款以及存款保险基金管理机构规定不予保险的其他存款除外。

8. **AD** 【解析】本题考查金融市场的结构。资本市场是指期限在1年以上的金融资产交易市场，通常指的是股票市场、长期债券市场、投资基金市场等。选项B、C、E属于货币市场。

9. **ABCD** 【解析】本题考查同业拆借市场。同业拆借市场的特点：期限短、流动性高、利率敏感性强、交易方便。收入免税是短期政府债券的特点。

本章思维导图

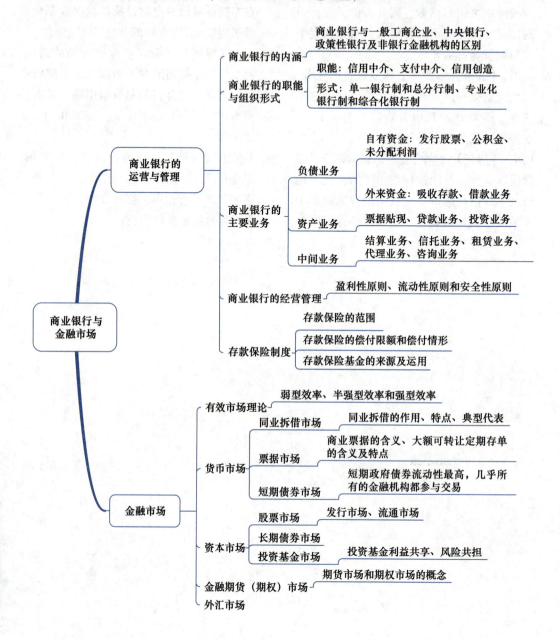

第21章 金融风险与金融监管

考情分析

本章主要讲述金融风险、金融危机、金融监管、巴塞尔协议等方面的知识。本章在最近三年的考试中平均分值在 4 分左右。

最近三年本章考试题型、分值分布

年份	单项选择题	多项选择题	合计
2019 年	2 题 2 分	—	2 题 2 分
2018 年	3 题 3 分	1 题 2 分	4 题 5 分
2017 年	3 题 3 分	1 题 2 分	4 题 5 分

本章主要考点

1. 金融风险的特征和类型。
2. 金融危机的特点和类型。
3. 金融监管的一般性理论。
4. 金融监管体制的分类。
5. 我国的金融监管体制。
6. 1988 年巴塞尔报告的内容。
7. 2003 年新巴塞尔资本协议的内容。
8. 2010 年巴塞尔协议Ⅲ的内容。

重点、难点讲解及典型例题

▶ 考点一 金融风险(见表 21-1)

表 21-1 金融风险

基本特征	不确定性、相关性、高杠杆性、传染性	
类型	市场风险	由于市场因素(如利率、汇率、股价以及商品价格等)波动,导致金融参与者的资产价值产生变化的风险
	信用风险	由于借款人或市场交易对手的违约(无法偿付或无法按期偿付)而导致损失的风险
	流动性风险	资产流动性降低而导致的风险
	操作风险	由于金融机构的交易系统不完善、管理失误或其他一些人为错误而导致的风险

【例1·多选题】 在金融领域中，常见的金融风险类型有( )。

A. 操作风险　　　　　　　　B. 市场风险
C. 信用风险　　　　　　　　D. 政治风险
E. 流动性风险

解析 本题考查金融风险的类型。常见的金融风险有四种类型：(1)市场风险；(2)信用风险；(3)流动性风险；(4)操作风险。

答案 ABCE

考点二　金融危机

(一)金融危机的含义

一个国家或几个国家与地区的全部或大部分金融指标的**急剧、短暂和超周期**的恶化，具有**频繁性、广泛性、传染性和严重性**等特点。

(二)金融危机的类型(见表21-2)

表21-2　金融危机的类型

类型	含义		相关内容
债务危机	也称为支付能力危机，债务不合理，无法按期偿还	国家	一般发生在发展中国家
		特征	(1)出口不断萎缩，外汇主要来源于举借外债；(2)国际债务条件对债务国不利；(3)债务国缺乏外债管理经验，外债投资效益不高，创汇能力低
货币危机	货币大幅贬值	国家	实行固定汇率制或带有固定汇率制色彩的钉住汇率安排
		表现	本币汇率高估
流动性危机	流动性不足引起	国内流动性危机	金融机构资产负债不匹配，"借短放长"，导致流动性不足以偿还短期债务
		国际流动性危机	一国金融体系中潜在的短期外汇履约义务超过短期内可能得到的外汇资产规模
综合性金融危机	几种危机的结合	分类	外部综合性金融危机和内部综合性金融危机
			发生内部综合性金融危机国家的共同特点是：金融体系脆弱，危机由银行传导至整个经济

(三)次贷危机

次贷危机：一场发生在美国，因次级抵押贷款机构破产、投资基金被迫关闭、股市剧烈震荡引起的金融风暴。此次次贷危机可以分为三个阶段。

债务危机→流动性危机→信用危机

【例2·单选题】 货币危机主要发生在实行( )的国家。

A. 自由浮动汇率制度
B. 无独立法定货币的钉住汇率安排
C. 浮动汇率制或带有浮动汇率制色彩的钉住汇率安排
D. 固定汇率制或带有固定汇率制色彩的钉住汇率安排

解析 本题考查货币危机。货币危机主要发生在实行固定汇率制或带有固定汇率制色彩的钉住汇率安排的国家，由于国内经济变化没有相应的汇率调整配合，导致其货币内外价值脱节，通常反映为本币汇率高估。

答案 D

▶ 考点三 金融监管理论

(一)金融监管的开始

金融监管首先从对**银行**的监管开始,原因是银行具有以下特性:(1)银行提供**期限转换功能**;(2)银行是整个支付体系的重要组成部分,作为票据的清算者,**降低了交易的费用**;(3)银行具有**信用创造和流动性创造功能**。

(二)金融监管的一般性理论(见表21-3)

表21-3 传统的金融监管的一般性理论

理论	内容
公共利益论	源于20世纪30年代,是被接受的"正统理论"。认为监管是政府对公众要求纠正某些社会个体和社会组织的不公平、不公正和无效率或低效率的一种回应
保护债权论	认为为了保护债权人的利益,需要金融监管。存款保险制度是其实践形式
金融风险控制论	源于"金融不稳定假定",认为银行的利润最大化目标促使其系统内增加有风险的活动,导致系统内的不稳定,因此,通过金融监管控制金融体系系统性风险显得异常重要

金融全球化对传统金融监管理论的挑战:自20世纪70年代以来,金融监管更强调安全与效率并重,同时对跨国金融活动的风险防范和国际监管协调更加重视。

【例3·单选题】关于金融监管理论的说法,错误的是( )。

A. 公共利益论源于20世纪30年代美国经济危机,并一直到60年代都是被经济学家所接受的有关监管的正统理论

B. 公共利益论认为,监管是政府对公众要求纠正某些社会个体和社会组织的不公平、不公正和无效率或低效率的一种回应

C. 金融风险控制论认为银行的利润最大化目标促使其系统内增加有风险的活动,导致系统内的不稳定性

D. 保护债权论源于"金融不稳定假说"

解析 ▶ 本题考查金融监管的一般性理论。选项D错误,金融风险控制论源于"金融不稳定假说"。

答案 ▶ D

▶ 考点四 金融监管体制

(一)金融监管体制的分类(见表21-4)

表21-4 金融监管体制的分类

划分依据	分类	典型代表
银行的监管主体以及中央银行的角色	以中央银行为重心的监管体制	美国+法国、印度、巴西
	独立于中央银行的综合监管体制	德国+英国、日本、韩国
监管客体	综合监管体制	英国+瑞士、日本、韩国
	分业监管体制	大多数发展中国家,包括中国

(二)我国金融监管体制的演变

(1)自 20 世纪 80 年代以来,我国金融监管体制由单一全能型体制演变为独立于中央银行的分业监管体制。

(2)2018 年,将中国银行业监督管理委员会和中国保险监督管理委员会的职责整合,组建中国银行保险监督管理委员会。主要职责是,依照法律法规统一监督管理银行业和保险业,保护金融消费者合法权益,维护银行业和保险业合法、稳健运行,防范和化解金融风险,维护金融稳定等。将中国银行业监督管理委员会和中国保险监督管理委员会拟订银行业、保险业重要法律法规草案和审慎监管基本制度的职责划入中国人民银行。

【例4·多选题】从银行的监管主体以及中央银行的角色来分,金融监管体制分为( )。

A. 分业监管体制
B. 独立于中央银行的综合监管体制
C. 以中央银行为重心的监管体制
D. 独立于中央银行的分业监管体制
E. 综合监管体制

解析 ▶ 本题考查金融监管体制的分类。从银行的监管主体以及中央银行的角色来分,金融监管体制分为以中央银行为重心的监管体制和独立于中央银行的综合监管体制。 答案 ▶ BC

▶ 考点五 巴塞尔协议(见表 21-5)

表 21-5 巴塞尔协议

类比项	内容	相关规定	
1988 年巴塞尔报告(旧巴塞尔资本协议)	资本组成	核心资本(一级资本)	实收股本(普通股)+公开储备
			≥全部资本的 50%
		附属资本(二级资本)	未公开储备+资产重估储备+普通准备金+呆账准备金+混合资本工具+长期次级债券
	风险资产权重	(1)依据:不同类型的资产与表外业务的相对风险大小; (2)权重:0、10%、20%、50%、100%; (3)权重越大,风险越大	
	资本标准	(1)资本与风险加权资产的比率≥8%; (2)核心资本比率≥4%	
	过渡期安排	1987 年年底—1992 年年底	
2003 年新巴塞尔资本协议:三大支柱	最低资本要求	(1)对风险范畴的进一步拓展(信用风险是主要风险,开始注意市场风险与操作风险); (2)计量方法的改进; (3)鼓励使用内部模型; (4)资本约束范围的扩大	
	监管当局的监督检查	(1)全面监管银行资本充足状况; (2)培育银行的内部信用评估系统; (3)加快制度化进程	
	市场约束(市场力量)	(1)市场奖惩机制; (2)信息披露制度(1 年内至少披露一次财务、重大业务活动、风险管理状况)	

类比项	内容		相关规定
2010年巴塞尔协议Ⅲ	强化资本充足率监管标准	三个最低资本充足率监管标准	(1) 普通股充足率≥4.5%； (2) 一级资本充足率≥6%； (3) 总资本充足率≥8%
		两个超额资本要求 — 留存超额资本	(1) 吸收损失； (2) 由普通股构成； (3) ≥2.5%
		两个超额资本要求 — 反周期超额资本	(1) 与信贷过快增长挂钩； (2) 最低要求：0~2.5%
		新标准实施后要求	(1) 普通股充足率≥7%； (2) 一级资本充足率≥8.5%； (3) 总资本充足率≥10.5%
	引入杠杆率监管标准		自2011年年初按照3%的标准（一级资本/总资产）开始监控杠杆率的变化，2013年年初开始进入过渡期，2018年正式纳入第一支柱框架
	建立流动性风险量化监管标准	流动性覆盖率	(1) 度量短期压力情境下单个银行流动性状况； (2) 提高银行短期应对流动性中断的弹性
		净稳定融资比率	(1) 度量中长期内银行解决资金错配的能力，覆盖整个资产负债表； (2) 激励银行尽量使用稳定的资金来源
	确定新监管标准的实施过渡期		8年：2011—2018年

【注意】巴塞尔委员会由**国际清算银行**发起，由西方十国集团以及瑞士和卢森堡12国的中央银行组成。

【例5·多选题】根据2003年新巴塞尔资本协议，以下属于各国金融监管当局职责的有（ ）。

A. 全面监管银行资本充足状况　　B. 加快制度化进程
C. 加强市场约束　　　　　　　　D. 提高最低资本充足率要求
E. 培育银行的内部信用评估系统

解析　本题考查2003年新巴塞尔资本协议。2003年新巴塞尔资本协议强化了各国金融监管当局的职责，委员会希望监管当局担当起三大职责：(1) 全面监管银行资本充足状况；(2) 培育银行的内部信用评估系统；(3) 加快制度化进程。　　答案　ABE

历年考题解析

一、单项选择题

1. （2019年、2018年）某银行因借款人无法按期偿付贷款本息而遭受损失，这种金融风险对银行而言属于（ ）。

   A. 流动性风险　　B. 市场风险
   C. 信用风险　　　D. 操作风险

   解析　本题考查金融风险。信用风险是由于借款人或市场交易对手的违约（无法偿付或者无法按期偿付）而导致损失的风险。

   答案　C

2. （2019年）关于综合性金融危机的说法，正确的是（ ）。

   A. 传统的金融危机都属于综合性金融危机
   B. 发生内部综合性金融危机国家的共同特

点是外部债务结构不合理,无法按期还债

C. 综合性金融危机通常指内部综合性金融危机

D. 综合性金融危机严重损害了一国经济金融利益,且极易升级为经济危机或政治危机

解析 本题考查综合性金融危机。选项 A 错误,传统的金融危机主要是一国金融领域行业性危机。选项 B 错误,发生内部综合性金融危机国家的共同特点是金融体系脆弱,危机由银行传导至整个经济。选项 C 错误,综合性金融危机包括外部综合性金融危机和内部综合性金融危机。 **答案** D

3. (2018年)关于金融危机的说法,错误的是( )。

A. 金融危机指一个国家或几个国家与地区的全部或大部分金融指标出现急剧、短暂和超周期的恶化

B. 金融危机会使一国家实体经济受到影响,但不会导致金融市场崩溃

C. 金融危机的发生具有频繁性、广泛性、传染性和严重性的特点

D. 几乎所有的国家都遭受过金融危机的侵袭

解析 本题考查金融危机的含义。金融危机会使一国实体经济受到影响,经济增长放缓甚至衰退,严重时还会令金融市场完全崩溃,甚至导致国家破产。 **答案** B

4. (2018年)2018年3月21日,中共中央印发《深化党和国家机构改革方案》,决定组建( )。

A. 中国银行业监督管理委员会
B. 中国银行保险监督管理委员会
C. 中国保险监督管理委员会
D. 中国证券监督管理专员会

解析 本题考查我国的金融监管体制。2018年3月21日,中共中央印发《深化党和国家机构改革方案》,决定组建中国银行保险监督管理委员会。 **答案** B

5. (2017年)某商业银行因人民币兑英镑汇率上升而遭受财务损失,这种风险属于( )。

A. 信用风险   B. 市场风险
C. 流动性风险   D. 操作风险

解析 本题考查金融风险。由于市场因素(如利率、汇率、股价以及商品价格等)的波动而导致的金融参与者的资产价值变化属于市场风险。 **答案** B

6. (2017年)美国金融监管体制的特点是( )。

A. 独立于中央银行的监管体制
B. 以证券监督部门为重心,中央银行辅助监管
C. 独立于证券监管部门的监督体制
D. 以中央银行为重心,其他监管机构参与分工

解析 本题考查金融监管体制。以中央银行为重心的监管体制是指以中央银行为重心,其他监管机构参与分工的监管体制。美国是其中的典型代表。 **答案** D

7. (2017年)旧巴塞尔资本协议的主要内容是( )。

A. 确认了监督银行资本的可行的统一标准
B. 推出了金融监管的"三大支柱"
C. 将微观审慎监管与宏观审慎监管有机结合起来
D. 增强系统重要性银行监管的有效性

解析 本题考查旧巴塞尔资本协议的主要内容。1988年的巴塞尔报告又称为旧巴塞尔资本协议。选项 A 属于 1988 年的巴塞尔报告的内容。选项 B 属于 2003 年新巴塞尔协议的内容。选项 C 属于巴塞尔协议Ⅲ的内容。选项 D 属于巴塞尔协议在我国的实施。 **答案** A

二、多项选择题

1. (2018年)在一系列巴塞尔协议中,影响广泛的包括( )。

A. 2003 年新巴塞尔资本协议
B. 1992 年巴塞尔协议
C. 2010 年巴塞尔协议Ⅲ

D. 1975年巴塞尔协议

E. 1988年巴塞尔报告

解析 本题考查巴塞尔协议产生的背景和发展。在巴塞尔协议中，影响广泛的是统一资本监管的1988年巴塞尔报告（又称旧巴塞尔资本协议）、2003年新巴塞尔资本协议和2010年巴塞尔协议Ⅲ。

答案 ACE

2. (2017年)关于不同类型金融危机的说法，正确的有(　　)。

A. 支付能力危机主要是指一国的债务不合理、无法按期偿还债务而引发的危机

B. 流动性危机主要限于一国国内发生，不会在国际间蔓延

C. 国际债务危机、欧洲货币危机和亚洲金融危机的共同特点是危机国家实行钉住汇率制度

D. 综合金融危机一定程度上暴露了危机国家所存在的深层次结构问题

E. 发生内部综合性危机的国家的共同特点是金融体系脆弱，危机由证券行业传导至整个经济体系

解析 本题考查金融危机的类型。流动性危机包括国内流动性危机和国际流动性危机。流动性危机并不限于一国国内发生，选项B错误。发生内部综合性危机国家的共同特点是金融体系脆弱，危机由银行传导至整个经济体系，选项E错误。

答案 ACD

同步系统训练

一、单项选择题

1. 由于金融机构的交易系统不完善、管理失误所导致的风险属于(　　)。

   A. 市场风险　　　B. 信用风险
   C. 流动性风险　　D. 操作风险

2. 如果金融机构资产负债不匹配，即"借短放长"会导致的危机属于(　　)。

   A. 债务危机　　　B. 货币危机
   C. 流动性危机　　D. 综合性危机

3. 关于金融监管的说法，错误的是(　　)。

   A. 金融监管首先是从对证券进行监管开始的

   B. 银行在储蓄—投资转化过程中，实现了期限转换

   C. 银行作为票据的清算者，大大降低了交易费用

   D. 实施金融监管是为了稳定货币、维护金融业的正常秩序

4. 随着金融业全球化的发展，世界各国的金融监管更加强调(　　)。

   A. 稳健与安全并重

   B. 安全与协调并重

   C. 盈利与效率并重

   D. 安全与效率并重

5. 关于金融监管体制的说法，错误的是(　　)。

   A. 德国实行的是独立于中央银行的综合监管体制

   B. 美国的监管体制以中央银行为重心

   C. 按照监管客体的不同，金融监管体制分为综合监管体制与分业监管体制

   D. 目前实行分业监管体制的国家越来越多，如瑞士、日本和韩国等

6. 下列关于资本监管的说法，符合1988年《巴塞尔报告》规定的是(　　)。

   A. 银行的核心资本与风险加权资产的比率不得低于8%

   B. 银行的一级资本至少占全部资本的30%

   C. 银行资本充足率不得低于4%

   D. 银行的资本与风险加权资产的比率不得低于8%

7. 关于2003年新巴塞尔资本协议的说法，错误的是(　　)。

   A. 该协议继承了过去以资本充足率为核心的监管思想，将资本金要求视为最重要

的支柱

B. 该协议规定，银行 1 年内至少披露一次财务状况、重大业务活动以及风险管理状况

C. 强化了各国金融监管当局的职责

D. 进一步拓展风险范畴，开始注意到国别风险的影响和破坏力

8. 2010 年巴塞尔协议Ⅲ强化了银行资本充足率监管标准，关于新标准实施后对相关资本充足率要求的说法错误的是( )。

A. 商业银行总资本充足率应达到 10.5%

B. 商业银行普通股充足率应达到 7%

C. 商业银行一级资本充足率应达到 8.5%

D. 商业银行核心一级资本充足率应达到 6%

9. 关于 2010 年巴塞尔协议Ⅲ的说法，正确的是( )。

A. 要求银行建立与信贷过快增长挂钩的反周期超额资本，最低要求为 1~2.5%

B. 要求银行建立留存超额资本，由普通股构成，最低要求为 12.5%

C. 确定新监管标准的实施过渡期为 10 年

D. 引入杠杆率监管标准，自 2011 年年初按照 3%的标准开始监控

10. 关于 2010 年巴塞尔协议Ⅲ中的净稳定融资比率指标的说法，错误的是( )。

A. 它用于度量短期压力情境下单个银行的流动性状况

B. 它用于度量中长期内银行解决资产错配的能力

C. 目的是激励银行尽量使用稳定的资金来源

D. 它覆盖了整个资产负债表

二、多项选择题

1. 金融风险的基本特征有( )。

A. 不确定性　　B. 相关性

C. 公开性　　　D. 高杠杆性

E. 传染性

2. 国际金融危机的类型十分复杂，具体可分为( )。

A. 货币危机　　B. 债务危机

C. 流动性危机　D. 管理危机

E. 综合性金融危机

3. 金融监管的传统理论包括( )。

A. 公共利益论

B. 保护债权论

C. 金融全球化理论

D. 金融风险控制论

E. 金融资产优化组合理论

4. 金融风险控制论认为银行系统内的不稳定性来源于( )。

A. 银行的高负债经营

B. 银行的借短放长

C. 经济系统的复杂性

D. 银行的自然垄断性

E. 银行的部分准备金制度

5. 在我国目前的金融监管体制中，关于中国人民银行的说法，正确的有( )。

A. 作为最后贷款人在必要时救助高风险金融机构

B. 共享监管信息，采取各种措施防范系统性金融风险

C. 负有维护金融稳定的职能

D. 在金融监管方面拥有监督检查权，包括直接检查监督权、建议检查权和在特定情况下的全面检查监督权

E. 由中国人民银行建立监管协调机制

6. 根据 1988 年的巴塞尔报告，银行的附属资本包括( )。

A. 公开储备　　B. 资产重估储备

C. 实收股本　　D. 混合资本工具

E. 长期次级债券

7. 以下属于 1988 年巴塞尔报告确定的风险资产权重的有( )。

A. 0　　　　　B. 10%

C. 20%　　　　D. 50%

E. 80%

8. 2010 年巴塞尔协议Ⅲ中，为增强单家银行以及银行体系维护流动性的能力，引入的流动性风险监管的量化指标有( )。

A. 流动性覆盖率

B. 资本充足率
C. 净稳定融资比率
D. 资本杠杆率
E. 资产周转率

9. 2010年巴塞尔协议Ⅲ的主要内容有( )。
   A. 强化资本充足率监管标准
   B. 引入杠杆率监管标准
   C. 建立流动性风险量化监管标准
   D. 确定新监管标准的实施过渡期
   E. 废除2003年新巴塞尔资本协议的三大新增内容

同步系统训练参考答案及解析

一、单项选择题

1. D 【解析】本题考查金融风险。由于金融机构的交易系统不完善、管理失误或其他一些人为错误而导致的风险是操作风险。

2. C 【解析】本题考查金融危机的类型。流动性危机是由流动性不足引起的。如果金融机构资产负债不匹配，即"借短放长"，则会导致流动性不足以偿还短期债务，引发流动性危机。

3. A 【解析】本题考查金融监管。金融监管首先是从对银行进行监管开始的，选项A错误。

4. D 【解析】本题考查金融监管的一般性理论。自20世纪70年代以来，金融全球化对传统金融监管理论提出了挑战，金融监管更强调安全与效率并重，同时对跨国金融活动的风险防范和国际监管协调更加重视。

5. D 【解析】本题考查金融监管体制。选项D错误，随着混业经营趋势的发展，实行综合监管体制的国家越来越多，如瑞士、日本和韩国等。

6. D 【解析】本题考查1988年巴塞尔报告。依据1988年巴塞尔报告的规定，银行的核心资本与风险加权资产的比率不得低于4%，选项A错误。一级资本即核心资本，至少占全部资本的50%，选项B错误。银行资本充足率，即资本与风险加权资产的比率，不得低于8%，选项C错误。

7. D 【解析】本题考查2003年新巴塞尔资本协议。选项D错误，2003年新巴塞尔资本协议对风险范畴进一步拓展，信用风险仍是银行经营中面临的主要风险，但委员会也注意到市场风险和操作风险的影响和破坏力。

8. D 【解析】本题考查2010年巴塞尔协议Ⅲ。新标准实施后，商业银行一级资本充足率应达到8.5%。普通股充足率为7%；总资本充足率为10.5%。

9. D 【解析】本题考查2010年巴塞尔协议Ⅲ。要求银行建立与信贷过快增长挂钩的反周期超额资本，在信贷高速扩张时期积累充足的经济资源，最低要求为0~2.5%，选项A错误。超额留存资本由普通股构成，最低要求为2.5%，选项B错误。巴塞尔委员会确定新监管标准的实施过渡期为8年，选项C错误。

10. A 【解析】本题考查2010年巴塞尔协议Ⅲ。流动性覆盖率用于度量短期压力情境下单个银行流动性状况，目的是提高银行短期应对流动性中断的弹性，选项A错误。

二、多项选择题

1. ABDE 【解析】本题考查金融风险的基本特征。金融风险的基本特征包括不确定性、相关性、高杠杆性、传染性。

2. ABCE 【解析】本题考查金融危机的类型。金融危机的类型有债务危机、货币危机、流动性危机以及综合性金融危机。

3. ABD 【解析】本题考查金融监管理论。金融监管的传统理论包括公共利益论、保护债权论和金融风险控制论。

4. ABE 【解析】本题考查金融监管理论。金融风险控制论源于"金融不稳定假说",认为银行的利润最大化目标促使其系统内增加有风险的活动,导致系统内的不稳定性,这种不稳定性来源于银行的高负债经营、借短放长和部分准备金制度。

5. ABCD 【解析】本题考查我国金融监管体制的演变。根据《中华人民共和国中国人民银行法》的规定,由国务院建立监管协调机制,选项 E 错误。

6. BDE 【解析】本题考查 1988 年巴塞尔报告。巴塞尔委员会将银行资本分为核心资本和附属资本,附属资本又称二级资本,包括未公开储备、资产重估储备、普通准备金和呆账准备金、混合资本工具和长期次级债券。选项 A、C 属于核心资本(一级资本)。

7. ABCD 【解析】本题考查 1988 年巴塞尔报告。风险资产权重是根据不同类型的资产和表外业务的相对风险大小,赋予它们不同的权重,即 0、10%、20%、50%、100%。

8. AC 【解析】本题考查 2010 年巴塞尔协议Ⅲ。为增强单家银行以及银行体系维护流动性的能力,2010 年巴塞尔协议Ⅲ引入两个流动性风险监管的量化指标:流动性覆盖率、净稳定融资比率。

9. ABCD 【解析】本题考查 2010 年巴塞尔协议Ⅲ的内容。2010 年巴塞尔协议Ⅲ保留了 2003 年新巴塞尔资本协议的三大新增内容,选项 E 错误。

本章思维导图

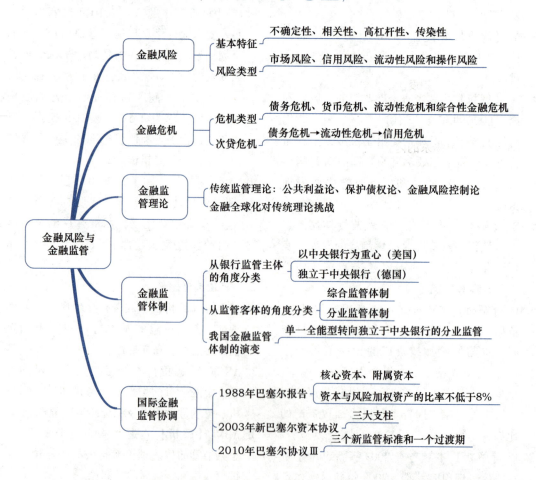

第22章 对外金融关系与政策

考情分析

本章主要讲述汇率制度、国际储备、国际货币体系、人民币跨境使用等相关知识。本章在最近三年的考试中平均分值在 3 分左右。

最近三年本章考试题型、分值分布

年份	单项选择题	多项选择题	合计
2019 年	1 题 1 分	1 题 2 分	2 题 3 分
2018 年	2 题 2 分	1 题 2 分	3 题 4 分
2017 年	—	1 题 2 分	1 题 2 分

本章主要考点

1. 汇率制度的类型。
2. 影响汇率制度选择的因素。
3. 人民币汇率制度。
4. 国际储备的含义与构成。
5. 国际储备的管理。
6. 国际货币体系的内容和变迁。
7. 国际主要金融组织。
8. 人民币跨境使用。

重点、难点讲解及典型例题

考点一 汇率制度

(一)汇率制度的类型(见表 22-1)

表 22-1 汇率制度的类型

类型	具体内容
固定汇率制度	(1)金本位制下的固定汇率制度：自发的固定汇率制度，铸币平价是各国汇率的决定基础，黄金输送点是汇率变动的上下限； (2)布雷顿森林体系下的固定汇率制度：以美元为中心的人为可调整的固定汇率制度
浮动汇率制度	牙买加体系下为浮动汇率制度

(二)影响汇率制度选择的因素(见表22-2)

表22-2 影响汇率制度选择的因素

因素	倾向于实行固定汇率制度	倾向于实行浮动汇率制度
经济开放程度	经济开放程度越高	经济开放程度越低
经济规模	经济规模越小	—
国内金融市场的发达程度及其与国际金融市场的一体程度	—	同国际金融市场联系密切,资本流出入较为可观和频繁
进出口贸易的商品结构和地域分布	进出口集中在某几种商品或某一国家	进出口商品多样化或地域分布分散化
相对的通货膨胀率	—	国内通货膨胀率与其他主要国家不一致的国家

(三)人民币汇率制度

2005年7月21日,在主动性、可控性、渐进性原则的指导下,我国改革人民币汇率形成机制,实行**以市场供求为基础、参考一篮子货币进行调节、有管理的浮动汇率制度**。

2010年6月19日,进行人民币汇率改革,实行参考一篮子货币进行调节的有管理的浮动汇率制度。

【例1·多选题】关于汇率制度的说法,正确的有( )。
A. 传统上国际汇率制度分为固定汇率制度和浮动汇率制度
B. 金本位制和布雷顿森林体系下实行的都是固定汇率制度
C. 金本位制下实行的是自发的固定汇率制度
D. 布雷顿森林体系下实行的是浮动汇率制度
E. 布雷顿森林体系下实行的是以美元为中心的固定汇率制度

解析 ▶ 本题考查汇率制度的类型。布雷顿森林体系下实行的是以美元为中心的固定汇率制度,牙买加体系下实行的是浮动汇率制度,选项D说法错误。 答案 ▶ ABCE

▶ 考点二 国际储备(见表22-3)

表22-3 国际储备

含义		一国货币当局为弥补国际收支逆差,稳定本币汇率和应付紧急支付等目的所持有的国际间普遍接受的资产
构成	货币性黄金	货币当局作为金融资产而持有的黄金。只能算成是潜在的国际储备,而非真正的国际储备
	外汇储备	是国际储备最主要的组成部分,是各国货币当局持有的对外流动性资产,主要是银行存款和国库券等
	IMF的储备头寸	在国际货币基金组织的普通账户中会员国可以自由提取使用的资产
	特别提款权	国际货币基金组织根据会员国缴纳的份额无偿分配的,可供会员国用以归还基金组织贷款和会员国政府之间偿付国际收支逆差的一种账面资产
作用		(1)融通国际收支逆差,调节临时性的国际收支不平衡; (2)干预外汇市场,稳定本国货币汇率; (3)一国对外举债和偿债的根本保证

管理	国际储备的管理实质上是外汇储备的管理： (1)外汇储备的总量管理：保持适度规模； (2)外汇储备的结构管理：确定各种储备货币的比例，确定储备资产流动性结构； (3)外汇储备的积极管理：提高外汇储备投资收益水平

【例2·单选题】关于外汇储备的管理，说法错误的是(　　)。

A．国际储备的管理实质上是外汇储备的管理

B．外汇储备的总量管理就是要安排好储备货币的种类

C．外汇储备的结构管理就是确定各种储备货币的比例，确定储备资产的流动性结构

D．外汇储备的积极管理就是要提高外汇储备的投资收益水平

解析　本题考查国际储备的管理。外汇储备的总量管理就是要保持合适的外汇储备规模，选项B说法错误。

答案　B

考点三　国际货币体系

(一)国际货币体系的含义和内容

(1)国际货币体系又称为国际货币制度，是指通过国际惯例、协定和规章制度等，对国际货币关系所作的一系列安排。

(2)国际货币体系的内容：①确定国际储备资产；②确定汇率制度；③确定国际收支调节方式。

(二)国际货币体系变迁(见图22-1)

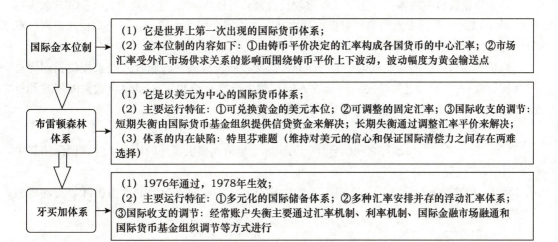

图22-1　国际货币体系变迁

【例3·多选题】在国际货币体系变迁的过程中，出现过的国际货币体系有(　　)。

A．金银复本位制　　　　　　　　　B．银本位制

C．国际金本位制　　　　　　　　　D．牙买加体系

E．布雷顿森林体系

解析　本题考查国际货币体系的变迁。国际货币体系经历了国际金本位制、布雷顿森林体系和牙买加体系的变迁。

答案　CDE

考点四 国际主要金融组织

（一）国际货币基金组织（见表22-4）

表22-4 国际货币基金组织

宗旨		国际货币基金组织是国际货币体系的核心机构，宗旨是促进国际货币领域的合作、促进国际贸易的扩大和平衡发展、促进汇率的稳定、保持成员方之间有序的汇率安排等
资金来源		成员方缴纳的份额（主要资金来源）和借款
贷款种类	备用安排	常称为普通贷款，是国际货币基金组织最基本、设立最早的一种贷款，是为解决成员方暂时性国际收支困难而设立的
	中期贷款	为解决成员方结构性缺陷导致的严重的国际收支问题
	减贫与增长贷款	是一种低息贷款，用于帮助面临长期国际收支问题的最贫困成员方而设立的
	其他贷款	补充储备贷款、应急信贷额度、紧急援助
贷款的特点		(1)贷款主要是帮助成员方解决国际收支问题； (2)贷款是有政策条件的； (3)贷款是临时性的

（二）世界银行集团

（1）世界银行的地位：世界银行集团中成立**最早、规模最大**的机构，是世界上**最大的多边开发机构**。

（2）世界银行的资金来源：银行股份、**借款**（主要资金来源）、转让债权、业务净收益。

（3）世界银行贷款的特点：①贷款期限较长，最长可达30年，宽限期为5年；②贷款实行浮动利率；③通常对其资助的项目只提供货物和服务所需要的外汇部分；④贷款程序严密，审批时间较长（硬贷款）。

（4）世界银行集团的其他机构：①国际开发协会：向符合条件的**低收入国家**提供长期优惠贷款（软贷款）；②国际金融公司：向低收入国家的**生产性企业**提供无须政府担保的贷款和投资；③多边投资担保机构：世界银行集团**最年轻**的成员。

（三）国际清算银行

宗旨：促进各国中央银行之间的合作，为国际金融活动提供额外的便利，并在国际清算中充当委托人或代理人。

【例4·单选题】国际货币基金组织为解决成员方结构性缺陷导致的严重国际收支问题而设立的贷款是（　　）。

A. 中期贷款　　　　　　　　　　B. 补充贷款
C. 普通贷款　　　　　　　　　　D. 减贫与增长贷款

解析 ▶ 本题考查国际货币基金组织。中期贷款是为解决成员方结构性缺陷导致的严重国际收支问题。　　　　　　　　　　　　　　　　　　　　　　答案 ▶ A

考点五 人民币跨境使用

跨境人民币业务的具体内容见表22-5。

表22-5 跨境人民币业务

概念	居民(境内机构或个人)和非居民(境外机构或个人)之间以人民币开展的或用人民币结算的各类跨境业务	
类型	跨境贸易人民币结算	境内企业货物贸易、服务贸易及其他经常项目均可以选择以人民币结算
	境外直接投资人民币结算	商业银行在办理境外直接投资人民币结算业务时应履行下列义务： (1)严格进行交易真实性和合规性审查； (2)按照规定报送信息； (3)履行反洗钱和反恐融资义务
	外商直接投资人民币结算	境外企业和经济组织或个人可以按规定使用人民币来华开展包括向新设企业出资、并购境内企业、股权转让及对现有企业进行增资、提供贷款等业务，以及将所得人民币资金汇出境外
	跨境贸易人民币融资	(1)国际贸易融资方式按提供融资便利的对象可以分为进口贸易融资(进口信用证、海外代付、进口押汇等)和出口贸易融资(打包贷款、出口信用证押汇、出口托收押汇、福费廷、出口信贷等)； (2)跨境贸易人民币融资业务应以真实贸易背景为前提，融资金额需以出口企业与境外企业之间的贸易合同金额为限
	跨境人民币证券投融资	(1)境内机构在境外发行人民币债券：政策性银行和国内商业银行可在香港特别行政区发行人民币债券，称为"点心债"。另外，境内在香港特别行政区上市企业也可以在香港特别行政区市场融资发债； (2)境外机构在境内发行人民币债券("熊猫债")：发行主体主要为国际开发机构。所募集资金应优先用于向中国境内的建设项目提供中长期固定资产贷款或提供股本资金
	双边货币合作	货币互换协议	中央银行间开展货币互换的目标： (1)作为应对金融危机的临时措施，在危机期间采用，互相提供流动性支持； (2)作为金融危机的常设预防机制，构建预防危机的安全网； (3)作为深化双方经济金融合作的措施，促进双边金融贸和投资往来
		本币结算协议	允许在边境贸易或一般贸易中使用双方本币或人民币进行结算

【例5·多选题】在人民币跨境业务中，出口贸易融资的方式包括( )。
A. 出口托收押汇　　　　　　　　B. 海外代付
C. 福费廷　　　　　　　　　　　D. 出口信贷
E. 打包贷款

解析 本题考查人民币跨境使用。进口贸易融资包括进口信用证、海外代付、进口押汇。出口贸易融资包括打包贷款、出口信用证押汇、出口托收押汇、福费廷、出口信贷。

答案 ACDE

历年考题解析

一、单项选择题

1. (2019年)关于人民币汇率制度的说法，正确的是( )。
   A. 决定人民币汇率的基础是美元指数的涨跌
   B. 中国人民银行不再对人民币汇价实行管理

C. 目前我国实行的人民币汇率制度是以市场供求为基础的、单一的、有管理的浮动汇率制度

D. 人民币汇率的中间价格根据所有做市商的报价加权平均来确定

解析 本题考查人民币汇率制度。选项A、C错误，目前我国实行以市场供求为基础、参考一篮子货币进行调节、有管理的浮动汇率制度。人民币汇率不再钉住单一美元，而是按照我国对外经济发展的实际情况，选择若干种主要货币，赋予相应的权重，组成一个货币篮子。选项B错误，中国人民银行对人民币汇价实行一定程度的管理。 **答案** D

2. (2018年)关于国际金本位制的内容，正确的是( )。

A. 可兑换黄金的美元本位制，可调整的固定汇率

B. 多元化的国际储备体系，可调整的固定汇率

C. 多元化的国际储备体系，多种汇率安排的浮动汇率

D. 铸币平价是各国汇率的决定基础，黄金输送点是汇率变动的上下限

解析 本题考查国际货币体系变迁。1880—1914年是国际金本位制的黄金时期，铸币平价是各国汇率的决定基础，黄金输送点是汇率变动的上下限。 **答案** D

3. (2018年)商业银行在办理境外直接投资人民币结算业务时不需要履行的义务是( )。

A. 严格进行交易真实性和合规性审查

B. 对公众披露投资企业信息

C. 履行反洗钱和反恐融资义务

D. 按照规定报送信息

解析 本题考查跨境人民币业务的类型。商业银行在办理境外直接投资人民币结算业务时应履行下列义务：(1)严格进行交易真实性和合规性审查；(2)按照规定报送信息；(3)履行反洗钱和反恐融资义务。 **答案** B

二、多项选择题

1. (2019年)关于布雷顿森林体系的说法，正确的有( )。

A. 布雷顿森林体系是一种国际金汇兑本位制

B. 布雷顿森林体系实行的是人为的固定汇率制度

C. 布雷顿森林体系是根据布雷顿森林协定建立起来的以美元为中心的国际货币体系

D. 布雷顿森林体系下，美元与黄金挂钩，其他国家的货币与美元挂钩

E. 根据布雷顿森林协定，一国国际收支短期失衡要通过调整汇率平价来解决

解析 本题考查布雷顿森林体系。选项E错误，根据布雷顿森林协定，国际收支短期失衡由国际货币基金组织提供信贷资金来解决。长期失衡通过调整汇率平价来解决。 **答案** ABCD

2. (2018年)关于汇率制度的说法，错误的有( )。

A. 布雷顿森林体系下的固定汇率制度是一种人为的可调整的固定汇率制度

B. 一般来说，国际汇率制度分为固定汇率制度和浮动汇率制度两种类型

C. 相对的通货膨胀率完全不会影响一国汇率制度的选择

D. 一般来说，经济开放程度低，或资本流出入较为频繁的国家倾向于实行固定汇率制度

E. 汇率制度是一国对本国货币汇率变动的基本方式所做的一系列安排或规定

解析 本题考查汇率制度。决定一个国家汇率制度的因素主要有：(1)经济开放程度；(2)经济规模；(3)国内金融市场的发达程度及其与国际金融市场的一体程度；(4)进出口贸易的商品结构和地域分布；(5)相对的通货膨胀率。所以选项C错误。经济开放程度低、资本流出入较为频繁，倾向于实行浮动汇率制，选项D错误。 **答案** CD

3. (2017年) 关于国际储备类型的说法，正确的有（ ）。
   A. 黄金是潜在的国际储备
   B. 外汇储备是国际储备最主要的组成部分
   C. 特别提款权根据一篮子货币定值
   D. 特别提款权是国际货币基金组织根据会员国缴纳的份额有偿分配的
   E. 国际货币基金组织的储备头寸是指会员国在国际货币基金组织的普通账户中可以自由提取的资产

解析 ▶ 本题考查国际储备。特别提款权是国际货币基金组织根据会员国缴纳的份额无偿分配的，选项 D 说法错误。

答案 ▶ ABCE

同步系统训练

一、单项选择题

1. 关于布雷顿森林体系运行特征的说法，错误的是（ ）。
   A. 美元按照每盎司黄金 35 美元的官价与黄金挂钩，其他国家与美元挂钩
   B. 实行不可调整的固定汇率制度
   C. 国际收支短期失衡由国际货币基金组织提供信贷资金来解决
   D. 国际收支长期失衡通过调整汇率平价来解决

2. 国际储备的构成中，在非黄金储备中的占比高达 95% 以上的是（ ）。
   A. 货币性黄金
   B. 国际货币基金组织的储备头寸
   C. 特别提款权
   D. 外汇储备

3. 世界上最先出现的国际货币体系是（ ）。
   A. 牙买加体系
   B. 布雷顿森林体系
   C. 国际金银复本位制
   D. 国际金本位制

4. 在国际金融机构中，以促进国际货币领域的合作，促进国际贸易的扩大和平衡发展，促进汇率的稳定，保持成员方之间有秩序的汇率安排等为宗旨的机构是（ ）。
   A. 国际货币基金组织
   B. 世界银行集团
   C. 世界贸易组织
   D. 国际清算银行

5. 下列属于国际货币基金组织主要资金来源的是（ ）。
   A. 债权转让
   B. 成员方缴纳的份额
   C. 业务净收益
   D. 从国际金融市场融资

6. 关于国际货币基金组织贷款的说法，正确的是（ ）。
   A. 贷款通常没有附加政策条件
   B. 贷款种类单一且固定不变
   C. 减贫与增长贷款是设立最早的一种贷款
   D. 贷款主要帮助成员方解决国际收支问题

7. 在国际货币基金组织的贷款业务中，用于帮助面临长期国际收支问题的最贫困成员方而设立的低息贷款是（ ）。
   A. 备用安排　　B. 中期贷款
   C. 补充储备贷款　　D. 减贫与增长贷款

8. 关于世界银行集团的说法，错误的是（ ）。
   A. 世界银行是世界上最大的多边开发机构
   B. 国际开发协会主要向符合条件的低收入国家提供长期优惠贷款，帮助其发展经济
   C. 世界银行集团中最年轻的成员是多边投资担保机构
   D. 解决投资争端国际中心主要通过向低收入国家的生产性企业提供无须政府担保的贷款和投资，鼓励国际私人资本流向发展中国家

9. 境内机构经境外直接投资主管部门核准，使用人民币资金通过设立、并购、参股等方式在境外设立或取得企业或项目全部或部分所有权、控制权或经营管理权等权益

的行为是( )。
　　A. 跨境人民币证券投融资
　　B. 外商直接投资人民币结算
　　C. 境外直接投资人民币结算
　　D. 跨境贸易人民币结算
10. 下列选项中，不属于货币互换的经济功能的是( )。
　　A. 获得高收益　　B. 规避汇率风险
　　C. 价格发现　　D. 管理资产负债

二、多项选择题
1. 一般来说，决定一个国家汇率制度的因素主要有( )。
　　A. 经济开放程度
　　B. 经济规模
　　C. 进出口贸易的商品结构和地域分布
　　D. 居民消费习惯
　　E. 相对通货膨胀率
2. 倾向于采用固定汇率制度的国家具有的特点有( )。
　　A. 经济开放程度高
　　B. 经济规模小
　　C. 进出口集中在某几种商品
　　D. 同国际金融市场联系密切
　　E. 进出口集中在某一国家
3. 目前，国际货币基金组织会员国的国际储备一般可分为( )。
　　A. 外汇储备　　B. 货币性黄金
　　C. 对外股权投资　　D. 特别提款权
　　E. IMF 的储备头寸
4. 以下属于国际储备的作用的有( )。
　　A. 干预外汇市场，从而稳定本国货币汇率

B. 是一国对外举债和偿债的根本保证
C. 充当国际清算的代理人
D. 融通国际收支逆差，调节临时性的国际收支不平衡
E. 扩大进出口贸易，加强国际合作
5. 外汇储备的结构管理具体包括( )。
　　A. 储备货币的比例安排
　　B. 储备资产流动性结构的确定
　　C. 储备总量管理
　　D. 外汇储备规模的确定
　　E. 外汇储备渠道的拓展
6. 金本位制度下的固定汇率制度的特点包括( )。
　　A. 以美元为中心的固定汇率制度
　　B. 多种汇率安排并存
　　C. 自发的固定汇率制度
　　D. 铸币平价是各国汇率的决定基础
　　E. 黄金输送点是汇率变动的上下限
7. 作为一种国际货币体系，牙买加体系的主要运行特征有( )。
　　A. 可兑换黄金的美元本位
　　B. 多元化的国际储备体系
　　C. 多种汇率安排并存的浮动汇率体系
　　D. 可调整的固定汇率
　　E. 由铸币平价决定汇率构成各国货币的中心汇率
8. 在人民币跨境业务中，进口贸易融资的方式包括( )。
　　A. 进口信用证　　B. 海外代付
　　C. 福费廷　　D. 进口押汇
　　E. 打包贷款

同步系统训练参考答案及解析

一、单项选择题
1. B 【解析】本题考查布雷顿森林体系。布雷顿森林体系实行可调整的固定汇率制度。
2. D 【解析】本题考查国际储备的构成。外汇储备是国际储备最主要的组成部分，在非黄金储备中的占比高达95%以上。
3. D 【解析】本题考查国际货币体系。世界上第一次出现的国际货币体系是国际金本位制。
4. A 【解析】本题考查国际货币基金组织。国际货币基金组织的宗旨包括：(1)促进

国际货币领域的合作；（2）促进国际贸易的扩大和平衡发展；（3）促进汇率的稳定，保持成员方之间有秩序的汇率安排等。

5. B 【解析】本题考查国际货币基金组织。成员方缴纳的份额是国际货币基金组织主要的资金来源。

6. D 【解析】本题考查国际货币基金组织。国际货币基金组织的贷款是有政策条件的，选项A错误。国际货币基金组织提供的贷款种类是不断演化的，选项B错误。备用安排是国际货币基金组织最基本、设立最早的一种贷款，选项C错误。

7. D 【解析】本题考查国际货币基金组织。减贫与增长贷款是一种低息贷款，用于帮助面临长期国际收支问题的最贫困成员方而设立。

8. D 【解析】本题考查国际金融公司。国际金融公司主要通过向低收入国家的生产性企业提供无须政府担保的贷款和投资，鼓励国际私人资本流向发展中国家，支持当地资本市场的发展，以推动私营企业的成长，促进成员方经济发展。

9. C 【解析】本题考查人民币跨境使用。境外直接投资人民币结算是指境内机构经境外直接投资主管部门核准，使用人民币资金通过设立、并购、参股等方式，在境外设立或取得企业或项目的全部或部分所有权、控制权或经营管理权等权益的行为。

10. A 【解析】本题考查人民币跨境使用。货币互换的经济功能包括规避汇率风险、价格发现、管理资产负债、降低融资成本、设计金融产品等。

二、多项选择题

1. ABCE 【解析】本题考查影响汇率制度选择的因素。决定一个国家汇率制度的因素主要有：（1）经济开放程度；（2）经济规模；（3）国内金融市场的发达程度及其与国际金融市场的一体程度；（4）进出口贸易的商品结构和地域分布；（5）相对的通货膨胀率。

2. ABCE 【解析】本题考查影响汇率制度选择的因素。经济开放程度越高、经济规模越小、进出口集中在某几种商品或某一国家的国家，一般倾向于固定汇率制度。

3. ABDE 【解析】本题考查国际储备的构成。国际货币基金组织会员国的国际储备一般可分为四种类型：货币性黄金、外汇储备、IMF的储备头寸和特别提款权。

4. ABD 【解析】本题考查国际储备的作用。国际储备的作用包括：（1）融通国际收支逆差，调节临时性的国际收支不平衡；（2）干预外汇市场，从而稳定本国货币汇率；（3）国际储备是一国对外举债和偿债的根本保证。

5. AB 【解析】本题考查国际储备的管理。外汇储备的结构管理具体包括储备货币的比例安排、储备资产流动性结构的确定。

6. CDE 【解析】本题考查汇率制度。1880—1914年是国际金本位制的黄金时期，铸币平价是各国汇率的决定基础，黄金输送点是汇率变动上下限。各国货币汇率波动很小，成为自发的固定汇率。选项A是布雷顿森林体系的特征。选项B是牙买加体系的特征。

7. BC 【解析】本题考查牙买加体系。牙买加体系的主要运行特征有：（1）多元化的国际储备体系；（2）多种汇率安排并存的浮动汇率体系；（3）国际收支的调节，经常账户失衡调节主要通过汇率机制、利率机制、国际金融市场融通和国际货币基金组织调节等方式进行。

8. ABD 【解析】本题考查人民币跨境使用。进口贸易融资包括进口信用证、海外代付、进口押汇。出口贸易融资包括打包贷款、出口信用证押汇、出口托收押汇、福费廷、出口信贷。

本章思维导图

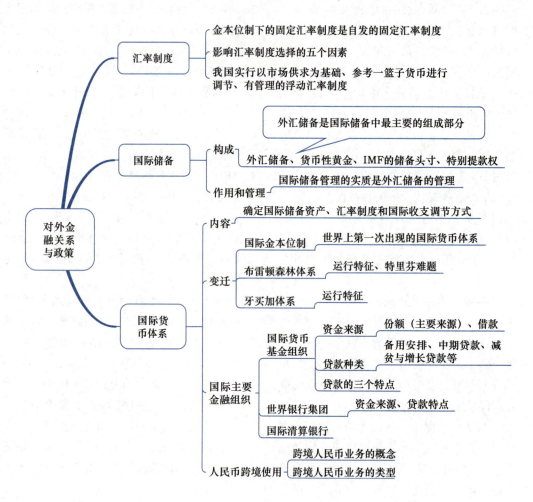

第23章 统计与数据科学

考情分析

本章主要讲述统计学、数据和变量、统计调查、数据科学、大数据等内容,本章在最近三年的考试中分值分布不均匀,平均在 4 分左右。

最近三年本章考试题型、分值分布

年份	单项选择题	多项选择题	合计
2019 年	3 题 3 分	1 题 2 分	4 题 5 分
2018 年	3 题 3 分	1 题 2 分	4 题 5 分
2017 年	2 题 2 分	—	2 题 2 分

本章主要考点

1. 描述统计和推断统计。
2. 分类数据、顺序数据和数值型数据。
3. 数据的来源。
4. 统计调查的分类。
5. 统计调查的方式。
6. 大数据的特性、数据挖掘常用算法等。

重点、难点讲解及典型例题

▶ 考点一 统计学(见表 23-1)

表 23-1 统计学

概念	通过收集、整理、分析、描述数据等手段,从数据中得出结论,推断对象本质的科学		
分类	描述统计	研究数据收集、整理和描述的统计学方法	
		主要内容	(1)如何取得数据; (2)如何用图表、数学方法整理、展示数据; (3)如何描述数据特征
	推断统计	研究如何用样本数据推断总体特征	
		主要内容	(1)参数估计——利用样本信息推断总体特征; (2)假设检验——利用样本信息判断对总体的假设是否成立

描述统计和推断统计可以一起发挥作用。

【例1·多选题】 下列属于推断统计的有( )。
A. 用图表或数学方法对数据进行整理和展示
B. 利用样本信息判断对总体的假设是否成立
C. 取得所需要的数据
D. 描述数据的一般特征
E. 利用样本信息估计总体特征

解析 本题考查推断统计。推断统计包括参数估计和假设检验两大类。参数估计是利用样本信息推断总体特征；假设检验是利用样本信息判断对总体的假设是否成立。选项A、C、D属于描述统计的内容。 **答案** BE

考点二 变量和数据(见表23-2)

(一)变量和数据的对应关系

变量研究对象的属性或特征，可以有两个或多个可能的取值。数据是对变量进行测量、观测的结果。

表23-2 变量和数据

变量			数据		
分类	表现	举例	分类	表现	举例
数量变量（定量变量）	取值是数量	企业销售额、注册员工数量	数值型数据（定量数据）	表现为具体的数值	企业年销售额500万元
分类变量（定性变量）	取值表现为类别	企业所属行业	分类数据（定性数据）	表现为类别，一般用文字来表述，也可用数值代码表示	用1表示"男性"，2表示"女性"
顺序变量（定性变量）	取值表现为类别且具有一定顺序	员工受教育水平	顺序数据	表现为类别，一般用文字表述，也可用数值代码表示	用1表示"硕士及以上"，2表示"本科"，3表示"大专及以下"

(二)统计数据的分类和来源(见表23-3)

表23-3 统计数据的分类和来源

按收集方法分类	观测数据	(1)直接调查或测量收集得到；(2)在没有对事物施加任何人为控制因素的条件下得到；(3)如GDP、CPI、房价
	实验数据	(1)在实验中控制实验对象及其所处的实验环境收集得到；(2)自然科学领域；(3)如新产品使用寿命、新药疗效的数据
从使用者角度分类	一手数据	来源：调查或观察；实验
	二手数据	来源：别人的调查或实验

【例2·多选题】 下列数据收集方法中，属于收集第二手统计数据的有( )。
A. 在控制条件下进行实验并在实验过程中收集数据
B. 通过电话询问被调查者
C. 购买公开出版的统计年鉴
D. 与原调查单位合作获取未公开的内部调查资料

E. 要求当事人到相关机构进行登记

解析 ▶ 本题考查二手数据。别人的调查或实验的数据，对使用者来说，是数据的间接来源，称为间接数据或二手数据。选项 A、B、E 都属于一手数据。　　**答案** ▶ CD

▶ **考点三　统计调查**(见表 23-4)

(一)统计调查的分类

表 23-4　统计调查的分类

依据	分类	内容
按调查对象的范围不同划分	全面调查	全面统计报表、普查
	非全面调查	非全面统计报表、抽样调查、重点调查、典型调查
按调查登记的时间是否连续划分	连续调查	说明现象的发展过程，目的是了解现象在一段时期的总量。如工厂的产品生产、原材料的投入等
	不连续调查	对总体现象在一定时点上的状态进行研究。如生产设备拥有量、耕地面积等

(二)统计调查的方式(见表 23-5)

表 23-5　统计调查的方式

调查方式		含义	内容	
统计报表		自上而下地统一布置、自下而上地逐级提供基本统计数据	(1)按调查对象范围的不同，可分为全面统计报表和非全面统计报表； (2)目前的大多数统计报表都是全面统计报表	
全面调查	普查	(1)为某一特定目的而专门组织的一次性全面调查； (2)了解处于某一时点状态上的社会经济现象的基本全貌，为国家有关政策提供依据	一次性或周期性	经济普查　每10年两次，分别在每逢3、8的年份
				人口普查　每10年一次，逢0年份
				农业普查　每10年一次，逢6年份
			规定统一的标准调查时间，以免数据重复或遗漏，保证普查结构的准确性	
			数据比较准确，规范化程度较高，可为抽样调查提供基本依据	
			普查的使用范围比较窄，只能调查一些最基本及特定的现象	
非全面调查	抽样调查	从调查对象的总体中抽取一部分单位作为样本进行调查，并根据样本调查结果来推断总体数量特征	应用最广泛的一种调查方式	
			特点	(1)经济性——最显著优点； (2)时效性强； (3)适应面广； (4)准确性高
	重点调查	从所要调查的总体中选择一部分重点单位进行调查	(1)重点单位的标志值在总体中占绝大比重； (2)调查单位不是随机抽取的，调查结果不能推断总体； (3)适用范围很广； (4)适用于调查目的只要求了解基本状况和发展趋势	
	典型调查	选择具有典型意义的或有代表性的单位进行的调查	作用	(1)弥补全面调查的不足； (2)验证全面调查数据的真实性
			优点	(1)灵活机动； (2)通过少数典型单位便可得到深入翔实的统计资料
			缺点	受限于人们的主观认识

【例3·单选题】某省统计部门为及时了解该省企业的出口信贷情况，每月定期调查该省出口信贷额排在前500名的企业。这500家虽然只占该省出口企业数量的10%，但是出口信贷总额占该省企业出口信贷总额的75%以上。这种调查方法是(　　)。

A. 重点调查

B. 随机抽样调查

C. 典型调查

D. 系统调查

解析 本题考查重点调查。重点调查是在所调查的总体中选择一部分重点单位进行的调查。所选单位的标志值来说在总体中占绝大比重，调查这一部分单位的情况，能够大致反映被调查对象的基本情况。

答案 A

考点四　数据科学、大数据

有关数据科学、大数据概述的具体内容(见表23-6)。

表23-6　数据科学、大数据概述

数据科学	内容	研究数据特性、变化规律，为科研提供新方法，揭示现象和规律
	过程	数据→信息→知识，包括数据采集、存储、处理、分析、表现
	范围	统计学、机器学习、计算机科学、可视化、人工智能、领域知识
大数据	特性	(1)**数据量大**； (2)**数据多样性**：包括结构化数据、半结构化数据、非结构化数据； (3)**价值密度低**：价值密度与数据总量**成反比**； (4)**数据的产生和处理速度快**：应符合"1秒定律"
数据挖掘	定义的内涵	(1)数据源要真实、大量、有噪声； (2)发现用户感兴趣的知识； (3)发现的知识可接受、可理解、可运用； (4)发现的知识仅支持特定的问题
	分类	有指导学习或监督学习、无指导学习或非监督学习
	常用算法	分类、聚类分析、关联分析、趋势与演化分析、特征分析、异常分析
数据可视化	含义	借助图形化手段传达、沟通信息
	优点	简单、清晰、有效传递信息
	分类	(1)科学可视化：科学与工程领域(三维空间测量数据、计算机模拟数据、医学影像数据)； (2)信息可视化：非结构化、非几何的抽象数据(金融交易、社交网络、文本数据)

【例4·单选题】大数据具有一些特性，下列选项中，不属于大数据的特性的是(　　)。

A. 数据量大

B. 数据多样性

C. 价值密度高

D. 数据的产生和处理速度快

解析 本题考查大数据。大数据的特性包括：数据量大、数据多样性、价值密度低、数据的产生和处理速度快。

答案 C

历年考题解析

一、单项选择题

1. (2019年)利用概率样本数据推断全国居民人均消费支出,适用的统计学方法是( )。

   A. 参数估计　　B. 相关分析
   C. 假设检验　　D. 描述统计

   解析 本题考查统计学。参数估计是利用样本信息推断总体特征。　**答案** A

2. (2019年)下列变量中,属于分类变量的是( )。

   A. 运输方式
   B. 公共预算收入
   C. 商品零售额
   D. 新增就业人数

   解析 本题考查变量和数据。分类变量:变量的取值表现为类别。选项B、C、D属于定量变量(数量变量)。　**答案** A

3. (2019年)我国农业普查的频率是( )。

   A. 每10年一次
   B. 每年两次
   C. 每10年两次
   D. 每年一次

   解析 本题考查普查。农业普查逢"6"的年份进行,为每10年一次。　**答案** A

4. (2018年)下列变量中,属于定量变量的是( )。

   A. 固定资产投资完成额
   B. 产品等级
   C. 所属行业
   D. 产品类型

   解析 本题考查变量与数据。定量变量,也就是数量变量,变量的取值是数量。选项B属于顺序变量。选项C、D属于分类变量。　**答案** A

5. (2018年)我国人口普查的实施年份末尾数字是( )。

   A. 5　　B. 8
   C. 6　　D. 0

   解析 本题考查统计调查的方式。人口普查逢"0"的年份进行。　**答案** D

6. (2018年)为及时了解全国城市商品零售价格的变动趋势,按照商品零售额排序对前35个大中型城市的商品零售价格变化情况进行调查,这种调查方法属于( )。

   A. 全面调查　　B. 典型调查
   C. 重点调查　　D. 随机调查

   解析 本题考查重点调查。重点调查是一种非全面调查,它是在所要调查的总体中选择一部分重点单位进行的调查。所选择的重点单位虽然只是全部单位中的一部分,但就调查的标志值来说在总体中占绝大比重,调查这一部分单位的情况,能够大致反映被调查对象的基本情况。　**答案** C

7. (2017年)下列统计处理中,属于描述统计的是( )。

   A. 用图像展现居民消费指数(CPI)基本走势
   B. 用样本客户信息估计公司客户满意度
   C. 用1%人口抽样调查数据估计年末总人口
   D. 对回归模型进行假设检验

   解析 本题考查描述统计。描述统计是研究数据收集、整理和描述的统计学方法。其内容包括如何取得所需要的数据,如何用图表或数学方法对数据进行整理和展示,如何描述数据的一般性特征。选项B、C、D属于推断统计。　**答案** A

8. (2017年)下列变量的观察数据中,可以进行加、减、乘或除等数学运算的是( )。

   A. 销售额　　B. 性别
   C. 行业类别　　D. 职位等级

   解析 本题考查变量与数据。销售额为数值型数据,数值型数据可以进行数学运算。　**答案** A

二、多项选择题

1. (2019年)下列统计数据中，属于观测数据的有( )。
   A. 税收收入
   B. 三次产业增加值
   C. 新药疗效
   D. 棉花产量
   E. 新建商品住宅销售价格

   解析 ▶ 本题考查观测数据。观测数据是在没有对事物施加任何人为控制因素的条件下得到的数据。选项C属于实验数据。

   答案 ▶ ABDE

2. (2018年)抽样调查的优点有( )。
   A. 统一的标准调查时间
   B. 适应面广
   C. 时效性强
   D. 准确性高
   E. 经济性

   解析 ▶ 本题考查统计调查的方式。抽样调查具有以下几个特点：经济性、时效性强、适应面广、准确性高。 **答案** ▶ BCDE

同步系统训练

一、单项选择题

1. 某公司从客户名录中随机抽取600个客户进行满意度和忠诚度调查，为了验证客户总体中满意度高的客户更倾向于成为忠诚客户，应采用的统计方法是( )。
   A. 假设检验   B. 参数估计
   C. 数据整理   D. 数据展示

2. 下列属于定性变量的是( )。
   A. 性别   B. 考试人数
   C. 工资   D. 销售额

3. 下列属于分类变量的是( )。
   A. 企业所属行业
   B. 员工受教育水平
   C. 企业销售额
   D. 注册员工数量

4. 下列统计数据中，不属于观测数据的是( )。
   A. 新产品使用寿命
   B. 国内生产总值
   C. 从业人员数
   D. 消费支出

5. 根据统计数据的收集方式分类，居民消费价格指数(CPI)属于( )。
   A. 观测数据   B. 实验数据
   C. 间接数据   D. 直接数据

6. 主要用于了解处于某一时点状态上的社会经济现象的基本全貌，为国家制定有关政策提供依据的统计调查方式是( )。
   A. 普查   B. 抽样调查
   C. 重点调查   D. 典型调查

7. 从调查对象的总体中抽取一部分单位作为样本进行调查，并根据样本调查结果推断总体数量特征。这种调查方式是( )。
   A. 抽样调查   B. 统计报表
   C. 重点调查   D. 典型调查

8. 关于统计调查的说法，正确的是( )。
   A. 普查是为某一特定目的而专门组织的一次性全面调查
   B. 对人口的出生、死亡的调查属于非连续调查
   C. 重点调查是实际中应用最广泛的一种调查方式和方法
   D. 对某市居民家庭收入状况进行调查，宜采用典型调查的方式

9. 为了解全国煤炭企业的生产安全状况，找出安全隐患，专家根据经验选择10个有代表的企业进行深入细致的调查，这类调查方法属于( )。
   A. 专家调查   B. 重点调查
   C. 系统调查   D. 典型调查

10. 数据挖掘结合了众多学科领域的相关知识，其常用的算法不包括( )。
   A. 关联分析
   B. 抽样分析
   C. 特征分析
   D. 趋势与演化分析

二、多项选择题

1. 按收集方式不同分类，统计数据可以分为( )。
   A. 一手数据
   B. 观测数据
   C. 二手数据
   D. 间接数据
   E. 实验数据

2. 下列统计数据中，属于一手数据的有( )。
   A. 通过临床实验获得的新药疗效数据
   B. 通过查阅统计年鉴获得的居民消费价格指数
   C. 通过房地产管理部门数据库获得的房价数据
   D. 通过入户调查得到的家庭月收入数据
   E. 通过网络调查得到的网民对某项政策的支持率数据

3. 下列调查方式中，属于非全面调查的有( )。
   A. 普查
   B. 典型调查
   C. 重点调查
   D. 抽样调查
   E. 全面统计报表

4. 以下属于抽样调查的有( )。
   A. 产品质量检验
   B. 农产品实验
   C. 医药的临床实验
   D. 选择效益好的部门进行调查
   E. 工业普查

5. 关于典型调查的说法，正确的有( )。
   A. 典型调查是一种非全面调查
   B. 典型调查可以弥补抽样调查的不足
   C. 典型调查可以验证全面调查数据的真实性
   D. 在统计活动中，运用典型调查的方法，主要在于反映现象的总体数量特征
   E. 典型调查在很大程度上受到人们主观认识的影响

6. 关于统计调查方式的说法，正确的有( )。
   A. 抽样调查是非全面调查，因而无法推断总体
   B. 统计报表以一定的原始数据为基础
   C. 重点调查是全面调查
   D. 典型调查的着眼点不在数量特征上
   E. 统计报表的类型多样

同步系统训练参考答案及解析

一、单项选择题

1. A 【解析】本题考查推断统计。假设检验是利用样本信息判断对总体的假设是否成立。

2. A 【解析】本题考查变量的分类。定性变量包括分类变量(取值为类别)和顺序变量(取值为类别且具有一定顺序)。选项B、C、D的取值是数值，是定量变量。选项A属于定性变量中的分类变量。

3. A 【解析】本题考查分类变量。当变量的取值表现为类别时被称为分类变量，比如企业所属行业。选项B属于顺序变量，选项C、D属于数量变量。

4. A 【解析】本题考查数据来源。观测数据是在没有对事物施加任何人为控制因素的条件下得到的，绝大多数与社会经济现象有关的统计数据都是观测数据。

5. A 【解析】本题考查观测数据。观测数据是指在没有对事物施加任何人为控制因素的条件下得到的，几乎所有与社会经济现象有关的统计数据都是观测数据。直接数据与间接数据是从使用者的角度来区分的，CPI可能是直接数据，也可能是间接数据，选项A最符合题意。

6. A 【解析】本题考查普查的概念。普查是适合特定目的、特定对象的调查方式,主要用于了解处于某一时点状态上的社会经济现象的基本全貌,为国家制定有关政策提供依据。

7. A 【解析】本题考查统计调查的方式。抽样调查是从调查对象的总体中抽取一部分单位作为样本进行调查,并根据样本调查结果来推断总体数量特征的一种非全面调查。

8. A 【解析】本题考查统计调查。人口的出生、死亡等,必须在调查期内连续登记,然后进行加总,属于连续调查,选项 B 错误。抽样调查是实际中应用最广泛的一种调查方式和方法,选项 C 错误。对某市居民家庭收入状况进行调查,宜采用的调查方式是抽样调查,通过样本推断总体情况,选项 D 错误。

9. D 【解析】本题考查典型调查。典型调查是根据调查的目的与要求,在对被调查对象进行全面分析的基础上,选择若干具有典型意义的或有代表性的单位进行调查。

10. B 【解析】本题考查数据挖掘。数据挖掘常用的算法有分类、聚类分析、关联分析、趋势与演化分析、特征分析、异常分析。

二、多项选择题

1. BE 【解析】本题考查统计数据的分类。按收集方式分类,统计数据可以分为观测数据和实验数据。

2. ADE 【解析】本题考查一手数据。一手数据是来源于直接的调查和科学实验的数据。选项 A、D、E 均为一手数据。选项 B、C 是来源于别人调查的数据,属于二手数据。

3. BCD 【解析】本题考查非全面调查。非全面调查是对调查对象中的一部分单位进行调查,包括非全面统计报表、抽样调查、重点调查和典型调查等。选项 A、E 属于全面调查。

4. ABC 【解析】本题考查抽样调查。抽样调查是从调查对象的总体中抽取一部分单位作为样本进行调查,根据样本调查结果推断总体数量特征的非全面调查。选项 D 属于典型调查,选项 E 属于普查。

5. ACE 【解析】本题考查典型调查。典型调查可以弥补全面调查的不足,选项 B 错误。运用典型调查主要不在于反映现象的总体数量特征,而在于了解与统计数字有关的具体情况,即与现象数量有关的社会条件及其相互联系,选项 D 错误。

6. BDE 【解析】本题考查统计调查方式。抽样调查是非全面调查,但是它可以根据样本调查结果来推断总体的数量特征,选项 A 错误。重点调查是非全面调查,选项 C 错误。

本章思维导图

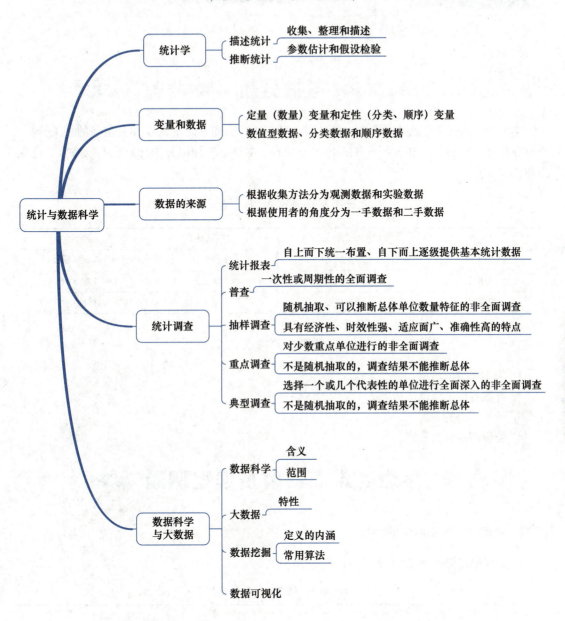

第24章 描述统计

考情分析

本章主要讲述集中趋势的测度、离散程度的测度、分布形态的测度和变量间的相关分析。本章在最近三年的考试中分值平均在 4~5 分左右，本章是统计部分中比较重要的章节，应重点掌握。

最近三年本章考试题型、分值分布

年份	单项选择题	多项选择题	合计
2019 年	2 题 2 分	1 题 2 分	3 题 4 分
2018 年	3 题 3 分	1 题 2 分	4 题 5 分
2017 年	3 题 3 分	1 题 2 分	4 题 5 分

本章主要考点

1. 集中趋势的测度。
2. 离散程度的测度。
3. 分布形态的测度。
4. 变量间的相关分析。

重点、难点讲解及典型例题

考点一 集中趋势的测度

（一）集中趋势的测度（见表 24-1）

表 24-1 集中趋势的测度

分类	含义	公式
均值	一组数据中所有数值的总和除以该组数值的个数	$\bar{X} = \dfrac{X_1 + X_2 + \cdots + X_n}{n} = \dfrac{\sum\limits_{i=1}^{n} X_i}{n}$
中位数	把一组数据按顺序进行排列，位置居中的数值叫作中位数，用 M_e 表示	$M_e = \begin{cases} X\left(\dfrac{n+1}{2}\right) & \text{当 } n \text{ 为奇数时} \\ \dfrac{1}{2}\left[X\left(\dfrac{n}{2}\right) + X\left(\dfrac{n}{2}+1\right)\right] & \text{当 } n \text{ 为偶数时} \end{cases}$
众数	一组数据中出现次数（频数）最多的变量值	—

(二)均值、中位数和众数的比较及适用范围(见表24-2)

表24-2 均值、中位数和众数的比较及适用范围

分类	适用范围	优点	缺点
均值	适用于定量变量	能够充分利用数据的全部信息,均值大小受每个观测值的影响,比较稳定	易受极端值的影响
中位数	不适于分类变量,适于顺序变量和定量变量,特别是分布不对称的数据	不受极端值的影响	没有充分利用数据的全部信息,稳定性比均值差,优于众数
众数	不适于定量变量,主要适用于分类和顺序变量	不受极端值的影响,尤其是分布明显呈偏态时代表性更好	没有充分利用数据的全部信息,缺乏稳定性,可能不唯一

【例1·多选题】 关于中位数的说法,正确的有( )。

A. 充分利用数据的全部信息
B. 容易受到极端值的影响
C. 适用于分布不对称的数据
D. 不受极端值的影响,抗干扰性强
E. 主要用于顺序数据和数值型数据,但不适用于分类数据

解析 ▶ 本题考查集中趋势的测度。中位数的优点是不受极端值的影响;缺点是没有充分利用数据的全部信息,稳定性差于均值,优于众数。 **答案** ▶ CDE

▶ **考点二 离散程度的测度**(见表24-3)

表24-3 离散程度的测度

分类	含义	公式	适用范围/作用
方差	一组数据中各数值与其均值离差平方的平均数	总体数据的方差:$\sigma^2 = \dfrac{\sum_{i=1}^{N}(X_i-\overline{X})^2}{N}$ 样本数据的方差:$s^2 = \dfrac{\sum_{i=1}^{n}(X_i-\overline{X})^2}{n-1}$	(1)只适用于数值型数据,易受极端值影响; (2)方差或标准差越小,说明数据值与均值的平均距离越小,均值的代表性越好
标准差	方差的平方根	上述公式开方	
离散系数	也称为变异系数或标准差系数,为标准差与均值的比值	$CV = \dfrac{s}{\overline{X}}$	消除了测度单位和观测值水平不同的影响,因而可以直接用来比较变量的离散程度

【例2·单选题】 某售货小组有5名营业员,元旦一天的平均销售额为500元,日销售额的标准差为100元,则日销售额的离散系数为( )。

A. 0.2　　　　　　　　　　　　B. 0.5
C. 1　　　　　　　　　　　　　D. 5

解析 ▶ 本题考查离散系数。离散系数=标准差/均值=100/500=0.2。 **答案** ▶ A

▶ 考点三　分布形态的测度

(一)偏态系数

偏态是指数据分布的偏斜方向和程度，描述数据分布对称程度。偏态系数是测度数据分布偏度的统计量，计算公式如下。

$$SK = \frac{n}{(n-1)(n-2)} \sum_{i=1}^{n} \left(\frac{X_i - \overline{X}}{s}\right)^3$$

有关偏态方向与程度的内容(见表24-4)。

表24-4　偏态方向与程度

偏态方向	SK=0，数据的分布为对称；SK>0，数据的分布为右偏；SK<0，数据的分布为左偏
偏态程度	0<∣SK∣<0.5，轻度；0.5<∣SK∣<1，中度；1<∣SK∣，严重

(二)标准分数

标准分数也称为Z分数，是常用的标准化方法，转变后的标准分数不改变数值在原分布中的位置，也不改变数据原分布的偏度，但是标准分数的平均数为0，标准差为1。计算公式如下。

$$Z_i = \frac{X_i - \overline{X}}{s}$$

经验法则：(1)约有**68%**的数据与平均数的距离在**1个标准差**之内，约有**95%**的数据与平均数的距离在**2个标准差**之内，约有**99%**的数据与平均数的距离在**3个标准差**之内；(2)对于服从对称的钟形分布的标准分数，68%的标准分数在[-1，+1]范围内，约有95%的标准分数在[-2，+2]范围内，99%的标准分数在[-3，+3]范围内。

【例3·单选题】关于标准分数的说法，正确的是(　　)。

A. 标准分数是测度数据分布偏度的统计量

B. 标准分数的平均数为1，标准差为0

C. 标准分数的计算是用数值减去均值所得的差除以方差

D. 通过计算标准分数可以用来比较不同变量的取值

解析　本题考查标准分数。偏态系数是测度数据分布偏度的统计量，选项A错误。标准分数的平均数为0，标准差为1，选项B错误。标准分数的计算是用数值减去均值所得的差除以标准差，选项C错误。

答案　D

▶ 考点四　变量间的相关分析

(一)相关关系的类型(见表24-5)

表24-5　相关关系的类型

依据	分类	含义
按相关的程度	完全相关	一个变量的取值变化完全由另一个变量的取值变化所确定（如在价格不变的条件下，某商品的销售总额由其销售量决定）
	不完全相关	两个变量之间的关系介于完全相关和不相关之间
	不相关	两个变量的取值变化彼此互不影响（如股票价格高低与气温的高低是不相关的）

续表

依据	分类	含义
按相关的方向	正相关	一个变量的取值由小变大，另一个变量的取值也相应由小变大
	负相关	一个变量的取值由小变大，而另一个变量的取值反而由大变小
按相关的形式	线性相关	两个相关变量之间的关系大致呈现为线性关系
	非线性相关	两个变量之间并不表现为直线的关系，而近乎曲线的关系

（二）散点图

散点图是用于描述两个定量变量之间的相关关系的图形。

（三）相关系数

（1）相关系数是度量两个变量之间相关关系的统计量。最常用的相关系数是 Pearson 相关系数，用来度量两个变量间的**线性相关**关系。

（2）相关系数的计算公式如下。

$$r = \frac{\sum_{i=1}^{n}(x_i - \bar{x})(y_i - \bar{y})}{\sqrt{\sum_{i=1}^{n}(x_i - \bar{x})^2 \sum_{i=1}^{n}(y_i - \bar{y})^2}}$$

（3）相关系数的取值范围与相关程度（见图 24-1）。

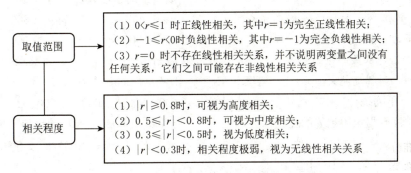

图 24-1　相关系数的取值范围与相关程度

【例 4·单选题】如果两种相关变量之间不表现为直线的关系，而是近似于某种曲线方程的关系。则这种相关关系称为(　　)。

A. 完全相关　　　　　　　　　　B. 线性相关
C. 不完全相关　　　　　　　　　D. 非线性相关

解析　本题考查非线性相关。如果两种相关变量之间不表现为直线的关系，而是近似于某种曲线方程的关系，则这种相关关系称为非线性相关。

答案　D

【例 5·单选题】下列关于相关关系的说法，错误的是(　　)。

A. 当|r|≥0.8 时，可视为高度相关
B. 当 0.5≤|r|<0.8 时，可视为中度相关
C. 当 0.3≤|r|≤0.8 时，视为低度相关
D. 当|r|<0.3 时，视为无线性相关

解析　本题考查相关系数。当 0.3≤|r|<0.5 时，视为低度相关，选项 C 错误。

答案　C

历年考题解析

一、单项选择题

1. (2019年)下列统计量中,适用于测度分类数据集中趋势的是( )。
   A. 均值 B. 标准差
   C. 众数 D. 中位数

   解析 本题考查众数。众数适用于描述分类数据和顺序数据的集中趋势。 **答案** C

2. (2019年)关于偏态系数的说法,正确的是( )。
   A. 偏态系数为正值,说明数据对称
   B. 偏态系数的绝对值越大,说明数据越对称
   C. 偏态系数等于0,说明数据对称
   D. 偏态系数等于1,说明数据对称

   解析 本题考查分布形态的测度。偏态系数为0,数据分布为对称;偏态系数为正值,分布为右偏;偏态系数为负值,分布为左偏。偏态系数的绝对值越大,说明数据分布的偏斜程度越大。 **答案** C

3. (2018年)下列统计量中,适用于描述分类数据和顺序数据集中趋势的是( )。
   A. 众数 B. 均值
   C. 标准分数 D. 中位数

   解析 本题考查众数。众数适用于描述分类数据和顺序数据的集中趋势。 **答案** A

4. (2018年)某公司员工年度业绩考核中,全体员工考核成绩的均值为80,方差为25。某员工在这次业绩考核中成绩为85,则该员工考核成绩的标准分数为( )。
   A. 3.4 B. 0.2
   C. 1.0 D. 17.0

   解析 本题考查分布形态的测度。标准分数可以给出数值距离均值的相对位置,计算方法是用数值减去均值所得的差除以标准差,标准分数=(85−80)/5=1。 **答案** C

5. (2018年)两个变量之间完全相关是指( )。
   A. 两个变量之间的数值变化大致呈现为线性关系
   B. 一个变量的取值完全由另一个变量的取值变化来确定
   C. 两个变量之间存在因果关系
   D. 两个变量的取值变化互不影响

   解析 本题考查变量间的相关关系。当一个变量的取值变化完全由另一个变量的取值变化所确定时,称这两个变量间的关系为完全相关。 **答案** B

6. (2017年)2016年某企业集团下辖8个分公司的销售额分别为10 000万元、3 600万元、800万元、1 000万元、600万元、3 000万元、2 800万元、2 200万元,这组数据中的中位数是( )万元。
   A. 2 200 B. 2 800
   C. 2 500 D. 3 000

   解析 本题考查中位数的计算。先将8个数据按照从小到大的顺序排列:600、800、1 000、2 200、2 800、3 000、3 600、10 000,然后对中间的两个数求平均,即(2 800+2 200)/2=2 500(万元)。 **答案** C

7. (2017年)根据经验法则,当数据服从对称的钟形分布时,与平均数的距离在3个标准差之内的数据项所占比例约为( )。
   A. 99% B. 68%
   C. 95% D. 100%

   解析 本题考查分布形态的测度。约有99%的数据与平均数的距离在3个标准差之内。 **答案** A

8. (2017年)下列图形中,适用于描述两个定量变量间相关关系的是( )。
   A. 散点图 B. 圆形图
   C. 条形图 D. 直方图

   解析 本题考查散点图。两个变量间的关系可以用散点图来表示。 **答案** A

二、多项选择题

1. （2019年）关于相关关系的说法，正确的有（　　）。
   A. 完全相关是指一个变量的取值变化完全由另一个变量的取值变化所确定
   B. 相关关系等同于因果关系
   C. 正相关是指一个变量的取值随着另一个变量的取值增大而增大
   D. 不相关是指两个变量的取值变化彼此互不影响
   E. 相关关系等同于函数关系

   解析 ▶ 本题考查变量间的相关关系。相关关系并不等同于因果关系和函数关系。
   答案 ▶ ACD

2. （2018年）根据2010—2017年的统计数据，我国国内生产总值和农村贫困人口规模的相关系数 $r=-0.975$。关于这两个变量相关关系的说法，正确的有（　　）。
   A. 两个变量之间存在正相关关系
   B. 两个变量之间不存在线性相关关系
   C. 两个变量之间完全相关
   D. 两个变量之间高度相关
   E. 两个变量之间存在负相关关系

   解析 ▶ 本题考查相关系数。若 $-1 \leq r < 0$，表明变量之间存在负线性相关关系。r 的绝对值大于 0.8，属于高度相关。所以选项D、E正确。
   答案 ▶ DE

3. （2017年）下列统计量中，适用于测度数据离散程度的有（　　）。
   A. 众数　　　　B. 方差
   C. 中位数　　　D. 标准差
   E. 均值

   解析 ▶ 本题考查离散程度的测度。测度数据离散程度的指标主要有：方差、标准差、离散系数。选项A、C、E属于测度集中趋势的指标。
   答案 ▶ BD

同步系统训练

一、单项选择题

1. 在某城市2019年4月空气质量检测结果中，随机抽取6天的质量指数进行分析。样本数据分别是：30，40，50，60，80，100，这组数据的平均数是（　　）。
   A. 50　　　　B. 55
   C. 60　　　　D. 70

2. 下列数据特征测度中，适用于反映偏斜分布数值型数据集中趋势的是（　　）。
   A. 离散系数　　B. 方差
   C. 标准差　　　D. 中位数

3. 均值和中位数具有的共同特点是（　　）。
   A. 都适用于分类数据
   B. 都适用于顺序数据
   C. 都不受极端值影响
   D. 都适用于数值型数据

4. 某能源公司有9个分公司，每个分公司的主营产品分别是：煤制品、有机化工原料、火电、煤制品、热力、电解结、火电、煤制品、煤制品，则该能源公司分公司主营产品的众数为（　　）。
   A. 火电　　　　B. 电解结
   C. 煤制品　　　D. 有机化工原料

5. 数据组中各数值与其均值离差平方的平均数是（　　）。
   A. 标准差　　　B. 中位数
   C. 众数　　　　D. 方差

6. 下列指标中，反映各变量值远离其中心值程度的是（　　）。
   A. 偏态　　　　B. 峰度
   C. 离散程度　　D. 集中程度

7. 下列指标中，能够消除测度单位和观测值水平对测度值影响的是（　　）。
   A. 方差　　　　B. 均值
   C. 标准差　　　D. 离散系数

8. 关于偏态系数的说法，正确的是（　　）。
   A. 偏态系数大于0，说明数据分布为左偏
   B. 偏态系数取决于离差平方与标准差平方

的比值

C. 偏态系数为-0.4，说明数据分布为中度左偏

D. 偏态系数绝对值越大，说明数据分布的偏斜程度越大

9. 将客观现象的相关关系分为线性相关和非线性相关的依据是（　）。

 A. 相关的方向 B. 相关的程度

 C. 相关的大小 D. 相关的形式

10. 最常用的相关系数——Pearson 相关系数度量的是两个变量之间的（　）。

 A. 因果关系 B. 正相关关系

 C. 线性相关关系 D. 非线性相关关系

11. 下列统计量中，适用于分析两个定量变量间相互关系的是（　）。

 A. 离散系数 B. 标准分数

 C. 相关系数 D. 偏态系数

12. 下列两个变量之间的相关程度最高的是（　）。

 A. 商品销售额与平均流通费用率的相关系数是-0.74

 B. 商品销售额与商业利润率的相关系数是 0.83

 C. 平均流通费用率与商业利润率的相关系数是-0.95

 D. 商品销售价格与销售量的相关系数是-0.91

13. 关于相关系数的说法，正确的是（　）。

 A. 取值范围是$-1<r<1$

 B. 当$r=-1$时，说明两变量完全负线性相关

 C. 当$r=1$时，说明两变量低度线性相关

 D. 当$r=0$时，说明两变量完全无任何关系

二、多项选择题

1. 对于数据分布特征的测度，主要从（　）方面进行分析。

 A. 分布的类型

 B. 分布的离散程度

 C. 分布的集中趋势

 D. 分布的高度

 E. 分布的偏态

2. 关于均值、中位数和众数的比较及适用范围的说法，正确的有（　）。

 A. 均值和中位数都适用于定量变量

 B. 众数和中位数都适用于顺序变量

 C. 均值和中位数都不受极端值影响

 D. 众数和中位数都不受极端值影响

 E. 中位数的稳定性差于均值，优于众数

3. 下列指标中，测度数据分布形态的有（　）。

 A. 众数   B. 标准差

 C. 标准分数 D. 偏态系数

 E. 离散系数

4. 某企业客户满意度数据服从对称的钟形分布，均值为 75，标准差为 5。根据经验法则，关于该企业客户满意度的说法，正确的有（　）。

 A. 约有 68% 的客户满意度在[70，80]范围内

 B. 约有 68% 的客户满意度在[75，85]范围内

 C. 约有 95% 的客户满意度在[75，95]范围内

 D. 约有 95% 的客户满意度在[65，85]范围内

 E. 约有 99% 的客户满意度在[60，90]范围内

5. 关于相关关系的说法，正确的有（　）。

 A. 变量间相关的模式不尽相同

 B. 相关关系等同于因果关系

 C. 介于完全相关和不相关之间的变量关系称为完全不相关

 D. 按相关的方向可分为正相关和负相关

 E. 按相关程度划分为完全相关、不完全相关和不相关

6. 关于散点图的说法，正确的有（　）。

 A. 图中每一点代表一个观测值

 B. 横坐标值代表变量 X 的观测值

 C. 纵坐标值代表变量 Y 的观测值

 D. 它是用来反映两变量之间相关关系的图形

E. 它是用来测度回归直线对样本数据拟合程度的图形

7. 根据变量 X 和变量 Y 的散点图，可以看出这两个变量间的相关关系为（　　）。

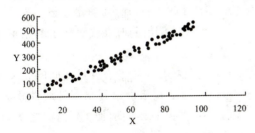

A. 正相关　　　　B. 不相关
C. 负相关　　　　D. 线性相关
E. 完全相关

8. 如果变量 X、Y 之间的相关系数 $r = 0.9$，表明两个变量之间存在（　　）。
A. 高度相关关系
B. 完全正相关关系
C. 完全负相关关系
D. 正相关关系
E. 不相关关系

同步系统训练参考答案及解析

一、单项选择题

1. C 【解析】本题考查集中趋势的测度。均值就是数据组中所有数值的总和除以该组数值的个数，平均数 = (30+40+50+60+80+100)/6 = 60。

2. D 【解析】本题考查集中趋势的测度。中位数的优点是不受极端值的影响，抗干扰性强，尤其适于收入这类偏斜分布的数值型数据。

3. D 【解析】本题考查集中趋势的测度。均值和中位数都适用于数值型数据，都不适用于分类数据。

4. C 【解析】本题考查众数。众数是一组数据中出现次数最多的变量值，所以该能源公司分公司主营产品的众数为煤制品。

5. D 【解析】本题考查方差。方差是数据组中各数值与其均值离差平方的平均数。

6. C 【解析】本题考查离散程度。离散程度反映各数据之间的差异程度，也能反映中心值对数据的代表程度，反映的是各变量值远离其中心值的程度。

7. D 【解析】本题考查离散系数。离散系数消除了测度单位和观测值水平不同的影响，因而可以直接用来比较变量的离散程度。

8. D 【解析】本题考查偏态系数。偏态系数大于 0，说明数据分布为右偏，选项 A 错误。偏态系数取决于离差三次方的平均数与标准差三次方的比值，选项 B 错误。偏态系数为负，说明分布为左偏，取值在 0 ~ −0.5 之间，说明轻度左偏，取值在 −0.5 ~ −1 之间，说明中度左偏，取值小于 −1，说明严重左偏。偏态系数为 −0.4，说明轻度左偏，选项 C 错误。

9. D 【解析】本题考查变量间的相关分析。客观现象的相关关系按相关形式可划分为线性相关和非线性相关。

10. C 【解析】本题考查相关系数。Pearson 相关系数度量的是两个变量之间的线性相关关系。

11. C 【解析】本题考查相关系数。相关系数是度量两个变量间相关关系的统计量。

12. C 【解析】本题考查相关系数。相关程度高低只与相关系数的绝对值大小有关，与其是正是负无关，本题中绝对值最大的相关系数是 −0.95，故选 C。

13. B 【解析】本题考查相关系数。相关系数的取值范围是 $-1 \leq r \leq 1$，选项 A 错误。当 $r = 1$ 时，说明两变量高度线性相关，选项 C 错误。当 $r = 0$ 时，只表示两个变量之间不存在线性相关关系，并不说明变量之间没有任何关系，选项 D 错误。

二、多项选择题

1. BCE 【解析】本题考查数据分布特征的测度。对于数据分布特征的测度，主要分析三个方面：(1)分布的集中趋势；(2)分布的离散程度；(3)分布的偏态。

2. ABDE　【解析】本题考查集中趋势的测度。选项 C 错误，均值易受极端值的影响，有极端值出现则代表性较差。中位数不受极端值的影响。

3. CD　【解析】本题考查分布形态的测度。测度数据的分布形态包括偏态系数和标准分数。

4. ADE　【解析】本题考查标准分数。约有 68% 的数据与平均数的距离在 1 个标准差之内，约有 95% 的数据与平均数的距离在 2 个标准差之内，约有 99% 的数据与平均数的距离在 3 个标准差之内。

5. ADE　【解析】本题考查变量间的相关关系。相关关系并不等同于因果关系，两个变量之间呈正相关，但并不一定存在因果关系，选项 B 错误。介于完全相关和不相关之间的变量关系称为不完全相关，选项 C 错误。

6. ABCD　【解析】本题考查散点图。选项 E 错误，用来测度回归直线对样本数据拟合程度的是决定系数。

7. AD　【解析】本题考查变量之间的相关关系。从图中直接可以看出，是线性相关，而且随着变量 X 的增加，Y 也随之增加，显然是正相关。

8. AD　【解析】本题考查相关系数。当相关系数绝对值大于 0.8 时，两个变量高度相关；当相关系数大于 0 时，两个变量正相关。

本章思维导图

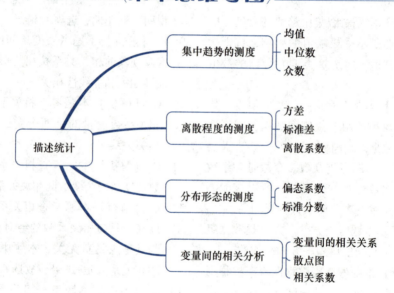

第25章 抽样调查

考情分析

本章主要讲述抽样调查的基本概念、几种基本概率抽样方法，估计量和样本量等内容。本章在最近三年考试中分值分布不均匀，平均在 5~6 分左右。

最近三年本章考试题型、分值分布

年份	单项选择题	多项选择题	合计
2019 年	2 题 2 分	1 题 2 分	3 题 4 分
2018 年	3 题 3 分	1 题 2 分	4 题 5 分
2017 年	2 题 2 分	3 题 6 分	5 题 8 分

本章主要考点

1. 抽样调查的基本概念。
2. 概率抽样和非概率抽样的分类。
3. 抽样调查中的误差。
4. 几种基本概率抽样方法：简单随机抽样、分层抽样、系统抽样、整群抽样、多阶级抽样。
5. 抽样误差的估计。
6. 样本量的影响因素、计算公式。

重点、难点讲解及典型例题

▶ 考点一 抽样调查的基本概念（见表 25-1）

【说明】以下示例分析研究某公司所有注册在职人员的工资状况，公司总人数为 2 000 人，抽取 200 人调查。

表 25-1 抽样调查的基本概念

类比项	定义	示例
总体和样本	总体是调查对象的全体	公司所有注册在职人员
	样本是由从总体中按一定原则或程序抽出的部分个体所组成	抽取的 200 个注册在职人员
	入样单位是每个被抽中进入样本的单位	抽取的每一个注册在职人员
	样本量是样本中包含的入样单位的个数	200 个

续表

类比项	定义	示例
总体参数和样本统计量	总体参数是根据总体中所有单位的数值计算出来的,是通过调查想要了解的内容,不受样本抽选结果的影响。常用的形式有总体总量、总体均值、总体比例、总体方差	公司所有注册在职人员的平均工资
	样本统计量是根据样本中各单位的数值计算出来的,是对总体参数的估计,也称估计量。常用的形式有样本均值、样本比例、样本方差	200个注册在职人员的平均工资
抽样框	抽样框是供抽样所用的所有抽样单元的名单,是抽样总体的具体表现	公司2 000个注册在职人员的人员名册

【例1·单选题】在研究某城市居民的家庭消费结构时,在全部50万户家庭中随机抽取3 000户进行入户调查。这项抽样调查中的样本是指( )。

A. 抽取出来的3 000户家庭
B. 该城市50万户家庭
C. 该城市中的每一户家庭
D. 抽取出来的每一户家庭

解析 ▶ 本题考查样本的概念。所抽取的部分个体称为样本,所以本题中的样本为抽取出来的3 000户家庭。

答案 ▶ A

▶ 考点二 概率抽样和非概率抽样

(一)概率抽样

概率抽样的特点:①按一定概率以随机原则抽取样本;②总体中每个单元被抽中的概率已知,或可计算出来;③当采用样本对总体参数进行估计时,要考虑到每个样本单元被抽中的概率。

随机原则:在抽取样本时排除主观上有意识地抽取调查单元的情况,使每个单元都有一定的机会被抽中。

(二)非概率抽样(见表25-2)

表25-2 非概率抽样

方法	含义
判断抽样	在抽取样本时,调查人员依据调查目的和对调查对象情况的了解,人为确定样本单元
方便抽样	在抽取样本时,依据方便原则,以达到最大限度降低调查成本的目的(如"拦截式"调查)
自愿样本	不是经过抽取,而是由自愿接受调查的单元所组成的样本(比较典型的是网上调查)
配额抽样	将总体中的各单元按一定标准划分为若干类型,将样本数额分配到各类型中,从各类型中抽取样本的方法则没有严格限制,一般采用方便抽样的方法抽取样本单元

【例2·单选题】抽取样本时,调查人员依据调查目的和对调查对象情况的了解,主观人为地确定样本单元的方法称为( )。

A. 判断抽样   B. 方便抽样
C. 等距抽样   D. 分层抽样

解析 ▶ 本题考查判断抽样。判断抽样指在抽取样本时,调查人员依据调查目的和对调查对象情况的了解,人为确定样本单元。

答案 ▶ A

▶ 考点三　抽样调查的一般步骤和误差

(一)抽样调查的一般步骤

一个完整的抽样调查过程的步骤：确定调查问题→调查方案设计→实施调查过程→数据处理分析→撰写调查报告。

(二)抽样调查的误差(见表25-3)

表25-3　抽样调查的误差

含义	误差是**样本估计值**和**总体参数值**之间的差异	
类型	抽样误差	由抽样过程的随机性造成
	非抽样误差	(1)抽样框误差：抽样框不完善； (2)无回答误差：不在家、未如实回答等； (3)计量误差：调查者诱导被调查者，提问错误或记录答案错误，调查人员作弊，由于问卷原因受访者对问题理解有偏误，受访者记忆不清，受访者提供虚假数字等

【例3·多选题】 在城乡住户抽样调查中，其非抽样误差的可能来源有(　　)。

A. 抽样筛选漏掉部分城乡住户
B. 部分高收入住户拒绝接受调查
C. 调查人员有意作弊
D. 被调查住户提供虚假数据
E. 抽样的随机性

解析 ▶ 本题考查抽样误差。抽样调查中的误差包括抽样误差和非抽样误差。抽样误差是由于抽样的随机性造成。非抽样误差产生的原因主要有几种：抽样框误差、无回答误差、计量误差。选项A、B、C、D为非抽样误差来源。　　**答案** ▶ ABCD

▶ 考点四　概率抽样方法(见表25-4)

表25-4　概率抽样方法

方法	含义		优缺点	适用条件
简单随机抽样	(1)最基本的随机抽样方法； (2)分为不放回和有放回	优点	操作简单，且每个单位的入样概率相同，样本估计量形式也比较简单	(1)抽样框中没有更多可以利用的辅助信息； (2)调查对象分布的范围不广阔； (3)个体之间的差异不是很大
		缺点	(1)未利用抽样框中更多的辅助信息，用样本统计量估计总体参数的效率受到影响； (2)若样本分布较分散，增加了调查过程中的费用和时间	
分层抽样	(1)先按照某种规则把总体分为不同的层，然后在不同的层内独立、随机地抽取样本，所得样本为分层样本； (2)每层的抽样都是简单随机抽样	特点	(1)既可估计总体参数，也可估计各层的参数； (2)便于抽样工作的组织； (3)每层都要抽取一定的样本单位，样本在总体中分布比较均匀，可降低抽样误差	(1)抽样框中有足够的辅助信息，能将总体单位按某种标准划分到各层中； (2)同层内差异小，异层间差异大

方法	含义		优缺点	适用条件
系统抽样	(1)先将总体中的所有单元按一定顺序排列，在规定范围内随机抽取一个初始单元，然后按事先规定的规则抽取其他样本单元； (2)等距抽样：最简单的系统抽样	优点	(1)操作简便，只需要随机确定起始单位，整个样本就自然确定； (2)对抽样框的要求比较简单，它只要求总体单位按一定顺序排列，而不一定是一份具体的名录清单	其估计效果与总体单位排列顺序有关： (1)若排列顺序与调查内容无联系，则其估计与简单随机抽样估计效率相仿； (2)若有联系，则按有关标识排列的系统抽样精度一般比简单随机抽样的精度高
		缺点	方差估计比较复杂，抽样误差计算困难	
整群抽样	将总体中所有的基本单位按照一定规则划分为互不重叠的群，抽样时直接抽取群，对抽中的群调查其全部的基本单位，对没有抽中的群则不进行调查	优点	(1)实施调查方便，节省费用和时间； (2)抽样框编制得以简化，抽样时只要群的抽样框，不要求全部基本单位的抽样框	群内差异大，群与群结构相似
		缺点	抽取的样本单位比较集中，群内各单位间差异比较小，而群与群之间的差别较大，使其抽样误差较大	
多阶段抽样	(1)从总体中采用随机方法抽取若干小总体，即初级单元； (2)在初级单元中随机抽取若干单位	优点	(1)抽样分阶段进行，抽样框也可以分级进行准备； (2)样本的分布相对集中，节省调查中的人力和财力	大规模抽样调查，一次抽取到最终样本单位是很难实现的，往往需要经过两个或两个以上阶段才能抽到最终样本单位
		缺点	(1)设计比较复杂； (2)抽样误差计算比较复杂	

【例4·单选题】为了了解某地区职工家庭生活状况，调查时，将职工家庭按居委会分组，并以居委会为单位进行抽样，再对抽中的居委会所辖每户职工家庭一一进行调查，这种调查组织方式为（　　）。

A. 简单随机抽样　　　　　　　　　B. 分层抽样
C. 等距抽样　　　　　　　　　　　D. 整群抽样

解析　本题考查整群抽样。整群抽样是将总体中所有的基本单位按照一定规则划分为互不重叠的群，抽样时直接抽取群，对抽中的群调查其全部的基本单位，对没有抽中的群则不进行调查。

答案　D

考点五　估计量和样本量

(一)估计量的性质

(1)估计量的**无偏性**——样本均值取值的平均值总是等于总体均值。

(2)估计量的**有效性**——可能样本取值更密集在总体参数真值附近。

(3)估计量的**一致性**——估计量的值稳定于总体参数的真值。

(二)抽样误差的估计

以不放回简单随机抽样下均值估计量为例，估计量 $\bar{y}$ 的方差公式如下。

$$V(\bar{y}) = \left(1 - \frac{n}{N}\right)\frac{S^2}{n}$$

式中，$\bar{y}$ 表示样本均值，n 表示样本个数，N 表示总体个数，S^2 表示总体方差。实践中，如果总体方差 S^2 是未知的，可以利用样本方差 s^2 来估计。

由上面的估计量方差可以看出：①抽样误差与总体分布有关，总体单位值之间差异越大，即总体方差 S^2 越大，抽样误差就越大；②抽样误差与样本量 n 有关，在其他条件相同情况下，样本量越大，抽样误差就越小。此外，抽样误差与抽样方式和估计量的选择也有关系。

（三）样本量的影响因素（见表 25-5）

表 25-5　样本量的影响因素

因素	具体影响
调查的精度	要求的调查精度越高（误差越小），所需要的样本量就越大
总体的离散程度	总体的离散程度（方差）越大，所需要的样本量也越大
总体的规模	大规模总体的规模对样本量的需求基本无影响。小规模总体的规模越大，为保证相同估计精度，样本量也要扩大
无回答情况	在无回答率较高的调查项目中，样本量要大一些，以减少不利影响
经费的制约	样本量是调查经费与调查精度之间的某种折中和平衡

【例 5 · 单选题】对于不放回简单随机抽样，所有可能的样本均值取值的平均值总是等于总体均值。这就是样本均值估计量的（　）。

A. 无偏性　　　　　　　　　　B. 有效性
C. 一致性　　　　　　　　　　D. 渐进性

解析　本题考查估计量的性质。对于不放回简单随机抽样，所有可能的样本均值取值的平均值总是等于总体均值，这就是样本均值估计量的无偏性。　　**答案** ▶ A

（四）样本量的计算公式

不考虑影响因素，简单随机抽样的样本量计算公如下。

$$n_0 = \frac{u_\alpha^2}{d^2} S^2, \quad n = \frac{n_0}{1 + \frac{n_0}{N}}$$

N：总体规模，N 很大时，对 n（样本量）影响比较小。
u_α：当置信度 $(1-\alpha) = 95\%$ 时，$u_\alpha = 1.96$。
D：绝对允许误差。其值越小，抽样结果越真实。
S^2：总体方差，可用样本方差 s^2 替代

历年考题解析

一、单项选择题

1.（2019 年）下列误差来源中，会导致无回答误差的是（　）。
A. 调查人员作弊
B. 抽样的随机性
C. 抽样框遗漏部分
D. 受访者拒绝接受调查

解析　本题考查抽样调查的误差。无回答误差是指由于各种原因，调查人员没能从被调查者那里得到相关数据。选项 A 导致计量误差。选项 B 导致抽样误差。选项 C 导致抽样框误差。　　**答案** ▶ D

2. (2019年)总体参数的无偏估计量的方差小于其他的无偏估计量的是( )。
   A. 有效性　　　　B. 一致性
   C. 重要性　　　　D. 无偏性

   解析 本题考查估计量的性质。在同一抽样方案下，对某一总体参数 θ，如果有两个无偏估计量 $\hat{\theta}_1$ 和 $\hat{\theta}_2$，由于样本的随机性，$\hat{\theta}_1$ 的可能样本取值较 $\hat{\theta}_2$ 更密集在总体参数真值 θ 附近，用方差度量分布密集或离散状况，则 $\hat{\theta}_1$ 的方差更小。人们会认为 $\hat{\theta}_1$ 更有效。
   答案 A

3. (2018年)在街边或居民小区，每隔5分钟拦住一位行人进行"拦截式"调查，这种抽样方法属于( )。
   A. 自愿样本　　　B. 方便抽样
   C. 判断抽样　　　D. 配额抽样

   解析 本题考查概率抽样与非概率抽样。方便抽样指在抽取样本时，依据方便原则，以达到最大限度降低调查成本的目的。比如"拦截式"调查，在街边或居民小区拦住行人进行调查。
   答案 B

4. (2018年)由于调查所获得的数据与其真值之间不一致造成的误差是( )。
   A. 抽样误差　　　B. 抽样框误差
   C. 无回答误差　　D. 计量误差

   解析 本题考查计量误差。计量误差，是指由于调查所获得的数据与其真值之间不一致造成的误差。
   答案 D

5. (2018年)将总体的所有单元按一定顺序排列，在规定范围内，随机抽取一个初始单元，然后按事先规定的规则抽取其他样本单元的抽样方法是( )。
   A. 系统抽样　　　B. 整群抽样
   C. 简单随机抽样　D. 分层抽样

   解析 本题考查系统抽样。系统抽样指先将总体中的所有单元按一定顺序排列，在规定范围内随机抽取一个初始单元，然后按事先规定的规则抽取其他样本单元。
   答案 A

6. (2017年)从某单位所有在职员工中随机抽取300人进行抽样调查，来研究该单位在职职工中亚健康人员占比状况，该项调查的总体是( )。
   A. 随机抽取的300名在职员工
   B. 该单位所有亚健康在职员工
   C. 该单位所有在职员工
   D. 被调查的300名在职员工中的亚健康员工

   解析 本题考查抽样调查的基本概念。总体即调查对象的全体，也就是该单位所有在职员工。
   答案 C

7. (2017年)按照等级、类型和所属区域将某市所有医院划分为10组，然后在每个组内随机抽取3家医院进行医改政策评价的抽样调查。这种抽样方法是( )。
   A. 分层抽样　　　B. 简单随机抽样
   C. 整群抽样　　　D. 两阶段抽样

   解析 本题考查分层抽样。分层抽样指先按照某种规则把总体分为不同的层，然后在不同的层内独立、随机地抽取样本。
   答案 A

二、多项选择题

1. (2019年)关于样本量的说法，正确的有( )。
   A. 调查误差越小所需的样本量越大
   B. 总体方差越小所需的样本量越小
   C. 总体规模越大样本量要同比例增大
   D. 经费越少样本量越小
   E. 无回答率越高需要抽取的样本量越大

   解析 本题考查样本量的影响因素。选项B错误，总体的离散程度(方差)越大，则方差越大，所需的样本量越大。选项C错误，对于大规模的总体，总体规模对样本量的需求几乎没影响。对于小规模的总体，总体规模越大，为保证相同估计精度，样本量也要随之增大，但不是同比例。
   答案 ADE

2. (2018年)下列抽样方法中，属于非概率抽样的是( )。

A. 配额抽样 B. 整群抽样
C. 方便抽样 D. 判断抽样
E. 多阶段抽样

解析 ▶ 本题考查概率抽样与非概率抽样。非概率抽样包括判断抽样、方便抽样、自愿样本、配额抽样四类。 **答案** ▶ ACD

3. (2017年)随机抽样的特点主要包括( )。
A. 每个总体单元被抽入样本的概率都相等
B. 以最大限度降低调查成本为目的
C. 调查者可以根据自己的主观判断抽取样本
D. 总体中每个单元都有一定的机会被抽中
E. 总体中每个单元被抽中的概率是已知或可计算的

解析 ▶ 本题考查随机抽样。随机抽样的特点：(1)按一定的概率以随机原则抽取样本，使每个单元都有一定的机会被抽中；(2)总体中每个单元被抽中的概率是已知的，或者是可以计算出来的；(3)当采用样本对总体参数进行估计时，要考虑到每个样本单元被抽中的概率。在概率抽样中，如果每个单位被抽入样本的概率相等，则称这种抽样方法为等概率抽样；如果每个单位被抽入样本的概率不同，则被称为不等概率抽样。 **答案** ▶ DE

4. (2017年)为有效降低抽样调查中的抽样误差，可采取的措施有( )。
A. 增大样本量
B. 改进估计量
C. 加强调查过程中的质量控制
D. 加强对访问人员的培训
E. 选择更有效的抽样方法

解析 ▶ 本题考查抽样调查中的误差。误差是样本估计值和总体参数真值之间的差异。改进估计量可以降低误差。改进估计量时，可以增大样本量，也可以选用更有效的抽样方法。 **答案** ▶ ABE

5. (2017年)在抽样调查中，估计量的常用选择标准有( )。
A. 方便性 B. 无偏性
C. 重要性 D. 有效性
E. 一致性

解析 ▶ 本题考查估计量的性质。估计量的常用选择标准包括无偏性、有效性和一致性。 **答案** ▶ BDE

同步系统训练

一、单项选择题

1. 某公司车间为了解本月生产的10万个灯泡的使用寿命，抽取了其中1 000个进行检测。下列表述错误的是( )。
A. 10万个灯泡是总体
B. 抽取的1 000个灯泡是样本
C. 10万个灯泡的平均寿命是样本统计量
D. 1 000个灯泡的平均寿命是估计量

2. 北京市旅游管理部门要通过抽样调查了解2019年北京市常驻居民出境旅游总消费金额，该抽样调查的总体参数是2019年北京市( )。
A. 所有常住居民旅游总消费金额
B. 被调查的常住居民出境旅游总消费金额
C. 被调查的每一位常驻居民出境旅游消费金额
D. 所有常住居民出境旅游总消费金额

3. 某保险公司客户满意度抽样调查中，供抽样使用的所有客户名单是( )。
A. 总体 B. 样本
C. 抽样单元 D. 抽样框

4. 将总体中的各单元按一定标准划分为若干类型，将样本数额分配到各类型中，从各类型中抽取样本的方法没有严格限制，这种抽样方法称为( )。
A. 判断抽样 B. 方便抽样
C. 自愿样本 D. 配额抽样

5. 由于受访者记忆模糊，导致调查数据与其真值之间不一致,这种误差属于( )。
A. 抽样误差　　B. 抽样框误差
C. 无回答误差　D. 计量误差

6. 某校高三年级学生共 1 000 人参加考试,将 1 000 份试卷编好号码后,从中随机抽取 30 份计算平均成绩,此种抽样方法为( )。
A. 简单随机抽样　B. 系统随机抽样
C. 分层随机抽样　D. 整群抽样

7. 对农作物单位面积产量进行调查,按平原、丘陵、山区分组来抽选样本单位,然后在不同的组内独立、随机地抽取样本,此种抽样方法为( )。
A. 整群抽样　　B. 分层抽样
C. 多阶段抽样　D. 简单随机抽样

8. 某工厂连续性生产,为检验产品的质量,按每隔 1 小时取下 5 分钟的产品,并做全部检验,这种抽样方法是( )。
A. 简单随机抽样　B. 系统抽样
C. 方便抽样　　　D. 整群抽样

9. 某城市为调查居民对市政建设的满意度,先从该市所有居委会来随机抽取 20 个居委会,再从每个被抽中的居委会中随机抽取 30 个居民家庭进行入户调查,该项调查采用的抽样方法是( )。
A. 分层抽样　　B. 整群抽样
C. 系统抽样　　D. 多阶段抽样

10. 在抽样估计中,随着样本量的增大,如果估计量的值稳定于总体参数的真值,则这个估计量具有的性质是( )。
A. 一致性　　B. 无偏性
C. 有效性　　D. 确定性

11. 用样本数据对总体进行估计时可以接受的误差水平称为( )。
A. 总体数量　　B. 总体规模
C. 总体离散程度　D. 调查精度

12. 从某个 $N = 10\ 000$ 的总体中,抽取一个容量为 500 的不放回简单随机样本,样本方差为 250,则估计量的方差估计为( )。
A. 1.935　　B. 0.5
C. 0.475　　D. 0.925

二、多项选择题

1. 关于抽样调查的说法,正确的有( )。
A. 抽样调查是使用频率最高的一种调查方式
B. 抽样调查是对个体的有关参数进行估计
C. 抽样调查是对抽取的一部分单位进行调查
D. 抽样调查可以通过对一部分单位调查来了解总体情况
E. 抽样调查是对总体单位进行的直接调查

2. 关于样本统计量的说法,正确的有( )。
A. 样本统计量是对总体参数的估计
B. 样本统计量是非随机变量
C. 样本统计量取决于样本设计和样本单元的特定组合
D. 样本均值就是一个样本统计量
E. 样本统计量根据样本中各单位的数值计算

3. 抽样调查的一般步骤包括( )。
A. 分析研究背景　B. 确定调查问题
C. 调查方案设计　D. 实施调查过程
E. 数据处理分析

4. 下列属于概率抽样方法的有( )。
A. 判断抽样　　B. 简单随机抽样
C. 整群抽样　　D. 系统抽样
E. 配额抽样

5. 关于简单随机抽样的说法,正确的有( )。
A. 简单随机抽样适用于调查对象分布的范围不广阔的情形
B. 简单随机抽样的每个单位的入样概率不相同
C. 简单随机抽样适用于抽样框中没有更多可以利用的辅助信息的情形
D. 简单随机抽样的样本估计量形式比较简单
E. 个体之间的差异很大时,适用简单随机抽样

6. 下列属于分层抽样应用条件的有( )。
A. 层内差异小,层间差异大
B. 调查对象分布的范围不广阔

C. 层内差异大，层间差异小

D. 个体之间的差异不是很大

E. 抽样框中有足够的辅助信息，能够将总体单位按某种标准划分到各层之中

7. 关于整群抽样优缺点的说法，正确的有( )。

A. 实施调查方便，节省费用和时间

B. 调查效率比较低

C. 抽样框的编制得以简化

D. 抽样误差比较大

E. 抽样的样本单位比较分散

8. 关于抽样误差估计的说法，正确的有( )。

A. 抽样误差与总体分布无关

B. 总体单位值之间差异越大，抽样误差就越大

C. 抽样误差与样本量有关

D. 其他条件相同的情况下，抽样误差随样本量的增大而减小

E. 分层抽样的估计量方差一般小于简单随机抽样

9. 下列属于样本量影响因素的有( )。

A. 调查的精度　　B. 总体的离散程度

C. 总体的规模　　D. 无回答情况

E. 系统录入误差

同步系统训练参考答案及解析

一、单项选择题

1. C 【解析】本题考查抽样调查的基本概念。总体参数是根据总体中所有单位的数值计算的，选项C是总体参数。

2. D 【解析】本题考查抽样调查的基本概念。总体参数根据总体中所有单位的数值计算。

3. D 【解析】本题考查抽样调查基本概念。抽样框是供抽样所用的所有抽样单元的名单，是抽样总体的具体表现。在抽样框中，可以对每个单位编上一个号码，由此可以按一定随机化程序进行抽样。

4. D 【解析】本题考查配额抽样。配额抽样是指将总体中的各单元按一定标准划分为若干类型，将样本数额分配到各类型中，从各类型中抽取样本的方法则没有严格限制，一般采用方便抽样的方法抽取样本单元。

5. D 【解析】本题考查抽样调查中的误差。计量误差是由调查人员、问卷设计、受访者等原因造成的，如调查员在调查中有意无意地诱导被调查者；调查中的提问错误或记录答案错误；调查人员有意作弊；由于问卷的原因受访者对调查问题的理解上有偏误；受访者记忆不清；受访者提供虚假数字等。

6. A 【解析】本题考查简单随机抽样。简单随机抽样分为有放回简单随机抽样和不放回简单随机抽样。本题所述是不放回简单随机抽样。

7. B 【解析】本题考查分层抽样。分层抽样是先按照某种规则把总体分为不同的层，然后在不同的层内独立、随机地抽取样本。

8. B 【解析】本题考查等距抽样。等距抽样是最简单的系统抽样。等距抽样是将总体 N 个单位按直线排列，根据样本量 n 确定抽样间隔，即抽样间隔 $= N/n \approx k$，k 为最接近 N/n 的一个整数。在 $1 \sim k$ 范围内随机抽取一个整数 i，令位于 i 位置上的单位为起始单位，往后每间隔 k 抽取一个单位，直至抽满 n。

9. D 【解析】本题考查多阶段抽样。先抽取20个居委会，这20个居委会是初级单元，再从抽中的20个居委会中的每个居委会中随机抽取30个家庭进行调查，这种抽样方式是多阶段抽样。

10. A 【解析】本题考查估计量的性质。随着样本量的增大，估计量的值如果稳定于总体参数的真值，则这个估计量就有

一致性。

11. D 【解析】本题考查调查精度。调查精度，是指用样本数据对总体进行估计时可以接受的误差水平。

12. C 【解析】本题考查抽样误差的估计。
$V(\bar{y}) = (1-n/N) \times s^2/n = (1-500/10\,000) \times 250/500 = 0.475$。

二、多项选择题

1. ACD 【解析】本题考查抽样调查的基本概念。选项 B 错误，抽样调查是对总体的有关参数进行估计。选项 E 错误，抽样调查是通过对抽取的部分单位进行调查，以达到对总体情况的了解或估计。

2. ACDE 【解析】本题考查样本统计量。样本统计量是一个随机变量，选项 B 错误。

3. BCDE 【解析】本题考查抽样调查的一般步骤。一个完整的抽样调查过程的步骤包括：确定调查问题；调查方案设计；实施调查过程；数据处理分析；撰写调查报告。

4. BCD 【解析】本题考查概率抽样方法。概率抽样方法包括简单随机抽样、分层抽样、系统抽样、整群抽样、多阶段抽样。

5. ACD 【解析】本题考查简单随机抽样。简单随机抽样的每个单位的入样概率都相同，其适用条件之一是个体之间的差异不是很大，选项 B、E 错误。

6. AE 【解析】本题考查分层抽样的应用条件。分层抽样的应用条件是：（1）抽样框中有足够的辅助信息，能够将总体单位按某种标准划分到各层之中；（2）同一层内，各单位之间的差异尽可能小；不同层之间各单位的差异尽可能大。

7. ACD 【解析】本题考查整群抽样。整群抽样的优点：（1）实施调查方便，节省费用和时间，调查效率较高；（2）抽样框编制得以简化，抽样时只要群的抽样框，不要求全部基本单位的抽样框。整群抽样的缺点：抽取的样本单位比较集中，群内各单位间差异比较小，而群与群之间的差别较大，使其抽样误差较大。

8. BCDE 【解析】本题考查抽样误差的估计。从估计量方差的公式中可以看出，抽样误差与总体分布有关，总体单位之间差异越大，抽样误差就越大，选项 A 错误。

9. ABCD 【解析】本题考查样本量的影响因素。样本量的影响因素包括调查的精度、总体的离散程度、总体的规模、无回答情况、经费的制约。

本章思维导图

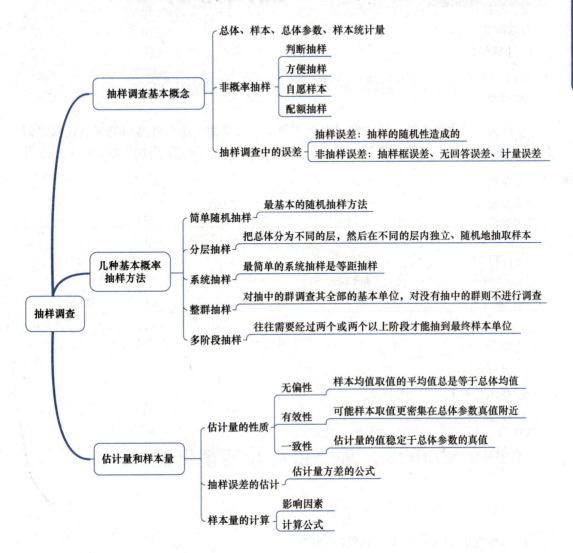

第26章 回归分析

考情分析

本章主要讲述简单的一元线性回归分析和最小二乘法,这两者是研究客观现象之间数量联系的重要统计方法,需要认真把握。本章在最近三年的考试中平均分值在 2~3 分左右。

最近三年本章考试题型、分值分布

年份	单项选择题	多项选择题	合计
2019 年	2题2分	—	2题2分
2018 年	1题1分	1题2分	2题3分
2017 年	3题3分	—	3题3分

本章主要考点

1. 一元线性回归。
2. 最小二乘法。
3. 模型的检验和预测。

重点、难点讲解及典型例题

▶考点一 回归模型

(一)相关分析与回归分析的比较(见表26-1)

表26-1 相关分析与回归分析的比较

类比项	相关分析	回归分析
区别:研究目的和方法不同	研究变量之间相关的方向和程度,不能表明具体形式	研究变量之间相互关系的具体形式,对具有相关关系的变量之间的数量联系进行测定,确定相关的数学方程式
联系	(1)具有共同的研究对象; (2)互相补充:相关分析需要依靠回归分析来表明现象数量相关的具体形式,而回归分析则需要依靠相关分析来表明现象数量变化的相关程度	

(二)回归模型的分类(见表26-2)

表26-2 回归模型的分类

分类依据	具体内容
自变量的多少	(1) 一元回归模型：描述两个变量之间相关关系的最简单的回归模型 (2) 多元回归模型
回归模型是否为线性	线性回归模型、非线性回归模型

(三)一元线性回归模型

1. 一元线性回归模型的含义

$$Y = \beta_0 + \beta_1 X + \varepsilon$$

式中，X 为自变量，Y 为因变量。

β_0、β_1 为模型参数，$\beta_0 + \beta_1 X$ 反映了由于自变量 X 的变化而引起的因变量 Y 的线性变化。

ε 为误差项，是一个随机变量，表示除线性关系之外的随机因素对 Y 的影响，是不能由 X 和 Y 的线性关系所解释的 Y 的变异性。

2. 一元线性回归方程的形式(见图26-1)

回归方程：描述因变量 Y 的期望 $E(Y)$ 如何依赖自变量 X 的方程。

一元线性回归方程的图形是一条直线，β_0 是回归直线的截距，β_1 是回归直线的斜率。方程表示 X 每变动一个单位时，$E(Y)$ 的变动量。

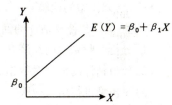

图26-1 一元线性回归方程的形式

【例1·单选题】在回归分析中，( )可以用描述因变量如何依赖自变量和误差项的方程来表示。

A. 样本回归线　　　　　　　　B. 经验方程
C. 估计方程　　　　　　　　　D. 回归模型

解析 本题考查回归模型。回归模型可以用描述因变量如何依赖自变量和误差项的方程来表示。

答案 D

▶ 考点二　最小二乘法

(一)估计的直线方程

模型的参数 β_0 和 β_1 都是未知的，需要利用样本数据去估计，估计的直线方程为：

$$\hat{y}_i = \hat{\beta}_0 + \hat{\beta}_1 x_i \quad (i=1, 2, \cdots, n)$$

式中，$\hat{\beta}_0$ 为估计的回归直线在 Y 轴上的截距；$\hat{\beta}_1$ 为估计的回归直线的斜率，它表示自变量 X 每变动一个单位，因变量 Y 的平均变动量。

(二)最小二乘法

最小二乘法就是使得因变量的观测值 y_i 与估计值 $\hat{y}_i$ 之间的离差平方和最小来估计参数 β_0 和 β_1 的方法。

【例2·单选题】在回归分析中，估计回归系数的最小二乘法的原理是( )。

A. 使得因变量观测值与均值之间的离差平方和最小
B. 使得因变量观测值与估计值之间的离差平方和最小
C. 使得观测值与估计值之间的乘积最小

D. 使得因变量估计值与均值之间的离差平方和最小

解析 本题考查最小二乘法。最小二乘法就是使得因变量的观测值与估计值之间的离差平方和最小来估计参数 β_0 和 β_1 的方法。

答案 B

【例3·单选题】已知某产品产量与生产成本有直线关系,在这条直线上,当产量为1 000件时,其生产成本为50 000元,其中不随产量变化的成本为15 000元,则估计成本总额对产量的回归直线方程是( )。

A. $\hat{y}=15\,000+35x$
B. $\hat{y}=15\,000+50\,000x$
C. $\hat{y}=50\,000+15\,000x$
D. $\hat{y}=35\,000+12x$

解析 本题考查估计的回归直线方程。在 $\hat{y}_i = \hat{\beta}_0 + \hat{\beta}_1 x_i$ 中,x 为产量,$\hat{\beta}_0$ 为不变成本15 000元,则 $50\,000 = 15\,000 + \hat{\beta}_1 \times 1\,000$,解得 $\hat{\beta}_1 = 35$,回归直线方程是:$\hat{y} = 15\,000 + 35x$。

答案 A

▶ **考点三 模型的检验和预测**

(一)回归模型的检验

一般情况下,使用估计的回归方程之前,需要对模型进行检验:

(1)分析回归系数的经济含义是否合理;
(2)分析估计的模型对数据的拟合效果如何;
(3)对模型进行假设检验。

(二)决定系数(见表26-3)

表26-3 决定系数(R^2)

定义		也称拟合优度、判定系数,可以测度回归模型对样本数据的拟合程度,是一元线性回归模型拟合效果的一种测度方法
取值范围	在 0~1 之间	说明了回归模型所能解释的因变量变化占因变量总变化的比例
	$R^2=1$ 之间	说明回归模型可以解释因变量的所有变化
	$R^2=0$ 之间	说明回归模型无法解释因变量的变化,因变量的变化与自变量无关
拟合效果		(1)决定系数越接近于1,回归模型的拟合效果就越好,即模型解释因变量的能力越强; (2)决定系数越接近于0,回归模型的拟合效果越差

(三)回归系数显著性检验

(1)在大样本假定的条件下,回归系数的最小二乘估计量 $\hat{\beta}_0$ 和 $\hat{\beta}_1$ 服从<u>正态分布</u>,可用 t <u>检验法</u>验证自变量对因变量是否有显著影响。

(2) t 检验的原理是<u>反证法</u>。

(四)回归模型的预测

回归分析的一个重要应用就是<u>预测</u>,即利用估计的回归模型预估因变量数值。

【例4·单选题】一元线性回归模型拟合效果的测度方法是( )。

A. 决定系数
B. 相关系数
C. 方差系数
D. 基尼系数

解析 本题考查决定系数。决定系数是一元线性回归模型拟合效果的一种测度方法。

答案 A

历年考题解析

一、单项选择题

1. （2019年）一元回归模型和多元回归模型的划分依据是（ ）。
   A. 模型的数量　　B. 样本量
   C. 因变量数量　　D. 自变量数量

   解析 本题考查一元线性回归模型。根据自变量的多少，回归模型可以分为一元回归模型和多元回归模型。　**答案** D

2. （2019年）回归模型 $\hat{y}_i = \hat{\beta}_0 + \hat{\beta}_1 x_i + \varepsilon_i$ 的最小二乘估计量 $\hat{\beta}_1$ 表达式是（ ）。

   A. $\hat{\beta}_1 = \dfrac{\sum_{i=1}^{n}(x_i-\bar{x})(y_i-\bar{y})}{\sum_{i=1}^{n}(x_i-\bar{x})^2}$

   B. $\hat{\beta}_1 = \dfrac{\sum_{i=1}^{n}(x_i-\bar{x})(y_i-\bar{y})}{\sum_{i=1}^{n}(y_i-\bar{y})^2}$

   C. $\hat{\beta}_1 = \dfrac{\sum_{i=1}^{n}(x_i-\bar{x})^2}{\sum_{i=1}^{n}(x_i-\bar{x})(y_i-\bar{y})}$

   D. $\hat{\beta}_1 = \dfrac{\sum_{i=1}^{n}(y_i-\bar{y})^2}{\sum_{i=1}^{n}(x_i-\bar{x})(y_i-\bar{y})}$

   解析 本题考查最小二乘法。回归模型 $\hat{y}_i = \hat{\beta}_0 + \hat{\beta}_1 x_i + \varepsilon_i$ 的最小二乘估计量 $\hat{\beta}_1$ 表达式是 $\hat{\beta}_1 = \dfrac{\sum_{i=1}^{n}(x_i-\bar{x})(y_i-\bar{y})}{\sum_{i=1}^{n}(x_i-\bar{x})^2}$。　**答案** A

3. （2018年）最小二乘法的原理是使得（ ）最小。
   A. 因变量的观测值与自变量的观测值之间的离差平方和
   B. 因变量的观测值与估计值之间的离差平方和
   C. 自变量的观测值与均值之间的离差平方和
   D. 因变量的观测值与均值之间的离差平方和

   解析 本题考查最小二乘法。最小二乘法就是使得因变量的观测值与估计值之间的离差平方和最小来估计参数 β_0 和 β_1 的方法。　**答案** B

4. （2017年）若要定量研究边际消费倾向，并预测一定收入条件下的人均消费金额，适用的统计方法是（ ）。
   A. 相关分析　　B. 回归分析
   C. 偏态分析　　D. 描述分析

   解析 本题考查回归分析。回归分析的一个重要应用就是预测，即利用估计的回归模型预估因变量数值。　**答案** B

5. （2017年）回归模型决定系数的取值范围是（ ）。
   A. $-1 \sim 1$　　B. ≥ 0
   C. $0 \sim 1$　　D. 没有限制

   解析 本题考查决定系数。决定系数，也称 R^2，取值在 $0 \sim 1$ 之间。　**答案** C

6. （2017年）下列回归模型中，属于一元线性回归模型的是（ ）。
   A. $Y = \beta_0 + \beta_1 X_1 + \beta_2 X_2 + \varepsilon$
   B. $Y = \beta_0 + \beta_1 X_1 + \beta_2 X_2^2 + \varepsilon$
   C. $Y = \beta_0 X_1^{\beta_1} X_2^{\beta_2} + \varepsilon$
   D. $Y = \beta_0 + \beta_1 X + \varepsilon$

   解析 本题考查一元线性回归模型。一元线性回归模型只涉及一个自变量，即 $Y = \beta_0 + \beta_1 X + \varepsilon$。　**答案** D

二、多项选择题

（2018年）在某城市随机抽取 1 000 户居民作为样本对该城市居民消费水平进行研究，对居民月消费支出 Y（单位：元）和月收入 X（单位：元），建立回归模型，得到估计的回归系数 $Y = 1\,300 + 0.6X$，决定系数 0.96，关于该模型的说法正确的有（ ）。

A. 居民月收入和月消费支出之间正相关

B. 回归模型的拟合效果很好

C. 居民月收入难以解释月消费支出的变化

D. 居民月收入每增长1元，月消费支出将平均增长0.6元

E. 居民月收入为10 000元时，居民人均月消费支出大约为7 300元

解析 ▶ 本题考查模型的检验和预测。由 $Y=1\,300+0.6X$，可以看出 X 和 Y 同方向变化，即正相关，选项A正确。X 每增加1个单位，Y 的平均增加量为0.6，选项D正确。将 $X=10\,000$ 代入回归方程，即 $Y=1\,300+0.6\times10\,000=7\,300$（元），选项E正确。决定系数0.96接近于1，可看出回归模型的拟合效果很好，选项B正确，选项C错误。 **答案** ▶ ABDE

同步系统训练

一、单项选择题

1. 根据相关关系的具体形态，选择一个合适的数学模型，来近似地表达变量间的依赖关系，这种方法称为（　　）。
   A. 回归分析　　B. 相关分析
   C. 假设分析　　D. 散点图

2. 描述两个变量之间相关关系的最简单的回归模型是（　　）。
   A. 非线性回归模型
   B. 一元线性回归模型
   C. 多元线性回归模型
   D. 经验回归模型

3. 在一元线性回归模型中，确定系数 β_0 和 β_1 的方法是（　　）。
   A. 最小二乘法　　B. 加权平均法
   C. 斯特基方法　　D. 二次平均法

4. 在一元线性回归方程 $\hat{y}_i = \hat{\beta}_0 + \hat{\beta}_1 x_i$ 中，模型参数 $\hat{\beta}_1$ 表示（　　）。
   A. 当 $x=0$ 时，y 的期望值
   B. 当 x 变动1个单位时，y 的变化总量
   C. 当 y 变动1个单位时，x 的平均变化量
   D. 当 x 变动1个单位时，y 的平均变化量

5. 从回归方程 $\hat{y}=6.2-0.8x$ 可以得出（　　）。
   A. x 每增加1个单位，y 增加0.8个单位
   B. x 每增加1个单位，y 减少0.8个单位
   C. x 每增加1个单位，y 平均增加0.8个单位
   D. x 每增加1个单位，y 平均减少0.8个单位

6. 用以测度回归模型对样本数据拟合程度的指标是（　　）。
   A. 相关系数　　B. 基尼系数
   C. 方差系数　　D. 决定系数

7. 关于回归方程决定系数的说法，错误的是（　　）。
   A. 决定系数取值在 $[0,1]$ 之间
   B. 决定系数取值越大，回归模型的拟合效果越差
   C. 决定系数等于1，说明回归模型可以解释因变量的所有变化
   D. 如果决定系数等于1，所有观测点都会落在回归线上

二、多项选择题

1. 关于相关分析和回归分析的说法，正确的有（　　）。
   A. 相关分析研究变量间相关的方向和相关程度
   B. 相关分析可以从一个变量的变化来推测另一个变量的变化
   C. 回归分析研究变量间相互关系的具体形式
   D. 相关分析和回归分析在研究方法和研究目的上有明显区别
   E. 相关分析中先要明确自变量和因变量

2. 关于 $\hat{y}_i = \hat{\beta}_0 + \hat{\beta}_1 x_i$ 这个式子说法正确的有（　　）。
   A. 这是 y 对 x 的一元线性回归方程
   B. 式中 $\hat{\beta}_0$、$\hat{\beta}_1$ 是两个未知参数
   C. $\hat{\beta}_1$ 表示直线在 y 轴上的截距
   D. $\hat{\beta}_0$ 为直线的斜率
   E. $\hat{\beta}_0$、$\hat{\beta}_1$ 一旦确定这条直线也就唯一确定了

3. 利用最小二乘法求解回归模型参数的基本

要求是（ ）。

A. $\sum_{i=1}^{n}(y_i-\hat{y}_i)^2=$ 任意值

B. $\sum_{i=1}^{n}(y_i-\hat{y}_i)^2=$ 最小值

C. $\sum_{i=1}^{n}(y_i-\hat{y}_i)^2=$ 最大值

D. $\sum_{i=1}^{n}(y_i-\hat{y}_i)^2=0$

E. $\sum_{i=1}^{n}(y_i-\hat{\beta}_0-\hat{\beta}_1 x_i)^2=$ 最小值

4. 一般情况下，使用估计的回归方程之前，需要对模型进行的检验有（ ）。

A. 分析回归系数的经济含义是否合理

B. 分析变量之间相关的方向

C. 分析估计的模型对数据的拟合效果如何

D. 分析变量之间相关的程度

E. 对模型进行假设检验

5. 决定系数 $R^2=0$ 说明（ ）。

A. 回归模型无法解释因变量的变化

B. 因变量的变化与自变量无关

C. 回归模型可以解释因变量的所有变化

D. 回归模型的拟合效果很好

E. 回归模型的拟合效果很差

同步系统训练参考答案及解析

一、单项选择题

1. **A** 【解析】本题考查回归分析。回归分析就是根据相关关系的具体形态，选择一个合适的数学模型，来近似地表达变量间的依赖关系。

2. **B** 【解析】本题考查一元线性回归模型。一元线性回归是描述两个变量之间相关关系的最简单的回归模型。

3. **A** 【解析】本题考查最小二乘法。确定一元线性回归方程模型参数所采用的方法是最小二乘法。

4. **D** 【解析】本题考查一元线性回归方程的参数含义。在一元线性回归方程 $\hat{y}_i=\hat{\beta}_0+\hat{\beta}_1 x_i$ 中，参数 $\hat{\beta}_1$ 表示当 x 变动 1 个单位时，y 的平均变化量，所以选 D。

5. **D** 【解析】本题考查一元线性回归方程的参数含义。$\hat{\beta}_1=-0.8$，$r<0$，说明 x 与 y 是负相关，x 每增加 1 个单位，y 平均减少 0.8 个单位。

6. **D** 【解析】本题考查决定系数。决定系数，也称为 R^2，可以测度回归模型对样本数据的拟合程度。

7. **B** 【解析】本题考查决定系数。选项 B 错误，决定系数取值越大，模型的拟合效果越好，模型解释因变量的能力越强。

二、多项选择题

1. **ACD** 【解析】本题考查回归分析。相关分析不能指出变量间相互关系的具体形式，也无法从一个变量的变化来推测另一个变量的变化情况，选项 B 错误。进行回归分析时，首先需要确定因变量和自变量，选项 E 错误。

2. **ABE** 【解析】本题考查 y 对 x 的一元线性回归方程。选项 C、D 说法反了，$\hat{\beta}_0$ 表示直线在 y 轴上的截距，$\hat{\beta}_1$ 表示直线的斜率。

3. **BE** 【解析】本题考查最小二乘法。利用最小二乘法求解回归系数的基本要求是使得因变量的观测值和估计值之间的离差平方和最小，即 $\sum_{i=1}^{n}(y_i-\hat{y}_i)^2=\sum_{i=1}^{n}(y_i-\hat{\beta}_0-\hat{\beta}_1 x_i)^2=$ 最小值。

4. **ACE** 【解析】本题考查回归模型的拟合效果分析。使用估计的回归方程之前，需要对模型进行检验：（1）分析回归系数的经济含义是否合理；（2）分析估计的模型对数据的拟合效果如何；（3）对模型进行假设检验。

5. **ABE** 【解析】本题考查决定系数。决定系数 $R^2=0$，说明回归模型无法解释因变量的变化，因变量的变化与自变量无关。R^2 越接近于 0，回归模型的拟合效果越差。

本章思维导图

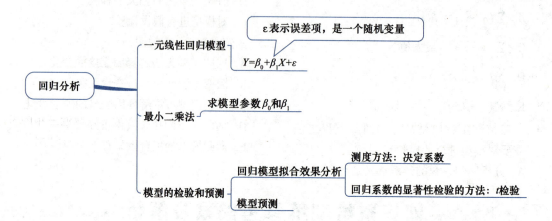

第27章 时间序列分析

考情分析

本章主要讲述时间序列的含义和类别、时间序列的水平分析和速度分析。从最近三年的考题来看，本章平均分值在 3~4 分左右，其中还涉及一些公式计算问题，在复习的时候应该注意。

最近三年本章考试题型、分值分布

年份	单项选择题	多项选择题	合计
2019 年	2 题 2 分	1 题 2 分	3 题 4 分
2018 年	1 题 1 分	1 题 2 分	2 题 3 分
2017 年	1 题 1 分	1 题 2 分	2 题 3 分

本章主要考点

1. 时间序列及其分类。
2. 发展水平和平均发展水平。
3. 增长量和平均增长量。
4. 发展速度和增长速度。
5. 平均发展速度和平均增长速度。
6. 增长 1% 的绝对值的计算方法。
7. 移动平均法和指数平滑法。

重点、难点讲解及典型例题

▶ **考点一　时间序列及其分类**

（一）时间序列（见表 27-1）

表 27-1　时间序列

含义	也被称为动态数列，是在各个不同时间上将某一统计指标的数值按时间先后顺序编制形成的序列
构成因素	(1) 被研究现象所属时间； (2) 反映该现象在一定时间条件下数量特征的指标值：同一时间序列中，各指标值的时间单位一般要求相等

续表

分类	按构成要素中统计指标值的表现形式，分为： (1)绝对数时间序列：绝对指标值； (2)相对数时间序列：相对指标值； (3)平均数时间序列：平均数指标值。 其中依据指标值的时间特点，绝对数时间序列又分为**时期序列和时点序列**

(二)时期序列和时点序列(见表 27-2)

表 27-2　时期序列和时点序列

类型	特点	举例
时期序列	反映现象在一段时期内发展的结果，即"过程总量"	国内生产总值是当年各月国内生产总值相加的结果
时点序列	反映现象在一定时点上的瞬间水平	年底总人口数是说明在各年年末这一时点上的人口数所达到的水平，数值累加没有意义

【例 1 · 多选题】依据指标值的时间特点，绝对数时间序列分为(　　)。

A. 时期序列　　　　　　　　　　B. 时点序列
C. 相对数时间序列　　　　　　　D. 平均数时间序列
E. 整数时间序列

解析　本题考查时间序列的分类。根据指标值的时间特点，绝对数时间序列可分为时期序列和时点序列。

答案　AB

▶ 考点二　发展水平和平均发展水平

(一)发展水平(见表 27-3)

表 27-3　发展水平

分类依据	类型
指标值所处位置	(1)最初水平：序列中第一项的指标值； (2)中间水平：序列中间位置的指标值； (3)最末水平：序列中最末项的指标值
指标值在计算动态分析指标时的作用	(1)基期水平：作为对比的基础时期的水平； (2)报告期水平：所要反映与研究的那一时期的水平

(二)平均发展水平

(1)平均发展水平也被称为序时平均数或动态平均数，是对时间序列中各时期发展水平计算的平均数，它可以概括性地描述现象在一段时期内所达到的一般水平。

(2)不同序列序时平均数的计算方法(见表 27-4)。

表 27-4　不同序列序时平均数的计算方法

类型		计算方法	计算思路
绝对数时间序列序时平均数的计算	时期序列	—	$\bar{y}=\dfrac{y_1+y_2+\cdots+y_n}{n}=\dfrac{\sum\limits_{i=1}^{n}y_i}{n}$	简单算术平均

续表

类型			计算方法	计算思路
绝对数时间序列序时平均数的计算	时点序列	连续时点	资料逐日登记且逐日排列,即已掌握了整段考察时期内连续性的时点数据	$\bar{y}=\dfrac{y_1+y_2+\cdots+y_n}{n}=\dfrac{\sum_{i=1}^{n}y_i}{n}$	简单算术平均
			资料登记的时间单位仍然是1天,但实际上只是在指标值发生变动时才记录一次	$\bar{y}=\dfrac{y_1f_1+y_2f_2+\cdots+y_nf_n}{f_1+f_2+\cdots+f_n}=\dfrac{\sum_{i=1}^{n}y_if_i}{\sum_{i=1}^{n}f_i}$	加权算术平均
		间断时点	间隔相等	$\bar{y}=\dfrac{\dfrac{y_1+y_2}{2}+\dfrac{y_2+y_3}{2}+\cdots+\dfrac{y_{n-1}+y_n}{2}}{n-1}$	两次简单算术平均
			间隔不等	$\bar{y}=\dfrac{\dfrac{y_1+y_2}{2}f_1+\dfrac{y_2+y_3}{2}f_2+\cdots+\dfrac{y_{n-1}+y_n}{2}f_{n-1}}{\sum_{i=1}^{n-1}f_i}$	一次简单算术平均,一次加权算术平均
相对数或平均数时间序列序时平均数				$\bar{y}=\dfrac{\bar{a}}{\bar{b}}$	平均数/平均数

【例2·单选题】某地区2014—2019年钢材使用量如下:

单位:吨

年份	2014	2015	2016	2017	2018	2019
使用量	1 200	1 100	1 200	1 300	1 400	1 600

该地区2014—2019年钢材平均使用量为( )吨。
A. 1 200　　　　　　　　　　　　B. 1 300
C. 1 400　　　　　　　　　　　　D. 1 500

解析　本题考查时期序列的序时平均数的计算。利用公式:$\bar{y}=\dfrac{y_1+y_2+\cdots+y_n}{n}$,得到所求为 $\dfrac{1\,200+1\,100+1\,200+1\,300+1\,400+1\,600}{6}=1\,300$(吨),因此答案是B。　　答案　B

【例3·单选题】某行业2010—2018年的职工数量(年底数)的记录如下:

年份	2010	2013	2015	2018
职工人数(万人)	1 000	1 200	1 600	1 400

则该行业2010—2018年平均每年职工人数为( )万人。
A. 1 300　　　　　　　　　　　　B. 1 325
C. 1 333　　　　　　　　　　　　D. 1 375

解析　本题考查间隔不相等间断时点序列序时平均数的计算。

平均职工人数 $=\dfrac{\dfrac{1\,000+1\,200}{2}\times 3+\dfrac{1\,200+1\,600}{2}\times 2+\dfrac{1\,600+1\,400}{2}\times 3}{8}=1\,325$(万人)。　　答案　B

▶ **考点三 增长量和平均增长量**

(一)增长量和平均增长量(见表27-5)

表27-5 增长量和平均增长量

类型	含义	计算方法
增长量	报告期发展水平与基期发展水平之差,反映报告期比基期增加(减少)的绝对数量	增长量=报告期水平-基期水平
平均增长量	时间序列中逐期增长量的序时平均数,表明现象在一定时段内平均每期增加(减少)的数量	$\bar{\Delta}=\dfrac{\sum\limits_{i=1}^{n}(y_i-y_{i-1})}{n}$ $\bar{\Delta}=\dfrac{y_n-y_0}{N-1}$

(二)逐期增长量和累计增长量

根据基期的不同确定方法,增长量可分为逐期增长量和累计增长量(见表27-6)。

表27-6 逐期增长量和累计增长量

类型	含义	计算方法	联系
逐期增长量	报告期水平与前一期水平之差,表明现象逐期增加(减少)的绝对数量	$\Delta_i=y_i-y_{i-1}$	同一时间序列中,**累计增长量等于相应时期逐期增长量之和**,即 $\Delta_i=y_i-y_0=\sum\limits_{i=1}^{n}(y_i-y_{i-1})$
累计增长量	报告期水平与某一固定时期水平(通常是时间序列最初水平)之差,表明报告期比该固定时期增加(减少)的绝对数量	$\Delta'_i=y_i-y_0$	

【例4·单选题】同一时间序列中,逐期增长量分别为20、34、46、51、62,则累计增长量为(　　)。

A. 42　　　　　　　　　　　　　　B. 82
C. 46　　　　　　　　　　　　　　D. 213

解析 ▶ 本题考查累计增长量的计算。同一时间序列中,累计增长量等于相应时期逐期增长量之和,得到20+34+46+51+62=213,因此选D。　　　　　答案 ▶ D

▶ **考点四 发展速度和增长速度**

(一)发展速度与增长速度(见表27-7)

表27-7 发展速度与增长速度

类型	含义	计算公式	分类	计算方法
发展速度	以相对数形式表示的两个不同时期发展水平的比值,表明报告期水平已发展到基期水平的几分之几或若干倍	发展速度=$\dfrac{\text{报告期水平}}{\text{基期水平}}$	定基	$a_i=\dfrac{y_i}{y_0}$
			环比	$b_i=\dfrac{y_i}{y_{i-1}}$

类型	含义	计算公式	分类	计算方法
增长速度	报告期增长量与基期水平的比值，表明报告期水平比基期增长（或降低）了百分之几或若干倍	增长速度=报告期增长量/基期水平	定基	$A_i = \dfrac{y_i - y_0}{y_0} = a_i - 1$
			环比	$B_i = \dfrac{y_i - y_{i-1}}{y_{i-1}} = b_i - 1$

(二)定基发展速度与环比发展速度(见表27-8)

表27-8 定基发展速度和环比发展速度

项目	定基发展速度	环比发展速度
含义	报告期水平/固定时期水平	报告期水平/前一期水平
区别	各时期比较的基础固定在一个共同的水平（y_0）上	各时期发展水平交替作为报告期与基期使用的循环对比状态
联系	(1)定基发展速度等于相应时期内各环比发展速度的连乘积； $$\dfrac{y_n}{y_0} = \dfrac{y_1}{y_0} \times \dfrac{y_2}{y_1} \times \cdots \times \dfrac{y_n}{y_{n-1}}$$ (2)两个相邻时期定基发展速度的比率等于相应时期的环比发展速度； $$\dfrac{y_n}{y_0} \bigg/ \dfrac{y_{n-1}}{y_0} = \dfrac{y_n}{y_{n-1}}$$	

(三)定基增长速度与环比增长速度

定基增长速度和环比增长速度的推算要通过定基发展速度和环比发展速度才能进行。

定基增长速度=累计增长量/固定时期水平=(报告期水平-固定时期水平)/固定时期水平=定基发展速度-1

环比增长速度=逐期增长量/前一期水平=(报告期水平-前一期水平)/前一期水平=环比发展速度-1

【例5·多选题】关于发展速度的说法，正确的有(　　)。

A. 发展速度是报告期增量与基期水平的比值
B. 两个相邻时期定基发展速度的比率等于相应时期的环比发展速度
C. 定基发展速度等于相应时期内各环比发展速度的连乘积
D. 环比发展速度是报告期水平与最初水平的比值
E. 定基发展速度是报告期水平与前一期水平的比值

解析▶ 本题考查发展速度的内容。发展速度是以相对数表示的两个不同时期发展水平的比值，表明报告期水平已发展到基期水平的几分之几或若干倍，所以选项A错误。环比发展速度是报告期水平与其前一期水平的比值，所以选项D错误。定基发展速度是报告期水平与某一固定时期水平的比值，所以选项E错误。定基发展速度等于相应时期内各环比发展速度的连乘积，两个相邻时期定基发展速度的比率等于相应时期的环比发展速度，因此选BC。

答案▶ BC

考点五 平均发展速度和平均增长速度（见表27-9）

表27-9 平均发展速度和平均增长速度

类比项	含义	计算方法
平均发展速度	反映现象在一定时期内逐期发展变化的一般程度	通常采用几何平均法，也称水平法 $$\bar{b}=\sqrt[n]{\prod_{i=1}^{n}b_i} \text{ 或 } \bar{b}=\sqrt[n]{\frac{y_n}{y_0}}$$ （注：∏表示连乘号）
平均增长速度	反映现象在一定时期内逐期增长（降低）变化的一般程度	平均增长速度＝平均发展速度－1

【例6·单选题】 某公司在2014年的销售收入为2 000元，2018年的销售收入为3 600元，以2014年为基期，则这个公司销售收入的平均增长速度为（ ）。

A. 14% B. 8%
C. 16% D. 19%

解析 本题考查平均增长速度的计算方法。利用公式：$\bar{b}=\sqrt[n]{\dfrac{y_n}{y_0}}$，得到平均发展速度：$\sqrt[4]{\dfrac{3\,600}{2\,000}}\approx 116\%$。平均增长速度＝平均发展速度－1＝16%。因此选C。 **答案** C

考点六 速度的分析与应用

应用时注意两个问题：(1) 当时间序列中的指标值出现**0 或负数**时，不应该计算速度。此时应直接用绝对数进行分析；(2) 速度指标的数值与**基数**的大小有密切关系。由于环比增长速度时间序列中各期的基数不同，运用这一指标反映现象增长的快慢时，要结合**水平指标**的分析才能得出正确结论。"增长1%的绝对值"是进行这一分析的指标。

"增长1%的绝对值"反映同样的增长速度，在不同时间条件下所包含的**绝对水平**。

$$\text{增长1\%的绝对值}=\frac{\text{逐期增长量}}{\text{环比增长速度}}=\frac{y_i-y_{i-1}}{\dfrac{y_i-y_{i-1}}{y_{i-1}}\times 100}=\frac{y_{i-1}}{100}$$

【例7·单选题】 在环比增长速度时间序列中，由于各期的基数不同，运用速度指标反映现象增长的快慢时往往需要结合（ ）这一指标分析才能得出正确结论。

A. 报告期水平
B. 增长1%的绝对值
C. 累计增长量
D. 平均增长量

解析 本题考查"增长1%的绝对值"的作用。在环比增长速度时间序列中，各期的基数不同，因此运用速度指标反映现象增长的快慢时，往往要结合水平指标的分析才能得出正确结论。"增长1%的绝对值"是进行这一分析的指标，所以选B。 **答案** B

考点七 平滑预测法

(一)平滑法概述(见表27-10)

表27-10 平滑法概述

目的	消除时间序列的不规则成分所引起的随机波动
适用情形	适用于平稳时间序列的预测,即没有明显的趋势、循环和季节波动的时间序列
优点	简单易用,对数据的要求最低,通常对于近期的预测具有较高的精度
具体方法	包括移动平均法和指数平滑法

(二)平滑预测法(见表27-11)

表27-11 平滑预测法

分类	定义	公式
移动平均法	使用时间数列中最近 k 期数据值的平均数作为下一期的预测值	$F_{t+1}=\bar{Y_t}=\dfrac{Y_{t-k+1}+Y_{t-k+2}+\cdots+Y_{t-1}+Y_t}{k}$ $\bar{Y_t}$ 就是对时间序列 Y_t 的预测结果,k 为移动间隔($1<k<t$)
指数平滑法	利用过去时间序列值的加权平均数作为预测值,即使得第 $t+1$ 期的预测值等于第 t 期的实际观察值与第 t 期预测值的加权平均值	$F_{t+1}=\alpha Y_t+(1-\alpha)F_t$ 其中,F_{t+1} 和 F_t 分别为第 $t+1$ 期和第 t 期的指数平滑预测值;Y_t 为第 t 期的实际观察值;α 为平滑系数(权重),取值范围为 $0<\alpha<1$

【例8·单选题】亚美商品流通企业铝锭前11个月的实际销售量如下表:

月	1	2	3	4	5	6	7	8	9	10	11	12
实际销售量(吨)	410	430	460	480	470	490	510	530	550	560	575	

已知第11个月的销售量预测值=570,取 $\alpha=0.6$,用指数平滑法预测第12个月的销售量为( )台。

A. 564
B. 574
C. 575
D. 573

解析 本题考查指数平滑法。根据指数平滑法的公式:$F_{t+1}=\alpha Y_t+(1-\alpha)F_t=0.6\times575+(1-0.6)\times570=573$(台)。

答案 D

历年考题解析

一、单项选择题

1.(2019年)2012—2018年期间我国国家外汇储备的时间序列如下:

年份	2012	2013	2014	2015	2016	2017	2018
外汇储备(亿美元)	33 115.9	38 213.2	38 430.2	33 303.6	30 105.2	31 399.5	30 727.1

按照时间序列的分类,该时间序列属于( )。

A. 相对数时间序列
B. 时点序列
C. 时期序列
D. 平均数时间序列

解析 本题考查时间序列。在时点序列中，每一指标值反映现象在一定时点上的瞬间水平。本题中我国国家外汇储备总量属于时点序列。 **答案** B

2. (2019年)我国国内旅游总花费2018年为51 278.3亿元，2017年为45 660.7亿元，则2018年国内旅游总花费的增长1%绝对值为( )亿元。
   A. 512.783　　　B. 51 278.3
   C. 456.607　　　D. 45 660.7

   解析 本题考查增长1%的绝对值。增长1%的绝对值 = $y_{i-1}/100$ = 45 660.7÷100 = 456.607。 **答案** C

3. (2018年)我国国内旅游总花费2014年为30 311.9亿元，2015年为34 195.1亿元，则国内旅游总花费2015年的环比发展速度为( )。
   A. 1 281%　　　B. 1.77%
   C. 112.81%　　　D. 101.77%

   解析 本题考查发展速度与增长速度。环比发展速度是报告期水平与其前一期水平的比值，用 b_i 表示，b_i = 34 195.1÷30 311.9×100% = 112.81%。 **答案** C

4. (2017年)2011—2016年我国工业生产者出厂价格指数分别为106.0、98.3、98.1、98.1、94.8、98.6，选取移动间隔 k = 3，应用移动平均法预测2017年工业生产者出厂价格指数，则预测值为( )。
   A. 99.0　　　B. 98.3
   C. 96.7　　　D. 97.2

   解析 本题考查移动平均法。根据移动平均法的定义及公式可知2017年的预测值为2014年、2015年、2016年三个数值的平均数。则2017年的预测值为：(98.1+94.8+98.6)/3 = 97.2。 **答案** D

二、多项选择题

1. (2019年)关于发展速度与增长速度的说法，正确的有( )。
   A. 两个相邻时期定基发展速度的比率等于相应时期的环比发展速度
   B. 定基增长速度与环比增长速度之间的推算，必须通过定基发展速度和环比发展速度才能进行
   C. 两个相邻时期定基增长速度的比率等于相应时期的环比增长速度
   D. 定基增长速度等于相应时期内各环比增长速度的连乘积
   E. 定基发展速度等于相应时期内各环比发展速度的连乘积

   解析 本题考查发展速度与增长速度。选项C、D错误，定基增长速度与环比增长速度不能像定基发展速度与环比发展速度那样互相推算，因为定基增长速度不等于相应时期内各环比增长速度的连乘积；两个相邻时期定基增长速度的比率也不等于相应时期的环比增长速度。 **答案** ABE

2. (2018年)关于平均增长速度的说法，正确的有( )。
   A. 平均增长速度=平均发展速度−1
   B. 平均增长速度可以根据一定时期的总增长速度直接计算
   C. 平均增长速度反映的是现象在一定时期内逐期增长(降低)变化的一般程度
   D. 时间序列中的指标值出现0或负数时不宜计算平均增长速度
   E. 平均增长速度可以由各期的环比增长速度直接求得

   解析 本题考查平均发展速度与平均增长速度。平均增长速度既不能由各期的环比增长速度求得，也不能根据一定时期的总增长速度计算，平均增长速度是通过它与平均发展速度之间的数量关系求得的。选项B、E错误。 **答案** ACD

3. (2017年)关于时间序列的说法，正确的有( )。
   A. 同一时间序列中，累计增长量等于相应时期逐期增长量之和
   B. 定基发展速度等于相应时期内各环比发展速度的连乘积
   C. 平均增长量等于累计增长量与逐期增长

量之比

D. 定基增长速度等于相应时期内各环比增长速度的连乘积

E. 两个相邻时期定基发展速度的比率等于相应时期的环比发展速度

解析 本题考查时间序列。平均增长量是时间序列中逐期增长量的序时平均数，选项 C 错误。定基发展速度等于相应时期内各环比发展速度的连乘积，定基增长速度和环比增长速度的关系，需要通过定基发展速度和环比发展速度的关系来转换，选项 D 错误。

答案 ABE

同步系统训练

一、单项选择题

1. 下列指标和时间构成的序列中，属于时点序列的是（　　）。
   A. 库存量
   B. 销售量
   C. 人口自然增长率
   D. 人均国内生产总值

2. 某个培训班 2 月 1 日人数为 20 人，2 月 2 日为 30 人，2 月 3 日为 40 人，2 月 4 日为 50 人。该培训班平均人数为（　　）人。
   A. 30   B. 35
   C. 40   D. 45

3. 某国 2014—2019 年总从业人员和第一产业从业人员（年度数）如下：

年份	2014	2015	2016	2017	2018	2019
总从业人数（千万）	100	96	98	100	102	98
其中：第一产业从业人员	40	38	36	34	32	30

则某国 2014—2019 年第一产业从业人数占总从业人数的比重的年平均数为（　　）。
   A. 35.4%   B. 33.95
   C. 34.15   D. 36.2%

4. 在序时平均数的计算过程中，与间隔相等的间断时点序列序时平均数计算思路相同的是（　　）。
   A. 间隔不相等的间断时点序列序时平均数
   B. 时期序列序时平均数
   C. 资料逐日登记且逐日排列的连续时点序列序时平均数
   D. 只在指标值发生变动时才记录一次的连续时点序列序时平均数

5. 某国 2014—2019 年不变价国内生产总值资料如下：

年份	2014	2015	2016	2017	2018	2019
不变价国内生产总值逐期增长量（亿元）	—	8 235.1	9 758.6	11 750.6	13 005.6	16 056.2

某国 2014—2019 年不变价国内生产总值累计增加（　　）亿元。
   A. 58 806.1   B. 16 056.2
   C. 11 761.2   D. 7 821.1

6. 某商品 2015—2019 年销售额（单位：万元）如下：

年份	2015	2016	2017	2018	2019
销售额	32	35	43	51	76

该商品 2015—2019 年销售额的平均增长量为（　　）万元。
   A. 8   B. 11
   C. 13   D. 15

7. 在时间序列分析中，报告期水平与某一固定时期水平的比值是（　　）。
   A. 环比发展速度
   B. 环比增长速度
   C. 定基发展速度
   D. 定基增长速度

8. 以 2015 年为基期，某国国内生产总值 2017 年、2018 年的定基发展速度为 105%、

110%，则 2018 年相对于 2017 年的环比发展速度为(　　)。

　　A. 95.45%　　　　B. 104.76%
　　C. 107%　　　　　D. 108.68%

9. 已知某城市商品住宅平均销售价格 2016 年、2017 年、2018 年连续三年环比增长速度分别为 1%、6%、9%，这三年该城市商品住宅平均销售价格的定基增长速度为(　　)。

　　A. 1%×6%×9%
　　B. (101%×106%×109%)-1
　　C. (1%×6%×9%)+1
　　D. 101%×106%×109%

10. 已知一个序列的环比发展速度为 101%、102%、104%，则该序列的定基发展速度为(　　)。

　　A. 110%　　　　B. 103%
　　C. 105%　　　　D. 107%

11. 我国 2010—2015 年人均国内生产总值分别为：3.1、3.6、4.0、4.3、4.7 和 5.2（单位：万元/人）。我国 2010—2015 年人均国内生产总值的平均增长速度算式是(　　)。

　　A. $\sqrt[6]{\dfrac{5.2}{3.1}}$

　　B. $\sqrt[5]{\dfrac{5.2}{3.1}}-1$

　　C. $\dfrac{1}{5}\times\left(\dfrac{3.6}{3.1}+\dfrac{4.0}{3.6}+\dfrac{4.3}{4.0}+\dfrac{4.7}{4.3}+\dfrac{5.2}{4.7}\right)$

　　D. $\dfrac{1}{5}\times\left(\dfrac{3.6}{3.1}+\dfrac{4.0}{3.6}+\dfrac{4.3}{4.0}+\dfrac{4.7}{4.3}+\dfrac{5.2}{4.7}\right)-1$

12. 某超市在 2014 年的日销售收入为 2 100 元，2018 年的日销售收入为 4 200 元，以 2014 年为基期，则该超市的日销售收入的平均发展速度为(　　)。

　　A. 114%　　　　B. 108%
　　C. 112%　　　　D. 119%

13. 在环比增长速度时间序列分析中，"增长 1% 的绝对值"的计算公式为(　　)。

　　A. 逐期增长量÷环比增长速度

B. 环比增长速度÷逐期增长量
C. 逐期增长量÷环比发展速度+1
D. 环比发展速度÷逐期增长量-1

14. 企业某设备 1~6 周期的实际销售量分别为：500 台、510 台、480 台、600 台、600 台、630 台。采用移动平均法计算，如取 $k=3$，则第 7 周期的销售量的预测值为(　　)台。

　　A. 490　　　　B. 527
　　C. 553　　　　D. 610

二、多项选择题

1. 构成时间序列的基本因素有(　　)。

　　A. 被研究现象的计量单位
　　B. 被研究现象的分组情况
　　C. 被研究现象的频数分布
　　D. 被研究现象所属时间
　　E. 反映该现象在一定时间条件下数量特征的指标值

2. 下表中能源生产总量是(　　)时间序列。

某国 2015—2018 年能源生产总量

年份	2015	2016	2017	2018
能源生产总量（万吨标准煤）	109 126	106 988	120 900	138 369

　　A. 相对数　　　　B. 时期
　　C. 绝对数　　　　D. 平均数
　　E. 时点

3. 按照构成要素中统计指标值的表现形式，时间序列分为(　　)。

　　A. 平均数时间序列
　　B. 绝对数时间序列
　　C. 发展水平
　　D. 相对数时间序列
　　E. 发展速度

4. 下列指标可以构成相对数时间序列的有(　　)。

　　A. 财政收入　　　B. 经济增长率
　　C. 年底总人口　　D. 城镇人口比重
　　E. 人均国内生产总值

5. 下列统计指标中，可以采用算术平均数方法计算平均数的有(　　)。

A. 产品产量　　B. 可支配收入
C. 产品合格率　D. 人口增长率
E. 男女性别比

6. 关于时点序列,计算序时平均数的方法正确的有(　　)。

   A. 资料逐日登记且逐日排列的连续时点序列序时平均数 $\bar{y}=\dfrac{y_1f_1+y_2f_2+\cdots+y_nf_n}{f_1+f_2+\cdots+f_n}$

   B. 指标变动时才记录的连续时点序列序时平均数 $\bar{y}=\dfrac{y_1f_1+y_2f_2+\cdots+y_nf_n}{f_1+f_2+\cdots+f_n}$

   C. 登记间隔不相等的间断时点序列序时平均数 $\bar{y}=\dfrac{\frac{y_1+y_2}{2}+\frac{y_2+y_3}{2}+\cdots+\frac{y_{n-1}+y_n}{2}}{n-1}$

   D. 登记间隔相等的间断时点序列序时平均数 $\bar{y}=\dfrac{\frac{y_1+y_2}{2}+\frac{y_2+y_3}{2}+\cdots+\frac{y_{n-1}+y_n}{2}}{n-1}$

   E. 登记间隔相等的间断时点序列序时平均数 $\bar{y}=\dfrac{\frac{y_1+y_2}{2}f_1+\frac{y_2+y_3}{2}f_2+\cdots+\frac{y_{n-1}+y_n}{2}f_n}{\sum_{i=1}^{n-1}f_i}$

7. 关于增长量的说法,正确的有(　　)。

   A. 增长量是报告期发展水平与基期发展水平之差
   B. 累计增长量是报告期水平与某一固定时期水平之差
   C. 逐期增长量是报告期水平与前一期水平之差
   D. 同一时间序列中,累计增长量等于相应时期内逐期增长量的乘积
   E. 平均增长量是时间序列中逐期增长量的序时平均数

8. 关于定基发展速度与环比发展速度,下列说法正确的有(　　)。

   A. 由于基期选择的不同,发展速度有定基与环比之分
   B. 定基发展速度是报告期水平与其前一期水平的比值
   C. 环比发展速度是报告期水平与某一固定时期水平(通常是最初水平)的比值
   D. 定基发展速度等于相应时期内各环比发展速度的连乘积
   E. 两个相邻时期定基发展速度的比率等于相应时期的环比发展速度

9. 在对时间序列进行速度分析时,应注意的事项有(　　)。

   A. 速度指标数值与基数大小有密切关系
   B. 时间序列指标值出现负数时不宜计算速度
   C. 不宜采用几何平均法计算平均发展速度
   D. 不需要结合水平指标进行分析
   E. 时间序列指标值出现0时不宜计算速度

同步系统训练参考答案及解析

一、单项选择题

1. A 【解析】本题考查时间序列及其分类。销售量属于时期序列。人口自然增长率属于相对数时间序列。人均国内生产总值属于平均数时间序列。

2. B 【解析】本题考查序时平均数的计算。培训人数属于时点序列,登记人数时为连续的时点,逐日排列,所以培训班平均人数=(20+30+40+50)/4=35(人)。

3. A 【解析】本题考查平均数时间序列的序时平均数的计算。利用公式:$\bar{y}=\dfrac{\bar{a}}{\bar{b}}$,得到

$$\bar{a}=\dfrac{\frac{40+38}{2}+\frac{38+36}{2}+\frac{36+34}{2}+\frac{34+32}{2}+\frac{32+30}{2}}{5}=35,$$

$$\bar{b}=\dfrac{\frac{100+96}{2}+\frac{96+98}{2}+\frac{98+100}{2}+\frac{100+102}{2}+\frac{102+98}{2}}{5}=99,$$

$\bar{y}=\dfrac{35}{99}\approx35.4\%$,因此选A。

4. A 【解析】本题考查间断时点序列序时平

均数的计算。间隔不相等的间断时点序列序时平均数与间隔相等的间断时点序列序时平均数计算思路相同，都是采用两次平均的思路。

5. A 【解析】本题考查增长量的计算。同一时间序列中，累计增长量等于相应时期逐期增长量之和，即 8 235.1+9 758.6+11 750.6+13 005.6+16 056.2 = 58 806.1（亿元）。

6. B 【解析】本题考查平均增长量的计算。可以采用公式：$\bar{\Delta} = \dfrac{y_n - y_0}{N-1} = \dfrac{76-32}{4} = 11$（万元），因此选 B。

7. C 【解析】本题考查发展速度。定基发展速度是报告期水平与某一固定时期水平（通常是最初水平）的比值。

8. B 【解析】本题考查环比发展速度的计算。2018 年相对于 2017 年的环比发展速度 = 110%/105% = 104.76%。

9. B 【解析】本题考查时间序列的速度分析。定基发展速度等于相应时期内环比发展速度的连乘积。定基增长速度 = 定基发展速度 − 1，所以选 B。

10. D 【解析】本题考查定基发展速度与环比发展速度的关系。利用公式：$\dfrac{y_n}{y_0} = \dfrac{y_1}{y_0} \times \dfrac{y_2}{y_1} \times \cdots \times \dfrac{y_n}{y_{n-1}}$，得到 101% × 102% × 104% ≈ 107%。

11. B 【解析】本题考查平均增长速度。平均增长速度 = $\sqrt[n]{\dfrac{y_n}{y_0}} - 1 = \sqrt[5]{\dfrac{5.2}{3.1}} - 1$。

12. D 【解析】本题考查平均发展速度的计算方法。利用公式：$\bar{b} = \sqrt[n]{\dfrac{y_n}{y_0}}$，得到 $\sqrt[4]{\dfrac{4\,200}{2\,100}} \approx 119\%$，因此选 D。

13. A 【解析】本题考查"增长 1% 的绝对值"的公式。增长 1% 的绝对值 = 逐期增长量÷环比增长速度。

14. D 【解析】本题考查移动平均法。$k = 3$，则取第 4、第 5、第 6 期的平均值作为预测值，即 (600+600+630)/3 = 610（台）。

二、多项选择题

1. DE 【解析】本题考查时间序列的构成因素。时间序列由两个基本因素构成：(1) 被研究现象所属时间；(2) 反映该现象在一定时间条件下数量特征的指标值。

2. BC 【解析】本题考查时间序列的分类。题干中的能源生产总量是绝对数指标，也是时期指标，所以选 BC。

3. ABD 【解析】本题考查时间序列的分类。时间序列按照其构成要素中统计指标值的表现形式，分为绝对数时间序列、相对数时间序列和平均数时间序列三种类型，所以选 ABD。

4. BD 【解析】本题考查时间序列的分类。相对数时间序列是由同类相对数指标按时间先后顺序排列后形成的序列。选项 B、D 是相对指标，所以可以构成相对数时间序列。

5. AB 【解析】本题考查算术平均法的应用。算术平均法计算平均数应该属于时期指标或者时点指标中的连续登记且不管指标值变动与否都要登记的情况。本题中产品产量、可支配收入均属于时期指标。

6. BD 【解析】本题考查不同类型的时点序列序时平均数的计算。
资料逐日登记且逐日排列的连续时点序列序时平均数要用算术平均数公式，即 $\bar{y} = (y_1 + y_2 + \cdots + y_n)/n$。
登记间隔不相等的间断时点序列序时平均数：$\bar{y} = \dfrac{\dfrac{y_1 + y_2}{2}f_1 + \dfrac{y_2 + y_3}{2}f_2 + \cdots + \dfrac{y_{n-1} + y_n}{2}f_{n-1}}{\sum\limits_{i=1}^{n-1} f_i}$。

7. ABCE 【解析】本题考查增长量与平均增长量。选项 D 错误，同一时间序列中，累计增长量等于相应时期逐期增长量之和。

8. ADE 【解析】本题考查定基发展速度与环比发展速度。环比发展速度是报告期水平与其前一期水平的比值,定基发展速度是报告期水平与某一固定时期水平(通常是最初水平)的比值,选项 B、C 说法反了。

9. ABE 【解析】本题考查时间序列进行速度分析应注意的事项。可以采用几何平均法计算平均发展速度;需要结合水平指标进行分析,所以不选 CD。

本章思维导图

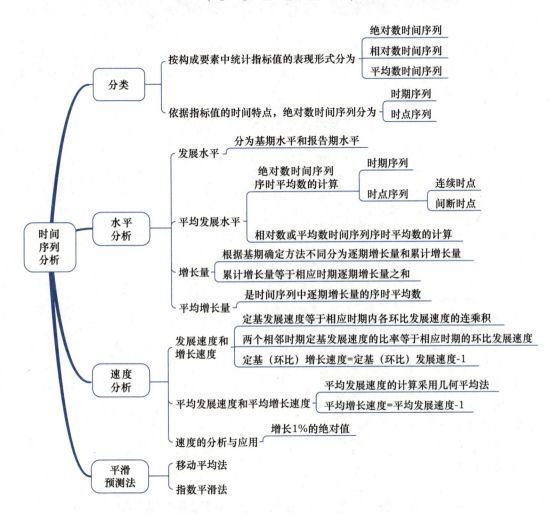

第28章 会计概论

考情分析

本章主要讲述有关会计的基础知识，包括会计的基本概念、目标、要素、基本前提、会计的信息质量要求等内容。从最近三年的考题来看，本章分值分布不均匀，平均在5分左右，属于会计部分的基础性章节。

最近三年本章考试题型、分值分布

年份	单项选择题	多项选择题	合计
2019年	3题3分	—	3题3分
2018年	3题3分	1题2分	4题5分
2017年	5题5分	1题2分	6题7分

本章主要考点

1. 会计的概念和基本职能。
2. 会计的对象和会计核算的具体内容。
3. 会计目标。
4. 反映财务状况的会计要素。
5. 反映经营成果的会计要素。
6. 会计等式及经济业务发生所引起的会计要素的变动。
7. 会计要素的确认计量原则。
8. 会计基本前提。
9. 会计信息质量要求。

重点、难点讲解及典型例题

考点一 会计基本概念

(一)会计的分类和职能(见表28-1)

表28-1 会计的分类和职能

分类	现代会计的核心为企业会计，按对外或对内提供信息可分为： (1) **财务会计**：满足外部会计信息使用者需要，作出正确的决策； (2) **管理会计**：满足内部管理人员需要，包括预测分析、决策分析、全面预算、成本控制和责任会计等内容

基本职能	(1) **核算职能**(**最基本职能**)：通过确认、计量、记录、报告，从价值量方面反映企业已发生或完成的客观经济活动情况。会计核算具有完整性、连续性、系统性的特点； (2) **监督职能**：对单位的会计核算及其经济活动的真实性、完整性、合规性和有效性进行检查与控制； (3) 二者关系：会计核算是会计监督的<u>前提</u>，会计监督是会计核算的<u>保证</u>

(二)会计的对象

会计的对象是特定主体的能以货币表现的经济活动，即特定主体的价值运动或资金运动。资金运动的具体内容见表28-2。

表28-2 资金运动

项目		资金流向	资金形态
资金的投入		企业所有者和债权人将资金投入企业	货币资金
资金的循环与周转	供应过程	购买原材料等劳动对象	货币资金转化为储备资金
	生产过程	劳动对象消耗	储备资金转化为生产资金
		支付劳动报酬和固定资产折旧	货币资金转化为生产资金
		产品制成	生产资金转化为成品资金
	销售过程	产品销售出去获得销售收入	成品资金转化为货币资金
资金的退出		缴纳税金、偿还债务和向投资者分配股利	货币资金

(三)会计核算的具体内容

(1)款项和有价证券的收付。

款项：现金、银行存款、银行汇票存款、银行本票存款、信用卡存款、信用证存款。

有价证券：国库券、股票、企业债券等。

(2)财物的收发、增减和使用。

(3)债权、债务的发生和结算。

(4)资本的增减。

资本是指企业所有者投入的资本金，包括实收资本和资本公积。

(5)收入、支出、费用、成本的计算。

(6)财务成果的计算和处理等。

【例1·多选题】会计的基本职能有(   )。

A. 核算　　　　　　　　　　　　B. 预测
C. 决策　　　　　　　　　　　　D. 监督
E. 评估

解析 ▶ 本题考查会计的基本职能。会计具有核算和监督两项基本职能。　　答案 ▶ AD

▶ 考点二　会计目标

(一)会计目标

(1)提供会计信息：通过会计活动，为会计信息使用者提供对决策有用的，与企业财务状况、经营成果和现金流量等有关的信息。

(2)反映企业管理层的受托责任履行情况。

(二)会计信息的内容

(1)企业**财务状况**的信息：通过资产负债表反映。
(2)企业**经营成果**的信息：通过利润表反映。
(3)企业现金流量的信息：通过现金流量表反映。

(三)会计信息的主要使用者
(1)企业内部管理人员。
(2)外部利益关系人：投资者、债权人、政府及其有关部门、社会公众。

【例2·单选题】反映企业在某一特定日期财务状况的会计报表是(　　)。
A. 利润表　　　　　　　　　　B. 资产负债表
C. 现金流量表　　　　　　　　D. 所有者权益变动表

解析▶ 本题考查资产负债表。资产负债表是反映企业在某一特定日期财务状况的会计报表。

答案▶ B

▶ 考点三　会计要素

(一)会计要素的构成
(1)**资产、负债、所有者权益**组成资产负债表，反映财务状况。
(2)**收入、费用、利润**组成利润表，反映经营成果。

(二)反映财务状况的会计要素
1. 资产(见表28-3)

表28-3　资产

含义	过去的交易、事项形成并由企业拥有或者控制的，预期会给企业带来经济利益的资源	
特征	(1)必须是企业拥有或控制的资源； (2)必须是预期能够直接或间接给企业带来经济利益； (3)必须是现实的资产	
分类	流动资产	企业预计可以在一个营业周期内变现或者运用的资产，或主要为交易而持有的资产，或预计在资产负债表日起≤1年内变现，交换其他资产、清偿负债的能力不受限制的资产
		货币资金、交易性金融资产、应收票据及应收账款、预付款项、其他应收款、存货
	非流动资产	长期股权投资、固定资产、在建工程、工程物资、无形资产、开发支出

2. 负债(见表28-4)

表28-4　负债

含义	过去的交易、事项形成的、预期会导致经济利益流出企业的现时义务	
特征	(1)只能由过去的交易活动或本期经济业务所形成，且必须于未来某一特定时期予以清偿的现时义务； (2)必须有其可用货币额反映的价值量； (3)必须是企业现行条件下已承担的预期会造成经济利益流出企业的现时义务	
分类	流动负债	短期借款、应付票据及应付账款、预收款项、应付职工工资、应交税费、其他应付款
	非流动负债	长期借款、应付债券

3. 所有者权益(见图 28-1)

所有者权益是指企业资产扣除负债后,由所有者享有的剩余权益,又称为股东权益,是投资人在企业中享有的经济利益,即投资人对企业净资产的所有权。

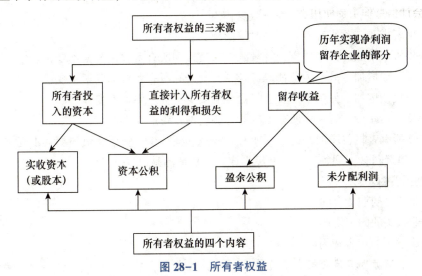

图 28-1 所有者权益

(三)反映经营成果的会计要素(见表 28-5)

表 28-5 反映经营成果的会计要素

要素	含义	确认条件	注意事项
收入	在日常活动中形成的、会导致所有者权益增加的、与所有者投入资本无关的经济利益的总流入,是企业持续经营的基本条件,是获得利润的前提条件	(1)与收入有关的经济利益很可能流入企业; (2)经济利益流入企业会导致企业资产增加或者负债减少; (3)经济利益的流入额能够可靠计量	(1)日常活动:销售商品(材料)、提供劳务、让渡资产使用权等产生的经济利益流入; (2)非日常活动:出售固定资产、无形资产所取得的收益,接受捐赠收益等
费用	在日常活动中发生的、会导致所有者权益减少的、与向所有者分配利润无关的经济利益的总流出	(1)与费用有关的经济利益很可能流出企业; (2)经济利益流出企业的结果会导致企业资产减少或者负债增加; (3)经济利益的流出额能够可靠计量	(1)日常活动:销售商品(材料)、提供劳务等产生的经济利益流出; (2)非日常活动:处置固定资产、无形资产等非流动资产造成的损失,罚款,对外捐赠等
利润	包括收入减去费用后的净额、直接计入当期利润的利得和损失等,是企业业绩考核的重要指标	—	(1)营业利润:日常活动利润; (2)非营业利润:直接计入利润的利得减去直接计入利润的损失

(四)会计等式(见图 28-2)

会计等式是设置会计科目、复式记账、编制会计报表的理论依据。

图 28-2 会计等式

(五)经济业务发生所引起的会计要素的变动

(1)一项资产和一项负债同时等额增加；

(2)一项资产和一项所有者权益同时等额增加；

(3)一项资产和一项负债同时等额减少；

(4)一项资产和一项所有者权益同时等额减少；

(5)一项资产增加，另一项资产等额减少，负债和所有者权益要素不变；

(6)一项负债增加，另一项负债等额减少，资产和所有者权益要素不变；

(7)一项负债增加，另一项所有者权益等额减少，资产要素不变；

(8)一项负债减少，另一项所有者权益等额增加，资产要素不变；

(9)一项所有者权益增加，另一项所有者权益等额减少，资产和负债要素不变。

【例3·单选题】下列各项中，已经形成企业负债的是( )。

A. 企业的银行贷款

B. 企业签订的期货合同

C. 企业购买的固定资产

D. 企业发生的销售费用

解析 ▶ 本题考查负债的概念。负债是指过去的交易、事项形成的，预期会导致经济利益流出企业的现时义务。选项B属于企业在将来要发生的交易或者事项，当前不能作为负债，选项C属于企业的资产，选项D属于费用。

答案 ▶ A

考点四 会计要素的确认计量原则(见表28-6)

表28-6 会计要素的确认计量原则

权责发生制原则	权责发生制	(1)按收入的权利和支出的义务是否属于本期确认收入、费用的入账时间； (2)用于企业会计核算、行政事业单位财务会计核算
	收付实现制	(1)以收到款项或支付款项作为确认收入、费用的基础； (2)用于行政事业单位预算会计核算
配比原则		(1)对一个会计期间的收入和相关成本、费用应当在该会计期间内确认，并应相互配比，以便计算本期损益； (2)要求：一个会计期间内与收入相关的成本、费用，应当在同一会计期间内进行确认、计量和记录，不能提前或延后
历史成本原则		又称实际成本原则或原始成本原则，即企业在取得各项财产时应当按照实际成本计量，其后如发生减值，按规定提取相应的减值准备，除法律另有规定外企业一律不得自行调整其账面价值
	优点	(1)取得比较容易、客观； (2)有原始凭证作证明，便于查证； (3)可以防止企业随意更改； (4)会计核算手续简化，不必经常调整账面

续表

划分收益性支出与资本性支出原则	收益性支出		（1）支出发生在本期，且只与本期收益有关，应在本期已经实现的收益中得到补偿； （2）计入当期损益，在利润表中反映
	资本性支出		（1）支出发生在本期，与本期收益和以后数个会计期间的收益都有关，应在以后数个会计期间的收益中得到补偿； （2）列入资产，在资产负债表中反映，根据资本性支出与以后各期收益的关系，将其价值分摊到以后数个会计期间
	错误处理	收益性支出按资本性支出处理	后果：少计费用多计资产价值，净收益和资产价值虚增
		资本性支出按收益性支出处理	后果：多计费用少计资产价值，当期净收益降低，甚至亏损，资产价值偏低

【例4·单选题】对各项资产应按取得时支付的实际成本计量，其后不得自行调整其账面价值，这遵循的是会计要素确认计量的( )原则。

A. 客观性　　　　　　　　　　　　B. 相关性
C. 历史成本　　　　　　　　　　　D. 权责发生制

解析▶ 本题考查会计要素的确认计量原则。根据历史成本原则，企业各项财产在取得时应当按照实际成本计量，除法律另有规定外，企业一律不得自行调整其账面价值。　**答案**▶ C

【例5·单选题】将收益性支出按资本性支出进行账务处理会导致( )。

A. 少计费用多计资产　　　　　　　B. 多计费用少计资产
C. 少计费用少计资产　　　　　　　D. 多计费用多计资产

解析▶ 本题考查会计要素的确认计量原则。如果一笔收益性支出按资本性支出处理了，就会造成少计费用而多计资产价值，出现净收益和资产价值虚增的现象。　**答案**▶ A

▶ **考点五　会计基本前提**（见表28-7）

表28-7　会计基本前提

基本前提	内容
会计主体	（1）界定会计主体，可以把特定会计主体的经济业务与其他会计主体经济业务分开； （2）会计主体不同于法律主体。会计主体可以是一个独立的法律主体，也可以不是一个独立的法律主体； （3）会计主体确定了会计确认、计量、报告的空间范围
持续经营	持续经营是以下几项内容的前提：（1）企业的资产、负债划分为流动、非流动；（2）企业资产以历史成本计价；（3）进行会计分期；（4）实行权责发生制；（5）正确区分资本与负债
会计分期	（1）又叫会计期间，一般分为年度和中期。会计分期建立在持续经营基础上； （2）会计分期是以下几项内容的前提：①区分本期与非本期；②产生收付实现制和权责发生制；③正确实行配比原则
货币计量	我国《企业会计准则》规定，企业会计应当以货币计量

【例6·单选题】投资者个人的经济业务与其所投资企业的经济业务分开，符合会计核算基本前提对( )的要求。

A. 会计主体　　　　　　　　　　　B. 持续经营
C. 货币计量　　　　　　　　　　　D. 会计分期

解析 ▶ 本题考查会计核算的基本前提。明确界定会计主体，是会计核算的重要前提，是为了把会计主体的经济业务与其他会计主体以及投资者的经济业务划分开。　　**答案** ▶ A

▶ 考点六　会计信息质量要求（见表28-8）

表28-8　会计信息质量要求

质量要求	内容	
可靠性	如实反映企业的财务状况、经营成果和现金流量，保证会计信息**真实可靠、内容完整**	
相关性	也称为有用性，企业提供的会计信息应当与财务会计报告使用者的**经济决策需要相关**	
清晰性	也称为可理解性，企业提供的会计信息必须**清晰明了**，便于财务会计报告使用者**理解和利用**	
可比性	要求企业提供的会计信息必须具有可比性： (1)同一企业**纵向可比**：采取一致的会计政策； (2)不同企业**横向可比**：不同企业确保会计信息口径一致	
实质重于形式	(1)企业应当按照交易或事项的经济实质进行会计确认、计量和报告； (2)企业将不拥有所有权但能控制的资产视为自己的资产，如**融资租赁固定资产**在会计核算上视为企业资产	
重要性	(1)要求企业提供的会计信息应当反映与企业财务状况、经营成果和现金流量等有关的所有重要交易或者事项。较大影响的会计事项要充分、准确的披露，而次要的会计事项可以适当简化或合并反映； (2)重要性的应用需要依赖职业判断，根据其所处的环境和实际情况，从项目的性质和金额大小两方面来判断，对决策者的利益关联度高的和金额占总业务量比重较大的项目应当作为重要项目	
谨慎性	也称为稳健性，**不应高估资产或者收益、低估负债或者费用**	
	举例	(1)存货在物价上涨时期的计价采用后进先出法； (2)采用成本与可变现净值孰低法对存货进行期末计价； (3)对应收账款计提坏账准备； (4)固定资产采用加速折旧法； (5)对可能发生的资产损失计提减值准备
及时性	要求企业对于已经发生的交易或者事项应当及时进行会计确认、计量和报告，**不得提前或者延后**	

【例7·单选题】 企业在一个会计年度内发出存货按实际成本计价时，既采用先进先出法，又采用移动加权平均法，在年度会计报表附注中也未进行说明，这违反了会计信息质量的（　　）要求。

A. 历史成本　　　　　　　　　B. 谨慎性
C. 可比性　　　　　　　　　　D. 客观性

解析 ▶ 本题考查会计信息质量要求。会计信息的可比性要求同一企业不同时期发生的相同或相似的交易或者事项，必须采用一致的会计政策，不得随意变更；企业在一个会计年度内采用不同方法计量存货成本，违反了会计信息质量的可比性要求。　　**答案** ▶ C

▶ 考点七　会计法规

我国现行的会计法规以《中华人民共和国会计法》（以下简称《会计法》）为**核心**，以会计准则、财务规则和会计制度为主要内容。

《会计法》是我国会计法规体系中处于**最高层次**的法律规范，是制定其他会计法规的基本依据，也是指导会计工作的最高准则。

【例8·单选题】我国现行的会计法规以( )为核心。
A. 会计准则　　　　　　　　B. 会计法
C. 会计制度　　　　　　　　D. 会计记录

解析 本题考查会计法规。我国现行的会计法规以《会计法》为核心，以会计准则、财务规则和会计制度为主要内容。
答案 B

历年考题解析

一、单项选择题

1. (2019年)利用财务会计、统计及其他有关资料并通过对这些资料进行整理、计算、对比和分析，产生一系列新的信息，服务于企业加强内部经营管理、加强决策控制、提高经济效益的需要的一套信息处理系统，称为( )。
A. 管理会计　　　　B. 预算会计
C. 政府会计　　　　D. 责任会计
解析 本题考查管理会计的概念。题干中的表述为管理会计的概念。
答案 A

2. (2019年)会计上把在单位内部发生的具有经济影响的各类事件称为( )。
A. 会计假设　　　　B. 经济事项
C. 经济业务　　　　D. 会计核算
解析 本题考查会计核算的具体内容。经济事项是指在单位内部发生的具有经济影响的各类事项，如支付职工工资等。
答案 B

3. (2019年、2017年)企业在日常活动中发生的，会导致所有者权益减少的，与向所有者分配利润无关的经济利益的总流出，在会计上称为( )。
A. 负债　　　　　　B. 损失
C. 费用　　　　　　D. 支出
解析 本题考查费用的含义。费用是指企业在日常活动中发生的，会导致所有者权益减少的、与向所有者分配利润无关的经济利益的总流出。
答案 C

4. (2018年)企业在会计核算过程中，对交易或事项应当根据其对经济决策的影响程度采取不同的核算方式。在不影响会计信息真实性和不至于误导报告使用者做出正确判断的前提下，对影响资产、负债、损益较大的会计事项，必须按照规定的方法和程序进行处理，并在财务会计报告中予以充分、准确地披露；而对影响较小的、次要的会计事项可以适当简化或合并反映。这体现的会计信息质量要求是( )。
A. 重要性　　　　　B. 谨慎性
C. 可靠性　　　　　D. 实质重于形式
解析 本题考查会计信息质量要求。重要性要求企业提供的会计信息应当反映与企业财务状况、经营成果和现金流量等有关的所有重要交易或者事项。较大影响的会计事项要充分、准确地披露，而次要的会计事项可以适当简化或合并反映。
答案 A

5. (2018年)下列会计活动中，属于管理会计范畴的是( )。
A. 预测分析企业成本变化趋势
B. 报告企业财务状况，经营成果和现金流量
C. 记录经营成果形成和分配
D. 确认会计要素的增减变动
解析 本题考查管理会计。管理会计主要包括预测分析、决策分析、全面预算、成本控制和责任会计等内容。选项A属于管理会计范畴。
答案 A

6. (2018年)下列属于企业流动资产的是( )。
A. 存货　　　　　　B. 无形资产
C. 应付票据　　　　D. 工程物资
解析 本题考查流动资产。流动资产主要包括货币资金、交易性金融资产、应收票

据及应收账款、预付款项、其他应收款、存货等。 **答案** ▶ A

7. (2017年)按照对外提供还是对内提供决策所需的信息划分,现代会计分为( )。
   A. 行政事业单位会计与企业会计
   B. 预算会计与财务会计
   C. 政府会计与企业会计
   D. 财务会计与管理会计

   解析 ▶ 本题考查会计的概念。按照对外提供还是对内提供决策所需的信息划分,现代会计分为财务会计与管理会计。 **答案** ▶ D

8. (2017年)在工业企业的资金运动中,企业资金从货币转化为储备资金形态的过程属于资金循环中的( )过程。
   A. 生产   B. 销售
   C. 供应   D. 投入

   解析 ▶ 本题考查会计的对象。在供应过程中,随着采购活动的进行,企业的资金从货币资金形态转化为储备资金形态。 **答案** ▶ C

9. (2017年)下列会计要素中,能够反映财务状况的是( )。
   A. 利润   B. 负债
   C. 费用   D. 结余

   解析 ▶ 本题考查会计要素。反映财务状况的会计要素包括资产、负债和所有者权益。 **答案** ▶ B

10. (2017年)关于货币计量这一会计基本前提的说法,错误的是( )。
    A. 我国企业会计准则规定,企业会计应当以货币计量
    B. 以货币计量时假定币值是稳定的
    C. 只能用人民币作为唯一的货币来计量企业发生的经济业务
    D. 企业在进行会计核算时货币不一定是唯一的计量单位

    解析 ▶ 本题考查货币计量。人民币并不是唯一用来计量企业发生的经济业务的货币,选项C错误。 **答案** ▶ C

二、多项选择题

1. (2018年)在需要进行会计核算的经济业务事项中,属于款项的有( )。
   A. 股票   B. 现金
   C. 银行存款   D. 应收账款
   E. 银行汇票存款

   解析 ▶ 本题考查会计核算的具体内容。款项是作为支付手段的货币资金,主要包括现金、银行存款以及其他视同现金和银行存款的银行汇票存款、银行本票存款、信用卡存款、信用证存款。 **答案** ▶ BCE

2. (2017年)根据《中华人民共和国会计法》,属于应当办理会计手续、进行会计核算的经济业务事项有( )。
   A. 企业变更工商登记
   B. 款项和有价证券的收付
   C. 财产物资的收付、增减和使用
   D. 财务成果的计算和处理
   E. 企业编制经营预算

   解析 ▶ 本题考查会计核算的具体内容。根据《会计法》规定,应当办理会计手续,进行会计核算的经济业务事项主要有:(1)款项和有价证券的收付;(2)财物的收发、增减和使用;(3)债权、债务的发生和结算;(4)资本的增减;(5)收入、支出、费用、成本的计算;(6)财务成果的计算和处理;(7)需要办理会计手续、进行会计核算的其他事项。 **答案** ▶ BCD

同步系统训练

一、单项选择题

1. 以下属于财务会计主要内容的是( )。
   A. 规划经营目标
   B. 控制经济活动
   C. 对外报送会计报表
   D. 参与经营决策

2. 下列会计工作中,属于会计核算职能的是( )。

A. 财务指标考核　B. 财务状况分析
C. 会计检查　　　D. 会计记录

3. 下列业务中，属于资金循环与周转过程的是(　)。
   A. 分配股利
   B. 缴纳税金
   C. 银行借款
   D. 销售商品给购买单位

4. 下列会计要素中，能够反映企业财务状况的是(　)。
   A. 利润　　　　B. 费用
   C. 收入　　　　D. 资产

5. 预计在一个正常营业周期中变现、出售或耗用的资产是(　)。
   A. 固定资产　　B. 流动资产
   C. 递延资产　　D. 无形资产

6. 下列属于非流动资产的是(　)。
   A. 货币资金　　B. 应收票据
   C. 应收股利　　D. 无形资产

7. 负债是企业所承担的现时义务，履行该义务预期会导致(　)。
   A. 经济利益流出企业
   B. 企业利润的增加
   C. 企业费用的降低
   D. 企业收入的减少

8. 企业在日常活动中形成的、会导致所有者权益增加的、与所有者投入资本无关的经济利益的总流入，会计上称为(　)。
   A. 资产　　　　B. 负债
   C. 费用　　　　D. 收入

9. 符合收入定义和收入确认条件的项目应当列入(　)。
   A. 现金流量表　B. 资产负债表
   C. 利润表　　　D. 会计报表附注

10. 以下不属于利润的是(　)。
    A. 收入减去费用后的净额
    B. 直接计入当期利润的利得
    C. 直接计入当期利润的损失
    D. 所有者投入的资本

11. 资产、负债和所有者权益三者之间的关系可用(　)表示。
    A. 资产＝负债+所有者权益
    B. 资产＝负债−所有者权益
    C. 资产+所有者权益＝负债
    D. 资产+负债＝所有者权益

12. 凡是当期已经实现的收入和已经发生或应当负担的费用，不论款项是否收付，都应当作为当期的收入和费用；凡是不属于当期的收入和费用，即使款项已在当期收付，也不应当作为当期的收入和费用，这种处理方式称为(　)。
    A. 权责发生制　B. 收付实现制
    C. 收益性支出　D. 资本性支出

13. 一个会计期间的收入和与其相关的成本、费用应当在该会计期间内确认，并相互比较，以便计算本期损益，这体现了会计要素确认计量的(　)原则。
    A. 配比原则　　B. 一致性原则
    C. 相关性原则　D. 可比性原则

14. 收益性支出是在本期发生的只与本期收益有关的应当在本期已实现的收益中得到补偿的支出，计入当期损益，在(　)中反映。
    A. 利润表
    B. 资产负债表
    C. 现金流量表
    D. 所有者权益变动表

15. 下列财务支出项目中，属于资本性支出的是(　)。
    A. 生产车间水电费
    B. 管理人员工资
    C. 无形资产支出
    D. 流动资金借款利息

16. 在会计核算中，对效益惠及几个会计期间的支出，应作为(　)处理。
    A. 收益性支出　B. 资本性支出
    C. 资产　　　　D. 企业经营费用

17. 会计主体不同于法律主体，会计主体(　)。
    A. 必须是不独立的法律主体
    B. 必须是独立的法律主体

C. 与法律主体无关
D. 可以是一个独立的法律主体，也可以不是一个独立的法律主体

18. 会计信息必须满足其使用者的需要，这体现了会计信息质量的（　）要求。
   A. 相关性　　　B. 清晰性
   C. 及时性　　　D. 重要性

19. 选择一种不导致夸大资产、不虚增账面利润、不扩大所有者权益的方法对某项经济业务进行会计处理，体现了会计核算信息质量的（　）要求。
   A. 重要性　　　B. 可靠性
   C. 谨慎性　　　D. 实质重于形式

20. 既是我国会计工作的基本法律，又是我国会计法规体系中处于最高层次的法律规范，这是指（　）。
   A. 会计法　　　B. 会计准则
   C. 会计标准　　D. 会计制度

二、多项选择题

1. 下列业务中，属于资金退出情形的有（　）。
   A. 缴纳税金　　B. 偿还借款
   C. 银行借款　　D. 分配股利
   E. 固定资产折旧

2. 下列会计项目中，属于企业流动资产的有（　）。
   A. 货币资金　　B. 工程物资
   C. 预付账款　　D. 交易性金融资产
   E. 无形资产

3. 以下属于所有者权益来源的有（　）。
   A. 所有者投入的资本
   B. 直接计入所有者权益的利得和损失
   C. 留存收益
   D. 出售资产所得
   E. 银行存款

4. 下列会计要素中，反映企业经营成果的有（　）。
   A. 收入　　　　B. 利润
   C. 费用　　　　D. 现金流量
   E. 资产

5. 关于资产特征的说法，正确的有（　）。
   A. 资产必须是企业拥有或控制的资源，通过对它的有效使用，能够为企业提供未来的经济利益
   B. 资产必须是预期能够直接或间接给企业带来经济利益的资源
   C. 资产必须是现实的资产，而不是预期的资产
   D. 资产必须能以货币计量
   E. 资产是由过去的交易活动形成的，且必须于未来某一特定时期予以清偿的现时义务

6. 一项经济业务发生后会引起相关会计要素的变动。下列会计要素变动情形中，正确的有（　）。
   A. 一项资产和一项负债同时等额增加
   B. 一项资产和一项所有者权益同时等额减少
   C. 一项负债和一项所有者权益同时等额增加
   D. 一项资产增加，一项负债同时等额减少
   E. 一项负债增加，另一项负债等额减少，资产和所有者权益不变

7. 以下属于会计要素确认计量原则的有（　）。
   A. 权责发生制原则
   B. 收付实现制原则
   C. 配比原则
   D. 历史成本原则
   E. 实质重于形式原则

8. 下列会计概念中，属于会计基本前提的有（　）。
   A. 历史成本
   B. 以权责发生制为核算基础
   C. 货币计量
   D. 会计主体
   E. 持续经营

9. 以下属于我国《企业会计准则》规定的会计信息质量要求的有（　）。
   A. 持续经营　　B. 可靠性
   C. 权责发生制　D. 相关性
   E. 实质重于形式

10. 下列各项会计业务处理中，符合谨慎性要求的有(   )。
    A. 对应收账款计提坏账准备
    B. 对固定资产采用加速折旧法计提折旧
    C. 在物价上涨时期对存货采用后进先出法计价
    D. 将融资租赁的固定资产在会计核算上视为企业资产
    E. 对于商业秘密，设置秘密准备

同步系统训练参考答案及解析

一、单项选择题

1. C 【解析】本题考查会计的概念。财务会计定期以报表形式报告企业财务状况、经营成果和现金流量，并分析报表，评价企业偿债能力、营运能力和盈利能力。所以，对外报送会计报表是财务会计的主要内容。

2. D 【解析】本题考查会计的基本职能。会计的核算职能是指会计通过确认、计量、记录、报告，从价值量方面反映企业已发生或完成的客观经济活动情况，为经济管理提供可靠的会计信息。会计记录属于会计核算职能。

3. D 【解析】本题考查会计的对象。企业将资金运用于生产经营过程，就形成了资金的循环与周转，它分为供应过程、生产过程、销售过程三个阶段。选项A、B属于资金退出过程，选项C属于资金投入过程。

4. D 【解析】本题考查反映财务状况的会计要素。能够反映财务状况的会计要素有资产、负债和所有者权益。选项A、B、C是反映经营成果的会计要素。

5. B 【解析】本题考查流动资产的概念。流动资产是指预计在一个正常营业周期中变现、出售或耗用，或者主要为交易目的而持有，或者预计在资产负债表日起1年内（含1年）变现的资产，以及自资产负债表日起1年内交换其他资产或清偿负债的能力不受限制的现金或现金等价物。

6. D 【解析】本题考查资产的分类。非流动资产包括长期股权投资、固定资产、在建工程、工程物资、无形资产、开发支出等。

7. A 【解析】本题考查负债的概念。负债是指过去的交易、事项形成的，预期会导致经济利益流出企业的现时义务。

8. D 【解析】本题考查收入的概念。收入，是指企业在日常活动中形成的、会导致所有者权益增加的、与所有者投入资本无关的经济利益的总流入。

9. C 【解析】本题考查收入。符合收入定义和收入确认条件的项目应当列入利润表。

10. D 【解析】本题考查利润的概念。利润包括收入减去费用后的净额、直接计入当期利润的利得和损失等。

11. A 【解析】本题考查会计等式。资产＝负债+所有者权益，这一平衡公式反映了企业资产的归属关系。

12. A 【解析】本题考查会计要素确认和计量基本原则。根据权责发生制的要求，凡是当期已经实现的收入和已经发生或应当负担的费用，不论款项是否收付，都应当作为当期的收入和费用；凡是不属于当期的收入和费用，即使款项已在当期收付，也不应当作为当期的收入和费用。

13. A 【解析】本题考查会计要素确认和计量基本原则。配比原则是指对一个会计期间的收入和与其相关的成本、费用应当在该会计期间内确认，并相互配比，以便计算本期损益。

14. A 【解析】本题考查会计要素确认和计量基本原则。收益性支出计入当期损益，在利润表中反映。

15. C 【解析】本题考查会计要素确认和计量基本原则。购入固定资产和无形资产的支出、固定资产更新改造支出均属于资本性支出。

16. B 【解析】本题考查会计要素确认和计量基本原则。凡支出的效益惠及几个会计年度(或惠及于几个营业周期)的，应当作为资本性支出。

17. D 【解析】本题考查会计基本前提。会计主体不同于法律主体，会计主体可以是一个独立的法律主体，也可以不是一个独立的法律主体。

18. A 【解析】本题考查会计信息质量要求。相关性要求企业提供的会计信息应当与财务会计报告使用者的经济决策需要相关。

19. C 【解析】本题考查会计信息质量要求。谨慎性要求企业在对某一经济业务有多种处理方法可供选择时，应选择一种不导致夸大资产、不虚增账面利润、不扩大所有者权益的方法。

20. A 【解析】本题考查会计法规。会计法是我国会计工作的基本法律，是我国会计法规体系中处于最高层次的法律规范。

二、多项选择题

1. ABD 【解析】本题考查会计的对象。资金退出的形式有：上缴税金、偿还债务、向投资者分配股利或利润。选项C是资金的投入，选项E是资金的周转和循环。

2. ACD 【解析】本题考查流动资产。流动资产主要包括货币资金、交易性金融资产、应收票据及应收账款、预付款项、其他应收款、存货等。

3. ABC 【解析】本题考查所有者权益。所有者权益的来源包括所有者投入的资本、直接计入所有者权益的利得和损失、留存收益。

4. ABC 【解析】本题考查反映经营成果的会计要素。反映企业经营成果的会计要素包括收入、费用和利润。

5. ABC 【解析】本题考查资产的特征。选项D属于确认资产的条件之一。选项E错误，企业的负债是只能由过去的交易活动或本期经济业务所形成，且必须于未来某一特定时期予以清偿的现时义务。

6. ABE 【解析】本题考查经济业务发生所引起的会计要素的变动。经济业务发生所引起的会计要素的变动情况，主要有以下九种情况：(1)一项资产和一项负债同时等额增加；(2)一项资产和一项所有者权益同时等额增加；(3)一项资产和一项负债同时等额减少；(4)一项资产和一项所有者权益同时等额减少；(5)一项资产增加，另一项资产等额减少，负债和所有者权益要素不变；(6)一项负债增加，另一项负债等额减少，资产和所有者权益要素不变；(7)一项负债增加，另一项所有者权益等额减少，资产要素不变；(8)一项负债减少，另一项所有者权益等额增加，资产要素不变；(9)一项所有者权益增加，另一项所有者权益等额减少，资产和负债要素不变。

7. ACD 【解析】本题考查会计要素确认和计量基本原则。会计要素确认和计量原则包括权责发生制原则、配比原则、历史成本原则、划分收益性支出和资本性支出原则。

8. CDE 【解析】本题考查会计基本前提。会计的基本前提包括会计主体、持续经营、会计分期、货币计量。

9. BDE 【解析】本题考查会计信息质量要求。会计信息质量要求包括可靠性、相关性、清晰性、可比性、实质重于形式、重要性、谨慎性、及时性。选项A属于会计的基本前提，选项C属于会计要素确认和计量的基本原则。

10. ABC 【解析】本题考查会计信息质量要求。谨慎性原则在会计上的应用是多方面的，如存货在物价上涨时期的计价采用后进先出法，采用成本与可变现净值孰低法对存货进行期末计价，对应收账款计提坏账准备，固定资产采用加速折旧法，对可能发生的资产损失计提减值准备等。选项 D 属于实质重于形式的要求。选项 E 错误，谨慎性原则的应用并不允许企业设置秘密准备。

本章思维导图

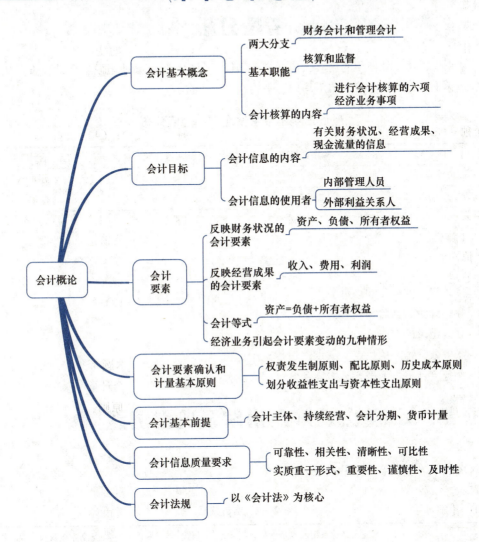

第29章 会计循环

考情分析

本章主要讲述会计循环的内容，包括会计确认、会计计量、会计记录、会计报告。从最近三年的考题来看，本章分值分布不均匀、平均在 5 分左右。

最近三年本章考试题型、分值分布

年份	单项选择题	多项选择题	合计
2019 年	4 题 4 分	2 题 4 分	6 题 8 分
2018 年	2 题 2 分	1 题 2 分	3 题 4 分
2017 年	2 题 2 分	1 题 2 分	3 题 4 分

本章主要考点

1. 会计确认的概念和标准。
2. 会计计量的概念和属性。
3. 会计记录的方法。
4. 账务处理程序的优点、缺点、适用范围。
5. 财务会计报告的概念、内容和会计报表的分类。

重点、难点讲解及典型例题

考点一 会计确认（见表 29-1）

表 29-1 会计确认

概念	会计数据进入会计系统时确定如何进行记录的过程，是要明确某一经济业务涉及哪个会计要素的问题
主要解决的问题	是否需要确认→何时进行确认→确认为哪个要素
确认的标准	(1)经济业务活动项目的交易性质符合会计要素要求； (2)能明确评估与该项目有关的未来经济利益流入或流出企业的不确定性； (3)项目有计量属性，能够可靠计量

【例1·多选题】会计确认主要解决的问题包括( )。

A. 确定某一经济业务是否需要进行确认

B. 确定一项经济业务的货币金额

C. 确定某一经济业务应在何时进行确认

D. 确定某一经济业务应确认为哪个会计要素

E. 为编制财务报告积累数据

解析 ▶ 本题考查会计确认。会计确认主要解决三个问题：(1)确定某一经济业务是否需要进行确认；(2)确定该业务应在何时进行确认；(3)确定该业务应确认为哪个会计要素。

答案 ▶ ACD

▶ **考点二　会计计量属性**(见表29-2)

表29-2　会计计量属性

计量属性	内容
历史成本	以取得资产时实际发生的成本作为资产的入账价值
重置成本	企业重新取得某项与其已有资产相同或功能相近的资产时，所要支付的现金或现金等价物 【适用前提】资产处于使用状态，且能够继续使用，对所有者具有使用价值
可变现净值	以预计售价减去完工时预计发生的成本、预计销售费用以及相关税费后的金额 【提示】存货跌价准备的计提按照成本和可变现净值孰低计量考虑
现值	将预计的未来现金流入扣除未来现金流出后的余额，用适当的折现率折现后得到的价值
公允价值	在公平交易中，熟悉情况的交易双方自愿进行资产交换或者债务清偿的金额

【注意】企业对会计要素进行计量时，一般应当采用**历史成本**，采用重置成本、可变现净值、现值、公允价值计量的，应当保证所确定的会计要素金额能够取得并可靠计量。

【例2·单选题】企业重新取得某项与其已有资产相同或功能相近的资产时需要支付的现金或现金等价物的金额，会计上称为(　　)。

A. 重置成本　　　　　　　　　B. 历史成本
C. 可变现净值　　　　　　　　D. 公允价值

解析 ▶ 本题考查会计计量的属性。重置成本是指企业重新取得某项与其已有资产相同或功能相近的资产时需要支付的现金或现金等价物。

答案 ▶ A

▶ **考点三　会计记录的方法**

(一)设置账户(见表29-3)

表29-3　设置账户

分类	按反映会计要素的具体内容	分为资产类、负债类、所有者权益类、成本类、费用类和损益类账户
	按提供信息的详细程度及其统驭关系	分为：总分类账户、明细分类账户
账户结构	资产、成本、费用类账户	(1)借方登记增加额、贷方登记减少额； (2)期末余额=期初余额+本期借方发生额-本期贷方发生额
	负债、所有者权益、收入类账户	(1)借方登记减少额、贷方登记增加额； (2)期末余额=期初余额+本期贷方发生额-本期借方发生额
基本关系	期末余额=期初余额+本期增加发生额-本期减少发生额	

(二)复式记账

复式记账是对每一项经济业务都要以相等的金额,同时计入两个或两个以上的有关账户的一种记账方法。主要方法有借贷记账法、收付记账法和增减记账法,其中**借贷记账法**应用最广泛,具体内容见表29-4。

表29-4 借贷记账法和试算平衡

借贷记账法	含义	以"借""贷"作为记账符号,反映各项会计要素增减变动情况
	基本结构	左方为借方,右方为贷方
		资产类账户　　　借方记增加,贷方记减少,余额一般在借方
		负债、所有者权益类账户　　贷方记增加,借方记减少,余额一般在贷方
	记账规则	"有借必有贷,借贷必相等"
试算平衡	含义	通过编制总分类账户试算平衡表进行的,一般是采用发生额试算平衡的方法,也可以采用余额试算平衡的方法,要求都是借贷平衡
	规则	(1)发生额试算平衡法公式: 全部账户本期借方发生额合计=全部账户本期贷方发生额合计 (2)余额试算平衡法公式: 全部账户的借方期初余额合计=全部账户的贷方期初余额合计 全部账户的借方期末余额合计=全部账户的贷方期末余额合计

(三)填制和审核凭证

会计凭证是指记录经济业务、明确经济责任的书面证明,也是登记账簿的依据。

会计凭证按照其填制程序和用途可以分为原始凭证和记账凭证。

(1)原始凭证——经济业务发生时取得或填制的,证明业务发生。

(2)**记账凭证**——根据审核无误的原始凭证或汇总原始凭证填制,作为登记账簿的直接依据。

(四)登记账簿

(1)按照账簿的用途,账簿可分为序时账簿、分类账簿和备查账簿。

(2)对账工作要做到账证相符、账账相符、账实相符、账表相符,至少每年进行一次。

【例3·单选题】下列账户记录方法中,符合资产类账户记账规则的是( )。

A. 增加记贷方

B. 减少记借方

C. 增加记借方

D. 余额在贷方

解析 ▶ 本题考查会计记录的方法。资产类账户增加记借方,减少记贷方,余额在借方。负债与所有者权益类账户增加记贷方,减少记借方,余额在贷方。　　答案 ▶ C

▶ 考点四 账务处理程序

(一)账务处理程序的概述

账务处理程序的基本模式:**原始凭证→记账凭证→会计账簿→会计报表**。

不同账务处理程序的主要区别在于登记总分类账的依据和方法不同。

(二)会计账务处理程序的比较(见表29-5)

表 29-5　会计账务处理程序的比较

类别	程序	优点	缺点	适用范围
记账凭证	原始凭证→记账凭证→总分类账	可以详细反映经济业务的发生情况	登记总分类账的工作量较大	规模较小、经济业务量较少的单位
汇总记账凭证	原始凭证→记账凭证→汇总记账(收款、付款、转账)凭证→总分类账	减轻了登记总分类账的工作量，便于了解账户之间的对应关系	按每一贷方科目编制汇总转账凭证，不利于会计分工，当转账凭证较多时，工作量大	规模较大、经济业务较多的单位
科目汇总表	原始凭证→记账凭证→科目汇总表→总分类账	减轻了登记总分类账的工作量，并可做到试算平衡	不能反映账户对应关系，不利于查对账目	经济业务较多的单位
多栏式日记账	收款凭证和付款凭证→多栏式现金日记账、银行存款日记账→总分类账	可减少登记总分类账的工作量	若经济业务多，会造成日记账栏目过多、账页庞大、容易串行串栏、不便于登记	生产经营规模大、经济业务量多，但使用会计科目较少的单位
日记总账	日记账和总分类账结合起来称为日记总账	简单易行	所有科目都设在一张账页内，导致账页过长、不便于记账和查阅	经济业务量少，使用会计科目也较少的单位

【例4·单选题】 记账凭证账务处理程序的适用范围是(　　)。

A. 规模较大、经济业务量较多的单位

B. 采用单式记账的单位

C. 规模较小、经济业务量较少的单位

D. 会计科目较多的单位

解析 ▶ 本题考查账务处理程序。记账凭证账务处理程序适用于规模较小、经济业务量较少的单位。

答案 ▶ C

▶考点五　财务会计报告

(一)财务会计报告的概念

财务会计报告，是指企业对外提供的反映企业在某一特定日期财务状况和某一会计期间经营成果、现金流量等会计信息的文件。

(二)财务会计报告的内容

财务会计报告包括会计报表及其附注和其他应当在会计报告中披露的相关信息和资料。会计报表至少应当包括资产负债表、利润表、现金流量表等报表。小企业编制的会计报表可以不包括现金流量表。

(三)会计报表的分类

(1)会计报表按其所反映的经济内容不同，可分为反映财务状况的报表、反映经营成果的报表和反映现金流量的报表三类。

(2)会计报表按报送对象的不同，可分为对外会计报表和对内会计报表。

【例5·单选题】 按照所反映经济内容的不同，企业会计报表可分为(　　)。

A. 对外会计报表和对内会计报表

B. 年度会计报表、季度会计报表、月份会计报表

C. 财务状况报表、经营成果报表和现金流量报表

D. 预算报表和决算报表

解析 本题考查会计报表的分类。会计报表按照其所反映的经济内容不同，可分为反映财务状况的报表、反映经营成果的报表和反映现金流量的报表三类。 **答案** C

历年考题解析

一、单项选择题

1. (2019年)会计计量的目的是( )。
   A. 确定经济业务发生时涉及会计要素变化的数量
   B. 在会计报表上对外反映会计要素变化结果
   C. 确定会计要素如何计量在会计报表上
   D. 选择进行会计要素记录的方法和手段

   解析 本题考查会计计量。会计计量目的是进一步明确一项经济业务所带来的某一会计要素变化的数量为多少，体现了会计信息的定量化特点。 **答案** A

2. (2019年)借贷记账法的记账规则是( )。
   A. 有收必有付，收付必相等
   B. 有借必有贷，借贷必相等
   C. 收支平衡，略有结余
   D. 资产同增，负债同减

   解析 本题考查借贷记账法。借贷记账法的记账规则是"有借必有贷，借贷必相等"。 **答案** B

3. (2019年)根据会计报表的编制主体不同，会计报表可分为( )。
   A. 反映财务状况的会计报表、反映经营成果的会计报表和反映现金流量的会计报表
   B. 个别会计报表和合并会计报表
   C. 年度会计报表和月度会计报表
   D. 对外会计报表和对内会计报表

   解析 本题考查会计报表的分类。选项A按会计报表反映经济内容的不同进行分类。选项C按会计报表编制时间范围的不同进行分类。选项D按会计报表报送对象的不同进行分类。 **答案** B

4. (2019年)关于财务会计报告的说法，错误的是( )。
   A. 财务会计报告可以反映企业财务状况、经营成果和现金流量等会计信息
   B. 会计报告是对账簿记录资料进行的再加工
   C. 我国小企业对外提供的会计报表应当包括资产负债表、利润表、现金流量表、会计报表附注等内容
   D. 在编制财务会计报告之前，必须进行财产清查

   解析 本题考查财务会计报告的内容。小企业编制的会计报表可以不包括现金流量表。 **答案** C

5. (2018年)下列会计活动中，属于会计记录方法的是( )。
   A. 设置账户
   B. 编制会计报表
   C. 财务分析
   D. 预算管理

   解析 本题考查会计记录的方法。会计记录的方法主要包括设置账户、复式记账、填制和审核凭证、登记账簿。 **答案** A

6. (2018年)在采用借贷记账法进行记账时，资产类账户的记录规则是( )。
   A. 借方记录增加额，期末余额在贷方
   B. 借方记录增加额，贷方记录减少额
   C. 借方记录减少额，贷方记录增加额
   D. 借方记录减少额，期末余额在贷方

   解析 本题考查会计记录。资产类账户，借方登记增加额，贷方登记减少额，余额

在借方。　　　　　　　答案▶B

7. (2017年)按提供信息的详细程度及其统驭关系分类，账户可以分为(　)。
   A. 总分类账户和明细分类账户
   B. 一级账户和二级账户
   C. 资产类账户和权益类账户
   D. 基本账户和辅助账户

   解析▶本题考查会计记录。按提供信息的详细程度及其统驭关系分类，账户可以分为总分类账户和明细分类账户。　答案▶A

8. (2017年)按照记账凭证账务处理程序进行记账时，正确的做法是(　)。
   A. 根据原始凭证编制记账凭证
   B. 根据账簿记录编制记账凭证
   C. 根据明细账编制记账凭证
   D. 根据会计报表记录总分类账

   解析▶本题考查账务处理程序。记账凭证账务处理程序根据原始凭证编制记账凭证，然后直接根据记账凭证逐笔登记总分类账。　　　　　　答案▶A

二、多项选择题

1. (2019年)下列属于会计计量属性的有(　)。
   A. 历史成本　　　B. 现值
   C. 货币计量　　　D. 公允价值
   E. 重置成本

   解析▶本题考查会计计量属性。会计计量属性包括历史成本、重置成本、可变现净值、现值、公允价值。　答案▶ABDE

2. (2019年)按照借贷记账法的记账规则，借方登记增加额的账户有(　)。
   A. 所有者权益类账户
   B. 费用类账户
   C. 资产类账户
   D. 收入类账户
   E. 负债类账户

   解析▶本题考查会计记录的方法。资产、成本、费用类账户，借方登记增加额、贷方登记减少额；负债、所有者权益、收入类账户，借方登记减少额、贷方登记增加额。　　　　　　　答案▶BC

3. (2018年)我国企业通常采用的主要账务处理程序包括(　)。
   A. 记账凭证账务处理程序
   B. 汇总记账凭证账务处理程序
   C. 科目汇总表账务处理程序
   D. 日记总账账务处理程序
   E. 序时记账账务处理程序

   解析▶本题考查账务处理程序。目前，我国各经济单位通常采用的主要账务处理程序有五种：记账凭证账务处理程序、汇总记账凭证账务处理程序、科目汇总表账务处理程序、多栏式日记账账务处理程序和日记总账账务处理程序。　答案▶ABCD

同步系统训练

一、单项选择题

1. 企业在进行会计要素计量时，一般应当采用的计量属性是(　)。
   A. 公允价值　　　B. 重置成本
   C. 现值　　　　　D. 历史成本

2. 关于会计计量属性的说法，错误的是(　)。
   A. 在资产负债表日，存货应当按照成本和可变现净值孰低计量，对可变现净值低于存货成本的差额，应当计提存货跌价准备，计入当期损益
   B. 我国会计法规定，会计的计量单位只能是货币
   C. 现值是以估计的未来现金流入扣除未来现金流出后的余额，用恰当的折现率予以折现而得到的价值
   D. 企业采用重置成本、可变现净值、现值、公允价值计量的，应当保证所确定的会计要素金额能够取得并可靠计量

3. 资产类账户的发生额与余额之间的关系是(　)。

A. 期初余额+本期贷方发生额=期末余额

B. 期初余额+本期借方发生额-本期贷方发生额=期末余额

C. 期初余额+本期贷方发生额-本期借方发生额=期末余额

D. 期初余额+本期借方发生额=期末余额

4. 下列账户记录方法中，符合负债类账户记账规则的是（ ）。

   A. 增加记借方　　B. 增加记贷方
   C. 减少记贷方　　D. 期末无余额

5. 负债账户的期初余额为贷方1 000元，本期借方发生额7 000元，本期贷方发生额8 000元，该账户的期末余额为（ ）。

   A. 借方1 000元
   B. 贷方2 000元
   C. 借方0元
   D. 贷方14 000元

6. 借贷记账法下，可以在账户借方登记的是（ ）。

   A. 资产的减少
   B. 负债的增加
   C. 收入的减少
   D. 所有者权益的增加

7. 关于借贷记账法的说法，正确的是（ ）。

   A. 账户借方登记增加额，贷方登记减少额，余额在借方
   B. 一个企业的全部借方账户与全部贷方账户相对应
   C. 从单个账户看，借方发生额等于贷方发生额
   D. 一个企业全部账户本期借方发生额合计等于全部账户本期贷方发生额合计

8. 在经济业务发生时取得或填制，用以证明经济业务的发生或完成情况的会计凭证是（ ）。

   A. 记账凭证　　B. 原始凭证
   C. 转账凭证　　D. 付款凭证

9. 关于登记账簿的说法，错误的是（ ）。

   A. 设置和登记账簿，是会计工作得以开展的基础环节

   B. 对账工作至少每年进行两次
   C. 对账时要做到账证相符、账账相符、账实相符、账表相符
   D. 按照账簿的用途，账簿可分为序时账簿、分类账簿和备查账簿

10. 在会计账务处理中，对发生的经济业务事项都要根据原始凭证或汇总原始凭证编制记账凭证，然后直接根据记账凭证逐笔登记总分类账。这种账务处理程序是（ ）。

    A. 记账凭证账务处理程序
    B. 汇总记账凭证账务处理程序
    C. 科目汇总表账务处理程序
    D. 日记总账账务处理程序

11. 记账凭证账务处理程序的优点是（ ）。

    A. 详细反映经济业务的发生情况
    B. 编制汇总转账凭证的工作量小
    C. 反映账户之间的对应关系
    D. 减轻了登记总分类账的工作量

12. 汇总记账凭证账务处理程序适用于（ ）。

    A. 规模较小，业务较少的单位
    B. 规模较小，业务较多的单位
    C. 规模较大，业务较多的单位
    D. 规模较大，业务较少的单位

13. 将会计报表分为对外会计报表和对内会计报表的依据是（ ）。

    A. 会计报表所反映的经济内容
    B. 会计报表报送对象
    C. 会计报表编报主体
    D. 会计报表编制的时间范围

二、多项选择题

1. 会计循环的环节包括（ ）。

   A. 会计记录　　B. 预测分析
   C. 会计计量　　D. 财务分析
   E. 会计报告

2. 在历史成本计量下，资产的计量依据可以是（ ）。

   A. 购置时支付的现金
   B. 购置时支付的现金等价物的金额
   C. 购置时所付出的对价的公允价值

D. 正常对外销售时所能收到的现金

E. 在公平交易中，熟悉情况的交易双方自愿进行资产交换的金额

3. 以下属于复式记账法的有( )。
   A. 重复记账法 B. 借贷记账法
   C. 增减记账法 D. 收付记账法
   E. 左右记账法

4. 在借贷记账法下，经济业务发生时贷方登记增加额的账户有( )。
   A. 负债类账户 B. 费用类账户
   C. 资产类账户 D. 收入类账户
   E. 所有者权益类账户

5. 填制和审核会计凭证的作用包括( )。
   A. 明确经济责任
   B. 控制经济活动
   C. 提供记账依据
   D. 保证会计资料真实正确

E. 对会计要素进行分类

6. 会计凭证按其填制程序和用途可以分为( )。
   A. 分类凭证 B. 原始凭证
   C. 记账凭证 D. 现金凭证
   E. 明细凭证

7. 关于财务会计报告的说法，正确的有( )。
   A. 小企业编制的会计报表可以不包括现金流量表
   B. 编制财务会计报告之前，可以不进行财产清查
   C. 会计报表是会计核算的最终结果
   D. 财务会计报告包括会计报表、会计报表附注和其他需披露的相关信息和资料
   E. 企业对外提供的会计报表包括资产负债表、利润表、现金流量表等

同步系统训练参考答案及解析

一、单项选择题

1. D 【解析】本题考查会计计量的属性。企业在对会计要素进行计量时，一般应当采用历史成本。

2. B 【解析】本题考查会计计量的属性。选项B错误，会计计量单位主要是货币量度，同时为了管理的需要，也辅之以各种实物量度。

3. B 【解析】本题考查会计记录的方法。对于资产、成本、费用类账户：期末余额＝期初余额＋本期借方发生额－本期贷方发生额。

4. B 【解析】本题考查会计记录的方法。负债与所有者权益类账户增加记贷方，资产类账户增加记借方。

5. B 【解析】本题考查会计记录的方法。负债类账户期末余额＝期初余额＋本期贷方发生额－本期借方发生额，所以，期末余额＝1 000＋8 000－7 000＝2 000(元)。

6. C 【解析】本题考查会计记录的方法。借贷记账法下，借方核算资产期初、期末余额，资产、成本、费用的增加，负债、所有者权益、收入的减少。贷方核算负债与所有者权益期初、期末余额，负债、所有者权益、收入的增加，资产、成本、费用的减少。

7. D 【解析】本题考查借贷记账法。在借贷记账法下，全部账户本期借方发生额合计＝全部账户本期贷方发生额合计。

8. B 【解析】本题考查原始凭证的概念。原始凭证是在经济业务发生时取得或填制的，用以证明经济业务的发生或完成情况，并作为记账原始依据的会计凭证。

9. B 【解析】本题考查会计记录的方法。对账工作至少每年进行一次，选项B错误。

10. A 【解析】本题考查账务处理程序。记账凭证账务处理程序是指对发生的经济业务事项，都要根据原始凭证或汇总原始凭证编制记账凭证，然后直接根据记账凭证逐笔登记总分类账的一种账务处

理程序。

11. A 【解析】本题考查账务处理程序。记账凭证账务处理程序简单明了，易于理解，总分类账可以较详细地反映经济业务的发生情况。其缺点是：登记总分类账的工作量较大。

12. C 【解析】本题考查账务处理程序。汇总记账凭证账务处理程序适用于规模较大、经济业务较多的单位。

13. B 【解析】本题考查会计报表的分类。会计报表按照报送对象不同分为：对外会计报表、对内会计报表。

二、多项选择题

1. ACE 【解析】本题考查会计循环。会计上将按照确认、计量、记录和报告为主要环节的会计基本程序及相应方法称为会计循环。因此，会计循环的环节主要包括会计确认、会计计量、会计记录和会计报告。

2. ABC 【解析】本题考查会计计量的属性。在历史成本计量下，资产按照购置时支付的现金或者现金等价物的金额，或者按照购置资产时所付出的对价的公允价值计量。选项 D 是可变现净值，选项 E 是公允价值。

3. BCD 【解析】本题考查复式记账法。主要的复式记账法有借贷记账法、收付记账法和增减记账法。

4. ADE 【解析】本题考查借贷记账规则。负债、所有者权益、收入类账户，借方登记减少额，贷方登记增加额。资产、成本、费用类账户，借方登记增加额，贷方登记减少额。

5. ABCD 【解析】本题考查会计凭证。通过填制和审核会计凭证，可以控制经济活动，保证会计资料真实正确，明确经济责任，为记账提供可靠依据，保证会计记录真实可靠。

6. BC 【解析】本题考查会计凭证的分类。会计凭证按其填制程序和用途可以分为原始凭证和记账凭证两类。

7. ACDE 【解析】本题考查财务会计报告。编制财务会计报告之前，为了保证报告的数字真实可靠，必须做到账证、账账、账实相符，必须进行财产清查，选项 B 错误。

本章思维导图

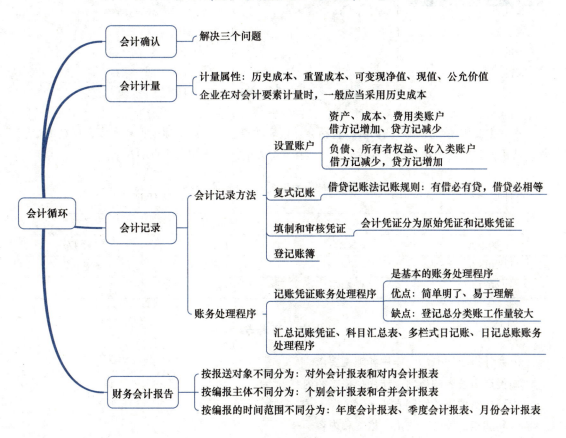

第30章 会计报表

考情分析

本章主要讲述会计报表的内容,包括会计报表的概念、资产负债表、利润表、现金流量表等。从最近三年的考题来看,本章分值一般在5分左右,属于相对重点的章节。

最近三年本章考试题型、分值分布

年份	单项选择题	多项选择题	合计
2019年	2题2分	1题2分	3题4分
2018年	4题4分	1题2分	5题6分
2017年	4题4分	1题2分	5题6分

本章主要考点

1. 会计报表的概念、作用和编制要求。
2. 资产负债表的概念、作用、格式和内容。
3. 资产负债表的编制方法。
4. 利润表的概念、作用、格式和内容。
5. 利润表的编制方法。
6. 现金流量表的概念、作用、格式和内容。
7. 现金流量表的编制方法。

重点、难点讲解及典型例题

▶ **考点一 会计报表概述**(见表30-1)

表30-1 会计报表概述

概念	(1)以日常账簿资料为主要依据编制的书面文件,用来反映企业财务状况、经营成果和现金流量等会计信息; (2)会计报表是企业会计核算的最终成果,是企业对外提供信息的主要形式,是对企业财务状况、经营成果和现金流量的结构性表述
内容	一套完整的会计报表至少应包括资产负债表、利润表、现金流量表、所有者权益变动表以及会计报表附注(四表一附注)
目标和作用	(1)向会计报表使用者提供与企业财务状况、经营成果和现金流量等有关的会计信息; (2)反映企业管理层受托责任的履行情况,有助于会计报表使用者做出经济决策

续表

编制要求	(1)依法对会计账簿记录进行审核,内容要全面; (2)编制要合法; (3)编制的报表应当真实可靠、全面完整、编报及时、便于理解
编制前的准备工作	(1)全面财产清查; (2)检查会计事项的处理结果

【例1·多选题】 根据《企业会计准则》的规定,一套完整的会计报表至少包括( )。

A. 利润表　　　　　　　　　　B. 利润分配表
C. 现金流量表　　　　　　　　D. 附注
E. 所有者权益变动表

解析 ▶ 本题考查会计报表。一套完整的会计报表至少应包括资产负债表、利润表、现金流量表、所有者权益变动表及附注。　　　　　　　　　　**答案** ▶ ACDE

▶ **考点二　资产负债表的格式和内容**

(一)资产负债表的概念

资产负债表是反映企业在某一特定日期**财务状况**的会计报表,是反映企业**静态**财务状况的一种报表。资产负债表编制时依据的会计等式是"**资产=负债+所有者权益**"。

(二)资产负债表的作用

(1)提供企业所拥有和控制的经济资源及相关信息,为分析资产分布的合理性提供依据。
(2)反映企业资金的来源渠道和构成分布情况。
(3)了解企业的财务状况,判断企业的偿债能力和支付能力。
(4)了解企业资金结构状况,判断企业财务状况的变化情况和趋势。

(三)资产负债表的格式

资产负债表的格式有账户式和报告式两种。我国采用**账户式**。

(四)资产负债表的内容(见表30-2)

表30-2　资产负债表的内容

项目	分类	在资产负债表上的排序	排序依据
资产类项目	流动资产 (1年或一个经营周期以内可变现)	货币资金、应收票据及应收账款、预付款项、其他应收款、存货和待摊费用等	按流动性(变现速度)进行排列,流动性越强,变现速度越快,项目越靠前
	非流动资产 (1年或一个经营周期以上变现)	长期股权投资、固定资产、在建工程、无形资产和其他非流动资产等	
负债类项目	流动负债 (偿还期在1年以内)	短期借款、应付票据及应付账款、预收款项、应付职工薪酬、应交税费、应付股利、其他应付款、持有待售负债和1年内到期的非流动负债	按到期日远近排列,先到期的排在前面,后到期的排在后面
	非流动负债 (偿还期在1年以上)	长期借款、应付债券、长期应付款、其他非流动资产等	
所有者权益	(1)所有者投入资本; (2)股本溢价和评估增值等引起的资本公积; (3)企业在生产经营过程中形成的盈余公积和未分配利润	实收资本、资本公积、盈余公积、未分配利润	—

【例2·多选题】下列对资产负债表的描述正确的有( )。
A. 资产负债表总括反映企业资金的来源渠道和构成情况
B. 资产负债表是反映企业经营成果的会计报表
C. 报告式资产负债表按上下顺序将资产、负债和所有者权益项目进行排列
D. 我国采用报告式资产负债表格式
E. 资产负债表以"资产=负债+所有者权益"的会计等式为基础

解析 ▶ 本题考查资产负债表。资产负债表是反映企业在某一特定日期财务状况的会计报表，选项B错误。我国采用账户式资产负债表格式，选项D错误。 **答案** ▶ ACE

【例3·多选题】下列项目中，属于流动资产的有( )。
A. 预付款项　　　　　　　　　B. 存货
C. 预收款项　　　　　　　　　D. 货币资金
E. 待摊费用

解析 ▶ 本题考查资产负债表。流动资产在资产负债表上排列为：货币资金、应收票据及应收账款、预付款项、其他应收款、存货和待摊费用等。选项C属于流动负债。 **答案** ▶ ABDE

▶ 考点三　资产负债表的编制方法（见表30-3）

表30-3　资产负债表的编制方法

方法	分类	主要项目		
直接填列法	根据总账科目期末余额填	"短期借款""应付职工薪酬""应交税费""实收资本""资本公积""盈余公积"		
分析计算填列法	根据若干总账科目期末余额分析计算填列	货币资金	库存现金+银行存款+其他货币资金期末余额	
		未分配利润	同为贷方余额	本年利润+利润分配期末余额
			余额方向相反	本年利润-利润分配
				贷方余额>借方余额时，直接填差额
				贷方余额<借方余额时，差额用负数填列
	根据总账科目期末余额与其备抵科目抵消后的数据填列	"固定资产""在建工程""无形资产""长期股权投资""其他应收款""持有待售资产"等		
		账户期末余额-备抵科目(减值准备)=填列的金额		
	根据有关明细账期末余额分析计算填列	预收款项	贷方余额(应收账款+预付款项)	
		其他应付款	贷方余额(其他应收款+其他应付款)	
	根据总账科目和明细科目余额分析计算填列	长期借款和其他非流动负债中1年内到期的列入"1年内到期的非流动负债"		
		存货	借方余额(物资采购+原材料+包装物+低值易耗品+自制半成品+生产成本+库存商品+材料成本)-存货跌价准备	

【例4·单选题】在资产负债表中，根据若干总账科目期末余额分析计算填列的项目是( )。
A. 货币资金　　　　　　　　　B. 长期借款
C. 短期借款　　　　　　　　　D. 资本公积

解析 ▶ 本题考查资产负债表。货币资金根据库存现金、银行存款和其他货币资金科目期末余额的合计数填列。此外,还有未分配利润也是根据若干总账科目期末余额分析计算填列。

答案 ▶ A

▶ 考点四 利润表(见表30-4)

表30-4 利润表

概念	利润表是反映企业在一定会计期间**经营成果**的报表,是一张**动态**的会计报表
编制基础	编制时依据的会计等式是"**收入-费用=利润**"
作用	(1)分析企业利润的形成情况、增减变动及原因,考核企业经营目标、利润指标完成情况; (2)评价企业的经济效益、盈利能力、企业管理者的经营业绩和能力
基本格式	分为单步式和多步式,我国采用**多步式**
内容	(1)营业利润=营业收入-营业成本-税金及附加-销售费用-管理费用-研发费用-财务费用-资产减值损失-信用减值损失+其他收益+投资收益+公允价值变动收益+资产处置收益; (2)利润总额=营业利润(亏损以"-"号填列)+营业外收入-营业外支出; (3)净利润=利润总额(亏损以"-"号填列)-所得税费用
编制方法	利润表中有"本月数"和"本年累计数"两栏: (1)表中的"本月数"栏反映各项目的本月实际发生数; (2)表中的"本年累计数"栏反映各项目自年初起至本月末止的累计实际发生数; (3)在编制报表时,应根据有关损益类科目的本期累计发生额计算填列

【例5·多选题】 关于利润表的说法,正确的有( )。

A. 利润表是反映企业经营成果的会计报表
B. 利润表是一张静态会计报表
C. 多步式利润表分为正表项目和补充资料两大部分
D. 利润表的编制以"收入-费用=利润"的会计等式为基础
E. 利润表中一般设有"本月数"和"本年累计数"两栏

解析 ▶ 本题考查利润表。利润表是一张动态会计报表,选项B错误。

答案 ▶ ACDE

▶ 考点五 现金流量表

(一)现金和现金等价物

(1)现金:企业的库存现金及可以随时用于支付的存款,包括库存现金、银行存款、其他货币资金。

(2)现金等价物:企业持有的期限短、流动性强、易于转换为已知金额的现金和价值变动风险很小的投资,通常包括3个月内到期的债券投资。

(二)现金流量的影响因素(见表30-5)

表30-5 现金流量的影响因素

不影响现金流量	(1)现金项目与现金项目之间的增减变动(如从银行提取现金或将现金存入银行); (2)非现金项目与非现金项目之间的增减变动(如以固定资产清偿债务、用原材料或固定资产等对外投资)
影响现金流量	非现金项目与现金项目之间的增减变动(如用现金购买原材料、用现金对外投资、收回长期债券投资等)

(三)现金流量表的作用

(1)了解和评价企业获取现金的能力,预测未来现金流量。

(2)说明一定期间内现金流入和流出的原因,说明企业的偿债能力和支付股利的能力。

(3)分析企业未来获取现金的能力,对企业的整体财务状况作出客观评价。

(四)现金流量表的格式和内容

我国企业的现金流量表,由**报表正表和补充资料**两部分组成。正表是主体,采用**报告式**,补充资料在附注中披露。

(五)现金流量表的编制

1. 现金流量表的编制方法(见表 30-6)

表 30-6 现金流量表的编制方法

编制方法	含义	用途
直接法	通过现金收入和支出的主要类别反映企业经营活动的现金流量;以利润表中的本期营业收入为起点,调整与经营活动有关项目的增减变动,然后计算出经营活动现金流量	适用于编制现金流量正表
间接法	以本期净利润为起算点,调整不涉及现金的收入、费用、营业外收支及应收,应付等项目的增减变动,据此计算并列示经营活动的现金流量	适用于编制补充资料

2. 经营活动、投资活动以及筹资活动的现金流量(见表 30-7)

表 30-7 经营活动、投资活动和筹资活动的现金流量

分类	现金流入流出项目
经营活动现金流量	(1)销售商品、提供劳务收到的现金; (2)收到的税费返还; (3)收到的其他与经营活动有关的现金; (4)购买商品、接受劳务支付的现金; (5)支付给职工以及为职工支付的现金; (6)支付的各项税费; (7)支付的其他与经营活动有关的现金
投资活动现金流量	(1)收回投资所收到的现金; (2)取得投资收益所收到的现金; (3)处置固定资产、无形资产和其他长期资产所收回的现金净额; (4)处置子公司及其他营业单位收到的现金净额; (5)收到的其他与投资活动有关的现金; (6)购建固定资产、无形资产和其他长期资产所支付的现金; (7)投资支付的现金; (8)取得子公司及其他营业单位支付的现金净额; (9)支付的其他与投资活动有关的现金
筹资活动现金流量	(1)吸收投资收到的现金; (2)取得借款收到的现金; (3)收到的其他与筹资活动有关的现金; (4)偿还债务支付的现金; (5)分配股利、利润或偿付利息支付的现金; (6)支付的其他与筹资活动有关的现金

3. 附注披露的内容

(1)将净利润调节为经营活动现金流量——**间接法**。

调节项目：①没有实际支付现金的费用；②没有实际收到现金的收益；③不属于经营活动的损益；④经营性应收、应付项目的增减变动。

(2) 不涉及现金收支的投资和筹资活动。

(3) 现金流量净增加额。

【例6·多选题】 以下属于现金流量表中的现金及现金等价物的有( )。

A. 外埠存款 B. 银行汇票存款
C. 银行存款 D. 银行本票存款
E. 1年内到期的债券投资

解析 本题考查现金流量表。现金指企业的库存现金及可以随时用于支付的存款，包括库存现金、银行存款、其他货币资金(如外埠存款、银行汇票存款、银行本票存款等)。现金等价物是指企业持有的期限短、流动性强、易于转换为已知金额的现金，价值变动风险很小的投资，通常包括3个月内到期的债券投资等。

答案 ABCD

考点六　会计报表附注

(一)会计报表附注的含义

会计报表附注是对在资产负债表、利润表、现金流量表和所有者权益变动表等报表中列示项目的文字描述或明细资料，以及对未能在这些报表中列示项目的说明等。

(二)会计报表附注的作用

增强会计信息的可理解性、重要性、可比性，反映非数量信息和其他比报表本身更为详细的信息。

【知识链接】 会计报表相关知识总结(见表30-8)

表30-8　会计报表相关知识总结

类比项	状态	格式	提供的信息	会计要素	主要内容
资产负债表	静态报表	账户式和报告式，我国采用账户式	反映财务状况的信息，衡量偿债能力和支付能力	资产、负债、所有权权益	资产、负债、所有者权益
利润表	动态报表	单步式和多步式，我国采用多步式	反映经营成果的信息，衡量盈利能力	收入、费用、利润	营业利润、利润总额和净利润
现金流量表	动态报表	由正表和补充资料两部分组成	反映现金流量的信息，衡量企业经营状况是否良好，偿债能力强弱	—	经营活动、投资活动和筹资活动的现金流量

历年考题解析

一、单项选择题

1. (2019年)为了解企业的资产结构，需要查阅的会计报表是( )。
   A. 资产负债表
   B. 收入支出明细表
   C. 利润表
   D. 现金流量表

解析 本题考查资产负债表。资产负债表为报表使用者提供企业所拥有和控制掌握的经济资源及其分布和构成情况的信息，为经营者分析资产分布是否合理提供依据。

答案 A

2. (2019年)下列现金收支业务中，属于"经营活动产生的现金流量"的是( )。

A. 处置固定资产收到现金
B. 股东投入资本存入银行
C. 收到银行贷款存入银行
D. 销售商品收到现金

解析 本题考查现金流量表的编制方法。选项 A 属于投资活动产生的现金流量。选项 B、C 属于筹资活动产生的现金流量。

答案 D

3.（2018 年）企业会计报表应当根据经过审核的会计账簿记录和有关资料进行编制，真实地反映交易或事项的实际情况，体现了会计报表的（　　）要求。

A. 真实可靠　　　B. 编报及时
C. 全面完整　　　D. 便于理解

解析 本题考查会计报表的编制要求。会计报表的真实可靠是指企业会计报表要真实地反映交易或事项的实际情况，不能人为扭曲，会计报表应当根据经过审核的会计账簿记录和有关资料编制，这是保证会计报表质量的重要环节。

答案 A

4.（2018 年）在资产负债表中，资产类项目的排列顺序是（　　）。

A. 按照流动性进行排列，流动性强的排在后面
B. 按照到期日的远近进行排列，后到期的排在前面
C. 按照流动性进行排列，流动性强的排在前面
D. 按照到期日的远近进行排列，先到期的排在前面

解析 本题考查资产负债表的格式和内容。资产类项目的排列顺序是按照其流动性进行排列，即按照变现速度顺序进行排列。流动性强的项目排在前面，项目越靠前；流动性差的项目排在后面。

答案 C

5.（2018 年）假设某企业 2017 年实现营业收入 4 500 万元，发生营业成本 3 400 万元，缴纳税金及附加 200 万元，发生销售费用 90 万元、管理费用 80 万元、财务费用 20 万元；营业外收入 120 万元；发生营业外支出 20 万元，则该企业 2017 年的利润总额是（　　）万元。

A. 710　　　　　B. 810
C. 1 100　　　　D. 1 400

解析 本题考查利润表。营业利润＝营业收入－营业成本－税金及附加－销售费用－管理费用－研发费用－财务费用－资产减值损失－信用减值损失+其他收益+投资收益+公允价值变动收益+资产处置收益＝4 500－3 400－200－90－80－20＝710（万元）。利润总额＝营业利润+营业外收入－营业外支出＝710+120－20＝810（万元）。

答案 B

6.（2018 年）反映企业在一定会计期间内有关现金和现金等价物的流入和流出的报表称为（　　）。

A. 资产负债表
B. 所有者权益变动表
C. 现金流量表
D. 利润表

解析 本题考查现金流量表的概念。现金流量表是反映企业在一定会计期间内有关现金和现金等价物的流入和流出的报表。

答案 C

7.（2017 年）编制资产负债表依据的会计等式是（　　）。

A. 资产＝收入－费用
B. 资产＝负债+所有者权益
C. 资产＝投资+利润
D. 资产+负债＝所有者权益

解析 本题考查资产负债表的概念。资产负债表是以"资产＝负债+所有者权益"这一基本等式为基础进行编制的。

答案 B

8.（2017 年）下列资产项目中，流动性最强的是（　　）。

A. 应收票据及应收账款
B. 固定资产
C. 货币资金
D. 长期股权投资

解析 本题考查资产负债表的格式和内容。流动资产类的项目按照流动性的大小

在资产负债表上排列为：货币资金、应收票据及应收账款、预付款项、其他应收款、存货和待摊费用等。

答案 C

9. (2017年)已知某企业本年"业务收入"为560万元，"业务成本"为310万元，"管理费用"为150万元，"营业外支出"为40万元。假设不考虑其他因素，该企业本年营业利润为( )万元。

   A. 210 B. 100
   C. 250 D. -370

   解析 本题考查利润表。营业利润 = 营业收入 - 营业成本 - 管理费用 = 560 - 310 - 150 = 100(万元)。

   答案 B

10. (2017年)下列经济业务中，属于现金流量表中"经营活动产生的现金流量"项目的是( )。

    A. 企业取得银行贷款
    B. 企业处置固定资产取得现金
    C. 股东投入资本
    D. 企业销售商品取得现金

    解析 本题考查现金流量表的编制。选项A、C属于筹资活动产生的现金流量。选项B属于投资活动产生的现金流量。

    答案 D

二、多项选择题

1. (2019年)下列经济活动中，会导致企业现金流入的有( )。

   A. 购买原材料
   B. 用固定资产对外投资
   C. 出售固定资产
   D. 收到银行贷款
   E. 销售商品

   解析 本题考查现金流量。企业销售商品或提供劳务、出售固定资产、从银行取得借款等获得的现金为现金流入。选项A、B为现金流出。

   答案 CDE

2. (2018年)资产负债表的作用主要体现在( )。

   A. 通过分析资产负债表可以了解企业的偿债能力和支付能力
   B. 为报表使用者提供企业所拥有和控制的经济资源及其分布和构成情况的信息
   C. 通过资产负债表可以了解企业利润的形成过程，评价企业的盈利能力
   D. 通过前后期资产负债表的对比可以了解企业资金结构和财务状况的变化情况和趋势
   E. 反映企业资金的来源渠道和构成情况

   解析 本题考查资产负债表的作用。编制资产负债表的作用主要体现在：(1)资产负债表为报表使用者提供企业所拥有和控制掌握的经济资源及其分布和构成情况的信息，为经营者分析资产分布是否合理提供依据。(2)资产负债表总括反映企业资金的来源渠道和构成情况。(3)通过对资产负债表的分析，可以了解企业的财务状况，判断企业的偿债能力和支付能力。(4)通过对前后期资产负债表的对比分析，可以了解企业资金结构的变化情况，经营者、投资者和债权人据此可以掌握企业财务状况的变化情况和变化趋势。

   答案 ABDE

3. (2017年)关于资产负债表的说法，错误的有( )。

   A. 资产负债表主要用于反映企业的盈利能力
   B. 目前我国采用报告式资产负债表格式
   C. 资产负债表反映企业在某一特定日期的财务状况
   D. 资产负债表反映企业在一定会计期间的经营成果
   E. 资产负债表可以总括反映企业资金的来源渠道和构成情况

   解析 本题考查资产负债表。利润表是反映企业在一定会计期间经营成果的报表，用于反映企业的盈利能力，选项A、D错误。我国采用账户式的资产负债表，选项B错误。

   答案 ABD

同步系统训练

一、单项选择题

1. 关于会计报表的说法，错误的是（　）。
   A. 会计报表是企业会计核算的最终成果
   B. 会计报表提供的信息具有较强的时效性
   C. 会计报表是企业对内提供信息的主要形式
   D. 会计报表是对企业财务状况、经营成果和现金流量的结构性表述

2. 在资产负债表中，下列资产项目排在应收账款前面的是（　）。
   A. 货币资金　　B. 固定资产
   C. 长期股权投资　D. 存货

3. 在资产负债表中，负债类项目排列顺序的依据是（　）。
   A. 金额大小　　B. 变现的能力
   C. 重要程度　　D. 到期日的远近

4. 在资产负债表中，下列不属于流动负债的是（　）。
   A. 短期借款
   B. 应交税费
   C. 1年内到期的长期借款
   D. 预付账款

5. 在资产负债表中，根据总账科目余额直接填列的项目是（　）。
   A. 短期借款　　B. 应收账款
   C. 预付账款　　D. 存货

6. 某企业有关账户的期末余额如下："现金"2万元，"银行存款"10万元，"应收账款"5万元，"其他货币资金"3万元。在编制资产负债表时，"货币资金"项目的金额是（　）万元。
   A. 10　　　　B. 12
   C. 15　　　　D. 20

7. 关于资产负债表中"未分配利润"科目填列方法的说法，错误的是（　）。
   A. 未分配利润根据总账科目和明细科目期末余额分析计算填列

   B. 当本年利润和利润分配科目期末余额同为贷方余额时，未分配利润根据它们的余额之和填列
   C. 若本年利润和利润分配科目期末余额方向相反，当贷方余额大于借方余额时，直接填列差额
   D. 若本年利润和利润分配科目期末余额方向相反，当借方余额大于贷方余额时，差额用负数填列

8. 2019年年末，某公司"其他应收款"所属明细科目贷方余额为2 000元，"其他应付款"所属明细科目贷方余额为5 000元，"其他应收款"计提的坏账准备为60元，则资产负债表中"其他应付款"项目的期末数为（　）元。
   A. 7 000　　　B. 6 940
   C. 5 000　　　D. 4 940

9. 我国企业编制利润表多采用的格式是（　）。
   A. 报告式　　B. 多步式
   C. 单步式　　D. 账户式

10. 下列会计科目中，会影响企业利润表中营业利润的是（　）。
    A. 财务费用　　B. 营业外收入
    C. 营业外支出　D. 所得税

11. 某公司2019年度营业利润30万元，营业外收入3万元，营业外支出1万元，此外无其他项目。已知该公司所得税率为25%，则该公司的净利润为（　）万元。
    A. 24　　　　B. 28
    C. 30　　　　D. 32

12. 企业编制现金流量表的作用在于（　）。
    A. 提供企业一定会计期间内现金和现金等价物流入和流出的信息
    B. 提供企业盈利能力方面的信息
    C. 提供企业所拥有和控制的经济资源及其构成情况的信息

D. 提供企业财务状况、偿债能力和支付能力的信息

13. 我国企业采用（　　）编制现金流量表正表，在补充资料中提供按（　　）将净利润调节为经营活动现金流量的信息。
    A. 间接法，直接法
    B. 直接法，间接法
    C. 直接法，直接法
    D. 间接法，间接法

14. 某企业本期取得商品销售收入 280 万元，应收票据本期收回 21 万元，应收账款本期收回 60 万元，均以银行存款收讫。另外，当期因商品质量问题发生退货价款 3 万元，货款已通过银行转账支付。根据上述资料，在现金流量表中"销售商品、提供劳务收到的现金"为（　　）万元。
    A. 358　　　　　B. 356
    C. 298　　　　　D. 364

15. 2019 年某企业经营活动产生的现金流入量为 3 000 万元，现金流出量为 2 400 万元；投资活动产生的现金流入量为 300 万元，现金流出量为 1 400 万元；筹资活动产生的现金流入量为 1 500 万元，现金流出量为 1 000 万元；汇率变动导致现金流入量为 100 万元，则在该企业 2019 年度现金流量表上，现金和现金等价物净增加额为（　　）万元。
    A. 100　　　　　B. 600
    C. 4 900　　　　D. 0

二、多项选择题

1. 下列属于资产负债表中资产项目的有（　　）。
    A. 预收账款　　B. 待摊费用
    C. 在建工程　　D. 预提费用
    E. 货币资金

2. "存货"项目根据（　　）等科目期末借方余额之和减去"存货跌价准备"后的金额在资产负债表中填列。
    A. 低值易耗品　B. 物资采购
    C. 自制半成品　D. 原材料
    E. 固定资产

3. 编制资产负债表时，根据总账科目期末余额与其备抵科目抵消后的数据填列的项目有（　　）。
    A. 预付账款　　B. 固定资产
    C. 在建工程　　D. 无形资产
    E. 长期股权投资

4. 以下属于企业利润表的作用的有（　　）。
    A. 分析企业利润增减变动情况及原因
    B. 提供企业所拥有和控制的经济资源及其分布和构成情况的信息
    C. 提供企业财务状况、偿债能力和支付能力的信息
    D. 反映企业在一定会计期间内现金的流动情况
    E. 反映企业在一定会计期间的经营成果

5. 下列各项业务中，能够影响现金流量的有（　　）。
    A. 从银行中提取现金
    B. 用机器设备偿还债务
    C. 用固定资产对外投资
    D. 用现金购买原材料
    E. 收回长期债券投资

6. 关于我国企业现金流量表的说法，正确的有（　　）。
    A. 现金流量表由报表正表和补充资料两部分组成
    B. 现金流量表属于动态报表
    C. 正表是现金流量表的主体
    D. 现金流量表属于静态报表
    E. 正表按照现金流量的性质依次分类

7. 影响企业现金流量的因素包括（　　）。
    A. 生产活动　　B. 经营活动
    C. 投资活动　　D. 筹资活动
    E. 管理活动

8. 下列企业经济活动产生的现金变动中，属于"投资活动产生的现金流量"的有（　　）。
    A. 销售商品收到现金
    B. 支付职工工资付出现金
    C. 收回投资收到现金
    D. 处置固定资产收到现金

E. 取得银行借款收到现金

9. 下列业务中，因经营活动而引起现金流入的有(　　)。
   A. 收到的咨询收入
   B. 销售商品取得现金
   C. 收到投资收益
   D. 收到出口退税
   E. 处置固定资产收到现金

10. 以下属于现金流量表附注披露的内容的有(　　)。
    A. 将净利润调节为经营活动的现金流量
    B. 不涉及现金收支的投资活动和筹资活动
    C. 涉及现金收支的投资活动和筹资活动
    D. 现金流量净增加额
    E. 经营活动取得的现金

同步系统训练参考答案及解析

一、单项选择题

1. C 【解析】本题考查会计报表。选项C错误，会计报表是企业对外提供信息的主要形式。

2. A 【解析】本题考查资产负债表。在资产负债表中，流动资产项目的排序为：货币资金、应收票据及应收账款、预付账款、其他应收款、存货和待摊费用等。

3. D 【解析】本题考查资产负债表。负债类项目的排列按照到期日的远近进行排列，先到期的排在前面，后到期的排在后面。

4. D 【解析】本题考查资产负债表。流动负债在资产负债表上排列顺序为：短期借款、应付票据及应付账款、预收款项、应付职工薪酬、应交税费、应付股利、其他应付款、持有待售负债和1年内到期的非流动负债。选项D属于资产项目。

5. A 【解析】本题考查资产负债表。根据总账科目的期末余额直接填列的项目包括"短期借款""应付职工薪酬""应交税费""实收资本""资本公积""盈余公积"等项目都采用这种编制方法。

6. C 【解析】本题考查资产负债表。"货币资金"根据"库存现金""银行存款"和"其他货币资金"科目的期末余额合计数填列，即2+10+3=15(万元)。

7. A 【解析】本题考查资产负债表。未分配利润科目，根据若干总账科目期末余额分析计算填列，即根据本年利润和利润分配科目期末余额之和(同为贷方余额时)或之差(余额方向相反时)填列；贷方余额大于借方余额时，直接填列差额，借方余额大于贷方余额时，差额用负数填列。

8. A 【解析】本题考查资产负债表。"其他应付款"项目，根据"其他应收款"和"其他应付款"两个总账科目所属明细科目期末贷方余额之和填列，即5 000+2 000=7 000(元)。

9. B 【解析】本题考查利润表。我国企业的利润表多采用多步式。

10. A 【解析】本题考查利润表。营业利润=营业收入-营业成本-税金及附加-销售费用-管理费用-财务费用-资产减值损失+投资收益+公允价值变动收益。

11. A 【解析】本题考查净利润。利润总额=营业利润+营业外收入-营业外支出=30+3-1=32(万元)。净利润=利润总额-所得税费用=32×(1-25%)=24(万元)。

12. A 【解析】本题考查现金流量表的作用。编制现金流量表主要作用是为企业会计报表使用者提供企业一定会计期间内现金和现金等价物流入和流出的信息。

13. B 【解析】本题考查现金流量表。我国企业按直接法编制现金流量表正表，在补充资料中提供按间接法将净利润调节为经营活动现金流量的信息。

14. A 【解析】本题考查现金流量表。销售商品、提供劳务收到的现金=280+21+

60−3=358(万元)。

15. A 【解析】本题考查现金流量表。经营活动现金流量的净增加额＝3 000−2 400＝600(万元)，投资活动现金流量的净增加额＝300−1 400＝−1 100(万元)，筹资活动现金流量的净增加额＝1 500−1 000＝500(万元)，汇率变动导致现金流量的净增加额＝100(万元)，现金流量的净增加额＝600−1 100+500+100＝100(万元)。

二、多项选择题

1. BCE 【解析】本题考查资产负债表。流动资产在资产负债表上排列为：货币资金、应收票据及应收账款、预付账款、其他应收款、存货和待摊费用等。非流动资产在资产负债表上排列为：长期股权投资、固定资产、在建工程、无形资产和其他非流动资产等。选项A、D属于负债项目。

2. ABCD 【解析】本题考查资产负债表。"存货"项目根据"物资采购""原材料""包装物""低值易耗品""自制半成品""生产成本""库存商品""材料成本差异"等科目期末借方余额之和减去"存货跌价准备"后的金额填列。

3. BCDE 【解析】本题考查资产负债表。固定资产、在建工程、无形资产、长期股权投资、其他应收款、持有待售资产等都是根据该账户期末余额与其备抵科目抵消后

的金额填列。

4. AE 【解析】本题考查利润表。选项B、C为资产负债表的作用，选项D为现金流量表的作用。

5. DE 【解析】本题考查现金流量表。企业发生的经济业务若只是涉及现金各项目之间的变动或非现金项目之间的增减变动，都不会发生现金流量。发生的经济业务涉及现金各项目与非现金各项目之间的增减变动时，如用现金购买原材料、用现金对外投资、收回长期债券投资等，会影响现金流量。

6. ABCE 【解析】本题考查现金流量表。现金流量表属于动态报表，选项D错误。

7. BCD 【解析】本题考查现金流量表。影响现金流量的因素包括投资活动、经营活动和筹资活动。

8. CD 【解析】本题考查现金流量表。选项A、B属于"经营活动产生的现金流量"，选项E属于"筹资活动产生的现金流量"。

9. ABD 【解析】本题考查现金流量表。选项C、E属于投资活动产生的现金流入。

10. ABD 【解析】本题考查现金流量表。现金流量表附注披露的内容包括：(1)将净利润调节为经营活动的现金流量；(2)不涉及现金收支的投资和筹资活动；(3)现金流量净增加额。

本章思维导图

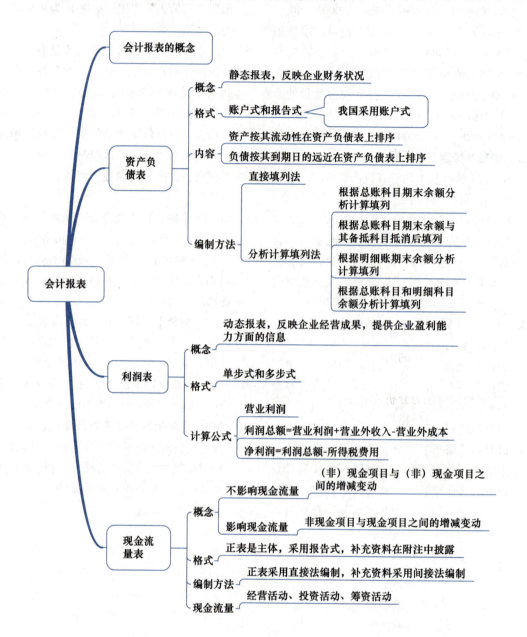

第31章 财务报表分析

考情分析

本章主要讲述财务报表分析的内容、基本方法和主要指标。从最近三年的考题来看,本章考试分值一般在3分左右。

最近三年本章考试题型、分值分布

年份	单项选择题	多项选择题	合计
2019年	2题2分	1题2分	3题4分
2018年	1题1分	1题2分	2题3分
2017年	—	1题2分	1题2分

本章主要考点

1. 财务报表分析的内容和基本方法。
2. 短期偿债能力分析指标——流动比率、速动比率、现金比率。
3. 长期偿债能力分析指标——资产负债率、产权比率、已获利息倍数。
4. 营运能力分析指标。
5. 盈利能力分析指标。

重点、难点讲解及典型例题

考点一 财务报表分析

(一)内容

(1)评价企业的偿债能力。
(2)评价企业资产的营运能力。
(3)评价企业的盈利能力。

偿债能力是企业财务目标实现的**稳健保证**,**营运能力**是企业财务目标实现的**物质基础**,盈利能力是前两者共同作用的结果。

(二)基本方法

(1)比率分析法。常用的财务比率有:相关比率、结构比率、效率比率。
(2)**比较分析法**(最基本的方法)。
(3)趋势分析法。

【例1·多选题】财务报表分析常用的方法包括( )。
A. 结构分析法　　　　　　　　　　B. 比较分析法

C. 比率分析法 D. 趋势分析法
E. 直线分析法

解析 本题考查财务报表分析方法。财务报表分析常用的方法包括比率分析法、比较分析法和趋势分析法等基本方法。

答案 BCD

考点二 偿债能力分析（见表31-1）

表31-1 偿债能力分析

类型	指标及公式	分析
短期偿债能力	流动比率 = $\dfrac{流动资产}{流动负债}$	(1)流动比率是衡量短期债务清偿能力最常用的比率，反映企业在短期内可变现的流动资产偿还到期流动负债的能力； (2)流动比率越高，说明资产的流动性越大、短期偿债能力越强；但是过高的流动比率，可能影响获利能力； (3)流动比率应维持在2∶1左右
	速动比率(酸性实验比率) = $\dfrac{速动资产}{流动负债}$	(1)速动比率反映企业短期内可变现资产偿还短期内到期债务的能力。比率越高，表明企业偿还流动负债的能力越强，比率应维持在1∶1左右较为理想； (2)速动资产等于流动资产扣除存货后的资产。扣除原因：存货是流动资产中流动性最差的一种，变现还会有一些损失； (3)分析速动比率时，要注重对应收账款变现能力的分析
	现金比率 = $\dfrac{现金}{流动负债}$	(1)反映企业的即刻变现能力； (2)此处的现金包括现金和现金等价物
长期偿债能力	资产负债率(负债比率) = $\dfrac{负债总额}{资产总额} \times 100\%$	(1)资产负债率是衡量企业利用债权人提供资金进行经营活动的能力。反映债权人发放贷款的安全程度； (2)如果企业的资产负债率较低(50%以下)，说明企业有较好的偿债能力和负债经营能力； (3)资产净利润率高于负债资本成本率的条件下，企业负债经营会因代价较小使所有者的收益增加
	产权比率 = $\dfrac{负债总额}{所有者权益总额} \times 100\%$	(1)产权比率用来表明资金来源的相对关系，反映基本财务结构是否稳定； (2)指标越低，债权人权益的保障程度越高，承担的风险越小，该指标同时也表明债权人投入的资本受到所有者权益保障的程度，或者说是企业清算时对债权人利益的保障程度
	已获利息倍数(利息保障倍数) = $\dfrac{利润总额+利息费用}{利息费用}$ 或 $\dfrac{息税前利润}{利息费用}$	(1)反映企业用经营所得支付债务利息的能力，用来衡量盈利能力对债务偿付的保证程度； (2)利息保障倍数至少应等于1。指标越高，支付债务利息的能力越强，企业长期偿债能力越强； (3)利息费用包括财务费用中的利息和计入固定资产成本的资本化利息

【例2·单选题】关于流动比率的说法，正确的是( )。
A. 流动比率可衡量企业长期偿债能力
B. 流动比率应维持为1∶1左右比较理想
C. 流动比率越高，说明资产的流动性越大，短期偿债能力越强

D. 流动比率可以用来衡量盈利能力对债务偿付的保证程度

解析 ▶ 本题考查偿债能力分析。流动比率是衡量企业短期偿债能力的指标，选项 A 错误。流动比率应维持在 2∶1 比较理想，选项 B 错误。已获利息倍数用来衡量盈利能力对债务偿付的保证程度，选项 D 错误。

答案 ▶ C

▶ 考点三　营运能力分析（见表 31-2）

表 31-2　营运能力分析

指标	表示方法	公式	作用
应收账款周转率	应收账款周转次数	应收账款周转次数=营业收入净额/应收账款平均余额； 营业收入净额=营业收入-销售退回、折让和折扣； 应收账款平均余额=(期初应收账款+期末应收账款)/2	反映年度内应收账款平均变现的次数
	应收账款周转天数	应收账款周转天数=360/应收账款周转次数； 应收账款周转天数=应收账款平均余额×360/营业收入净额(应收账款平均余额中不扣除坏账准备)	反映年度内应收账款平均变现一次所需要的天数
存货周转率	存货周转次数	存货周转次数=营业成本/平均存货； 平均存货=(期初存货+期末存货)/2	反映年度内存货平均周转的次数
	存货周转天数	存货周转天数=360/存货周转次数； 存货周转天数=平均存货×360/营业成本	反映年度内存货平均周转一次所需要的天数
流动资产周转率	—	流动资产周转率=营业收入净额/流动资产平均余额	反映企业流动资产的利用效率
总资产周转率	—	总资产周转率=营业收入净额/总资产平均余额	反映企业全部资产的使用效率

【例 3·单选题】 某企业本年度营业收入为 2 100 万元，销售退回 200 万元，销售折让 100 万元，期初应收账款余额为 800 万元，期末应收账款余额为 1 000 万元，则该企业应收账款周转次数为(　　)次。

A. 1　　　　　　　　　　　　　　B. 2
C. 3　　　　　　　　　　　　　　D. 4

解析 ▶ 本题考查营运能力分析。应收账款周转次数=营业收入净额/应收账款平均余额=(2 100-200-100)/[(1 000+800)/2]=2(次)。

答案 ▶ B

▶ 考点四　盈利能力分析（见表 31-3）

表 31-3　盈利能力分析的主要财务比率指标

指标及公式	作用
营业利润率=(营业利润/营业收入)×100%	营业利润率越大，增长越快，说明企业经营活动盈利能力越强
营业净利润率=(净利润/营业收入净额)×100%	反映企业盈利能力，指标越高说明企业从营业收入中获取利润的能力越强
资本收益率=[净利润/实收资本(或股本)]×100% (会计期间实收资本有变动时，公式中的实收资本应采用平均数)	资本收益率越高，说明企业资本的盈利能力越强，股份有限公司则股票升值

续表

指标及公式	作用
净资产收益率=(净利润/所有者权益平均余额)×100%	反映所有者对企业投资部分的盈利能力,指标越高说明企业所有者权益的盈利能力越强
资产净利润率(资产收益率)=(净利润/平均资产总额)×100%	资产净利润越高,说明企业全部资产的盈利能力越强。该指标与净利润成正比,与资产平均总额成反比
普通股每股收益=(净利润-优先股股利)/发行在外的普通股股数	反映普通股每股的盈利能力;每股收益越多,说明每股盈利能力越强
市盈率=普通股每股市场价格/普通股每股收益	市盈率高,表明投资者对公司的未来充满信心,愿意为每一元盈余多付买价
资本保值增值率=(期末所有者权益/期初所有者权益)×100%	反映企业资本的保全和增值情况;该指标越高,说明企业资本保全状况越好,所有者权益增长越快,债权人的权益越有保障,企业发展越强

【例4·单选题】下列财务指标中,反映投资者投入资本盈利能力的是( )。
A. 净资产收益率　　　　　　　B. 营业利润率
C. 资产周转率　　　　　　　　D. 营业净利润率

解析 本题考查盈利能力分析。净资产收益率反映所有者对企业投资部分的盈利能力,也叫所有者权益报酬率或净资产利润率。　　**答案** A

历年考题解析

一、单项选择题

1.(2019年)下列财务指标中,能够反映企业盈利能力的是( )。
A. 资产负债率
B. 应收账款周转率
C. 营业利润率
D. 流动比率

解析 本题考查盈利能力分析。盈利能力分析指标包括:营业利润率、营业净利润率、资本收益率、净资产收益率、资产净利润率、普通股每股收益、市盈率、资本保值增值率。　　**答案** C

2.(2019年)某企业2017年12月31日资产负债表反映,实收资本10 500万元,资本公积1 000万元,盈余公积2 000万元,未分配利润500万元;2018年12月31日资产负债表反映,该企业实收资本10 500万元,资本公积1 050万元,盈余公积2 100万元,未分配利润770万元。则2018年该企业资本保值增值率为( )。
A. 103%　　　　　B. 101.11%
C. 154%　　　　　D. 100%

解析 本题考查盈利能力分析。资本保值增值率=期末所有者权益÷期初所有者权益×100%=(10 500+1 050+2 100+770)÷(10 500+1 000+2 000+500)×100%=103%。　　**答案** A

3.(2018年)通常情况下,一个大型工业企业的流动比率、速动比率和现金比率的关系是( )。
A. 流动比率<速动比率<现金比率
B. 现金比率>流动比率>速动比率
C. 流动比率>速动比率>现金比率
D. 速动比率>流动比率>现金比率

解析 本题考查偿债能力分析。流动比率=流动资产/流动负债。速动比率=速动资产/流动负债。现金比率=现金/流动负债。假设该工业企业流动负债暂时不变,

则有流动资产>速动资产>现金，所以选项 C 正确。**答案** C

二、多项选择题

1. (2019年)在对财务报表进行比率分析时，常用的财务比率有( )。
   A. 结构比率 B. 效率比率
   C. 定基动态比率 D. 绝对数差异
   E. 相关比率

   解析 本题考查比率分析法。在比率分析中常用的财务比率有：相关比率、结构比率、效率比率。**答案** ABE

2. (2018年)下列财务指标中，能够反映企业营运能力的有( )。
   A. 市盈率 B. 总资产周转率
   C. 存货周转率 D. 应收账款周转率
   E. 已获利息倍数

   解析 本题考查营运能力分析。反映企业营运能力的是应收账款周转率、存货周转率、流动资产周转率、总资产周转率。**答案** BCD

3. (2017年)下列财务分析指标中，用来分析企业盈利能力的有( )。
   A. 营业利润率
   B. 资本保值增值率
   C. 应收账款周转次数
   D. 流动比率
   E. 市盈率

   解析 本题考查盈利能力分析。盈利能力分析指标包括营业利润率、营业净利润率、资本收益率、净资产收益率、资产净利润率、普通股每股收益、市盈率、资本保值增值率。**答案** ABE

同步系统训练

一、单项选择题

1. 已知某企业年末流动资产合计 800 万元，非流动资产合计 1 200 万元，流动负债合计 400 万元，非流动负债合计 400 万元，则该企业年末流动比率为( )。
   A. 2 B. 0.4
   C. 0.5 D. 2.5

2. 下列各项中，影响企业流动比率却不影响其速动比率的因素是( )。
   A. 企业的存货增加
   B. 从银行提取现金
   C. 偿还应付账款
   D. 应收账款计提坏账准备

3. 下列财务比率指标中，不属于用于分析企业短期偿债能力的是( )。
   A. 速动比率 B. 产权比率
   C. 现金比率 D. 流动比率

4. 现金比率反映的是( )。
   A. 企业可在短期内转变为现金的流动资产偿还到期流动负债的能力
   B. 企业用经营所得支付债务利息的能力
   C. 企业立即偿还到期债务的能力
   D. 企业利用债权人的资金进行经营活动的能力

5. 关于资产负债率的说法，错误的是( )。
   A. 等于资产总额对全部负债总额之比
   B. 也称负债比率或举债经营比率
   C. 用来衡量企业利用债权人提供资金进行经营活动的能力
   D. 反映债权人发放贷款的安全程度

6. 某企业年初资产总额为 3 000 万元，负债总额为 600 万元，所有者权益总额为 2 400 万元，则该企业年初的产权比率为( )。
   A. 50% B. 25%
   C. 150% D. 250%

7. 某企业利润总额为 3 000 万元，利息费用为 500 万元，所得税总额为 1 000 万元，其他税金总额为 300 万元，该企业的已获利息倍数是( )。
   A. 5 B. 7
   C. 2 D. 10

8. 以下属于分析企业资产流动情况的指标是( )。
   A. 应收账款周转率
   B. 资产净利润率
   C. 已获利息倍数
   D. 市盈率

9. 在计算应收账款周转天数时，应收账款平均余额( )。
   A. 应当扣除坏账准备
   B. 按期初应收账款金额计算
   C. 不应当扣除坏账准备
   D. 按期末应收账款金额计算

10. 以下反映企业流动资产利用效率的指标是( )。
    A. 速动比率
    B. 产权比率
    C. 总资产周转率
    D. 流动资产周转率

11. 下列指标中，能够反映企业盈利能力的是( )。
    A. 营业利润率   B. 资产负债率
    C. 速动比率   D. 存货周转率

12. 某企业本年净利润60万元，实收资本3 000万元，销售收入总额6 000万元，则该企业的资本收益率为( )。
    A. 1%   B. 2%
    C. 51%   D. 9%

13. 某公司普通股股票每股面值为1元，每股市价为3元，每股收益为0.2元，每股股利为0.15元，该公司无优先股，则该公司市盈率为( )。
    A. 15%   B. 20%
    C. 15   D. 20

14. 资本保值增值率是反映企业( )的指标。
    A. 偿债能力   B. 盈利能力
    C. 资产变现能力 D. 营运能力

15. 关于企业财务分析的说法，正确的是( )。
    A. 营业净利润率是营业收入净额与全部流动资产的平均余额的比率
    B. 流动资产周转率反映企业全部资产的使用效率
    C. 可以使用资产净利润率指标分析企业的盈利能力
    D. 市盈率是反映普通股每股盈利能力的指标

16. 某企业2019年年末的所有者权益中，股本3 000万元，资本公积250万元，盈余公积400万元，未分配利润200万元；该企业2018年年末的所有者权益中，股本2 500万元，资本公积500万元，盈余公积300万元，未分配利润700万元，则该企业2019年的资本保值增值率为( )。
    A. 96.25%   B. 108.3%
    C. 110.6%   D. 120%

二、多项选择题

1. 关于财政报表分析的说法，正确的有( )。
   A. 用于分析企业的偿债能力
   B. 用于评价企业的盈利能力
   C. 用于评价企业资产的营运能力
   D. 偿债能力是企业财务目标实现的物质基础
   E. 营运能力是企业财务目标实现的稳健保证

2. 财务报表分析的一般程序包括( )。
   A. 明确分析的目的，制订分析工作计划
   B. 收集有关的信息资料
   C. 根据分析目的，比较、研究所收集的资料
   D. 做出分析结论，提出分析报告
   E. 评价企业资产的营运能力

3. 下列各项中，属于反映企业偿债能力的指标有( )。
   A. 净资产总额   B. 资产负债率
   C. 流动比率   D. 总资产周转率
   E. 利润总额

4. 下列可能会造成流动比率过高的情况有( )。
   A. 应收账款占用过多
   B. 难以如期偿还债务
   C. 企业的流动资产占用较多

D. 在产品、产成品积压

E. 企业偿还银行贷款

5. 下列财务指标中,反映企业营运能力的有( )。
   A. 已获利息倍数　B. 资产负债率
   C. 资本收益率　　D. 存货周转率
   E. 流动资产周转率

6. 关于营运能力分析指标的说法,正确的有( )。
   A. 存货周转天数多,说明周转快,企业实现的利润会增加
   B. 应收账款周转慢,表明企业信用销售放宽
   C. 总资产周转率是企业营业收入净额与全部资产的平均余额的比率
   D. 存货周转缓慢,往往会造成企业利润下降
   E. 应收账款周转次数多,表明应收账款周转快

7. 关于资本收益率的说法,正确的有( )。
   A. 资本收益率是企业净利润与实收资本的比率
   B. 资本收益率越高,说明企业资本的盈利能力越强
   C. 资本收益率越高,对股份有限公司来说意味着股票升值
   D. 企业负债经营的规模直接影响资本收益率的高低
   E. 在不明显增加财务风险的条件下,负债越多,资本收益率越低

8. 关于市盈率的说法,正确的有( )。
   A. 市盈率高,表明投资者对公司的未来充满信心
   B. 一般认为,市盈率在5以下的股票,其前景看好
   C. 通常认为,市盈率在5~20之间是正常的
   D. 债务比重大的公司,股票市盈率通常较低
   E. 当人们预期公司利润增长时,市盈率通常会上升

同步系统训练参考答案及解析

一、单项选择题

1. A 【解析】本题考查偿债能力分析。流动比率=流动资产/流动负债=800/400=2。

2. A 【解析】本题考查偿债能力分析。速动比率是指速动资产同流动负债的比率。速动资产等于流动资产减去存货后的金额。所以企业存货的增加影响企业流动比率却不影响其速动比率。

3. B 【解析】本题考查偿债能力分析。速动比率、流动比率、现金比率是分析企业短期偿债能力的指标。资产负债率、产权比率、已获利息倍数是分析企业长期偿债能力的指标。

4. C 【解析】本题考查偿债能力分析。现金比率反映企业的即刻变现能力,可以显示企业立即偿还到期债务的能力。选项 A 是流动比率反映的,选项 B 是已获利息倍数反映的,选项 D 要用资产负债率来衡量。

5. A 【解析】本题考查偿债能力分析。选项 A 错误,资产负债率是指负债总额与全部资产总额之比。

6. B 【解析】本题考查偿债能力分析。产权比率=(负债总额/所有者权益总额)×100%=600/2 400×100%=25%。

7. B 【解析】本题考查偿债能力分析。已获利息倍数=息税前利润/利息费用=(利润总额+利息费用)/利息费用=(3 000+500)/500=7。

8. A 【解析】本题考查营运能力分析。应收账款周转率是分析企业资产流动情况的一项指标。

9. C 【解析】本题考查营运能力分析。应收账款周转天数=360/应收账款周转次数=(应收账款平均余额×360)/营业收入净额,

公式中的360为一年的法定天数。应收账款平均余额中不扣除坏账准备。

10. D 【解析】本题考查营运能力分析。流动资产周转率反映企业流动资产的利用效率。

11. A 【解析】本题考查盈利能力分析。盈利能力分析主要运用以下财务比率指标：营业利润率、营业净利润率、资本收益率、净资产收益率、资产净利润率、普通股每股收益、市盈率、资本保值增值率。选项B、C反映偿债能力，选项D反映营运能力。

12. B 【解析】本题考查盈利能力分析。资本收益率＝[净利润/实收资本（或股本）]×100%＝60/3 000×100%＝2%。

13. C 【解析】本题考查盈利能力分析。市盈率＝每股市价/每股收益＝3/0.2＝15。

14. B 【解析】本题考查盈利能力分析。资本保值增值率是反映企业盈利能力的指标。

15. C 【解析】本题考查盈利能力分析。流动资产周转率是营业收入净额与全部流动资产的平均余额的比率，选项A错误。总资产周转率反映企业全部资产的使用效率，选项B错误。普通股每股收益能反映普通股每股的盈利能力，每股收益越多，说明每股盈利能力越强，选项D错误。

16. A 【解析】本题考查盈利能力分析。资本保值增值率＝(期末所有者权益/期初所有者权益)×100%＝(3 000＋250＋400＋200)/(2 500＋500＋300＋700)×100%＝96.25%。

二、多项选择题

1. ABC 【解析】本题考查财务报表分析的内容。偿债能力是企业财务目标实现的稳健保证，营运能力是企业财务目标实现的物质基础，选项D、E错误。

2. ABCD 【解析】本题考查财务报表分析程序。财务报表分析的一般程序为：(1)明确分析的目的，制订分析工作计划；(2)收集有关的信息资料；(3)根据分析目的，运用科学的分析方法，深入比较、研究所收集的资料，计算有关财务指标；(4)做出分析结论，提出分析报告。

3. BC 【解析】本题考查偿债能力分析。反映企业偿债能力的指标有流动比率、速动比率、现金比率、资产负债率、产权比率、已获利息倍数。

4. ACD 【解析】本题考查偿债能力分析。过高的流动比率说明企业有较多的资金滞留在流动资产上未加以更好地运用，如出现存货超储积压、存在大量应收账款、拥有过分充裕的现金等，资金周转可能减慢，从而影响其盈利能力。选项A、C、D都会造成流动资产增加，在流动负债不变的情况下，会造成流动比率过高。

5. DE 【解析】本题考查营运能力分析。企业营运能力分析的指标有：应收账款周转率、存货周转率、流动资产周转率、总资产周转率。选项A、B是反映企业偿债能力的指标。选项C是反映企业盈利能力的指标。

6. BCDE 【解析】本题考查营运能力分析。存货周转天数多，说明周转慢，企业实现的利润会减少，选项A错误。

7. ABCD 【解析】本题考查盈利能力分析。在不明显增加财务风险的条件下，负债越多，资本收益率越高，负债经营规模的大小直接影响资本收益率的高低，选项E错误。

8. ACDE 【解析】本题考查盈利能力分析。一般认为，市盈率在5以下的股票，其前景暗淡，选项B错误。

本章思维导图

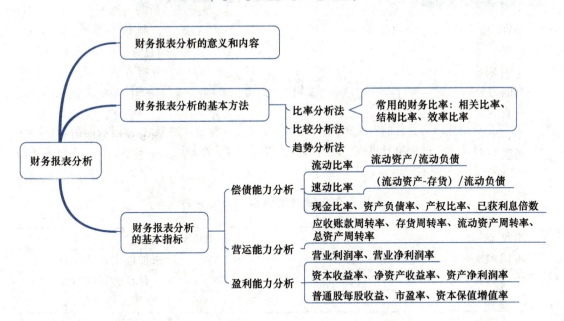

第32章 政府会计

考情分析

本章主要讲述政府会计的有关知识，主要内容包括政府会计的概念、政府预算会计要素、政府财务会计要素、政府决算报告、政府财务报告等内容。在最近三年的考试中，本章考题的平均分值在2~3分左右。

最近三年本章考试题型、分值分布

年份	单项选择题	多项选择题	合计
2019年	—	1题2分	1题2分
2018年	2题2分	1题2分	3题4分
2017年	—	1题2分	1题2分

本章主要考点

1. 政府会计的主体、构成、目标。
2. 政府预算会计要素。
3. 政府财务会计要素。
4. 政府决算报告。
5. 政府财务报告。

重点、难点讲解及典型例题

考点一 政府会计的概念（见表32-1）

表32-1 政府会计的概念

主体	各级政府、国家机关、军队、政党组织、社会团体、事业单位和其他单位
构成	(1)预算会计：提供与政府预算执行有关的信息，实行**收付实现制**，国务院另有规定的除外； (2)财务会计：提供与政府的财务状况、运行情况和现金流量有关的信息，实行**权责发生制**
目标	(1)提供有关信息，帮助信息使用者对资源分配作出决策，对会计主体财务状况、业绩和现金流量进行评价； (2)反映会计主体对受托资源的管理责任； (3)提供有关信息，利于预测持续经营所需资源、持续经营所产生资源以及风险和不确定性

【例1·多选题】 政府会计由( )构成。
A. 预算会计
B. 决算会计
C. 财务会计
D. 管理会计
E. 成本会计

解析 ▶ 本题考查政府会计的构成。政府会计由预算会计和财务会计构成。 **答案** ▶ AC

▶ 考点二　政府会计要素

(一)政府预算会计要素(见表32-2)

预算收入、预算支出和预算结余应当列入政府**决算报表**。

表32-2　政府预算会计要素

预算收入	(1)政府会计主体在预算年度内依法取得并纳入预算管理的现金流入； (2)在实际收到时予以确认，以实际收到的金额计量
预算支出	(1)政府会计主体在预算年度内依法发生并纳入预算管理的现金流出； (2)在实际支付时予以确认，以实际支付的金额计量
预算结余	(1)政府会计主体预算年度内**预算收入扣除预算支出**后的资金余额，以及历年滚存的资金余额； (2)预算结余包括**结余资金和结转资金**： ①结余资金是指年度预算执行终了，预算收入实际完成数扣除预算支出和结转资金后剩余的资金； ②结转资金是指预算安排项目的支出年终尚未执行完毕或者因故未执行，且下年需要按原用途继续使用的资金

(二)政府财务会计要素(见表32-3)

资产、负债和净资产应当列入**资产负债表**，收入和费用应当列入**收入费用表**。

表32-3　政府财务会计要素

资产	含义	政府会计主体过去的经济业务或事项形成的，由政府会计主体控制的，预期能够产生**服务潜力**或带来**经济利益流入**的**经济资源**
	服务潜力	政府会计主体利用资产提供公共物品和服务以履行政府职能的潜在能力
	分类	分类依据：**流动性** (1)**流动资产**：预计在≤1年内耗用或可以变现的资产，包括货币资金、短期投资、应收及预付款项、存货； (2)**非流动资产**：流动资产以外的资产，包括固定资产、在建工程、无形资产、长期投资、公共基础设施、政府储备资产、文物文化资产、保障性住房和自然资源资产
负债	含义	政府会计主体过去的经济业务或事项形成的，预期会导致**经济资源流出**政府会计主体的**现时义务**
	分类	分类依据：**流动性** (1)**流动负债**：预计在≤1年内偿还的负债，包括应付及预收款项、应付职工薪酬、应缴款项； (2)**非流动负债**：流动负债以外的负债，包括长期应付款、应付政府债券和政府依法担保形成的债务

续表

净资产	含义	(1)净资产=政府会计主体资产-负债; (2)金额取决于资产和负债的大小
	变化	(1)净资产增加表现为:资产增加或负债减少; (2)净资产减少表现为:资产减少或负债增加
收入	含义	报告期内导致政府会计主体净资产增加的、含有服务潜力或经济利益的经济资源的流入
	确认条件	应同时满足以下条件: (1)与收入相关的含有服务潜力或经济利益的经济资源很可能流入政府会计主体; (2)含有服务潜力或经济利益的经济资源流入会导致政府会计主体资产增加或负债减少; (3)流入金额能被可靠地计量
	变化	收入增加会导致**净资产增加**,进而导致资产增加或负债减少(或两者兼有),最终导致政府会计主体经济利益的增加或服务潜力增强
费用	含义	报告期内导致政府会计主体净资产减少的、含有服务潜力或经济利益的经济资源的流出
	确认条件	应同时满足以下条件: (1)与费用相关的含有服务潜力或经济利益的经济资源很可能流出政府会计主体; (2)含有服务潜力或经济利益的经济资源流出会导致政府会计主体资产减少或负债增加; (3)流出金额能被可靠地计量
	变化	费用的增加会导致**净资产减少**,进而导致资产减少或负债增加(或两者兼有),最终导致政府会计主体经济利益的减少或服务潜力减弱

【例2·单选题】预算收入、预算支出和预算结余应当列入政府( )。
A. 资产负债表
B. 预算报表
C. 现金流量表
D. 决算报表

解析 ▶ 本题考查政府会计的构成。预算收入、预算支出和预算结余应当列入政府决算报表。

答案 ▶ D

▶ 考点三 政府会计报告

政府会计主体应当编制**政府决算报告和政府财务报告**。
(一)政府决算报告(见表32-4)

表32-4 政府决算报告

含义	综合反映政府会计主体年度预算收支执行结果的文件
内容	包括政府决算报表和其他应当在政府决算报告中反映的相关信息和资料
目标	向使用者提供与政府预算执行情况有关的信息,综合反映政府会计主体预算收支的年度执行结果,有助于使用者进行监督和管理,并为编制后续年度预算提供参考依据
使用者	各级人大及其常委会、各级政府及其有关部门、政府会计主体自身、社会公众和其他利益相关者

(二)政府财务报告(见表32-5)

表32-5 政府财务报告

含义	反映政府会计主体某一特定日期的财务状况和某一会计期间的运行情况等信息的文件
内容	包括政府综合财务报告和政府部门财务报告： (1)政府综合财务报告：由政府财政部门编制的，反映各级政府整体财务状况、运行情况和财政中长期可持续性的报告； (2)政府部门财务报告：政府各部门、各单位按规定编制的财务报告： ①政府部门财务报告应当包括财务报表和财务分析； ②财务报表包括会计报表和报表附注； ③会计报表至少应当包括资产负债表、收入费用表、当期盈余与预算结余差异表和净资产差异表
目标	向使用者提供与政府的财务状况、运行情况等有关信息，反映政府会计主体公共受托责任履行情况，有助于使用者作出决策或者进行监督和管理
使用者	各级人大及其常委会、债权人、各级政府及其有关部门、政府会计主体自身和其他利益相关者

【例3·多选题】在政府的会计报告中，政府财务报告包括( )。
A. 政府专项财务报告 B. 政府综合财务报告
C. 政府部门财务报告 D. 政府临时财务报告
E. 政府特别财务报告

解析 本题考查政府财务报告。政府财务报告包括政府综合财务报告和政府部门财务报告。

答案 BC

历年考题解析

多项选择题

(2019年)下列机构中，属于政府会计主体的有( )。
A. 国有企业 B. 政党组织
C. 社会团体 D. 国家机关
E. 军队

解析 本题考查政府会计。政府会计主体是各级政府以及与本级政府财政部门直接或间接发生预算拨款关系的国家机关、军队、政党组织、社会团体、事业单位和其他单位。

答案 BCDE

同步系统训练

一、单项选择题

1. 政府预算会计提供与政府预算执行有关的信息，实行( )，国务院另有规定的，依照其规定。
   A. 应收应付制
   B. 权责发生制
   C. 收付实现制
   D. 历史成本制

2. 以下政府会计要素中，属于流动资产的是( )。
   A. 固定资产 B. 在建工程
   C. 无形资产 D. 存货

3. 在政府预算会计要素中，年度预算执行终了，预算收入实际完成数扣除预算支出和结转资金后剩余的资金，被称为( )。
   A. 支出资金 B. 结余资金

C. 收入资金　　D. 结转资金
4. 政府会计主体在预算年度内依法发生并纳入预算管理的现金流出,被称为( )。
   A. 预算支出　　B. 预算收入
   C. 预算费用　　D. 预算利润

二、多项选择题

1. 政府会计主体净资产增加时,其表现形式为( )。
   A. 资产减少　　B. 负债增加
   C. 费用增加　　D. 负债减少
   E. 资产增加

2. 在政府会计中,收入的确认应当同时满足的条件包括( )。
   A. 与收入相关的含有服务潜力或者经济利益的经济资源很可能流入政府会计主体
   B. 含有服务潜力或者经济利益的经济资源流入会导致政府会计主体资产增加或者负债减少
   C. 与收入相关的含有服务潜力或者经济利益的经济资源很可能流出政府会计主体
   D. 含有服务潜力或者经济利益的经济资源流入会导致政府会计主体资产减少或者负债增加
   E. 流入金额能被可靠地计量

3. 在政府预算会计要素中,预算结余包括( )。
   A. 结余资金　　B. 净余资金
   C. 流转资金　　D. 结转资金
   E. 全余资金

同步系统训练参考答案及解析

一、单项选择题

1. C 【解析】本题考查政府会计。政府会计由预算会计和财务会计构成。预算会计提供与政府预算执行有关的信息,实行收付实现制,国务院另有规定的,依照其规定。

2. D 【解析】本题考查政府会计。在政府会计要素中,流动资产是指预计在1年内(含1年)耗用或者可以变现的资产,包括货币资金、短期投资、应收及预付款项、存货等。

3. B 【解析】本题考查政府会计。结余资金是指年度预算执行终了,预算收入实际完成数扣除预算支出和结转资金后剩余的资金。

4. A 【解析】本题考查政府会计。预算支出是指政府会计主体在预算年度内依法发生并纳入预算管理的现金流出。

二、多项选择题

1. DE 【解析】本题考查政府会计。政府会计主体净资产增加时,其表现形式为资产增加或负债减少。

2. ABE 【解析】本题考查政府会计。收入的确认应当同时满足的条件:(1)与收入相关的含有服务潜力或者经济利益的经济资源很可能流入政府会计主体。(2)含有服务潜力或者经济利益的经济资源流入会导致政府会计主体资产增加或者负债减少。(3)流入金额能被可靠地计量。

3. AD 【解析】本题考查政府会计。在政府预算会计要素中,预算结余包括结余资金和结转资金。

本章思维导图

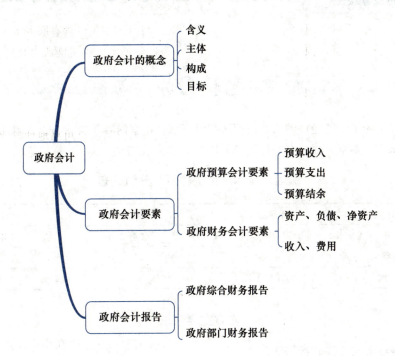

第33章 法律对经济关系的调整

考情分析

本章主要讲述了调整经济的法、民商法和经济法。本章内容较少,属于基础性章节。在最近三年的考试中,本章分值分布不均匀,平均在1~2分左右。

最近三年本章考试题型、分值分布

年份	单项选择题	多项选择题	合计
2019年	—	1题2分	1题2分
2018年	—	1题2分	1题2分
2017年	1题1分	—	1题1分

本章主要考点

1. "调整经济的法"和"经济法"。
2. 调整社会主义市场经济的法律体系。

重点、难点讲解及典型例题

▶ **考点一 "调整经济的法"和"经济法"**

(一)法律对经济关系的调整

1. 法律的调整对象是<u>社会关系</u>
2. 法律对经济关系调整的三个阶段
(1)诸法合一阶段,刑法、民法不分。
(2)封建社会末期和自由资本主义阶段:民商法对经济关系调整起主导作用。
(3)当代社会:<u>民法、商法和经济法共同调整,新兴法律部门辅助性调整</u>。

(二)"经济法"和"调整经济的法"的区别
(1)"经济法"是与民法、商法、行政法、刑法等部门法并列的一个法律部门。
(2)"调整经济的法":包括民法、商法、经济法、国际私法、国际经济法,是一国所有调整经济关系的法律规范的总和。

【例1·单选题】关于"经济法"和"调整经济的法"的说法,正确的是( )。
A. "调整经济的法"包括了"经济法"
B. 两个概念内涵一致
C. "经济法"的外延比"调整经济的法"的外延大
D. "经济法"是与"调整经济的法"并列的法律部门

解析 本题考查"调整经济的法"和"经济法"。"经济法"是与民法、商法、行政法、刑法等部门法并列的一个法律部门。"调整经济的法"包括民法、商法、经济法、国际私法和国际经济法。它是一国所有调整经济关系的法律规范的总和。
答案 A

▶ **考点二 调整社会主义市场经济的法律体系**

(一)民商法
(1)地位：民商法是基本法。民法是市场经济基本法。
(2)商法主要调整市场力量发挥作用的经济领域。
(3)主要内容：民事主体制度、物权法和知识产权法、合同法律制度、民事责任制度。

(二)经济法
(1)地位：市场经济基本法。
(2)调整对象：国家对市场经济进行宏观调控所形成的法律关系。
(3)与民商法协调互补，构成现代市场经济社会调整经济关系的两大法律体系。
(4)经济法的调整对象(见表33-1)

表33-1 经济法的调整对象

调整对象	内容
经济管理关系	(1)是一种经济关系，区别于行政指导关系； (2)以市场经济体制为基础； (3)是宏观领域的经济关系，对国民经济进行全局性、整体性调控； (4)可以分化出各种具体的宏观经济管理关系，如计划关系、财政政策关系、货币政策关系、产业政策关系等
市场管理关系	(1)维护公平竞争关系； (2)产品质量管理关系； (3)消费者权益保护关系
组织管理性的流转和协作关系	(1)国家通过政府机构或设立企业、委托代理人直接参与经济活动或经济关系，如进行招标、定(购)货、发包、出让、信贷、担保等活动时发生的合同关系； (2)平等的国家机关或财政主体之间的经济协作关系

(三)其他法律部门
其他法律部门包括劳动和社会保障法、自然资源与环境保护法、宪法、刑法、行政法、诉讼法等。

【例2·多选题】经济法的调整对象包括( )。
A. 文化管理关系
B. 市场管理关系
C. 经济管理关系
D. 政治管理关系
E. 组织管理性的流转和协作关系

解析 本题考查经济法。经济法的调整对象包括经济管理关系、市场管理关系、组织管理性的流转和协作关系。
答案 BCE

历年考题解析

一、单项选择题

(2017年)关于"经济法"和"调整经济的法"的说法,错误的是( )。

A."经济法"是与行政法、刑法等部门法并列的一个法律部门

B.调整社会主义市场经济的法律体系包括民商法、经济法和劳动和社会保障法、自然资源与环境保护法等其他法律部门

C."调整经济的法"是一国所有调整经济关系的法律规范的总和

D."调整经济的法"就是"经济法"

解析 本题考查"调整经济的法"和"经济法"。"调整经济的法"和"经济法"是两个不同的概念。"调整经济的法"是一国所有调整经济关系的法律规范的总和,"经济法"是与民法、商法、行政法、刑法等部门法并列的一个法律部门,选项D错误。

答案 D

二、多项选择题

1. (2019年)下列关系中,属于宏观经济管理关系的有( )。

A. 产品质量管理关系
B. 货币政策关系
C. 消费者权益保护关系
D. 财政政策关系
B. 产业政策关系

解析 本题考查经济管理关系。宏观经济管理关系综合运用各种手段,因而可以分化出各种具体的宏观经济管理关系,如计划关系、财政政策关系、货币政策关系、产业政策关系等。

答案 BDE

2. (2018年)市场管理关系是经济法的调整对象,具体包括( )。

A. 经济协作关系
B. 消费者权益保护关系
C. 产品质量管理关系
D. 合同法律关系
E. 维护公平竞争关系

解析 本题考查经济法。市场管理关系具体包括以下几个方面:(1)维护公平竞争关系;(2)产品质量管理关系;(3)消费者权益保护关系。

答案 BCE

同步系统训练

一、单项选择题

1. 在当代中国,法律对经济关系的调整模式是( )。

A. 民商法主导模式
B. 行政法主导模式
C. 经济法主导模式
D. 民商法、经济法主导,其他部门法辅助模式

2. 在对市场经济进行规制的法律体系中,处于基本法地位的是( )。

A. 环境保护法   B. 民商法
C. 劳动法   D. 社会保障法

3. 以国家对市场经济进行宏观调控所形成的法律关系为调整对象的法律是( )。

A. 经济法   B. 民法
C. 商法   D. 行政法

4. 构成现代市场经济社会调整经济关系的两大法律体系是民商法和( )。

A. 婚姻法   B. 经济法
C. 刑法   D. 民事诉讼法

5. 国家作为社会管理者运用一系列手段在对宏观经济进行调控过程中所形成的社会关系是( )。

A. 组织管理协作关系
B. 社会管理关系
C. 市场管理关系

D. 经济管理关系
6. 关于宏观经济管理关系的说法，错误的是（　）。
   A. 它是一种行政指导关系
   B. 以市场经济体制为基础
   C. 是宏观领域的经济关系
   D. 可以综合运用各种手段

二、多项选择题
1. 关于经济法和调整经济的法的说法，正确的有（　）。
   A. 物权法是经济法的重要组成内容
   B. 调整经济的法是一国所有调整经济关系的法律规范的总和
   C. 经济法和调整经济的法是两个不同的概念
   D. 经济法是与民法、商法、行政法、刑法等部门法并列的一个法律部门
   E. 调整经济的法包括民法、商法，也包括经济法
2. 民商法中包括的法律制度有（　）。
   A. 公司法律制度　　B. 民事主体制度
   C. 物权法律制度　　D. 产品质量制度
   E. 民事责任制度
3. 下列法律中，属于民商法的有（　）。
   A. 产品质量法　　B. 物权法
   C. 合同法　　　　D. 知识产权法
   E. 消费者权益保护法

同步系统训练参考答案及解析

一、单项选择题
1. D 【解析】本题考查法律对经济关系的调整。进入当代社会，法律体系重新整合，民法、商法和经济法共同对经济关系进行调整，同时社会保障法、环境保护法等新兴法律部门也成为调整经济关系的辅助性法律部门。
2. B 【解析】本题考查民商法。在对市场经济进行规制的法律体系中，民商法处于基本法的地位。
3. A 【解析】本题考查经济法。经济法的调整对象是国家对市场经济进行宏观调控所形成的法律关系。
4. B 【解析】本题考查经济法。经济法与民商法协调互补，构成现代市场经济社会调整经济关系的两大法律体系。
5. D 【解析】本题考查经济法。经济管理关系，是指国家作为社会管理者运用一系列手段在对宏观经济进行调控过程中所形成的社会关系。
6. A 【解析】本题考查经济法。经济管理关系是一种经济关系，以此区别于行政指导关系，选项 A 错误。

二、多项选择题
1. BCDE 【解析】本题考查经济法和调整经济的法。选项 A 错误，物权法不属于经济法，而属于民商法。
2. ABCE 【解析】本题考查民商法。民商法包括民事主体制度、公司法律制度、物权法律制度和知识产权法律制度、合同法律制度、民事责任制度。
3. BCD 【解析】本题考查民商法。属于民商法的有物权法、合同法、知识产权法。

本章思维导图

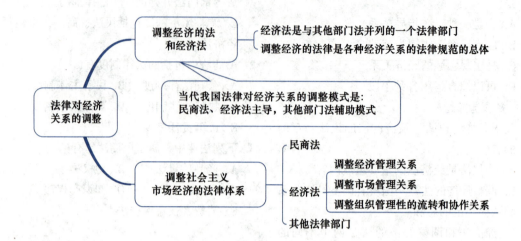

第34章 物权法律制度

考情分析

本章主要讲述物权、所有权、用益物权和担保物权四个方面的知识,其中有很多知识比较相似,需要考生认真区别,准确记忆。从最近三年考题来看,本章所占分值平均在4分左右。

最近三年本章考试题型、分值分布

年份	单项选择题	多项选择题	合计
2019 年	2题2分	2题4分	4题6分
2018 年	3题3分	—	3题3分
2017 年	3题3分	—	3题3分

本章主要考点

1. 物权的特征和种类。
2. 物权法的基本原则。
3. 所有权的取得方式——原始取得和继受取得。
4. 按份共有与共同共有。
5. 建筑物区分所有权。
6. 用益物权——建设用地使用权、土地承包经营权、宅基地使用权、地役权。
7. 主要的担保物权——抵押权、质权和留置权。

重点、难点讲解及典型例题

▶ 考点一 物权的概念和特征

物权是权利人在法定范围内对特定的物享有直接支配并排斥他人干涉的权利。

物权和债权构成了市场经济社会的**最基本的财产权利**。物权和债权的区别具体内容见表34–1。

表34–1 物权与债权的区别

	物权		债权
绝对权（对世权）	权利的主体特定,义务主体为权利人以外的不特定的一切人	相对权（对人权）	只发生在债权人和债务人之间,权利主体和义务主体都是特定的
支配权	不必依赖他人的帮助就能行使其权利,不需要征得他人同意	请求权	债权必须有相对的义务人给予协助方可顺利实现

续表

	物权		债权
法定主义	物权的种类和基本内容由法律规定，不允许当事人自由创设物权种类，物权设定必须公示	约定主义	债权只是在特定的当事人之间存在的，主要由当事人自由确定，不需要公示
客体	一般为特定的物	客体	行为
追及效力	具有	追及效力	原则上不具有
优先效力	(1)对外优先：当物权与债权并存时，物权优先于债权(特例是"买卖不破租赁")；(2)对内优先：同一标的物上存在着两个或两个以上内容或性质相同的物权时，成立在先的物权优先于成立在后的物权	优先效力	债权不具有对内优先的效力，债权人在依法受偿时都是平等的

【例1·多选题】关于物权的说法，正确的有( )。
A. 物权是权利人直接支配物的权利
B. 物权的权利主体是特定的
C. 物权是相对权
D. 物权的设定采用法定主义
E. 物权的标的是物而不是行为

解析▶ 本题考查物权的概念和特征。选项 C 错误，物权是绝对权，而不是相对权，它的权利人是特定的，义务人是不特定的。
答案▶ ABDE

▶考点二 物权法的基本原则

(一)物权法定原则

(1)物权法定原则：物权的种类、内容、效力、得丧变更及保护的方法均源自法律的直接规定，当事人不得自由地创设。

(2)内容包括：①物权种类法定化。如当事人不得设立不转移占有的动产质权。②物权内容法定化。如建设用地使用权的内容直接由国家规定。③物权效力法定化。如设立不动产抵押权从何时生效需依法律规定。④物权的得丧变更法定化。如房屋的所有权变更必须进行过户变更登记。⑤物权保护方法法定化。如物权保护方法和债权保护方法均为法定的。

(二)一物一权原则

(1)一个特定的标的物上只有一个所有权，但是可以有多个所有权人。

(2)同一物上不得设有两个以上相互冲突和矛盾的物权。

(三)物权公示原则

(1)物权公示原则：民事主体对物权的享有和变动均应采取可取信于社会公众的外部表现方式的原则。

(2)内容包括公示方法、公示的效力必须由法律规定。(动产—交付；不动产—登记)

(3)不动产登记制度(见表34-2)

表 34-2 不动产登记制度

主管	国务院自然资源主管部门负责监督、指导全国不动产登记工作	
登记范围	(1)集体土地所有权;(2)房屋等建筑物、构筑物所有权;(3)森林、林木所有权;(4)耕地、林地、草地等土地承包经营权;(5)建设用地使用权;(6)宅基地使用权;(7)海域使用权;(8)地役权;(9)抵押权;(10)法律规定需要登记的其他不动产权利	
类型	首次登记	不动产物权首次产生时所进行的登记
	变更登记	(1)前后的权利主体一致,只是权利主体、客体形式变更; (2)并未将权利转移给他人; (3)不属交易行为,故不需缴纳税款
	转移登记	(1)前后的权利主体不一致; (2)不动产权利转让; (3)属交易行为,依法缴纳相关契税、所得税
	注销登记	不动产物权消失时所进行的登记
	更正登记	(1)原因:权利人、利害关系人认为不动产登记簿记载的事项错误; (2)处理:不动产登记簿记载的权利人书面同意更正或者有证据证明登记确有错误的,登记机构应当予以更正
	异议登记	(1)原因:不动产登记簿记载的权利人不同意更正; (2)处理:申请人在异议登记之日起 15 日内不起诉,异议登记失效; (3)责任:异议登记不当,造成权利人损害的,权利人可以向申请人请求损害赔偿; (4)异议登记失效后,当事人提起民事起诉,请求确认物权归属的,法院应当依法受理; (5)异议登记失效不影响法院对案件的实体审理
	预告登记	(1)未经预告登记的权利人同意,转移不动产所有权,或者设定建设用地使用权、地役权、抵押权等其他物权的,不发生物权效力; (2)预告登记后,债权消灭或自能够进行不动产登记之日起三个月内未申请登记的,预告登记失效
	查封登记	执行法院向登记机关提供执行通知书,由登记机关对该房屋的权属直接进行登记,然后再予以查封

【例 2·多选题】物权法定原则的具体内容包括( )。
A. 物权种类法定化　　　　　　　　B. 物权效力法定化
C. 物权内容法定化　　　　　　　　D. 物权的得丧变更法定化
E. 物权客体使用方法法定化

解析 ▶ 本题考查物权法定原则。物权法定原则的具体内容包括:(1)物权种类法定化;(2)物权内容法定化;(3)物权效力法定化;(4)物权的得丧变更法定化;(5)物权保护方法法定化。

答案 ▶ ABCD

▶ **考点三　物权的种类**(见表 34-3)

表 34-3 物权的种类

分类标准	具体分类	举例
权利人行使权利的范围	自物权	所有权
	他物权	用益物权、担保物权

续表

分类标准	具体分类	举例
设立目的	用益物权	建设用地使用权、土地承包经营权、宅基地使用权、地役权
	担保物权	抵押权、质权、留置权
有无从属性	主物权	所有权、地上权、永佃权、采矿权、取水权
	从物权	抵押权、质权、留置权、地役权
发生是否基于当事人的意思	法定物权	留置权
	意定物权	质权
存续有无期限	有期限物权	抵押权、质权、留置权
	无期限物权	所有权

【例3·单选题】根据设立目的的不同，物权可以分为(　　)。
A. 主物权和从物权　　　　　　B. 自物权和他物权
C. 用益物权和担保物权　　　　D. 法定物权和意定物权
解析 本题考查物权的种类。根据设立目的的不同，物权可以分为用益物权和担保物权。
答案 C

考点四　所有权

(一)所有权的概念和法律特征(见表34-4)

表34-4　所有权的概念和法律特征

概念		所有人对自己的不动产或者动产依法享有的占有、使用、收益和处分的权利。处分权是所有权内容的核心，是拥有所有权的根本标志
法律特征	独占性	所有权是一种独占的支配权
	全面性	所有权是最完整、全面的一种物权形式
	单一性	所有权并非占有、使用、收益和处分四项权能的简单相加，而是一个整体的权利
	存续性	所有权一经合法获得，就可以永久存续
	弹力性	所有权的各项权能可以通过法定的方式或合同约定的方式同作为整体的所有权相分离。所有人可以在其所有物之上设定他物权，他物权消灭，所有权限制解除

(二)所有权的取得和消灭

1. 所有权的取得与消灭(见表34-5)

表34-5　所有权的取得与消灭

所有权的取得	原始取得	因物权首次产生而获得所有	生产、孳息
		因公法方式获得所有权	国有化、没收等
		其他直接根据法律规定确定所有权归属的方式	先占、添附、发现埋藏物和隐藏物、拾得遗失物、善意取得等
	继受取得		通过一定的法律行为或基于法定的事实从原所有人处获得所有权： (1)因一定的法律行为而取得所有权，如买卖合同、赠与和互易等； (2)因法律行为以外的事实而取得所有权，如继承遗产； (3)因其他合法原因取得所有权，如通过合股集资的方式形成所有权

所有权的消灭	相对消灭	因物权主体的原因而消灭,如转让所有权
	绝对消灭	因所有权客体的原因而消灭,如物品被烧毁

2. 原始取得(见表34-6)

表34-6 原始取得

取得方式		具体内容
生产		通过自己的劳动创造出新的财产
孳息	天然孳息	果树结的果实、母畜生的幼畜,其归属为所有人取得或用益物权人取得
	法定孳息	存款的利息、出租人收取的租金,其归属按照约定取得或按交易习惯取得
国有化、没收		根据法律、法规,采取强制措施将一定财产收归国有,无须征得原物所有权人的同意
先占		以所有的意思占有无主动产而取得其所有权,如捡贝壳、捡抛弃物
添附	混合	如将两者饮料混在一起,难以识别或识别所需费用过大
	附合	如在他人的建筑物上粉刷油漆,非经拆毁不能恢复到原来的状态
	加工	如木板加工家具,形成具有更高价值的新财产
发现埋藏物和隐藏物		所有权人不明的埋藏物和隐藏物归国家所有
拾得遗失物		应归还失主,拾得人不能取得遗失物的所有权。如果找不到失主,经过法定的程序,国家可获得物的所有权 【注意】遗失物≠无主物(抛弃物),不可以主张先占
善意取得	构成要件	(1)受让人须是善意的(受让人不知道出让人是无权处分人); (2)受让人必须支付了合理的价款; (3)受让人已经占有了该财产(不动产已登记、动产已交付)
	适用范围	(1)禁止或限制流通物不适用善意取得,如枪支弹药、黄金、麻醉品等; (2)货币和不记名证券适用善意取得制度; (3)转让人转移船舶、航空器和机动车所有权,受让人已经支付对价并取得占有,虽未经登记,而转让人的债权人主张其为善意第三人的,人民法院不予支持

(三)共有

1. 按份共有

(1)按份共有人对共有财产享有一定的应有部分。

(2)按份共有人依据其应有部分,对于共有物的全部享有使用收益权。

(3)优先购买权的行使期间,按份共有人之间有约定的,按照约定处理。没有约定或者约定不明的,如转让人向其他按份共有人发出的包含同等条件内容的通知中载明行使期间的,以该期间为准;如通知中未载明行使期间,或者载明的期间短于通知送达之日起15日的,为15日;如转让人未通知,为其他按份共有人知道或者应当知道最终确定的同等条件之日起15日;转让人未通知,且无法确定其他按份共有人知道或者应当知道最终确定的同等条件的,为共有份额权属转移之日起6个月。

(4)处分按份共有的不动产或者动产以及对共有的不动产或者动产作重大修缮的,应当经占份额**三分之二**以上的按份共有人同意,但共有人之间另有约定的除外。

2. 共同共有

共同共有的形式包括夫妻共同财产、家庭共有财产、遗产分割前的共有等。共同共有财产的处分应**经全体共有人的同意**，但共有人之间另有约定的除外。

3. 共同共有和按份共有的区别(见表34-7)

表34-7 共同共有和按份共有的区别

区别\类别	共同共有	按份共有
成立的原因不同	以共同关系的存在为前提	不需以共同关系的存在为前提
权利的享有不同	共有人并不是按照应有部分享有所有权，因此原则上应得到全体共有人的同意后，方可行使对共有物的使用、收益等权利	共有人对应有部分享有处分权，共有人之间的彼此限制相对较小
对共有物的管理不同	对共有物的处分和重大修缮应获得全体共有人的同意	对共有物的处分和重大修缮行为需获得占三分之二以上共有人的同意，对共有物的一般保存行为和简易修缮，可单独进行
对第三人行使权利的不同	除非征得全体共有人同意，共有人不得擅自处分共有财产，也没有对第三人转让其共有份额的可能	各共有人基于其应有部分可以向第三人行使权利，也可为了全体共有人的利益就共有物的全部对第三人行使请求权
分割共有物的限制不同	在共同共有关系存续期间，各共同共有人不得请求分割共有物	除因共有物的使用目的不能分割或有协议约定不得分割的期限外，可随时请求分割共有物

(四)建筑物区分所有权

1. 专有部分—专有权

业主不得违反法律、法规以及管理规约，将住宅改变为经营性用房。业主将住宅改变为经营性用房的，除遵守法律、法规以及管理规约外，应当**经有利害关系的业主同意**。

2. 共有部分—共有权

业主不得以放弃权利为由不履行义务。业主对共有部分享有的共有和共同管理的权利随着业主对专有部分所有权的转让而一并转让。

【例4·多选题】所有权的法律特征有(　　)。
A. 单一性　　　　　　　　B. 片面性
C. 弹力性　　　　　　　　D. 存续性
E. 独占性

解析 ▶ 本题考查所有权的法律特征。所有权的法律特征包括：独占性、全面性、单一性、存续性、弹力性。

答案 ▶ ACDE

【例5·单选题】甲因病去世，留有遗嘱，甲的儿子乙依照甲的遗嘱继承了甲的一套房产，乙取得房产所有权的方式是(　　)。
A. 原始取得，依法律行为而取得
B. 继受取得，依法律行为而取得
C. 原始取得，依法律行为以外的事实取得
D. 继受取得，依法律行为以外的事实取得

解析 ▶ 本题考查所有权的取得。因继承而取得所有权的属于继受取得，是依法律行为以外的事实取得。

答案 ▶ D

▶ 考点五 用益物权

(一)用益物权的概念和法律特征

1. 概念

用益物权是权利人对他人所有的财产依法享有的**占有、使用和收益**的权利。

在我国,用益物权的种类主要包括土地承包经营权、建设用地使用权、宅基地使用权、海域使用权、地役权、国家集体自然资源使用权、探矿权、采矿权、取水权、渔业养殖捕捞权等。

2. 特征

用益物权的法律特征包括:(1)用益物权是具有**独立性**的他物权;(2)用益物权是**限制物权**;(3)用益物权**具有使用的目的**;(4)用益物权的标的物主要是**不动产**。

(二)几种具体的用益物权(见表34-8)

表34-8 几种具体的用益物权

用益物权	法律特征
建设用地使用权	(1)主体是符合法定条件的公民和法人; (2)客体为国家所有的土地; (3)是从国家土地所有权中分离出来的用益物权; (4)具有排他性,是一项独立的物权
土地承包经营权	(1)承包经营合同是确认土地承包经营权的主要依据; (2)主体是公民或集体组织; (3)客体为全民所有的土地和集体所有的土地; (4)属于一种新型的用益物权
宅基地使用权	(1)宅基地所有权仍属于集体所有; (2)主体是公民,且主要是农村集体经济组织的成员; (3)客体主要是集体所有的用于建造住宅及其附属设施的土地; (4)必须遵循法定的申请程序,经过批准后方可取得; (5)受国家法律的保护
地役权	(1)是利用他人的不动产的一种权利; (2)是为了提高自己不动产的效益; (3)按照合同设立,且是书面形式

根据《物权法》的规定,设立建设用地使用权,可以采取**出让或划拨**的方式:

(1)工业、商业、旅游、娱乐和商品住宅等经营性用地以及同一土地有两个以上意向用地者的,应当采取招标、拍卖等公开竞价的方式出让。

(2)划拨要经过县级以上人民政府批准,没有期限的限制。

【例6·多选题】关于土地承包经营权的说法,正确的有( )。

A. 土地承包经营权的主体是公民或集体组织

B. 承包经营合同是确认土地承包经营权的主要依据

C. 土地承包经营权是一种新型的担保物权

D. 土地承包经营权可以采取出让或划拨的方式获得

E. 土地承包经营权的客体是集体所有的用于建造住宅及其附属设施的土地

解析 ▶ 本题考查土地承包经营权。选项C错误,土地承包经营权属于一种新型的用益物权。选项D错误,出让或划拨是建设用地使用权的获得方式。选项E错误,土地承包经营权的客体为全民所有的土地和集体所有的土地。

答案 ▶ AB

▶ 考点六 担保物权

(一)担保物权的概念和法律特征

1. 担保物权的概念

担保物权以取得担保标的物的交换价值为实质内容,具有确保债务履行以及促进资本和物资融通的功能。

2. 担保物权的法律特征(见表34-9)

表 34-9 担保物权的法律特征

价值权性	(1)以支配标的物的交换价值为内容,以担保债务的清偿为目的; (2)担保物权实现时,其价值权也得以实现
法定性	(1)对提供担保的财产具有直接支配的效力;其权利仅以法律规定为限; (2)当事人不得约定设立担保物权,不得协议变更担保物权发生的要件和内容
从属性	(1)以债权的成立为前提,因债权的转移而转移,因债权的消灭而消灭; (2)非绝对的,最高额抵押不以债权的存在为其发生或存在的前提
不可分性	(1)所担保的债权未全部受偿前,可就担保物的全部行使权利; (2)当事人可约定排除担保物权行使的不可分性
物上代位性	(1)实质是对标的物交换价值的直接支配; (2)担保标的物变化为其他价值形态时,其支配效力及于变形物或代替物; (3)担保物因毁损灭失所得的赔偿金成为担保物的代替物,担保物权人可就该代替物行使担保物权

(二)几种主要的担保物权

1. 抵押权(不移转占有)(见表34-10)

表 34-10 抵押权

设定方式	法定抵押权 (依据法律规定而产生)	以建筑物抵押的,该建筑物占用范围内的建设用地使用权一并抵押;以建设用地使用权抵押的,该土地上的建筑物一并抵押
	意定抵押权 (基于抵押合同而产生)	设立抵押权,当事人应当采取书面形式订立抵押合同
抵押标的	可以抵押的财产	(1)建筑物和其他土地附着物; (2)建设用地使用权; (3)以招标、拍卖、公开协商等方式取得的荒地等土地承包经营权; (4)生产设备、原材料、半成品、产品; (5)正在建造的建筑物、船舶、航空器; (6)交通运输工具; (7)法律、行政法规未禁止抵押的其他财产
	禁止抵押的财产	(1)土地所有权; (2)耕地、宅基地、自留地、自留山等集体所有的土地使用权,但法律规定可以抵押的除外; (3)学校、幼儿园、医院等以公益为目的的事业单位、社会团体的教育设施、医疗卫生设施和其他社会公益设施; (4)所有权、使用权不明或者有争议的财产; (5)依法被查封、扣押、监管的财产; (6)法律、行政法规规定不得抵押的其他财产

法律效力	办理登记，抵押权才能生效（不动产）	(1)建筑物和其他土地附着物； (2)建设用地使用权； (3)以招标、拍卖、公开协商等方式取得的荒地等土地承包经营权； (4)正在建造的建筑物
	办理登记，才能对抗善意第三人（动产）	(1)生产设备、原材料、半成品、产品； (2)正在建造的船舶、航空器； (3)交通运输工具

2. 质权（移转占有）

(1)质权的标的主要为<u>动产或权利</u>，不包括不动产。质权也分为动产质权和权利质权两种。

(2)根据物权法的规定，下列权利可以出质：①汇票、支票、本票；②债券、存款单；③仓单、提单；④可以转让的基金份额、股权；⑤可以转让的注册商标专用权、专利权、著作权等知识产权中的财产权；⑥应收账款；⑦法律、行政法规规定可以出质的其他财产权利。

3. 留置权（留置动产）

留置权具有的特点：

(1)<u>法定</u>的担保物权：留置权的成立无须双方当事人的约定。

(2)同一动产上已设立抵押权或者质权、该动产又被留置的，<u>留置权人优先受偿</u>。

(3)留置权只能发生在<u>特定的合同关系</u>上，如保管合同、加工承揽合同。

(4)留置物必须与所担保的债权存在一定的牵连关系。

【例7·单选题】担保期间，担保财产毁损、灭失的，担保物权人可以就获得的赔偿金优先受偿。这体现了担保物权的(   )特征。

A. 价值权性　　　　　　　　B. 从属性
C. 不可分性　　　　　　　　D. 物上代位性

解析 ▶ 本题考查担保物权的法律特征。担保物权的物上代位性是指当担保标的物变化为其他的价值形态时，担保物权所具有的支配效力及于变形物或者代替物。担保物因毁损灭失所获得的赔偿金成为担保物的代替物，担保物权人可就该代替物行使担保物权。　　答案 ▶ D

历年考题解析

一、单项选择题

1. (2019年)甲向银行贷款，担保物为名下拥有的汽车，但由于一次意外事故，甲用作担保的汽车被火烧毁，得到保险公司的赔偿款，继而甲用该笔赔偿款来还款，反映了担保物权的(   )特征。

A. 价值权性　　B. 物上代位性
C. 限制性　　　D. 从属性

解析 ▶ 本题考查担保物权的法律特征。担保物权的物上代位性是指当担保标的物变化为其他的价值形态时，担保物权所具有的支配效力及于变形物或者代替物。担保物因毁损灭失所获得的赔偿金成为担保物的代替物，担保物权人可就该代替物行使担保物权。　　答案 ▶ B

2. (2019年)关于质权的说法，错误的是(   )。

A. 质权设定必须转移占有
B. 质权具有从属性
C. 质权既可以适用于动产也可适用于不动产
D. 质权具有物上代位性

解析 本题考查质权。选项 C 错误，质权的标的主要为动产或权利，不包括不动产。

答案 C

3. (2018年)根据《中华人民共和国物权法》，预告登记后，债权消灭或者自能够进行不动产登记之日起( )内未申请登记的，预告登记失效。
   A. 3个月 B. 1个月
   C. 6个月 D. 1年

解析 本题考查预告登记。预告登记后，债权消灭或者自能够进行不动产登记之日起3个月内未申请登记的，预告登记失效。

答案 A

4. (2018年)甲、乙、丙、丁按份共有一房屋，甲占该房屋70%的份额，现甲欲将该房作抵押向银行贷款500万元。如各共有人事先对此未做约定，则甲的抵押行为( )。
   A. 须经乙、丙、丁一致同意
   B. 须经乙、丙、丁中的两人同意
   C. 须经乙、丙、丁中份额最大的一人同意
   D. 无须乙、丙、丁同意

解析 本题考查按份共有。《物权法》规定，处分按份共有的不动产或者动产以及对共有的不动产或者动产作重大修缮的，应当经占份额三分之二以上的按份共有人同意，但共有人之间另有约定的除外。本题中"甲占该房屋70%份额"，达到了份额三分之二以上，所以无须经过其他三人同意。

答案 D

5. (2018年)为方便自家农田的灌溉，甲与乙达成书面协议：甲在乙的土地上开挖一条新排水渠并支付乙一定的费用；甲因此协议享有的权利属于( )。
   A. 土地使用权
   B. 相邻
   C. 地役权
   D. 土地承包经营权

解析 本题考查地役权。地役权，是指按照合同约定利用他人的不动产，以提高自己不动产效益的权利。需要利用他人土地才能发挥效用的土地，称为需役地；提供给他人使用的土地，称为供役地。

答案 C

6. (2017年)关于物权特征的说法，错误的是( )。
   A. 物权是绝对权
   B. 物权具有优先效率
   C. 物权具有追及效率
   D. 物权是请求权

解析 本题考查物权的特征。物权的特征：(1)物权是绝对权；(2)物权属于支配权；(3)物权是法定的，物权的设定采用法定主义；(4)物权的客体一般为物；(5)物权具有优先效率和追及效力。债权具有请求权。

答案 D

7. (2017年)关于不动产转移登记的说法，错误的是( )。
   A. 不动产转移登记需要交纳契税和所得税等税款
   B. 不动产转移登记是一种不动产权利转让行为
   C. 不动产转移登记前后的权利主体一致
   D. 不动产转移登记属于对交易行为的确认

解析 本题考查不动产登记。不动产转移登记前后的权利主体不一致。登记前后的权利主体一致的是变更登记，选项 C 错误。

答案 C

8. (2017年)村民韩某盖房挖地基时挖出一大坛银元，坛内还有一块木牌，上写"为防日寇搜查，特埋于此。王天民"。经查，王天民是同村村民王某的爷爷，抗战期间王天民的家人除王某一人在姨娘家躲过此难之外，其他人都被日寇杀害。此银元应( )。
   A. 归王某所有
   B. 归韩某所有
   C. 属无主财产，应归国家所有
   D. 由韩某和王某平分

解析 本题考查所有权的取得。根据我国

民法的规定，所有权人不明的埋藏物和隐藏物归国家所有。此题中埋藏物所有者明确，应归其所有者的家人所有。**答案** A

二、多项选择题

1. （2019年）根据物权的分类，抵押权属于( )。

    A. 他物权　　　　B. 主物权
    C. 担保物权　　　D. 意定物权
    E. 有期限物权

    解析 本题考查物权的种类。选项B错误，根据物权有无从属性可以将物权区分为主物权和从物权。抵押权属于从物权。
    答案 ACDE

2. （2019年）关于共同共有的说法，正确的有( )。

    A. 共同共有人共有关系存续期间可以确定各自对共有物的份额
    B. 处分共同共有物一般应经全体共有人同意
    C. 各共同共有人同时对整个共有财产平等地承担义务
    D. 共同共有的发生以共同关系存在为前提
    E. 共有关系存续期间共同共有人原则上不能请求分割共有物

    解析 本题考查共有。选项A错误，在共同共有关系存续期间，共同共有人不能对共同共有财产确定份额。只有在共同共有关系终止、共有财产分割以后，才能确定各共同共有人的份额。**答案** BCDE

同步系统训练

一、单项选择题

1. 关于物权与债权区别的说法，错误的是( )。

    A. 物权是支配权，债权是请求权
    B. 物权是绝对权，债权是相对权
    C. 物权不允许当事人自由创设，债权主要由当事人自由确定
    D. 物权具有优先力和追及力，债权只有追及力

2. 若同一不动产上先后设立了两个登记的抵押权，则二者的受偿顺序为( )。

    A. 登记在先的优先受清偿
    B. 登记在后的优先受清偿
    C. 二者按照比例受偿
    D. 当事人协商确定

3. 根据《物权法》的规定，下列表述错误的是( )。

    A. 所有权和抵押权可以同时存在于一物之上
    B. 用益物权和抵押权可以同时存在于一物之上
    C. 一个房屋上可以同时存在两个所有权
    D. 一个房屋上可以同时存在两个抵押权

4. 根据物权法的( )原则，不动产物权的设立、变更、转让和消灭，经依法登记，发生效力；未经登记，不发生效力。

    A. 物权公示　　　B. 物权法定
    C. 物权公平　　　D. 物权平等

5. 不动产物权的具体内容发生变化时进行的登记是( )。

    A. 首次登记
    B. 转移登记
    C. 变更登记
    D. 更正登记和异议登记

6. 所有权的消灭包括绝对消灭和相对消灭。下列情形中，属于所有权绝对消灭的是( )。

    A. 丁的一幅古代字画被焚毁
    B. 甲的汽车在其死后被其子继承
    C. 乙的珍珠项链遗失
    D. 丙将房屋变卖

7. 同一动产上已设立抵押权或者质权，该动产又被留置的，优先受偿的是( )。

    A. 抵押权人　　　B. 质权人

C. 所有权人　　　D. 留置权人

8. 善意取得的构成要件不包括( )。
   A. 受让人须是善意的
   B. 受让人已经占有了该财产
   C. 以协商一致的价格转让
   D. 受让人必须支付了合理的价款

9. 下列所有权取得方式中,属于继受取得的是( )。
   A. 添附　　　B. 国有化
   C. 互易　　　D. 没收

10. 根据《物权法》的规定,下列关于按份共有的说法错误的是( )。
    A. 共有人之间必须存在共同关系
    B. 共有人对共有的财产按照各自的份额享有所有权和承担义务
    C. 共有人对共有财产享有一定的应有部分
    D. 共有人享有优先购买权

11. 根据《中华人民共和国物权法》,处分按份共有的财产,应当经( )共有人同意,共有人另有约定的除外。
    A. 全体
    B. 占份额二分之一以上的
    C. 占人数三分之二以上的
    D. 占份额三分之二以上的

12. 关于建筑物区分所有权的说法,正确的是( )。
    A. 业主对建筑物的基础、承重结构、外墙、屋顶等基本构造部分享有专有权
    B. 业主对建筑物内的住宅、经营性用房等专有部分享有共有和共同管理的权利
    C. 业主可以根据自己的需要把住宅改变为经营性用房,不受法律约束
    D. 业主对共有部分享有的共有和公共管理的权利随着业主对专有部分所有权的转让而一并转让

13. 下列属于用益物权的是( )。
    A. 质权
    B. 留置权
    C. 建筑物区分所有权
    D. 国家集体自然资源使用权

14. 关于建设用地使用权设立的说法,错误的是( )。
    A. 建设用地使用权的订立可以采取出让和划拨的方式
    B. 建设用地使用权的划拨是经过县级以上人民政府批准,有期限的限制
    C. 根据物权法的规定,严格限制以划拨方式设立建设用地使用权
    D. 商品住宅等经营性用地应当采取公开竞价的方式出让

15. 地役权中需要利用他人土地才能发挥效用的土地,称为( )。
    A. 供役地　　　B. 需役地
    C. 共有土地　　D. 宅基地

16. 关于抵押的说法,错误的是( )。
    A. 当事人应当采取书面形式订立抵押合同
    B. 所有的抵押都必须办理抵押登记才能产生法律效力
    C. 在同一抵押物上先成立的抵押权优先于后成立的抵押权
    D. 抵押财产必须是可以转让的

17. 下列财产中,禁止用于抵押的是( )。
    A. 债务人有处分权的建设用地使用权
    B. 土地所有权
    C. 抵押人所有的交通运输工具
    D. 抵押人所有的生产设备

18. 关于留置权的说法,错误的是( )。
    A. 留置权是一种法定的担保物权
    B. 所有的合同都可以行使留置权
    C. 法律规定或者当事人约定不能留置的动产,不得留置
    D. 同一动产上已设立抵押权或质权,该动产又被留置的,留置权人优先受偿

二、多项选择题

1. 下列属于物权法基本原则的有( )。
   A. 诚实信用原则　B. 物权法定原则
   C. 平等自愿原则　D. 物权公示原则
   E. 一物一权原则

2. 不动产统一登记的范围包括( )。
   A. 宅基地使用权
   B. 抵押权
   C. 集体土地所有权
   D. 汽车使用权
   E. 建设用地使用权
3. 不动产转移登记与变更登记的区别在于( )。
   A. 转移登记前后的权利主体不一致，变更登记前后的权利主体一致
   B. 转移登记属交易行为，需要缴纳税款，变更登记不属于交易行为，故不需缴纳税款
   C. 转移登记需要办理登记手续，变更登记不需要办理登记手续
   D. 转移登记是不动产权利转让行为，变更登记不动产权利人并未将权利转给他人
   E. 转移登记前后的权利客体形式不一致，变更登记前后的权利客体形式一致
4. 用益物权和担保物权的区别在于( )。
   A. 设立目的不同
   B. 行使权利的范围不同
   C. 标的物不同
   D. 权利性质不同
   E. 标的价值形态发生变化产生的影响不同
5. 关于所有权特征的说法，正确的有( )。
   A. 所有权是一个整体的权利，其部分权能不能转移给他人行使
   B. 所有权是一种独占的支配权，可以依法排斥他人的非法干涉
   C. 所有人对所有物享有占有、使用、收益和处分的完整权利
   D. 法律不限制各项所有权的存续期间
   E. 所有权的各项权能可以通过法定的方式或合同约定的方式同作为整体的所有权相分离
6. 共同共有和按份共有的区别在于( )。
   A. 对共有物的管理不同
   B. 权利的享有不同
   C. 权利的主体不同
   D. 对第三人行使权利的不同
   E. 分割共有物的限制不同
7. 下列财产所有权的取得方式中，属于原始取得的有( )。
   A. 继承房产　　B. 财产收归国有
   C. 没收非法所得　D. 生产产品
   E. 接受赠与
8. 与所有权和担保物权相比，用益物权具有的特征包括( )。
   A. 用益物权是具有独立性的他物权
   B. 用益物权是限制物权
   C. 用益物权具有变价受偿性和物上代位性
   D. 用益物权的标的物主要是不动产
   E. 用益物权具有使用的目的
9. 关于宅基地使用权的说法，正确的有( )。
   A. 宅基地使用权属于一种用益物权，所有权属于集体
   B. 宅基地使用权的主体主要是农村集体经济组织的成员
   C. 国家和集体不得收回宅基地的使用权
   D. 宅基地使用权必须遵循法定的申请程序，经过有关部门的批准后方可取得
   E. 宅基地使用权的客体主要是集体所有的用于建造住宅及其附属设施的土地
10. 以下属于担保物权的法律特征的有( )。
    A. 价值权性　　B. 从属性
    C. 物上代位性　D. 可分性
    E. 法定性
11. 依照我国《物权法》的规定，下列可以抵押的有( )。
    A. 宅基地使用权
    B. 建设用地使用权
    C. 医疗卫生设施
    D. 正在建造的建筑物
    E. 所有权有争议的财产
12. 下列可以用于设定权利质权的有( )。
    A. 建筑物　　B. 建设用地使用权
    C. 应收账款　D. 存款单
    E. 著作权中的财产权

同步系统训练参考答案及解析

一、单项选择题

1. D 【解析】本题考查物权与债权的区别。物权具有优先力和追及力，而债权原则上不具有追及力，选项 D 错误。

2. A 【解析】本题考查物权的优先效力。同一标的物上存在着两个或者两个以上内容相同或者性质相同的物权时，成立在先的物权优先于成立在后的物权。如同一不动产上设定抵押权后，再在该不动产上设定抵押权的，抵押权的优先效力依抵押权登记的先后确定，在行使抵押权时，登记在先的抵押权优先受清偿。

3. C 【解析】本题考查物权法的一物一权原则。一个特定的标的物上只有一个所有权。同一物之上可以并存数个不相矛盾的物权。

4. A 【解析】本题考查物权公示原则。物权公示原则是指民事主体对物权的享有与变动均应采取可取信于社会公众的外部表现方式的原则。《物权法》第 6 条规定："不动产物权的设立、变更、转让和消灭，应当依照法律规定登记。动产物权的设立和转让，应当依照法律规定交付。"

5. C 【解析】本题考查不动产登记的类型。变更登记，是指不动产物权的具体内容发生变化时进行的登记。

6. A 【解析】本题考查所有权的取得与消灭。所有权的绝对消灭是因所有权客体的原因而消灭，如标的物毁损或灭失导致原物权的终止。

7. D 【解析】本题考查担保物权。《物权法》第 239 条规定：同一动产上已设立抵押权或者质权，该动产又被留置的，留置权人优先受偿。

8. C 【解析】本题考查所有权的取得。善意取得的构成要件包括三个方面的内容：(1)受让人须是善意的；(2)受让人必须支付了合理的价款；(3)受让人已经占有了该财产。

9. C 【解析】本题考查所有权的取得。所有权继受取得的法律行为包括：买卖合同、赠与和互易。

10. A 【解析】本题考查按份共有。共有人之间必须存在共同关系，这是共同共有的要求，不是按份共有的要求。选项 A 错误。

11. D 【解析】本题考查按份共有。处分按份共有的不动产或者动产以及对共有的不动产或者动产作重大修缮的，应当经占份额三分之二以上的按份共有人同意，但共有人之间另有约定的除外。

12. D 【解析】本题考查业主的建筑物区分所有权。建筑物的基本构造部分（如支柱、屋顶、外墙或地下室等），建筑物的共用部分及附属物（如楼梯、消防设备、走廊、水塔、自来水管等）属于共有部分，业主享有共有和共同管理的权利，选项 A 错误；业主对建筑物内的住宅、经营性用房等专有部分享有专有权，选项 B 错误；业主将住宅改变为经营性用房的，除遵守法律、法规以及管理规约外，应当经有利害关系的业主同意，选项 C 错误。

13. D 【解析】本题考查用益物权。在我国，用益物权的种类主要包括土地承包经营权、建设用地使用权、宅基地使用权、海域使用权、地役权、国家集体自然资源使用权、探矿权、采矿权、取水权、渔业养殖捕捞权等。选项 A、B 属于担保物权。选项 C 属于所有权。

14. B 【解析】本题考查建设用地使用权。建设用地使用权的划拨要经过县级以上人民政府依法批准。划拨土地没有期限限制，选项 B 错误。

15. B 【解析】本题考查地役权。需要利用他人土地才能发挥效用的土地，称为需役地。提供给他人使用的土地，称为供役地。

16. B 【解析】本题考查抵押权。并不是所有的财产抵押时都需要办理抵押登记才生效。必须进行抵押登记后其抵押权才发生法律效力的财产包括：（1）建筑物和其他土地附着物；（2）建设用地使用权；（3）以招标、拍卖、公开协商等方式取得的荒地等土地承包经营权；（4）正在建造的建筑物。

17. B 【解析】本题考查抵押权。禁止抵押的财产包括：（1）土地所有权；（2）耕地、宅基地、自留地、自留山等集体所有的土地使用权，但法律规定可以抵押的除外；（3）学校、幼儿园、医院等以公益为目的的事业单位、社会团体的教育设施、医疗卫生设施和其他社会公益设施；（4）所有权、使用权不明或者有争议的财产；（5）依法被查封、扣押、监管的财产；（6）法律、行政法规规定不得抵押的其他财产。

18. B 【解析】本题考查留置权。留置权只发生在特定的合同关系中。根据留置权的特性，留置权只能在债权人能依照合同的规定占有债务人一定财产的情况下方能存在。

二、多项选择题

1. BDE 【解析】本题考查物权法的基本原则。物权法的基本原则包括物权法定原则、一物一权原则和物权公示原则。

2. ABCE 【解析】本题考查物权公示原则。不动产统一登记的范围：（1）集体土地所有权；（2）房屋等建筑物、构筑物所有权；（3）森林、林木所有权；（4）耕地、林地、草地等土地承包经营权；（5）建设用地使用权；（6）宅基地使用权；（7）海域使用权；（8）地役权；（9）抵押权；（10）法律规定需要登记的其他不动产权利。

3. ABD 【解析】本题考查物权公示原则。不动产转移登记与变更登记的区别：（1）转移登记前后的权利主体不一致，而变更登记前后的权利主体一致。这是两者之间最本质的区别。（2）转移登记是一种不动产权利转让行为，而变更登记不是权利转让行为。（3）转移登记属交易行为，需要缴纳税款，而变更登记不属于交易行为，故不需缴纳税款。

4. ACDE 【解析】本题考查物权的种类。用益物权和担保物权都是他物权，都是权利人在他人所有的标的物上享有的被限定于某一特定方面的物权，所以行使权利的范围相同，选项B错误。

5. BCDE 【解析】本题考查所有权的法律特征。选项A错误，所有权并非占有、使用、收益和处分四项权利的简单相加，而是一个整体的权利。所有权人既可以由自己统一行使，也可以将其部分权能转移给他人行使。

6. ABDE 【解析】本题考查共同共有和按份共有的区别。共同共有和按份共有的区别包括：（1）成立的原因不同；（2）权利的享有不同；（3）对共有物的管理不同；（4）对第三人行使权利的不同；（5）分割共有物的限制不同。

7. BCD 【解析】本题考查所有权取得的方式。所有权原始取得的方式主要有三大类：（1）生产和孳息；（2）国有化、没收等；（3）先占、添附、发现埋藏物和隐藏物、拾得遗失物、善意取得等。选项A、E属于继受取得方式。

8. ABDE 【解析】本题考查用益物权的特征。设置用益物权的目的在于对他人之物的使用和收益，它不可能具有担保物权的变价受偿性和物上代位性等属性，选项C错误。

9. ABDE 【解析】本题考查宅基地使用权。选项C错误，国家和集体在必要的时候，可以依法收回宅基地的使用权。

10. ABCE 【解析】本题考查担保物权的法律特征。担保物权的法律特征有：价值权性、法定性、从属性、不可分性和物上代位性。

11. BD 【解析】本题考查抵押权。下列财产可以作为抵押权的标的：(1)建筑物和其他土地附着物；(2)建设用地使用权；(3)以招标、拍卖、公开协商等方式取得的荒地等土地承包经营权；(4)生产设备、原材料、半成品、产品；(5)正在建造的建筑物、船舶、航空器；(6)交通运输工具。选项A、C、E都属于禁止抵押的财产。

12. CDE 【解析】本题考查质权。在我国，不动产不能成为权利质权的标的，不动产只能作为抵押权的标的。根据《物权法》第223条规定，下列权利可以出质：(1)汇票、支票、本票；(2)债券、存款单；(3)仓单、提单；(4)可以转让的基金份额、股权；(5)可以转让的注册商标专用权、专利权、著作权等知识产权中的财产权；(6)应收账款；(7)法律、行政法规规定可以出质的其他财产权利。可以在建筑物和建设用地使用权上设定抵押权，而非权利质权。

本章思维导图

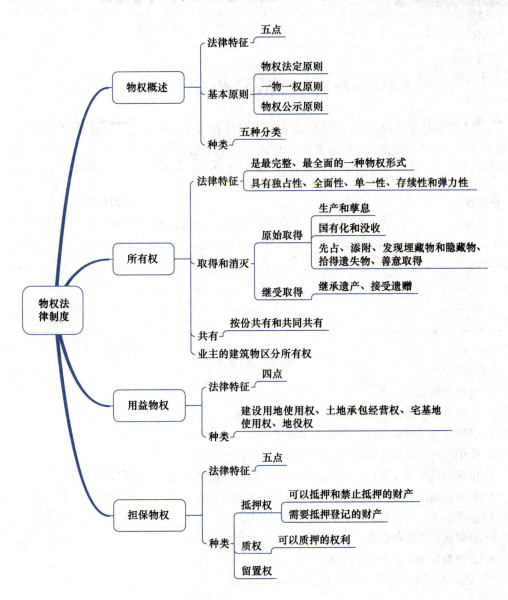

第35章 合同法律制度

考情分析

本章主要讲述了合同法律制度的相关内容。具体讲解了合同的特征、分类，合同的效力，合同的订立、履行和终止，合同的担保和保全，合同的转让、变更和解除，违约责任等内容，本章知识点较多，需要多注重细节。在最近三年的考试中，本章所占分值分布不均匀，平均在7分左右。

最近三年本章考试题型、分值分布

年份	单项选择题	多项选择题	合计
2019 年	4题4分	—	4题4分
2018 年	5题5分	2题4分	7题9分
2017 年	5题5分	2题4分	7题9分

本章主要考点

1. 合同的特征与分类。
2. 无效合同、效力待定的合同、可撤销的合同。
3. 合同订立的两个阶段——要约和承诺。
4. 合同履行的基本原则和抗辩权。
5. 引起合同关系消灭的法律事实——合同履行、抵销、提存、免除债务和混同。
6. 合同担保的形式——保证和定金。
7. 合同的保全——债权人的代位权和撤销权。
8. 合同转让的三种情形。
9. 合同解除的类型和适用情形。
10. 违约责任的构成要件和承担违约责任的方式。

重点、难点讲解及典型例题

▶考点一 合同概述

(一)合同的法律特征
(1)合同当事人的法律地位平等。
(2)合同是在当事人自愿基础上进行的民事法律行为。
(3)合同是双方或多方的民事法律行为。
(4)合同是关于民事权利义务关系的协议。

(二)合同的分类(见表 35-1)

表 35-1 合同的分类

标准	分类	含义
当事人各方权利义务的分担方式	双务合同	当事人相互享有权利,相互负有义务(如买卖合同、租赁合同)
	单务合同	一方只负有义务,另一方只享有权利(如借用合同、赠与合同)
合同的成立是否以交付标的物为要件	诺成合同	(1)不要物合同,当事人双方意思表示一致即可成立; (2)绝大多数合同; (3)在合同法中凡是没有规定以实际交付标的物为合同成立条件的合同都是诺成合同
	实践合同	需要有一方当事人实际交付标的物的行为才能成立(如保管合同、借用合同)
法律上是否规定一定的名称	有名合同	(1)典型合同,在法律中有明文规定; (2)《合同法》规定 15 类合同
	无名合同	只要不违背法律和社会公共利益均有效,符合合同自由原则
成立是否需要特定的形式	要式合同	需要采取特定的方式才能成立
	不要式合同	不需要采取特定的方式就能成立
关联合同是否有主从关系	主合同	以不依赖其他合同的存在为前提(如借款合同)
	从合同	必须以主合同的存在为前提的合同(如担保合同)

【例 1·多选题】合同具有的法律特征有( )。
A. 合同当事人的法律地位平等
B. 合同是关于民事权利义务关系的协议
C. 合同是双方或多方的民事法律行为
D. 合同也适用于调整婚姻、收养等有关身份关系的内容
E. 合同是在当事人自愿基础上进行的民事法律行为

解析 ▶ 本题考查合同的法律特征。合同具有的法律特征包括:(1)合同当事人法律地位平等;(2)合同是在当事人自愿基础上进行的民事法律行为;(3)合同是双方或多方的民事法律行为;(4)合同是关于民事权利义务关系的协议。婚姻、收养、监护等有关身份关系的协议不能由合同法调整。 答案 ▶ ABCE

▶ 考点二　合同的效力

(一)合同的生效要件
(1)主体合格。行为人具有相应的行为能力。
(2)内容合法。不得与法律的强行性或者禁止性规范相抵触。
(3)意思表示真实。
(4)合同的形式合法。

(二)效力存在瑕疵的合同(见表35-2)

表35-2 效力存在瑕疵的合同

分类	情形	后果
无效合同	无效合同的种类主要包括： (1)无民事行为能力人签订的合同； (2)违反法律、行政法规的强制性规定的合同，但是该强制性规定不导致民事法律行为无效的除外； (3)违背公序良俗的合同； (4)行为人与相对人以虚假的意思表示签订的合同； (5)行为人与相对人恶意串通损害他人合法权益而签订的合同	(1)从合同成立时开始就没有法律约束力； (2)部分无效，不影响其他部分效力的，其他部分仍然有效； (3)合同被确认无效不影响合同中独立存在的有关解决争议方法的条款的效力
效力待定的合同	合同的主体不具有相应的民事行为能力	限制民事行为能力人订立的合同，经法定代理人追认后，该合同有效，但纯获利益的合同或者与其年龄、智力、精神健康状况相适应而订立的合同，不必经法定代理人追认
	因无权代理而订立的合同	被代理人追认后生效
	无权处分他人财产而订立的合同	经权利人追认或者无处分权的人订立合同后取得处分权的，该合同有效
可撤销的合同①	下列合同，一方当事人有权请求人民法院或者仲裁机关予以撤销： (1)基于重大误解订立的合同； (2)一方以欺诈手段，使对方在违背真实意思的情况下订立的合同，受欺诈方有权请求人民法院或者仲裁机构予以撤销； (3)一方或者第三人以胁迫手段，使对方在违背真实意思的情况下订立的合同，受胁迫方有权请求人民法院或者仲裁机构予以撤销； (4)一方利用对方处于危困状态、缺乏判断能力等情形，致使订立的合同显失公平，受损害方有权请求人民法院或者仲裁机构予以撤销	(1)可撤销的合同一经撤销，合同当事人之间便消灭合同关系，这一效力追溯到合同成立时； (2)当事人行使撤销权或变更权所针对的是已经生效的合同，即合同在被撤销之前均为有效合同，只有当撤销权人行使撤销权时，合同才自始无效； (3)如果当事人没有提出请求的，人民法院或仲裁机构不能主动予以撤销

注：①有下列情形之一的，撤销权消灭：当事人自知道或者应当知道撤销事由之日起1年内、重大误解的当事人自知道或者应当知道撤销事由之日起3个月内没有行使撤销权；当事人受胁迫，自胁迫行为终止之日起1年内没有行使撤销权；当事人知道撤销事由后明确表示或者以自己的行为表明放弃撤销权。当事人自民事法律行为发生之日起5年内没有行使撤销权的，撤销权消灭。

【例2·单选题】关于无效合同和可撤销合同的说法，错误的是( )。
A. 无效的合同自始没有法律约束力
B. 合同部分无效，不影响其他部分效力的，其他部分仍然有效
C. 对于可撤销的合同，当事人没有提出请求的，人民法院或者仲裁机构可以主动予以撤销
D. 合同被确认为无效不影响合同中独立存在的有关解决争议方法的条款的效力

解析 本题考查效力存在瑕疵的合同。对于可撤销的合同，当事人没有提出请求的，人民法院或者仲裁机构不能主动予以撤销，选项C错误。

答案 C

▶ 考点三 合同的订立、履行和终止

（一）合同的订立

合同订立的一般程序从法律上可以分为要约和承诺两个阶段。

1. 要约和承诺（见表35-3）

表35-3 要约和承诺

项目	要约	承诺
概念	也叫发盘，是当事人一方以订立合同为目的，就合同的主要条款向另一方提出建议的意思表示	是受要约人同意要约的意思表示
要件	(1)要约必须是特定人的意思表示； (2)要约是以订立合同为目的的意思表示； (3)要约是向受要约人希望与其缔结合同的相对人发出的意思表示； (4)要约的内容必须具体确定	(1)承诺只能由受要约人向要约人作出。 (2)承诺必须在有效期限内作出。受要约人超过承诺期限发出承诺的，除要约人及时通知受要约人该承诺有效的以外，为新要约。 (3)承诺的内容必须与要约的内容一致（这是最实质性的要件，如果受要约人对要约内容作出实质性变更，为新要约）
生效	要约到达受要约人时生效	承诺通知到达要约人时生效。承诺生效，标志着合同的成立
撤回	撤回要约的通知应当在要约到达受要约人之前或者与要约同时到达受要约人	撤回承诺的通知应当在承诺通知到达要约人之前或者与承诺通知同时到达要约人
撤销	(1)要约生效后，受要约人尚未发出承诺通知之前，要约人可以要求撤销该要约； (2)要约不得撤销：要约人确定了承诺期限或者以其他形式明示要约不可撤销；受要约人有理由认为要约是不可撤销的，并已经为履行合同作了准备工作	承诺不存在撤销

2. 要约与要约邀请的区别（见表35-4）

表35-4 要约与要约邀请的区别

区别	要约	要约邀请①
目的和效果	要约能够使相对人获得承诺资格，要约发出后，只要相对人作出承诺，合同即告成立	要约邀请是希望别人向自己发出要约，要约邀请发出后，得到的回应可能是对方的要约，在对方的要约尚没有得到承诺时，合同不能成立
对象	一般向特定的相对人发出	向不特定的主体发出
内容	内容必须具体明确，足以决定合同的主要条款	内容只是表达了行为人愿意订立合同的意图，并不包含合同的主要条款
法律约束力	在一定期间对要约人是有约束力的	没有任何约束力

注：①典型的要约邀请：寄送价目表、拍卖公告、招标公告、招股说明书、商业广告。

3. 缔约过失责任(见图35-1)

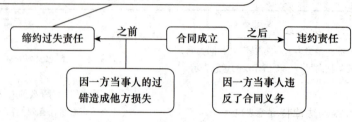

图 35-1 缔约过失责任

(二)合同的履行

1. 全面履行原则

履行主体、标的、期限、地点和方式适当。如果履行地点不明确，给付货币的，**在接受货币一方所在地履行**；交付不动产的，在不动产所在地履行；其他标的，在履行义务一方所在地履行。

2. 诚实信用原则

当事人在履行合同时，应积极履行通知义务、协助履行义务、保密义务。

3. 双务合同履行中的抗辩权(见表35-5)

表 35-5 双务合同履行中的抗辩权

抗辩权	行使方	具体情形
同时履行抗辩权	双方当事人均可行使	当事人互负债务，没有先后履行顺序的，应当同时履行
不安抗辩权	先履行义务的一方当事人有权行使	应当先履行债务的当事人，有确切证据证明对方有下列情形之一的，可以中止履行：(1)经营状况严重恶化；(2)转移财产、抽逃资金，以逃避债务；(3)丧失商业信誉；(4)有丧失或者可能丧失履行债务能力的其他情形。 【注意】当事人没有确切证据中止履行的，应当承担违约责任
先履行抗辩权	后履行义务的一方当事人有权行使	先履行一方未履行的，后履行一方有权拒绝其履行要求 【注意】先履行抗辩权是一种延期抗辩权，只能使对方的请求权延期，而不能消灭对方的请求权

(三)合同的终止

(1)合同履行：合同终止的**最正常和最主要**的形式。

(2)抵销：双方互相负有同种类的均已到履行期的给付义务时，将两项义务相互冲抵，使其相互在对等额内消灭。

(3)提存：债务人于债务已届履行期时，将无法给付的标的物交给提存机关，以消灭债务的行为。

(4)免除债务。

(5)混同：债权和债务同归于一人而使合同关系终止的事实。

【例 3·单选题】 甲公司与乙公司签订一份购销手机的合同,双方约定由甲公司先交货,三天后乙公司付款。甲公司在交货前发现乙公司交易状况严重恶化,已经被其债权人向法院申请破产,事实上已无力支付货款,甲公司遂拒绝交货。此案中,甲公司行使的是( )。

A. 先履行抗辩权　　　　　　　　B. 不安抗辩权
C. 同时履行抗辩权　　　　　　　D. 先诉抗辩权

解析 ▶ 本题考查不安抗辩权。不安抗辩权,是指在双务合同中有先给付义务的当事人在有证据证明后给付人具有丧失或可能丧失履行债务能力的情况时,可以中止自己先给付义务的履行。当后给付义务人经营状况严重恶化时,先给付义务人可以行使不安抗辩权。　**答案** ▶ B

▶ **考点四　合同的担保和保全**

(一)合同的担保
1. 合同担保的法律特征和形式(见表 35-6)

表 35-6　合同担保的法律特征和形式

法律特征		目的性、自愿性、平等性、从属性
分类	法定担保	由法律直接加以规定,如留置权
	约定担保	是常见的方式,是合同担保的主要形式,如抵押、质押、保证
形式	物权担保	抵押、质押、留置
	非物权担保	保证、定金

2. 非物权担保——保证和定金
(1)保证(见表 35-7)

表 35-7　保证

保证人	可以作保证人	必须是具有代为清偿债务能力的法人、其他组织或者公民
	不得作保证人	国家机关和学校、幼儿园、医院等以公益为目的的事业单位、社会团体以及企业法人的分支机构、职能部门
保证方式	一般保证	保证人只对债务人不履行债务承担补充责任的保证
	连带责任保证	在债务人不履行债务时由保证人与债务人承担连带责任的保证
		【注意】当事人对保证方式没有约定或者约定不明确的,按照连带责任保证承担保证责任

(2)定金
①定金罚则和定金合同(见表 35-8)

表 35-8　定金罚则和定金合同

定金罚则	体现定金的担保作用
	(1)给付定金的一方不履行约定的债务的,无权要求返还定金;
	(2)收受定金的一方不履行约定债务的,应当双倍返还定金
定金合同	(1)实践合同;
	(2)从实际交付定金之日起生效;
	(3)当事人可就定金数额协商,但≤主合同标的额的20%;
	(4)定金数额>最高限额,超出部分无效

②定金罚则与违约金的异同(见表35-9)

表35-9 定金罚则与违约金的异同

项目		定金罚则	违约金
相同点		都可以使违约一方丧失一定的金钱利益，督促义务人积极履行合同	
不同点	交付时间	定金于合同履行前交付	只能在违约行为发生后交付
	效力	定金能证明合同成立和给付	不能证明合同成立和给付
	性质	起合同担保作用	违约责任的一种形式

【注意】违约金与定金罚则不能并用，二者只能选择其一适用。

(二)合同的保全(见表35-10)

表35-10 合同的保全

法律特征		(1)它是债的对外效力的体现，是合同相对性原则的例外； (2)主要发生在合同有效成立期间； (3)基本方法是代位权和撤销权的行使
内容	债权人的代位权	成立条件：(1)须债务人对第三人享有权利； (2)须债务人怠于行使权利且因此可能危及债权人的债权； (3)须债权人对债务人的债权已届清偿期而未获清偿； (4)须债务人对第三人的权利为非专属性权利和可以强制执行的权利
		代位权必须通过诉讼方式行使，代位权的范围以债权人的债权为限，行使代位权的必要费用，由债务人负担
	债权人的撤销权	行使的客观要件：(1)债务人实施了一定的处分财产的行为； (2)债务人的处分行为已发生法律效力； (3)债务人处分财产的行为危害到债权的实现
		行使的主观要件：在债务人实施损害债权人利益的处分行为时，受让人知道该情形
		撤销权由债权人以自己的名义在诉讼中行使，其范围以债权人的债权为限。债权人行使撤销权的必要费用，由债务人负担。法院认定撤销权成立的，债务人处分财产的行为自始无效

【例4·多选题】关于定金与违约金的区别，说法正确的有( )。

A. 定金于合同履行前交付，而不是在违约行为发生后交付
B. 违约金有证明合同成立和预先给付的效力，而定金没有
C. 定金主要起担保作用，违约金则是违约责任的一种形式
D. 定金的数额不超过主合同标的额的20%，而违约金没有此限制
E. 违约金是担保权，而定金不是

解析 本题考查合同的担保。选项B错误，定金有证明合同成立和预先给付的效力，而违约金没有。选项E错误，定金主要起合同担保的作用，违约金是违约责任的一种形式。

答案 ACD

考点五 合同的转让、变更和解除

(一)合同的转让(见表35-11)

表35-11 合同的转让

情形	内容
权利的转让	(1)债权人转让权利的,应当通知债务人(不需要债务人同意),未经通知,该转让对债务人不发生效力。债权人转让权利的通知不得撤销,但经受让人同意的除外。 (2)不具有可转让性的情形: ①根据合同性质不得转让。例如:具有人身性质的债权属于专属性的权利。 ②按照当事人约定不得转让。 ③依照法律规定不得转让
义务的转让	债务人将合同的义务全部或者部分转移给第三人的,应当经债权人同意
权利义务概括转让	(1)意定概括转让:当事人一方经对方同意,可以将自己在合同中的权利和义务一并转让给第三人; (2)法定概括转让:当事人订立合同后合并的,由合并后的法人或者其他组织行使合同权利,履行合同义务。当事人订立合同后分立的,除债权人和债务人另有约定的以外,由分立的法人或者其他组织对合同的权利和义务享有连带债权,承担连带债务

(二)合同的变更(见表35-12)

表35-12 合同的变更

法律要件	(1)存在合法有效的合同关系; (2)合同内容的变更,不包括合同主体的变更①; (3)根据法律规定或当事人的约定进行	
适用场合	基于法律的直接规定而变更合同	
	经当事人双方协商一致而变更合同	不必经诉讼、仲裁程序
	因重大误解而订立的合同,有重大误解的一方当事人可以通过行使变更权变更合同	经人民法院或仲裁机构裁决
	因情势变更使合同继续履行显失公平的	

注:①合同主体的变更属于合同转让范畴,变更的具体内容可由当事人自由协商确定,法律不加以限制。

(三)合同的解除(见表35-13)

表35-13 合同的解除

类型		内容
协议解除		当事人协商一致,可以解除合同
基于解除权的解除	约定解除	当事人可以约定一方解除合同的条件。解除合同的条件成立时,解除权人可以解除合同
	法定解除	有下列情形之一的,当事人可以解除合同: (1)因不可抗力致使不能实现合同目的; (2)在履行期限届满之前,当事人一方明确表示或者以自己的行为表明不履行主要债务; (3)当事人一方迟延履行主要债务,经催告后在合理期限内仍未履行; (4)当事人一方迟延履行债务或者有其他违约行为致使不能实现合同目的; (5)法律规定的其他情形

【例5·单选题】关于合同解除的说法，正确的是( )。
A. 合同解除以变更的合同为标的
B. 合同解除必须经过双方当事人协商一致
C. 在约定的解除条件成立时，解除权人可以解除合同
D. 合同解除的类型只包括法定解除和约定解除

解析 ▶ 本题考查合同的解除。合同解除以有效成立的合同为标的，选项A错误。法定解除合同并不一定需要经过双方当事人协商一致，选项B错误。合同解除的类型主要包括协议解除和基于解除权的解除，基于解除权的解除包括法定解除与约定解除两种形式，选项D错误。

答案 ▶ C

▶ 考点六　违约责任

(一)违约责任的概念

违约责任——民事法律责任；
　　　　——以合同义务的存在为前提；
　　　　——以不履行或不完全履行合同义务为成立的条件；
　　　　——只在合同关系当事人之间产生，对于合同以外的第三人不发生违约责任。

(二)违约责任的构成要件(见表35-14)

表35-14　违约责任的构成要件

	构成违约责任的首要条件	
违约行为	按发生时间可分为	预期违约
		(1)合同有效成立后履行期限届满前； (2)当事人一方明确表示或以自己的行为表明不履行合同义务，对方可以在履行期限届满前要求其承担违约责任； (3)造成非违约方信赖利益的损失
		实际违约
		(1)合同履行期限届满后发生； (2)造成非违约方期待利益的损失
主观过错	(1)我国实行严格责任； (2)过错通常通过推定方法加以认定，只要当事人实施了违约行为，就推定其主观上有了过错； (3)债权人就债务人的主观过错不承担举证责任	

(三)承担违约责任的方式(见表35-15)

表35-15　承担违约责任的方式

方式	内容
继续履行	它是合同实际履行原则的要求和延伸，是发生违约行为后的一种补救措施
支付违约金	(1)应由当事人约定，不约定则不产生； (2)约定的违约金过分高于、低于造成的损失的，当事人可以请求人民法院或者仲裁机构予以减少或增加； (3)违约金条款具有从合同的性质，以主合同的存在为条件；具有一定独立性，非违约一方有权根据约定要求违约方支付违约金； (4)在违约行为发生后才能生效
违约损害赔偿	损害赔偿的范围原则上以当事人的实际损失为限。损失赔偿额包括合同履行后可以获得的利益

(四)违约的免责事由(见表35-16)

表35-16 违约的免责事由

情形	内容
受害人的过错	(1)双方均有过错,按各自的过错程度承担责任; (2)一方违约后,对方应当采取而未采取适当措施致使损失扩大的,扩大的损失不能要求违约方赔偿
不可抗力	(1)具有不可预见性、不可避免性和不可克服性; (2)是客观情况,属于事件的范畴,不包括民事主体的行为; (3)只有当不可抗力发生在合同履行期内,才能构成免责事由
免责条款	(1)合同中约定的免除其在将来可能发生的违约责任的条款; (2)免责条款无效的情形:①造成对方人身伤害的;②因故意或重大过失造成对方财产损失的

【例6·多选题】关于承担违约责任的说法,正确的有( )。
  A. 继续履行是发生违约行为后的一种补救措施
  B. 支付违约金应由当事人约定,不约定则不产生违约金的责任形式
  C. 约定的违约金过分高于造成的损失的,当事人可以请求人民法院或者仲裁机构予以减少
  D. 违约行为造成的损失的损害赔偿范围原则上以当事人的实际损失为限
  E. 损失赔偿额不包括合同履行后可以获得的利益
解析 ▶ 本题考查承担违约责任的方式。损失赔偿额应当相当于因违约所造成的损失,包括合同履行后可以获得的利益,选项E错误。
答案 ▶ ABCD

历年考题解析

一、单项选择题

1. (2019年)下列合同中,属于从合同的是( )。
   A. 保管合同   B. 租赁合同
   C. 买卖合同   D. 抵押合同
   解析 ▶ 本题考查合同的分类。从合同是指不能单独存在的,必须以主合同的存在为前提的合同,抵押合同属于从合同。
   答案 ▶ D

2. (2019年)张某24岁,是间歇性精神病人,他在神志不清的情况下将自己所有的一幅国画出售给李某,收取国画的费用,并将国画给了李某。事后张某的配偶对该买卖不予承认,要求李某返还该国画。张某出售该国画的行为属于( )。
   A. 无效   B. 可撤销
   C. 待定   D. 有效
   解析 ▶ 本题考查效力待定的合同。效力待定的合同是指合同虽已成立,但由于不完全具备法律规定的有效条件,因而其是否能够生效还须经权利人的承认才能确定的合同。本题中,张某患有间歇性精神病,在神志不清时属于限制民事行为能力人,在此期间订立的合同属于效力待定合同。
   答案 ▶ C

3. (2019年)对于缔约过失责任的说法,正确的是( )。
   A. 缔约过失责任人主观上没有过错
   B. 缔约过失责任是一方违反诚实信用原则而产生的一种民事责任
   C. 缔约过失责任不要求造成他方实际损失
   D. 缔约过失责任可以发生在合同成立之后
   解析 ▶ 本题考查缔约责任。选项A错误,缔约过失责任人主观上存在恶意磋商、故

意隐瞒等过错。选项C、D错误,缔约过失责任发生在合同成立之前,是在合同订立中因一方当事人的过错造成他方损失而应承担的责任。 **答案** ▶ B

4. (2019年)关于合同解除的说法,错误的是( )。
   A. 合同解除必须有解除行为
   B. 合同解除可以使合同关系消灭
   C. 合同解除的条件必须是法定的
   D. 合同解除仅用于有效成立的合同

   解析 ▶ 本题考查合同的解除。根据法律规定,合同解除的类型主要包括协议解除和基于解除权的解除。后者包括约定解除和法定解除。 **答案** ▶ C

5. (2018年)某位13周岁的学生在文具店花30元购买了一支钢笔,商店附赠给其价值3元的墨水一瓶。关于该学生购买钢笔及获赠墨水行为的表述正确的是( )。
   A. 购买钢笔和获赠墨水的行为均有效
   B. 购买钢笔和获赠墨水的行为均无效
   C. 购买钢笔的行为无效,但获赠墨水的行为有效
   D. 购买钢笔的行为有效,但获赠墨水的行为无效

   解析 ▶ 本题考查效力存在瑕疵的合同。13岁为限制民事行为能力人,但是其购买钢笔和获赠墨水的合同与其年龄、智力、精神健康状况相适应,因此该合同为有效合同,不必经法定代理人追认。 **答案** ▶ A

6. (2018年)甲公司向乙公司发出以3 000元每台的单价购买100台电脑的要约,乙公司回复"同意出售100台电脑,但单价为每台3 100元",则该回复为( )。
   A. 新要约
   B. 部分无效承诺
   C. 要约邀请
   D. 有效承诺

   解析 ▶ 本题考查合同的订立。受要约人对要约的内容作出实质性变更的,为新要约。 **答案** ▶ A

7. (2018年)甲与乙在合同中,并未明确约定履行合同的先后顺序,后甲拒不履行义务,但要求乙履行其义务,根据《中华人民共和国合同法》这属于( )。
   A. 同时履行抗辩权
   B. 先履行抗辩权
   C. 法定解除权
   D. 不安抗辩权

   解析 ▶ 本题考查同时履行抗辩权。同时履行抗辩权是指双务合同中当事人在没有约定先后履行顺序时,一方在对方未进行对待给付之前,有拒绝履行自己的合同义务的权利。 **答案** ▶ A

8. (2018年)债权与债务同归于一人而使合同关系终止的事实称为( )。
   A. 提存
   B. 混同
   C. 抵销
   D. 免除债务

   解析 ▶ 本题考查混同的概念。混同是指债权与债务同归于一人而使合同关系终止的事实。 **答案** ▶ B

9. (2018年)关于合同转让的说法,正确的是( )。
   A. 债权转让应取得债务人的同意才有效
   B. 债权转让和债务转移均应取得合同相对方的同意才有效
   C. 债务转移应取得债权人的同意才有效
   D. 债权转让和债务转移只要通知了合同相对方就发生效力

   解析 ▶ 本题考查合同的转让。《合同法》第84条规定,债务人将合同的义务全部或者部分转移给第三人的,应当经债权人同意。可见,取得债权人的同意是合同义务转让的有效条件之一。 **答案** ▶ C

10. (2017年)甲向乙借了300元,同时甲又为乙修好了笔记本电脑,修理费恰好是300元。则甲乙之间的债权债务可以( )。
    A. 提存
    B. 抵销
    C. 混同
    D. 免除

    解析 ▶ 本题考查合同的终止。抵销,是指当事人双方相互负有同种类的给付义

务时,将两项义务相互冲抵,使其相互在对等额内消灭。 **答案▶B**

11. (2017年)秦某与李某签订了一份货物买卖合同,秦某为卖方,住在甲市;李某为买方,住在乙市。双方对履行地点没有约定,且不能通过交易习惯、合同性质确定,双方也未能达成补充协议。关于该合同履行地点的说法,正确的是( )。
    A. 交易货币应在甲市,交付货物应在乙市
    B. 交易货物应在甲市,交付货币应在乙市
    C. 交易货币和货物均在甲市
    D. 交易货币和货物均在乙市

    解析▶ 本题考查合同的履行。如果履行地点不明确,给付货币的,在接受货币一方所在地履行;交付不动产的,在不动产所在地履行;其他标的,在履行义务一方所在地履行。 **答案▶C**

12. (2017年)甲乙公司签订了一份货物买卖合同,后来乙公司和丙公司协商一致将乙公司的部分供货义务转移给丙公司,则乙公司( )。
    A. 应通知甲公司
    B. 无须通知任何公司
    C. 应通知丙公司,由丙公司通知甲公司
    D. 应当经甲公司同意

    解析▶ 本题考查合同的转让。债务人将合同的义务全部或者部分转移给第三人,应当经债权人同意。乙公司作为履行义务一方,将部分义务转让,应当经债权人甲公司同意。 **答案▶D**

13. (2017年)乙公司向甲公司发出要约,随后立即又发出一份"要约作废"的函件。甲公司的董事长助理收到乙公司"要约作废"函件后,忘了交给已经看到要约函件的董事长。第三天甲公司董事长发函给乙公司,提出只要将交货日期推迟两个星期,其他条件都可以接受。后甲、乙公司未能缔约,双方缔约未成功的法律

原因是( )。
    A. 乙公司的要约已被撤销
    B. 乙公司的要约已被撤回
    C. 甲公司对要约做了实质性改变
    D. 甲公司承诺超过了有效期限

    解析▶ 本题考查合同的订立。在要约生效后,受要约人尚未发出承诺通知之前,要约人可以要求撤销该要约。该题中"要约作废"的函件是要约生效后到达的,所以只能是撤销。 **答案▶A**

14. (2017年)关于债权人代位权的说法,正确的是( )。
    A. 债权人代位权的行使必须通过诉讼程序,而且代位权范围以其债权为限
    B. 债权人必须以债务人的名义行使代位权
    C. 债权人代位权的行使必须取得债务人的同意
    D. 代位权行使的费用必须由债权人自己承担

    解析▶ 本题考查合同的保全。债权人享有以自己的名义行使代位权的权利。代位权的行使不需要取得债务人的同意,代位权行使的费用由债务人承担。选项B、C、D错误。 **答案▶A**

二、多项选择题

1. (2018年)根据《中华人民共和国合同法》,当事人在订立合同过程中有( )情形,给对方造成损失的,应当承担缔约过失责任。
    A. 违反保密义务
    B. 故意提供虚假情况
    C. 重大误解
    D. 恶意磋商
    E. 故意隐瞒重要事实

    解析▶ 本题考查缔约过失责任。我国《合同法》第42条规定:"当事人在订立合同过程中有下列情形之一,给对方造成损失的,应当承担损害赔偿责任:(1)假借订立合同,恶意进行磋商;(2)故意隐瞒与

订立合同有关的重要事实或者提供虚假情况；（3）有其他违背诚实信用原则的行为。"

答案 ▶ BDE

2.（2018年）关于双务合同履行中的抗辩权的说法，正确的有（　）。

A. 双务合同履行中的抗辩权的行使能使权利人在一定期间内拒绝履行合同义务

B. 双务合同履行中的抗辩权的行使，将导致合同义务的消灭

C. 双务合同履行中的抗辩权包括同时履行抗辩权、先履行抗辩权和不安抗辩权

D. 双务合同履行中的抗辩权的行使将导致对方请求权消灭

E. 双务合同履行中的抗辩权可以适用于赠与合同

解析 ▶ 本题考查合同的履行。抗辩权是债务人在法定条件下对抗权利人的请求权而暂时拒绝履行债务的权利，选项B、D错误。赠与合同属于单务合同，不适用双务合同履行中的抗辩权，所以选项E错误。

答案 ▶ AC

3.（2017年）下列合同中，属于诺成合同的有（　）。

A. 买卖合同
B. 租赁合同
C. 保管合同
D. 借用合同
E. 加工合同

解析 ▶ 本题考查合同的类型。诺成合同，是指当事人双方意思表示一致即可成立的

合同。选项C、D属于实践合同。

答案 ▶ ABE

4.（2017年）甲企业与乙企业签订了一份再生原料买卖合同，由乙企业向甲企业供货30吨，合同总价款20万元。双方依约全部履行完义务后，乙企业提供的再生原料被查出属于非法进口的洋垃圾。关于该合同的说法，错误的有（　）。

A. 该合同无效，但既已履行，双方均无须返还

B. 该合同效力未定，但既已履行，双方均无须返还

C. 该合同无效，乙企业应归还甲企业货款并赔偿其因此受到的损失

D. 该合同有效，且已履行完毕，甲企业与乙企业权利义务终止

E. 该合同属于可撤销合同，甲企业有权诉至法院要求撤销该合同

解析 ▶ 本题考查效力存在瑕疵的合同。无效合同的种类主要包括：（1）无民事行为能力人签订的合同；（2）违反法律、行政法规的强制性规定的合同；（3）违背公序良俗的合同；（4）行为人与相对人以虚假的意思表示签订的合同；（5）行为人与相对人恶意串通损害他人合法权益而签订的合同。本题中的合同属于无效合同，自始没有法律约束力，乙企业应归还甲企业货款并赔偿其因此受到的损失。

答案 ▶ ABDE

同步系统训练

一、单项选择题

1. 下列合同中，属于单务合同的是（　）。
   A. 买卖合同　　B. 租赁合同
   C. 保管合同　　D. 赠与合同

2. 借用合同不属于（　）。
   A. 单务合同　　B. 诺成合同
   C. 主合同　　　D. 不要式合同

3. 关于无效合同特征的说法，错误的是（　）。
   A. 可以转化为有效合同
   B. 具有违法性
   C. 具有不履行性
   D. 自始无效

4. 限制民事行为能力人订立的纯获利益的合同属于（　）。

A. 有效合同　　B. 无效合同
C. 可撤销合同　D. 效力待定合同

5. 无处分权的人处分他人财产，经（　）追认或者无处分权的人订立合同后取得处分权的，该合同有效。
   A. 权利人　　　B. 法定代理人
   C. 法院　　　　D. 仲裁机构

6. 根据《合同法》的规定，下列关于合同效力的说法正确的是（　）。
   A. 李某愿意将自己刚买的手机以低于市场的价格卖给黄某，所签合同属于有效合同
   B. 12岁的小明将自己的电脑赠送给同学晓峰，赠与合同自电脑交付时生效
   C. 陈某以胁迫的手段与张某订立的合同，是无效合同
   D. 张某将从李某处借用的电脑出售给陈某，该买卖合同无效

7. 甲于3月1日向乙发出一要约，后反悔，遂于3月3日发出该要约作废的通知。要约于3月5日至乙处，但乙外出未能拆阅。作废通知于3月6日到达乙处，乙于3月7日返回家中。则此要约（　）。
   A. 有效，因为要约已先于撤回通知到达乙
   B. 有效，因为要约发出后不得任意撤回
   C. 失效，因为撤回通知和要约同时到达乙
   D. 失效，因为要约已经被撤销

8. 关于承诺的说法，正确的是（　）。
   A. 受要约人超过承诺期限发出承诺的，除要约人及时通知受要约人该承诺有效的以外，为新要约
   B. 受要约人超过承诺期限发出承诺的，除要约人及时通知受要约人该承诺失效的以外，为有效
   C. 承诺可以撤销，撤销承诺的通知应当在承诺通知到达要约人之前或者与承诺通知同时到达要约人
   D. 承诺不得撤销，但可以撤销

9. 甲公司得知乙公司在与丙公司进行一个项目的商谈，甲公司向乙公司发函，表示愿以更高的价格购买。乙公司遂中断了与丙公司的谈判。但后来甲公司反悔，拒绝与乙公司进行谈判。后查明，甲公司根本不需要该项目，其目的只是排挤丙公司，则甲公司应承担（　）。
   A. 侵权责任　　B. 缔约过失责任
   C. 违约责任　　D. 行政责任

10. 合同履行的过程中，如果履行地点不明确的，给付货币的，在（　）履行。
    A. 给付货币一方所在地
    B. 接受货币一方所在地
    C. 订立合同的所在地
    D. 不动产所在地

11. 2019年3月红英学校与美服制衣厂签订了一份校服定做的合同。双方约定美服制衣厂于4月23日交货，红英学校在交货后5日内付款。直到2019年5月1日美服制衣厂也没有交付校服。美服制衣厂要求红英学校提供一部分货款后再交货，但红英学校拒绝了美服制衣厂的要求，红英学校行使的权利是（　）。
    A. 不安抗辩权
    B. 同时履行抗辩权
    C. 先诉抗辩权
    D. 先履行抗辩权

12. 债务人于债务已届履行期时，将无法给付的标的物交给相应机关，以消灭债务的行为称为（　）。
    A. 混同　　　　B. 提存
    C. 抵销　　　　D. 免除债务

13. 根据《中华人民共和国担保法》的规定，以下不属于合同担保方式的是（　）。
    A. 违约金　　　B. 定金
    C. 留置　　　　D. 抵押

14. 根据《中华人民共和国担保法》的规定，具有代为清偿债务能力的下列单位可以作保证人的是（　）。
    A. 某公立学校
    B. 某公立医院
    C. 某公益社会团体

D. 某企业法人

15. 当债务人怠于行使其对第三人的权利而危害债权实现时,债权人可以( )。
    A. 撤销债务人的行为
    B. 将标的物提存
    C. 宣告无效
    D. 以自己的名义行使债务人的权利

16. 合同履行的基本原则不包括( )。
    A. 合理性原则   B. 诚实信用原则
    C. 合法性原则   D. 公平原则

17. 关于合同权利转让的说法,错误的是( )。
    A. 具有人格权利的合同不能转让
    B. 债权人转让权利,应当经过债务人同意
    C. 债权人转让权利的通知不得撤销,但经过受让人同意的除外
    D. 双方订立合同时特别约定不得转让的权利不能转让

18. 关于合同解除权的说法,错误的是( )。
    A. 解除权是一种形成权
    B. 基于解除权解除合同需要经过对方当事人的同意
    C. 约定解除和协议解除的法律性质不同
    D. 解除权的行使是一种单方法律行为

19. 根据我国《合同法》的规定,当事人约定由债务人向第三人履行债务的,债务人未向第三人履行债务或者履行债务不符合约定的,应该向( )承担违约责任。
    A. 该第三人
    B. 债权人
    C. 该第三人或债务人
    D. 该第三人和债权人

20. 关于违约责任的说法,错误的是( )。
    A. 违约责任是一种民事法律责任
    B. 当事人一方因第三人的原因造成违约的,不必向对方承担违约责任
    C. 不可抗力是免除违约方违约责任的重要原因和理由
    D. 违约行为可以分为预期违约和实际违约

二、多项选择题

1. 下列各项中属于双务合同的有( )。
    A. 买卖合同   B. 赠与合同
    C. 租赁合同   D. 银行借款合同
    E. 借用合同

2. 以下属于效力待定合同的有( )。
    A. 损害社会公共利益的合同
    B. 以合法形式掩盖非法目的的合同
    C. 无权处分他人财产的合同
    D. 恶意串通,损害国家、集体或者第三人利益的合同
    E. 合同的主体不具有相应的民事行为能力

3. 根据《中华人民共和国合同法》,下列文书中,属于要约邀请的有( )。
    A. 寄送的价目表   B. 招标公告
    C. 悬赏广告   D. 招股说明书
    E. 拍卖公告

4. 下列情形中,要约不得撤销的有( )。
    A. 要约人张某发出了要约,并确定了承诺期限
    B. 要约人李某书面通知受要约人要约不得撤销
    C. 受要约人郭某认为要约不会撤销,并为履行合同做了准备
    D. 要约人董某发出的要约已经生效
    E. 受要约人的承诺通知尚未发出

5. 根据诚实信用原则,当事人在履行合同时,应积极履行( )。
    A. 保密义务   B. 协助履行义务
    C. 付款义务   D. 通知义务
    E. 担保义务

6. 关于双务合同履行中的抗辩权的说法,正确的有( )。
    A. 双务合同抗辩权包括同时履行抗辩权、先履行抗辩权和不安抗辩权
    B. 双务合同抗辩权的行使,将导致合同的消灭
    C. 双务合同抗辩权可以适用于买卖合同
    D. 同时履行抗辩权可以适用于租赁合同
    E. 双务合同抗辩权是一时的抗辩权、延缓

的抗辩权

7. 应当先履行债务的当事人，有确切证据证明对方有（　）情形的，可以中止履行。
   A. 经营状况严重恶化
   B. 转移财产、抽逃资金，以逃避债务
   C. 丧失商业信誉
   D. 法定代表人或负责人变动
   E. 经营地点改变

8. 能够引起合同关系消灭的法律事实主要包括（　）。
   A. 免除债务　　B. 合同履行
   C. 抵销　　　　D. 提存
   E. 债权债务分离

9. 合同担保具有的法律特征包括（　）。
   A. 具有明确的目的性
   B. 具有独立性
   C. 具有自愿性
   D. 具有平等性
   E. 具有从属性

10. 关于合同定金的说法，正确的有（　）。
    A. 定金具有担保效力
    B. 收受定金的一方不履行约定债务的，应当双倍返还定金
    C. 定金合同从实际交付定金之日起生效
    D. 定金的数额由当事人约定，但不得超过主合同标的额的50%
    E. 当事人既约定定金又约定违约金的，未违约一方可以同时要求赔偿定金和违约金

11. 根据《中华人民共和国合同法》的规定，债务人的下列（　）等行为给债权人造成损害，债权人可以请求人民法院撤销债务人行为。
    A. 债务人放弃其到期债权
    B. 债务人无偿转让其财产
    C. 债务人以明显不合理的低价转让其财产，且受让人知道该情形
    D. 债务人以低价转让其财产，受让人不知道该情形
    E. 债务人经营状况严重恶化

12. 根据合同法规定，代位权是法律赋予债权人的权利，其成立的条件有（　）。
    A. 须债务人对第三人享有权利
    B. 须债务人实施了处分财产的行为
    C. 须债权人对债务人的债权已届清偿期而未获清偿
    D. 须债务人怠于行使权利且因此可能危及债权人的债权
    E. 须债务人对第三人的权利为非专属性权利和可以强制执行的权利

13. 关于合同变更的说法，正确的有（　）。
    A. 合同变更的对象是已经成立的合同
    B. 合同变更是合同内容的变更，合同主体不变
    C. 合同的变更应根据法律的规定进行
    D. 当事人可以协商变更合同的具体内容
    E. 合同变更的条件是合同尚未履行

14. 在合同履行过程中，当事人一方可以免除违约责任的情形有（　）。
    A. 不可抗力发生在合同履行期内
    B. 受害人的过错导致合同无法履行
    C. 当事人延迟履行后发生不可抗力
    D. 造成人身伤害的
    E. 双方当事人订立合同时约定的免责事项发生时

同步系统训练参考答案及解析

一、单项选择题

1. D 【解析】本题考查合同的分类。单务合同是指合同当事人一方只负有义务而不享有权利，另一方只享有权利而不负担义务的合同。借用合同、赠与合同都属于单务合同。

2. B 【解析】本题考查合同的分类。借用合同是单务合同、实践合同、无名合同、不

要式合同和主合同。

3. A 【解析】本题考查无效合同。无效合同自始无效，不能转化为有效合同，选项A错误。

4. A 【解析】本题考查合同的效力。《合同法》第47条规定：限制民事行为能力人订立的合同，经法定代理人追认后，该合同有效，但纯获利益的合同或者是与其年龄、智力、精神健康状况相适应而订立的合同，不必经法定代理人追认。

5. A 【解析】本题考查效力待定合同。无处分权的人处分他人财产，经权利人追认或者无处分权的人订立合同后取得处分权的，该合同有效。

6. A 【解析】本题考查合同的效力。李某愿意将自己的手机低于市场价格卖给黄某，属于表达其真实意思，选项A正确。将电脑赠与他人的行为不属于与12岁孩子的年龄、智力相当的行为，该赠与行为需要由其法定代理人追认才能生效，选项B错误。一方或者第三人以胁迫手段，使对方在违背真实意思的情况下订立的合同属于可撤销的合同，选项C错误。无处分权的人处分他人财产，所订立的合同属于效力待定合同，经权利人追认或者无处分权的人订立合同后取得处分权的，该合同有效，选项D错误。

7. D 【解析】本题考查要约。撤回是在要约"生效"之前，撤销是在要约"生效"之后，而要约是到达生效。题目中要约在3月5日到达生效，作废通知是在3月6日到达，即在要约生效后到达，且受要约人还没有发出承诺通知，所以是"撤销要约"，要约失效。

8. A 【解析】本题考查承诺。受要约人超过承诺期限发出承诺的，除要约人及时通知受要约人该承诺有效的以外，为新要约，选项A正确，选项B错误。承诺只能撤回，不能撤销，选项C、D错误。

9. B 【解析】本题考查缔约过失责任。缔约过失责任，是指在合同订立过程中，因一方当事人的过失给对方造成损失所应当承担的民事责任。

10. B 【解析】本题考查合同的履行。履行地点不明确，给付货币的，在接受货币一方所在地履行。

11. D 【解析】本题考查合同的履行。先履行抗辩权是指双务合同中履行义务顺序在后的一方当事人，在履行义务顺序在先的一方当事人没有履行或不适当履行义务时，拒绝先履行一方请求其履行义务的权利。

12. B 【解析】本题考查合同的终止。提存是指债务人于债务已届履行期时，将无法给付的标的物交给提存机关，以消灭债务的行为。

13. A 【解析】本题考查合同的担保。物权担保的方式包括抵押、质押和留置。非物权担保的方式包括保证和定金。违约金属于承担违约责任的方式，不属于合同担保方式。

14. D 【解析】本题考查合同的担保。国家机关和学校、幼儿园、医院等以公益为目的的事业单位、社会团体以及企业法人的分支机构、职能部门均不得作为保证人。

15. D 【解析】本题考查债权人的代位权。债权人的代位权是指当债务人怠于行使其对第三人的权利而危害债权实现时，债权人享有的以自己名义代位行使债务人权利的权利。

16. B 【解析】本题考查合同履行的基本原则。合同履行的基本原则是全面履行原则和诚实信用原则。

17. B 【解析】本题考查合同的转让。债权人转让权利的，应当通知债务人。未经通知，该转让对债务人不发生效力。合同权利的转让与受让发生在债权人和第三人之间，转让本身并不需要债务人的同意，选项B错误。

18. B 【解析】本题考查合同的解除。解除权是一种形成权,即只要解除权人将解除合同的单方意思表示通知对方即可产生解除合同的效力,而不必经对方的同意。

19. B 【解析】本题考查违约责任。我国《合同法》第64条规定,当事人约定由债务人向第三人履行债务的,债务人未向第三人履行债务或者履行债务不符合约定,应当向债权人承担违约责任。

20. B 【解析】本题考查违约责任。选项B错误,当事人一方因第三人的原因造成违约的,应当向对方承担违约责任。

二、多项选择题

1. ACD 【解析】本题考查合同的分类。双务合同,是指合同各方当事人相互享有权利,相互负有义务的合同。赠与合同和借用合同是单务合同。买卖合同、租赁合同、银行借款合同是双务合同。

2. CE 【解析】本题考查效力待定合同。选项A、B、D属于无效合同。

3. ABDE 【解析】本题考查要约邀请。典型的要约邀请包括寄送价目表、拍卖公告、招标公告、招股说明书、商业广告。

4. ABC 【解析】本题考查要约不得撤销的情形。要约不得撤销的情形具体包括:(1)要约人确定了承诺期限的或者以其他形式明示要约不可撤销的;(2)受要约人有理由认为要约是不可撤销的,并已经为履行合同做了准备工作。选项A、B、C正确;要约生效后,受要约人尚未发出承诺通知之前,要约是可以撤销的,选项D、E错误。

5. ABD 【解析】本题考查合同的履行。根据诚实信用原则,当事人在履行合同时,应积极履行以下义务:(1)通知义务;(2)协助履行义务;(3)保密义务。

6. ACDE 【解析】本题考查双务合同履行中的抗辩权。双务合同履行中的抗辩权是一种延期抗辩权,只能使对方的请求权延期,而不能消灭对方的请求权,选项B错误。

7. ABC 【解析】本题考查不安抗辩权。《合同法》第68条规定的后给付义务人丧失或可能丧失履行债务能力的情况有:(1)经营状况严重恶化;(2)转移财产、抽逃资金,以逃避债务;(3)丧失商业信誉;(4)有丧失或者可能丧失履行债务能力的其他情形。

8. ABCD 【解析】本题考查合同的终止。能够引起合同关系消灭的法律事实包括合同履行、抵销、提存、免除债务、混同。

9. ACDE 【解析】本题考查合同担保的法律特征。合同担保的法律特征有:具有明确的目的性;具有自愿性和平等性;具有从属性。担保合同从属于被担保的合同,是从合同,不能脱离主合同而独立存在,它的效力要受主合同的制约,所以合同担保不具有独立性。

10. ABC 【解析】本题考查合同的担保。定金的数额由当事人约定,但不得超过主合同标的额的20%,选项D错误。违约金和定金罚则不能并用,二者只能择其一适用,选项E错误。

11. ABC 【解析】本题考查债权人的撤销权。因债务人放弃其到期债权、无偿转让财产或者以明显不合理的低价转让财产,对债权人造成损害的,债权人可以请求人民法院撤销债务人的行为。

12. ACDE 【解析】本题考查债权人的代位权。代位权成立的条件包括:(1)须债务人对第三人享有权利。(2)须债务人怠于行使权利且因此可能危及债权人的债权。(3)须债权人对债务人的债权已届清偿期而未获清偿。(4)须债务人对第三人的权利为非专属性权利和可以强制执行的权利。

13. ABCD 【解析】本题考查合同的变更。合同变更的法律要件主要包括:(1)存在合法有效的合同关系。合同变更的对象是已经依法成立的合同，这是合同变更的前提条件。(2)合同的变更是合同内容的变更，不包括合同主体的变更。合同变更的具体内容可以由合同当事人自由协商确定，法律不加以限制。(3)合同变更应依法律规定或当事人的约定进行。

14. ABE 【解析】本题考查违约的免责事由。违约的免责事由通常包括以下几种情形：(1)不可抗力。只有当不可抗力发生在合同履行期内，才能构成免责事由。(2)受害人的过错。受害人对违约行为或违约损害后果的发生或扩大存在过错。(3)免责条款。即合同当事人在合同中约定的免除其在将来可能发生的违约责任的条款。但下列免责条款无效：造成对方人身伤害的；因故意或者重大过失造成对方财产损失的。

本章思维导图

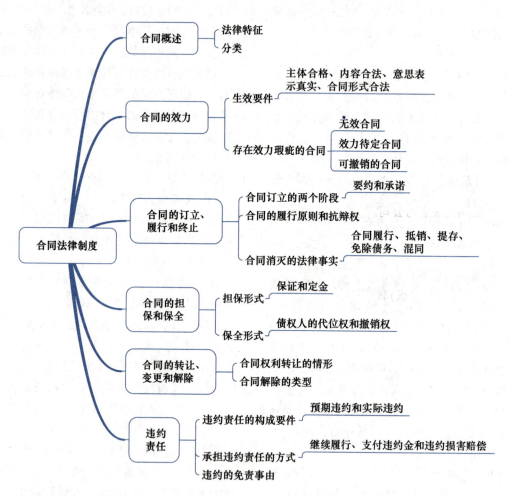

第36章 公司法律制度

考情分析

本章主要讲述了公司法和公司概述,公司的设立与公司法基本制度,公司治理结构,公司的股份(权)转让和股份公司的股份发行,公司的合并、分立、解散和清算。从最近三年的考题来看,本章所占分值平均在4分左右。

最近三年本章考试题型、分值分布

年份	单项选择题	多项选择题	合计
2019年	2题2分	1题2分	3题4分
2018年	1题1分	2题4分	3题5分
2017年	1题1分	1题2分	2题3分

本章主要考点

1. 公司的概念、特征和种类。
2. 公司的设立与公司法基本制度。
3. 股东、股东的权利与义务。
4. 股东(大)会、董事及董事会、经理、监事及监事会。
5. 董事、监事及高级管理人员的资格和义务。
6. 公司的股份(权)转让和股份公司的股份发行。
7. 公司的合并、分立、解散和清算。

重点、难点讲解及典型例题

▶ 考点一 公司法和公司概述

有关公司的概念、特征和种类的具体内容见表36-1。

表36-1 公司的概念、特征和种类

概念	公司是依照法定的条件与程序设立、以营利为目的、股东以其出资额为限对公司承担责任、公司以其全部资产为限对外承担民事责任的具备法人资格的经济组织

353

续表

特征	(1)公司是以营利为目的的经济组织； (2)公司具备法人资格的条件：①依法设立；②公司有独立的财产，公司的财产与股东个人的财产相分离；③公司有自己的名称、组织机构和场所，公司能够以自己的名义从事民商事活动并独立承担民事责任； (3)公司以章程为存在和活动的根据。公司章程是公司必备的，规定其名称、宗旨、资本、组织机构等对内对外事务的法律文件
我国《公司法》规定的公司形式	(1)有限责任公司 【注意】国有独资公司是我国公司法规定的一种特殊形式的有限责任公司是国家单独出资、由国务院或者地方人民政府授权本级人民政府国有资产监督管理机构履行出资人职责的有限责任公司 (2)股份有限公司

【例1·单选题】 以下选项中，不属于我国公司所具有的特征的是( )。
A. 公司有独立的财产 B. 公司有自己的名称
C. 公司有独立的内部审计机构 D. 能够以自己的名义从事民商事活动

解析 本题考查公司的特征。作为法人的公司具有的特征：(1)依法设立；(2)公司有独立的财产，公司的财产与股东个人的财产相分离；(3)公司有自己的名称、组织机构和场所，公司能够以自己的名义从事民商事活动并独立承担民事责任。 **答案** C

▶考点二　公司的设立与公司法基本制度

(一)公司的设立条件

1. 有限责任公司的设立条件(见表36-2)

表36-2　有限责任公司的设立条件

股东	资格	除国有独资公司外，自然人和法人都可以成为股东
	人数	50个以下股东出资设立
出资要求	出资额	有符合公司章程规定的全体股东认缴的出资额(公司法对有限责任公司的最低注册资本不做要求)
	出资形式	股东可以用货币出资，也可以用实物、知识产权、土地使用权等作价出资
	注册资本	为在公司登记机关登记的全体股东认缴的出资额
其他要求		制定公司章程，公司有名称、住所，并建立符合要求的组织机构

2. 股份有限公司的设立条件(见表36-3)

表36-3　股份有限公司的设立条件

要求	(1)发起人符合法定人数：应当有2人以上200人以下为发起人，其中须有半数以上的发起人在中国境内有住所； (2)有符合公司章程规定的全体发起人认购的股本总额或者募集的实收股本总额； (3)股份发行、筹办事项符合法律规定； (4)发起人制定公司章程，采用募集方式设立的经创立大会通过； (5)有公司名称，建立符合股份有限公司要求的组织机构； (6)有公司住所

不要求	(1)最低注册资本； (2)发起人首次出资额及其缴足资本时间的限制

(二)公司法基本制度(见表36-4)

表36-4　公司法基本制度

基本制度	内容
公司名称制度	(1)强制注册制度：名称权的取得以设立登记为要件； (2)预先核准制度：预先核准的公司名称保留期为6个月，保留期内不得以其从事营业，不得转让； (3)"有限责任公司"字样、"股份有限公司"字样
公司住所制度	(1)公司以其主要办事机构所在地为住所； (2)公司必须有住所，不允许设立无住所的公司； (3)公司住所必须在公司章程中载明，登记的公司住所只能有一个，且须在登记机关辖区内； (4)设有分支机构的，以总公司的所在地为住所； (5)公司住所的确定和变更以登记为要件，不经登记的公司住所，不得对抗第三人
公司章程制度	调整公司内部组织关系和经营行为的自治规则
	公司没有章程，不能获得批准，也不能获得登记
	公司章程的修改权限专属公司的股东(大)会： (1)有限责任公司：必须经代表三分之二以上表决权的股东通过； (2)股份有限公司：必须经出席会议的股东所持表决权的三分之二以上通过

【例2·单选题】根据我国《公司法》规定，股份有限公司的发起人一般应当(　　)。

A. 不少于2人

B. 在2人以上200人以下

C. 在5人以上200人以下

D. 不超过200人

解析　本题考查公司的设立条件。设立股份有限公司，应当有2人以上200人以下为发起人，其中须有半数以上的发起人在中国境内有住所。　　　　　　　　　　　答案　B

▶考点三　公司治理结构

(一)股东、股东的权利与义务(见表36-5)

表36-5　股东、股东的权利与义务

股东身份取得	直接方式	直接出资
	间接方式	从公司其他股东处继受股东身份
股东身份确认标准		公司章程、股东出资、出资证明书、股东名册、公司登记机关对股东的登记以及实际享有的股东权利等

权利	(1)出席(或委托代理人)股东会会议和对公司重大决策问题行使表决权； (2)选举权和被选举权：选举公司董事、监事，被选举为公司董事、监事和高管人员； (3)股息红利分配请求权； (4)转让出资、股份； (5)临时股东会的召集请求权和提案权； (6)公司章程、股东会会议记录、董事会会议决议、监事会会议决议和财务会计报告的查阅和复制权； (7)公司会计账簿查阅权； (8)公司增资或发行新股的优先认购权； (9)公司剩余财产的分配请求权； (10)特殊情况下要求公司收购其股权的请求权； (11)强制解散公司的权利：公司经营管理发生严重困难，继续存续会使股东利益受到重大损失，通过其他途径不能解决的，持有公司全部股东表决权10%以上的股东，可以请求人民法院解散公司； (12)对公司经营的建议与质询权； (13)向人民法院提起诉讼的权利
义务	(1)缴纳所认缴的出资； (2)公司设立登记后，不得抽回出资； (3)公司章程规定的其他义务，即遵守公司章程，履行公司章程规定的义务

(二)股东(大)会(见表36-6)

有限责任公司股东会或股份有限公司股东大会由全体股东组成，性质上是公司的权力机构，决定有关公司的一切重大事项。

表36-6 股东(大)会

有限责任公司股东会议事规则	一般情况下，"资本多数决"原则，股东按出资比例行使表决权 下列事项必须经代表三分之二以上表决权的股东通过： (1)修改公司章程； (2)增加或者减少注册资本； (3)公司合并、分立、解散； (4)变更公司形式
股份有限公司股东大会议事规则	(1)一般决议：股东大会作出决议，必须经出席会议的股东所持表决权过半数通过； (2)特别决议：必须经出席会议的股东所持表决权的三分之二以上通过的事项(同有限责任公司)

【例3·多选题】根据《公司法》，股份有限公司股东大会作出下列(　　)等的决议时，必须经过出席会议的股东所持表决权的三分之二以上通过。

A. 决定公司经营计划　　　　　　B. 增加或减少注册资本
C. 决定公司投资方案　　　　　　D. 修改公司章程
E. 变更公司形式

解析　本题考查股份有限公司股东大会的决议。下列事项必须经出席会议的股东所持表决权的三分之二以上通过：(1)修改公司章程；(2)增加或者减少注册资本的决议；(3)公司合并、分立、解散或者变更公司形式的决议。

答案　BDE

(三)董事会和经理

有关董事会和经理的具体内容见表36-7。

表 36-7 董事会和经理

项目	内容
有限责任公司董事会	(1)董事会成员为 3~13 人； (2)股东人数较少或者规模较小的有限责任公司，可以设一名执行董事，不设董事会； (3)执行董事可以兼任公司经理
股份有限公司董事会	(1)董事会成员为 5~19 人； (2)董事会成员中可以有公司职工代表。董事会中的职工代表由公司职工通过职工代表大会、职工大会或者其他形式民主选举产生
经理	(1)有限责任公司可以设经理，股份有限公司设经理； (2)由董事会决定聘任或解聘

(四)监事、监事会

有关监事会的具体内容见表 36-8。

表 36-8 监事会

性质	监事会是公司经营活动的监督机构
人数要求	其成员不得少于 3 人；股东人数较少或者规模较小的有限责任公司，可设 1~2 名监事，不设监事会
职工代表	职工代表的比例不得低于三分之一
兼任	董事、高级管理人员不得兼任监事
费用	监事会行使职权所必需的费用，由公司承担
职权	(1)检查公司财务； (2)对董事、高级管理人员执行公司职务的行为进行监督，对违反法律、行政法规、公司章程或者股东(大)会决议的董事、高级管理人员提出罢免的建议； (3)当董事、高级管理人员的行为损害公司的利益时，要求董事、高级管理人员予以纠正； (4)提议召开临时股东(大)会会议，在董事会不履行本法规定的召集和主持股东(大)会会议职责时召集和主持股东(大)会会议； (5)向股东(大)会会议提出提案； (6)对董事、高级管理人员提出诉讼

【例 4·多选题】下列属于有限责任公司监事会职权的有( )。

A. 检查公司财务
B. 聘任公司财务负责人
C. 当董事的行为损害公司的利益时，要求董事予以纠正
D. 提议召开临时股东会会议
E. 执行股东会的决议

解析 ▶ 本题考查监事会。监事会的职权有：(1)检查公司财务；(2)对董事、高级管理人员执行公司职务的行为进行监督，对违反法律、行政法规、公司章程或股东会决议的董事、高级管理人员提出罢免的建议；(3)当董事、高级管理人员的行为损害公司利益时，要求董事、高级管理人员予以纠正；(4)提议召开临时股东会会议；(5)向股东会会议提出提案；(6)依照《公司法》第 152 条的规定，对董事、高级管理人员提起诉讼；(7)公司章程规定的其他职权。选项 B、E 属于董事会的职权。

答案 ▶ ACD

(五)董事、监事及高级管理人员的资格和义务

1. 任职资格

有下列情形之一的，**不得担任**公司的董事、监事、高级管理人员：

(1)无民事行为能力或者限制民事行为能力；

(2)因贪污、贿赂、侵占财产、挪用财产或者破坏社会主义市场经济秩序，被判处刑罚，执行期满**未逾 5 年**，或者因犯罪被剥夺政治权利，执行期满**未逾 5 年**；

(3)担任破产清算的公司、企业的董事或者厂长、经理，对该公司、企业的破产负有个人责任的，自该公司、企业破产清算完结之日起**未逾 3 年**；

(4)担任因违法被吊销营业执照、责令关闭的公司、企业的法定代表人，并负有个人责任的，自该公司、企业被吊销营业执照之日起**未逾 3 年**；

(5)个人所负数额较大的债务到期未清偿。

2. 忠实义务和勤勉义务

公司的董事、监事、高级管理人员对公司负有忠实和勤勉义务。有关董事、高级管理人员的禁止行为具体内容见表 36-9。

表 36-9　董事、高级管理人员的禁止行为

担保	违反公司章程的规定，未经股东会、股东大会或者董事会同意，将公司资金借贷给他人或者以公司财产为他人提供担保
关联交易	违反公司章程的规定或者未经股东会、股东大会同意，与本公司订立合同或者进行交易
竞业禁止	未经股东会或者股东大会同意，利用职务便利为自己或者他人谋取属于公司的商业机会，自营或者为他人经营与所任职公司同类的业务
资金	(1)挪用公司资金； (2)将公司资金以其个人名义或者以其他个人名义开立账户存储； (3)接受他人与公司交易的佣金归为己有
泄密	擅自披露公司秘密

【注意】董事、高级管理人员违反上述规定所得的收入应当归公司所有。

(六)上市公司治理结构的特别规定(见表 36-10)

表 36-10　上市公司治理结构的特别规定

上市公司治理结构	特别规定
独立董事制度	上市公司应当设立独立董事，具体办法由国务院规定
关联董事的回避制度	(1)上市公司董事与董事会会议决议事项所涉及的企业有关联关系的，不得对该项决议行使表决权，也不得代理其他董事行使表决权； (2)该董事会会议由过半数的无关联关系董事出席即可举行，董事会会议所作决议须经无关联关系董事过半数通过； (3)出席董事会的无关联关系董事人数不足 3 人的，应将该事项提交上市公司股东大会审议
特别决议事项制度	上市公司在 1 年内购买、出售重大资产或者担保金额超过公司资产总额 30%的，应当由股东大会作出决议，并经出席会议的股东所持表决权的三分之二以上通过
财务披露义务	上市公司应公开财务状况、经营情况及重大诉讼，在每会计年度内半年公布一次财务会计报告

【例 5 · 单选题】 关于上市公司治理结构特别规定的说法，错误的是（ ）。
  A. 上市公司每会计年度内半年公布一次财务会计报告
  B. 出席董事会的无关联关系董事人数不足 3 人的，应将该事项提交上市公司股东大会审议
  C. 董事会会议所作决议须经无关联关系董事三分之二以上通过
  D. 上市公司在 1 年内购买、出售重大资产或者担保金额超过公司资产总额 30% 的，应当由股东大会作出决议，并经出席会议的股东所持表决权的三分之二以上通过

解析 ▶ 本题考查上市公司治理结构的特别规定。董事会会议所作决议须经无关联关系董事过半数通过，选项 C 错误。

答案 ▶ C

▶ 考点四　公司的股份（股权）转让和股份公司的股份发行

有关有限责任公司的股权转让、股份有限公司的股份发行和转让的具体内容分别见表 36-11、表 36-12。

表 36-11　有限责任公司的股权转让

正常转让	对内	股东之间可以相互转让其全部或者部分股权
	对外	(1) 股东向股东以外的人转让股权，应当经其他股东过半数同意； (2) 其他股东自接到书面通知之日起满 30 日未答复的，视为同意转让。其他股东半数以上不同意转让的，不同意的股东应当购买该转让的股权；不购买的，视为同意转让； (3) 在同等条件下，其他股东有优先购买权。两个以上股东主张行使优先购买权的，协商确定各自购买比例；协商不成的，按照转让时各自的出资比例行使优先购买权
收购		有下列情形之一的，对股东会该项决议投反对票的股东可以请求公司按照合理的价格收购其股权： (1) 公司连续 5 年不向股东分配利润，而公司该 5 年连续盈利，并且符合本法规定的分配利润条件的； (2) 公司合并、分立、转让主要财产的； (3) 公司章程规定的营业期限届满或者章程规定的其他解散事由出现，股东会会议通过决议修改章程使公司存续的

表 36-12　股份有限公司的股份发行和转让

股份发行		(1) 股份采取股票的形式，股票是公司签发的证明股东所持股份的凭证； (2) 股份的发行，实行公平、公正的原则，同种类的每一股份应当具有同等权利
股份转让	发起人	(1) 持有的本公司股份，自公司成立之日起 1 年内不得转让； (2) 公司公开发行股份前已发行的股份，自公司股票在证券交易所上市交易之日起 1 年内不得转让
	公司董事、监事、高级管理人员	(1) 在任职期间每年转让的股份不得超过其所持有本公司股份总数的 25%； (2) 所持本公司股份自公司股票上市交易之日起 1 年内不得转让； (3) 离职后半年内，不得转让其所持有的本公司股份
	公司	公司不得收购本公司股份。下列情形之一除外： (1) 减少公司注册资本；(2) 与持有本公司股份的其他公司合并；(3) 将股份用于员工持股计划或者股权激励；(4) 股东因对股东大会作出的公司合并、分立决议持异议，要求公司收购其股份；(5) 将股份用于转换上市公司发行的可转换为股票的公司债券；(6) 上市公司为维护公司价值及股东权益所必需。 因第 (1)(2) 项情形收购本公司股份的，应当经股东大会决议；因前述第 (3)(5)(6) 项情形收购本公司股份的，可以依照公司章程的规定或者股东大会的授权，经 2/3 以上董事出席的董事会会议决议，公司合计持有的本公司股份不得超过本公司已发行股份总额的 10%，并应当在 3 年内转让或注销

【例6·多选题】 关于股份有限公司股份转让的说法，正确的有(　　)。
A. 股东持有的股份可以依法转让
B. 公司公开发行股份前已发行的股份，自公司股票上市交易之日起1年内不得转让
C. 记名股票，由股东以背书方式或者法律、行政法规规定的其他方式转让
D. 无记名股票的转让，由股东将该股票交付给受让人后即发生转让的效力
E. 发起人持有的本公司的股份，自公司成立之日起3年内不得转让

解析 ▶ 本题考查股份有限公司的股份转让。发起人持有的本公司股份，自公司成立之日起1年内不得转让，选项E错误。

答案 ▶ ABCD

▶ **考点五　公司的合并、分立、解散和清算**

(一)公司的合并和分立(见表36-13)

表36-13　公司的合并和分立

项目	类型	通知和公告
合并	吸收合并($A+B=A$) 新设合并($A+B=C$)	公司合并时应当自作出合并决议之日起10日内通知债权人，并于30日内在报纸上公告。债权人自接到通知书之日起30日内，未接到通知书的自公告之日起45日内，可以要求公司清偿债务或者提供相应的担保
分立	—	公司应当自作出分立决议之日起10日内通知债权人，并于30日内在报纸上公告

(二)公司的解散

公司因下列原因解散：

(1)公司章程规定的<u>营业期限届满</u>或者公司章程规定的其他解散事由出现；

(2)股东会或者股东大会决议解散；

(3)因公司合并或者分立需要解散；

(4)依法被吊销营业执照、责令关闭或者被撤销；

(5)公司经营管理发生严重困难，继续存续会使股东利益受到重大损失，通过其他途径不能解决的，持有公司全部股东表决权<u>10%</u>以上的股东，可以请求人民法院解散公司。

(三)公司的清算(见表36-14)

表36-14　公司的清算

概述	在解散事由出现之日起15日内成立清算组，开始清算。有限责任公司的清算组由股东组成，股份有限公司的清算组由董事或者股东大会确定的人员组成
职权	(1)清理公司财产，分别编制资产负债表和财产清单； (2)通知、公告债权人； (3)处理与清算有关的公司未了结的业务； (4)清缴所欠税款以及清算过程中产生的税款，清理债权、债务，处理公司清偿债务后的剩余财产，代表公司参与民事诉讼活动
其他	清算组应当自成立之日起10日内通知债权人，并于60日内在报纸上公告。债权人应当自接到通知书之日起30日内，未接到通知书的自公告之日起45日内，向清算组申报其债权

【例7·多选题】 关于公司清算的说法，正确的有(　　)。
A. 清算组应当自成立之日起15日内通知债权人，并于60日内在报纸上公告
B. 债权人应当自接到通知书之日起30日内，向清算组申报其债权
C. 对于公司财产在支付所有费用后的剩余财产，有限责任公司按照股东的出资比例分配

D. 清算期间，公司存续，但不得开展与清算无关的经营活动

E. 公司清算结束后，清算组应当制作清算报告，报股东会、股东大会或者人民法院确认

解析 本题考查公司清算。选项 A 错误，公司进行清算时，清算组应当自成立之日起 10 日内通知债权人，并于 60 日内在报纸上公告。

答案 BCDE

历年考题解析

一、单项选择题

1. (2019年)有限责任公司由( )股东共同出资设立。
   A. 2 人以上 50 人以下
   B. 3 人到 13 人
   C. 50 人以下
   D. 5 人到 19 人

   解析 本题考查公司的设立条件。有限责任公司由 50 个以下股东出资设立。

   答案 C

2. (2019年)下列企业组织中，应当设立独立董事的是( )。
   A. 有限责任公司　　B. 合伙企业
   C. 上市公司　　　　D. 股份有限公司

   解析 本题考查公司治理结构。上市公司应当设立独立董事。

   答案 C

3. (2018年)股份有限公司设监事会，其成员不得少于( )人。
   A. 5　　B. 13
   C. 1　　D. 3

   解析 本题考查监事会。股份有限公司设监事会，其成员不得少于 3 人。

   答案 D

4. (2017年)关于股份有限公司监事会的说法，正确的是( )。
   A. 股份有限公司可以设 1～2 名监事，不设监事会
   B. 监事会应当包括股东代表和适当比例的公司职工代表
   C. 董事不可以兼任监事，高级管理人员可以兼任监事
   D. 监事会中股东代表的比例不低于三分之一

   解析 本题考查公司治理结构。股东人数较少或者规模较小的有限责任公司可以设 1～2 名监事，不设监事会，选项 A 错误。董事、高级管理人员不得兼任监事，选项 C 错误。监事会中职工代表的比例不低于三分之一，选项 D 错误。

   答案 B

二、多项选择题

1. (2019年)下列义务中，属于公司股东法定义务的有( )。
   A. 遵守公司章程
   B. 缴纳所认缴的出资
   C. 忠实义务
   D. 勤勉义务
   E. 公司设立登记后，不得抽回出资

   解析 本题考查股东的义务。公司股东的义务包括：(1)缴纳所认缴的出资。(2)公司设立登记后，不得抽回出资。(3)公司章程规定的其他义务，即应当遵守公司章程，履行公司章程规定的义务。

   答案 ABE

2. (2018年)有限责任公司股东会讨论的下列事项决议中，须经代表三分之二以上表决权的股东通过的有( )。
   A. 变更公司的住所
   B. 解聘公司高级管理人员
   C. 公司合并、分立、解散
   D. 修改公司章程
   E. 增加或者减少注册资本

   解析 本题考查公司治理结构。在有限责任公司的股东会议事规则中，下列事项必须经代表三分之二以上表决权的股东通过：修改公司章程、增加或者减少注册资本的决议，以及公司合并、分立、解散或者变更公司形式的决议。

   答案 CDE

3. (2018年)下列人员中，不得担任公司的董事、监事、高级管理人员的有( )。
   A. 限制民事行为能力人
   B. 个人所负数额较大的债务到期未清偿的人
   C. 因犯罪被剥夺政治权利，执行期满未逾5年的人
   D. 无民事行为能力人
   E. 自国家行政机关辞职的人

   解析 本题考查董事、监事及高级管理人员的资格和义务。有下列情形之一的，不得担任公司的董事、监事、高级管理人员：(1)无民事行为能力或者限制民事行为能力；(2)因贪污、贿赂、侵犯财产、挪用财产或者破坏社会主义市场经济秩序，被判处刑罚，执行期满未逾5年，或者因犯罪被剥夺政治权利，执行期满未逾5年；(3)担任破产清算的公司、企业的董事或者厂长、经理，对该公司、企业的破产负有个人责任的，自该公司、企业破产清算完结之日起未逾3年；(4)担任因违法被吊销营业执照、责令关闭的公司、企业的法定代表人，并负有个人责任的，自该公司、企业被吊销营业执照之日起未逾3年；(5)个人所负数额较大的债务到期未清偿。 **答案** ABCD

4. (2017年)关于公司住所的说法中，正确的有( )。
   A. 公司住所必须在公司章程中载明
   B. 设立公司必须有明确的住所
   C. 登记的公司住所只能有一个
   D. 设有分支机构的公司，以分支机构的所在地为住所
   E. 公司住所需在登记机关辖区内

   解析 本题考查公司住所制度。选项D错误，公司设有分支机构的，以总公司的所在地为住所。 **答案** ABCE

同步系统训练

一、单项选择题

1. 国有独资公司是我国《公司法》规定的一种特殊形式的( )。
   A. 两合公司   B. 私营企业
   C. 有限责任公司 D. 股份有限公司

2. 有限责任公司成立后，应当向股东签发( )，其上面应当载明股东的姓名或者名称、缴纳的出资额和出资日期等内容。
   A. 出资证明书 B. 股东名册
   C. 公司章程   D. 公司会计账簿

3. 根据《公司法》，下列人员中，可以担任有限责任公司监事的是( )。
   A. 公司的股东   B. 公司的经理
   C. 公司的董事   D. 公司的财务负责人

4. 根据《公司法》规定，公司股东拥有强制解散公司的权利，如果公司经营管理发生严重困难，持有公司全部股东表决权( )以上的股东，可以请求人民法院解散公司。
   A. 3%   B. 5%
   C. 8%   D. 10%

5. 根据《公司法》，有限责任公司增加注册资本的决议，必须经( )表决通过。
   A. 代表三分之二以上表决权的股东
   B. 代表二分之一以上表决权的股东
   C. 全体股东
   D. 出席股东会的全体股东

6. 公司治理结构中，( )是有限责任公司的业务执行机关，享有业务执行权和日常经营的决策权。
   A. 股东会   B. 监事会
   C. 董事会   D. 经理机构

7. 根据《公司法》的规定，股份有限公司的经理由( )决定聘任或者解聘。
   A. 监事会   B. 股东大会
   C. 董事会   D. 职工代表大会

8. 股份有限公司章程的修改权限属于公司

的( )。
A. 董事会　　B. 监事会
C. 股东大会　D. 职工代表大会

9. 关于董事、监事及高级管理人员无任职资格情况的说法,错误的是( )。
A. 因犯罪被剥夺政治权利,执行期满未逾 5 年
B. 无民事行为能力或者限制民事行为能力
C. 破坏社会主义市场经济秩序,被判处刑罚,执行期满未逾 3 年
D. 个人所负数额较大的债务到期未清偿

10. 根据《中华人民共和国公司法》,应当设立独立董事的公司是( )。
A. 有限责任公司　B. 国有独资公司
C. 上市公司　　　D. 一人公司

11. 甲乙丙是某有限责任公司的股东,乙欲对外转让其所拥有的股份,甲表示同意,丙表示反对,但又不愿意购买该股份。乙便与丁签订了一份股份转让协议,约定丁一次性将股权转让款支付给乙。根据上述资料,下列说法错误的是( )。
A. 丙后来表示愿意购买,则乙只能将股份转让给丙,因为丙享有优先购买权
B. 乙与丁之间的股份转让协议有效
C. 如果甲丙都行使优先购买权,就购买比例而言,如双方协商不成,则双方应按照各自的出资比例行使优先购买权
D. 丙最初表示不愿意购买即应视为同意转让

12. 股份有限公司的清算组由( )组成。
A. 公司的股东
B. 人民法院指定股东
C. 有关机关及专业人员
D. 公司董事或股东大会确定的人员

13. 公司除因合并或者分立需要解散以外,应当在解散事由出现之日起( )日内成立清算组,开始清算。
A. 10　　　　B. 15
C. 20　　　　D. 30

14. 下列民事行为中,公司的清算组不能

从事的是( )。
A. 代表公司对外提供担保
B. 代表公司参与民事诉讼
C. 清缴公司所欠税款
D. 通知债权人

二、多项选择题

1. 关于公司特征的说法,正确的有( )。
A. 公司股东对公司债务承担无限连带责任
B. 公司设立的目的、公司的各种运营活动是为了谋求经济利益
C. 公司是以营利为目的的经济组织
D. 公司具备法人资格
E. 公司以章程为存在和活动的依据

2. 有限责任公司设立的条件包括( )。
A. 由 30 个以下股东出资设立
B. 必须以货币出资
C. 有公司名称及符合要求的组织机构
D. 有公司住所
E. 股东共同制定公司章程

3. 有限责任公司股东享有的权利有( )。
A. 股份转让权
B. 缴纳所认缴的出资
C. 股息红利分配请求权
D. 公司剩余财产的分配请求权
E. 出席股东会会议并对公司重大决策问题行使表决权

4. 甲公司于 2017 年 5 月依法成立,成立时依照《公司法》规定,下列人员中,不能担任公司董事的有( )。
A. 张某,2014 年向他人借款 200 万元,为期 2 年,但因资金被股市套住至今未清偿
B. 李某,因担任企业负责人犯重大责任事故罪于 2013 年 6 月被判处三年有期徒刑,2016 年刑满释放
C. 赵某,曾任某音像公司法定代表人,该公司因未经著作权人许可大量复制音像制品于 2015 年 5 月被工商部门吊销营业执照,赵某负有个人责任
D. 王某,与他人共同投资设立一家有限责任公司,持股 60%,该公司长期经营不

善，负债累累，于2016年被宣告破产

E. 无民事行为能力或者限制民事行为能力的人

5. 王某为甲有限责任公司的董事长和总经理，甲公司主要经营办公家具销售业务。任职期间，王某代理乙公司从国外进口一批办公家具并将其销售给丙公司。关于该行为的说法正确的有（ ）。

A. 王某的行为违反了公司法律制度的规定

B. 甲公司可以决定将其从事上述行为所得收入收归本公司所有

C. 如果经过董事会同意的，王某可以从事以上的活动

D. 甲公司可以决定撤销王某的行为，但是不能将其取得的收入归入本公司

E. 王某作为该公司董事长未对公司负忠实义务

6. 下列关于有限责任公司股东转让股权的说法正确的有（ ）。

A. 股东之间可以自由转让股权

B. 股东对外转让股权，须经其他股东半数以上同意

C. 股东对外转让股权，其他股东自接到书面通知之日起满30日未答复的，视为同意转让

D. 经股东同意转让的股权，在同等条件下，其他股东有优先购买权

E. 多个股东主张优先购买权的，按照出资比例行使权利

7. 有下列（ ）情形之一，对股东会该项决议投反对票的股东可以请求公司按照合理的价格收购其股权。

A. 公司连续3年不向股东分配利润

B. 公司转让主要财产的

C. 公司合并、分立主要财产的

D. 公司章程规定的营业期限届满，股东会会议通过决议修改章程使公司存续的

E. 公司连续5年盈利，且符合规定的分配利润条件，但连续5年不向股东分配利润的

8. 关于股份有限公司股份发行和转让的说法，正确的有（ ）。

A. 股份的发行实行公平、公正的原则

B. 同种类的每一股份具有同等权利

C. 发起人持有的本公司股份，自公司成立之日起1年内不得转让

D. 公司董事在其离职后半年内，可以转让其所持有的本公司股份

E. 董事、监事、高级管理人员所持本公司股份自公司股票上市交易之日起2年内不得转让

9. 根据《公司法》，公司可以收购本公司股份的情形包括（ ）。

A. 减少公司注册资本

B. 增加公司注册资本

C. 将股份用于员工持股计划

D. 与持有本公司股份的其他公司合并

E. 股东因对股东大会作出的公司合并、分立决议持异议，要求公司收购其股份

10. 根据《中华人民共和国公司法》，公司解散的原因有（ ）。

A. 公司章程规定的营业期限届满

B. 股东会或者股东大会决议解散

C. 依法被吊销营业执照

D. 因公司合并需要解散

E. 公司经营管理发生严重困难，持有公司全部股东表决权百分之五以上的股东请求人民法院解散公司

同步系统训练参考答案及解析

一、单项选择题

1. C 【解析】本题考查公司的种类。国有独资公司是我国公司法规定的一种特殊形式的有限责任公司。

2. A 【解析】本题考查股东身份的确认标准。有限责任公司成立后，应当向股东签发出资证明书，出资证明书应当载明股东的姓名或者名称、缴纳的出资额和出资日

期等内容。

3. A 【解析】本题考查股东的权利。被选举为公司董事、监事和高管人员是有限责任公司股东享有的权利。而且董事、高级管理人员不得兼任监事。

4. D 【解析】本题考查股东的权利。公司经营管理发生严重困难，继续存续会使股东利益受到重大损失，通过其他途径不能解决的，持有公司全部股东表决权10%以上的股东，可以请求人民法院解散公司。

5. A 【解析】本题考查有限责任公司的股东会议事规则。下列事项必须经代表三分之二以上表决权的股东通过：修改公司章程、增加或减少注册资本的决议，以及公司合并、分立、解散或变更公司形式的决议。

6. C 【解析】本题考查董事会。董事会是由全体董事组成的公司的业务执行机关，享有业务执行权和日常经营的决策权。

7. C 【解析】本题考查董事会。根据《中华人民共和国公司法》规定，股份有限公司的经理由董事会决定聘任或者解聘。

8. C 【解析】本题考查公司章程制度。公司章程的修改权限专属公司的股东(大)会。

9. C 【解析】本题考查董事、监事及高级管理人员的资格。选项C错误，破坏社会主义市场经济秩序，被判处刑罚，执行期满未逾5年的不得担任公司的董事、监事及高级管理人员。

10. C 【解析】本题考查上市公司治理结构的特别规定。上市公司设立独立董事制度。

11. A 【解析】本题考查有限责任公司的股权转让。《公司法》规定，有限责任公司的股东向股东以外的人转让股权，应当经其他股东过半数同意，不同意的股东应当购买该转让的股权，不购买的，视为同意转让；经股东同意转让的股权，在同等条件下，其他股东有优先购买权。由此可知，只有在同等条件下其他股东才享有优先购买权，选项A错误。

12. D 【解析】本题考查公司的清算。股份有限公司的清算组由董事或者股东大会确定的人员组成。有限责任公司的清算组由股东组成。

13. B 【解析】本题考查公司的清算。公司除因合并或者分立需要解散以外，应当在解散事由出现之日起15日内成立清算组，开始清算。

14. A 【解析】本题考查公司的清算。清算组在清算期间行使下列职权：清理公司财产，分别编制资产负债表和财产清单；通知、公告债权人；处理与清算有关的公司未了结的业务；清缴所欠税款以及清算过程中产生的税款，清理债权、债务，处理公司清偿债务后的剩余财产，代表公司参与民事诉讼活动。

二、多项选择题

1. BCDE 【解析】本题考查公司的特征。有限责任公司股东以其出资额为限、股份有限公司股东以其所持股份为限对公司承担责任，公司以其全部资产为限对外承担民事责任，可见公司股东并不是对公司债务承担无限连带责任，选项A错误。

2. CDE 【解析】本题考查公司的设立条件。选项A错误，有限责任公司的股东人数在50人以下。选项B错误，股东货币出资，也可以用实物、知识产权、土地使用权等可以用货币估价并可以依法转让的非货币财产作价出资。

3. ACDE 【解析】本题考查有限责任公司股东的权利和义务。缴纳所认缴的出资属于股东的义务。

4. ACE 【解析】本题考查公司董事的任职条件。根据规定，无民事行为能力或者限制民事行为能力的人不得担任董事。因贪污、贿赂、侵占财产、挪用财产或者破坏社会主义市场经济秩序，被判处刑罚，执行期满未逾5年的不得担任董事。B选项中，李某的"重大责任事故罪"不属此列，因此，李某可以担任董事。担任破产清算的公司、企业的董事或者厂长、经理，对该公司、企业的破产负有个人责任的，自该公司、企业破产清算完结之日起未逾3年的不得担任董事。选项D中，王某只是大股东，而非"董事或者厂长、经理"，因此王某可以担任董事。

5. ABE 【解析】本题考查董事、高级管理人员的忠实义务。根据规定，董事、高级管理人员，不得未经股东会或者股东大会同意，利用职务便利为自己或者他人谋取属于公司的商业机会，自营或者为他人经营与所任职公司同类的业务。违反规定所得的收入应当归公司所有。

6. ACD 【解析】本题考查有限责任公司股权转让的要求。选项B错误，股东向股东以外的人转让股权，应当经其他股东过半数同意。选项E错误，两个以上股东主张行使优先购买权的，协商确定各自的购买比例；协商不成的，按转让时各自的出资比例行使优先购买权。

7. BCDE 【解析】本题考查有限责任公司的股权转让。股东的股权收购请求权，有下列情形之一的，对股东会该项决议投反对票的股东可以请求公司按照合理的价格收购其股权：(1)公司连续5年不向股东分配利润，而公司该5年连续盈利，并且符合《公司法》规定的分配利润条件的；(2)公司合并、分立、转让主要财产的；(3)公司章程规定的营业期限届满或者章程规定的其他解散事由出现，股东会会议通过决议修改章程使公司存续的。

8. ABC 【解析】本题考查股份有限公司股份发行和转让。公司董事、监事、高级管理人员在其离职后半年内，不得转让其所持有的本公司股份。公司董事、监事、高级管理人员所持本公司股份自公司股票上市交易之日起1年内不得转让。选项D、E错误。

9. ACDE 【解析】本题考查公司不得收购本公司股份的除外的情形。公司不得收购本公司股份，但有下列情形之一的除外：(1)减少公司注册资本；(2)与持有本公司股份的其他公司合并；(3)将股份用于员工持股计划或者股权激励；(4)股东因对股东大会作出的公司合并、分立决议持异议，要求公司收购其股份；(5)将股份用于转换上市公司发行的可转换为股票的公司债券；(6)上市公司为维护公司价值及股东权益所必需。

10. ABCD 【解析】本题考查公司的解散。公司经营管理发生严重困难，继续存续会使股东利益受到重大损失，且通过其他途径不能解决的，持有公司全部股东表决权10%以上的股东，可以请求人民法院解散公司，选项E错误。

本章思维导图

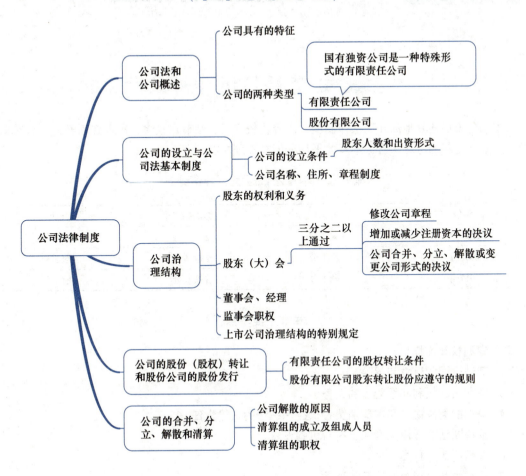

第37章 其他法律制度

考情分析

本章主要讲述其他的几项法律制度，内容比较广泛，细节点较多，需要多看几遍，熟练掌握。从最近三年的考题来看，本章的平均分值在 6 分左右。

最近三年本章考试题型、分值分布

年份	单项选择题	多项选择题	合计
2019 年	3 题 3 分	2 题 4 分	5 题 7 分
2018 年	1 题 1 分	2 题 4 分	3 题 5 分
2017 年	1 题 1 分	3 题 6 分	4 题 7 分

本章主要考点

1. 专利权和商标权。
2. 劳动合同的订立和解除。
3. 消费者的权利和经营者的义务。
4. 争议的解决途径和违反消费者权益保护法的法律责任。
5. 反垄断法的适用范围和反垄断机构设置。
6. 垄断行为的种类。
7. 不正当竞争行为的特征和种类。
8. 产品质量法的基本概念。
9. 生产者和销售者的产品质量义务。

重点、难点讲解及典型例题

▶ 考点一 工业产权法律制度

(一)工业产权的概念和特征
(1)工业产权与著作权统称为知识产权，在我国工业产权主要是指**专利权**和**商标权**。
(2)工业产权的特征：①专有性；②地域性；③时间性。
(二)专利权

1. 专利权的主体和客体(见表37-1)

表37-1 专利权的主体和客体

项目	分类	内容
主体 (专利权人)	发明人或设计人的单位	执行本单位的任务①或主要利用本单位的物质条件完成的职务发明创造,该单位为专利权人
	发明人或设计人	只能是自然人,不能是单位、集体或课题组
	受让人	通过合同或继承而依法取得专利权的单位或个人
	外国人	外国的自然人或法人都可以成为专利权人
	共同发明人或者共同设计人	—
客体 (专利权保护的对象)	发明	产品发明：制造品、材料物品、具有特定用途的物品发明
		方法发明：制造产品方法、使用产品方法的发明
	实用新型	(1)仅指具有一定形状的物品发明； (2)与发明相比,对产品的创造性要求较低
	外观设计	只涉及美化产品的外表和形状,不涉及产品的制造和设计技术

注：①"执行本单位的任务"是指在本职工作中做出的发明创造；履行本单位交付的本职工作之外的任务所做出的发明创造；退休、退职或者调动工作"1年内"做出的,与其在原单位承担的本职工作或者分配的任务"有关"的发明创造。

2. 授予专利权的条件(见表37-2)

表37-2 授予专利权的条件

发明和实用新型专利	新颖性；创造性；实用性
外观设计专利	新颖性；实用性；富有美感；不得与他人在先取得的合法权利相冲突
《专利法》不予保护的对象	(1)违反法律、社会公德或妨害公共利益的发明创造； (2)对违反法律、行政法规的规定获取或者利用遗传资源,并依赖该遗传资源完成的发明创造； (3)科学发现； (4)智力活动的规则和方法； (5)疾病的诊断和治疗方法； (6)动物和植物品种①； (7)用原子核变换方法获得的物质； (8)对平面印刷品的图案、色彩或者二者的结合作出的主要起标识作用的设计

注：①对于动物和植物品种的生产方法,可以依法授予专利权。

3. 专利权的内容与限制(见表37-3)

表37-3 专利权的内容与限制

专利权人的权利	人身权利	署名权
	财产权利	(1)独占实施权； (2)实施许可权； (3)转让权； (4)在专利产品或其包装上标明专利标记或专利号； (5)以书面形式放弃其专利权

续表

专利权人的义务	(1)专利权人：缴纳专利年费； (2)专利权人的单位：向发明人或设计人给予精神和物质奖励(职务发明)		
专利权的期限	开始：申请之日		
	20年	发明专利权	
	10年	实用新型和外观设计专利权	
专利权的终止	正常终止	期限届满终止	
	提前终止	原因	(1)专利权人没有按期缴纳年费； (2)专利权人以书面形式声明放弃专利权
		措施	国务院专利行政部门登记和公告
专利强制许可实施	国务院专利行政部门在一定条件下，不需要经过专利权人的同意，直接许可具备条件的申请者实施发明或实用新型专利的一种行政措施		

4. 专利权的保护(见表37-4)

表37-4 专利权的保护

专利侵权行为	专利有效期限内，未经专利权人许可，为了生产经营，侵害专利权人的实施权和标记权的行为	
不视为侵犯专利权的行为	(1)权利穷尽——专利产品由专利权人或者经其许可的单位、个人"售出后"，使用、许诺销售、销售、进口该产品的； (2)在先权利——在专利申请日前已经制造相同产品、使用相同方法或者已经做好制造、使用的必要准备，并且仅在原有范围内继续制造、使用的； (3)临时过境——临时通过中国领陆、领水、领空的外国运输工具，依同中国签订的协议或共同参加的国际条约，依照互惠原则，为运输工具自身需要而在其装置和设备中使用有关专利的； (4)非营利实施——专为科学研究和实验而使用有关专利的； (5)行政审批需要——为提供行政审批所需要的信息，制造、使用、进口专利药品或者专利医疗器械的，以及专门为其制造、进口专利药品或者专利医疗器械的	
法律责任	专利管理机关处理	(1)责令侵权人停止侵权行为，并赔偿①专利权人的损失； (2)对其处理不服的，可在收到通知之日起3个月内向人民法院起诉
	向人民法院起诉	(1)诉讼时效为2年，自专利权人或利害关系人得知或应当得知侵权行为之日起计算； (2)构成犯罪的直接责任人员，追究刑事责任

注：①为生产经营目的使用、许诺销售、销售不知道是未经专利权人许可而制造并售出的专利侵权产品，能证明该产品合法来源的，不承担赔偿责任。

【例1·单选题】某研究所工作人员甲在退休后半年内主要利用原单位的物质条件完成了一项发明，该发明( )。

　　A. 属于非职务发明，专利申请权属于甲
　　B. 属于职务发明，专利申请权属于甲
　　C. 属于职务发明，专利申请权属于该研究所
　　D. 属于非职务发明，专利申请权属于该研究所

解析 本题考查专利权。主要利用本单位的物质条件所完成的发明创造属于职务发明，申请专利的权利属于该单位。　　答案 C

【例2·多选题】以下不属于我国《专利法》保护对象的有( )。

A. 违反社会公德的发明创造
B. 科学发现
C. 智力活动的规则和方法
D. 疾病的诊断和治疗方法
E. 动物和植物品种的生产方法

解析 ▶ 本题考查专利权。动物和植物品种是《专利法》不予保护的对象，但对于动物和植物品种的生产方法，可以依法授予专利权。 **答案** ▶ ABCD

(三)商标权

1. 商标注册(见表37-5)

表 37-5 商标注册

原则	(1)采用自愿注册和强制注册相结合、自愿注册为主的制度； (2)不以使用为目的的恶意商标注册申请，应当予以驳回； (3)未经注册的商标虽然也可以使用，但使用人不享有专用权； (4)国家规定必须使用注册商标的商品，必须申请商标注册，未经核准注册的，不得在市场销售。目前必须注册的商品是人用药品和烟草制品
条件	(1)申请人必须具备合法资格； (2)商标须具备法律规定的构成要素，商标设计必须具备显著特征，便于识别； (3)商标不包含法律明确禁止使用的图形和文字； (4)申请注册商标应以使用为目的
申请方法	(1)可以通过一份申请就多个类别的商品申请注册同一商标； (2)需要在核定使用范围以外的商品上取得商标专用权的，应当另行提出注册申请
审查核准	对初步审定的商标，自公告之日起3个月内，任何人均可向商标局提出异议
申请的优先权	(1)商标注册申请人自其商标在外国第一次提出商标注册申请之日起6个月内，又在中国就相同商品以同一商标提出商标注册申请的，可以享有优先权； (2)商标在中国政府主办的或者承认的国际博览会展出的商品上首次使用的，自该商品展出之日起6个月内，该商标的注册申请人可享有优先权

2. 商标权的内容(见表37-6)

表 37-6 商标权的内容

专用权	商标权人对其注册商标依法享有的自己在指定商品或服务项目上独占、排他使用的权利
续展权	**注册商标的有效期为10年**。到期可续展，续展次数法律不作限制。续展申请应在商标有效期**满前12个月内**向商标局提出，因故不能在规定的期限内提出，可给予6个月宽展期
转让权	注册商标可通过转让协议转让给他人。转让注册商标经核准后予以公告，受让人自**公告之日起**享有商标专用权
使用许可权	许可人应当将其商标使用许可报商标局备案，由商标局公告
标示权	—

3. 商标权的保护

对侵犯注册商标专用权的行为，市场监督管理部门有权依法查处；涉嫌犯罪的，应当及时移送司法机关依法处理。被侵权人可以向人民法院起诉，也可以请求市场监督管理部门处理。

【例3·单选题】 根据《中华人民共和国商标法》的规定，下列说法正确的是( )。

A. 商标的设计对使用的图形和文字没有限制

B. 商标注册实行强制注册原则

C. 商标注册申请人可以通过一份申请就多个类别的商品申请注册同一商标

D. 注册商标需要在核定使用范围以外的商品上取得商标专用权的,无须另行提出注册申请

解析 ▶ 本题考查商标权。设计的商标不能含有法律明确禁止使用的图形和文字,选项 A 错误。在我国,商标注册采用自愿注册和强制注册相结合、以自愿注册为主的制度,选项 B 错误。注册商标需要在核定使用范围以外的商品上取得商标专用权的,应当另行提出注册申请,选项 D 错误。

答案 ▶ C

▶ 考点二 劳动合同法律制度

(一)劳动合同法的适用对象

(1)中华人民共和国境内的企业、个体经济组织、民办非企业单位等组织(包括合伙组织和基金会)。

(2)国家机关、事业单位、社会团体。

(二)劳动合同的类型

(1)固定期限劳动合同。

(2)无固定期限劳动合同。

①协商订立。

②法定强制。有下列情形之一,劳动者提出或同意续订、订立劳动合同的,除劳动者提出订立固定期限劳动合同外,应订立无固定期限劳动合同:

a. 劳动者在该用人单位**连续工作满 10 年**的;

b. 用人单位初次实行劳动合同制度或者国有企业改制重新订立劳动合同时,劳动者在该用人单位**连续工作满 10 年且距法定退休年龄不足 10 年**的;

c. **连续订立 2 次固定期限劳动合同**,而单位对劳动者不能享有法定解除权续订劳动合同的。

(3)以完成一定工作任务为期限的劳动合同:一般适用于建筑业、临时性、季节性的工作。

(三)劳动合同的订立(见表37-7)

表37-7 劳动合同的订立

原则		(1)合法原则;(2)公平原则;(3)平等自愿原则;(4)诚实信用原则
条款	必要条款	工作内容和地点、工作时间和休息休假、劳动报酬、社会保险等九类事项
	选择性条款	包括试用期、培训、保守秘密、补充保险和福利待遇等事项
先合同义务	用人单位	(1)如实告知劳动者工作条件、职业危害等; (2)不得扣押劳动者的居民身份证和其他证件; (3)不得要求劳动者提供担保或者以其他名义向劳动者收取财物
	劳动者	用人单位有权了解劳动者与劳动合同直接相关的基本情况,劳动者应当如实说明

(四)劳动合同的解除

1. 劳动合同解除的类型(见表37-8)

表 37-8 劳动合同解除的类型

类型		内容
协商解除		用人单位提出解除协议的，用人单位应依法向劳动者支付解除劳动合同的经济补偿
用人单位单方解除合同	过错性解除	劳动者有过错，用人单位可以解除劳动合同，包括以下情形： (1)在试用期间被证明不符合录用条件的； (2)严重违反用人单位的规章制度的； (3)严重失职，营私舞弊，给用人单位造成重大损害的； (4)同时与其他用人单位建立劳动关系，对完成本单位的工作任务造成严重影响，或者经用人单位提出，拒不改正的； (5)因劳动者过错致使劳动合同无效的； (6)被依法追究刑事责任的
	非过错性解除	劳动者无过错，但由于主客观原因致使劳动合同无法履行，用人单位提前30日以书面形式通知劳动者本人或者额外支付劳动者1个月工资后，可以解除劳动合同，包括以下情形： (1)劳动者患病或者非因工负伤，在规定的医疗期满后不能从事原工作，也不能从事由用人单位另行安排的工作的； (2)劳动者不能胜任工作，经过培训或者调整工作岗位，仍不能胜任工作的； (3)劳动合同订立时所依据的客观情况发生重大变化，致使劳动合同无法履行，经用人单位与劳动者协商，未能就变更劳动合同内容达成协议的
	经济性裁员	(1)有下列情形之一，需要裁减人员20人以上或者裁减不足20人但占企业职工总数10%以上的，用人单位提前30日向工会或者全体职工说明情况，听取工会或者职工的意见后，裁减人员方案经向劳动行政部门报告，可以裁减人员： ①依照企业破产法规定进行重整的； ②生产经营发生严重困难的； ③企业转产、重大技术革新或者经营方式调整，经变更劳动合同后仍需裁减人员的； ④其他因劳动合同订立时所依据的客观经济情况发生重大变化致使合同无法履行的。 (2)优先留用者： ①与本单位订立较长期限的固定期限劳动合同的； ②与本单位订立无固定期限劳动合同的； ③家庭无其他就业人员，有需要扶养的老人或者未成年人的。 用人单位裁减人员后，在6个月内重新招用人员的，应当通知被裁减的人员，并在同等条件下优先招用被裁减的人员
劳动者单方解除劳动合同	预告解除	劳动者提前30日以书面形式通知用人单位，可以解除劳动合同 劳动者在试用期内提前3日通知用人单位，可以解除劳动合同
	即时解除	在用人单位有危及劳动者人身自由和人身安全的情况下，劳动者有权立即解除劳动合同

2. 劳动合同不得解除的情形

劳动者有下述情形之一的，除非劳动者具备过错性解除的情况，用人单位不得对劳动者采取经济性裁员和非过错性解除：

(1)从事**接触职业病危害作业**的劳动者未进行离岗前职业健康检查，或者疑似职业病病人在诊断或者医学观察期间的；

(2)在本单位**患职业病或者因工负伤**并被确认丧失或者部分丧失劳动能力的；

(3)患病或者非因工负伤，在规定的**医疗期内**的；

(4)女职工在孕期、产期、哺乳期的；

(5)在本单位连续工作满 15 年,且距法定退休年龄不足 5 年的。

(五)劳动合同的终止情形

(1)劳动合同期满;(2)劳动者开始依法享受基本养老保险待遇的;(3)劳动者死亡,或者被人民法院宣告死亡或者宣告失踪的;(4)用人单位被依法宣告破产的;(5)用人单位被吊销营业执照、责令关闭、撤销或者用人单位决定提前解散的。

【例4·多选题】 劳动合同包括必要条款和选择性条款。下列劳动合同事项中,属于选择性条款的有( )。

A. 培训
B. 劳动合同期限
C. 工作时间
D. 试用期条款
E. 劳动报酬

解析 本题考查劳动合同的选择性条款。劳动合同的选择性条款包括用人单位与劳动者可以约定试用期、培训、保守秘密、补充保险和福利待遇等其他事项。选项 B、C、E 属于必要条款。

答案 AD

▶ 考点三 消费者权益保护法律制度

(一)消费者权益保护法概述(见表37-9)

表 37-9 消费者权益保护法

消费者	(1)为个人生活消费需要而购买、使用商品和接受服务的自然人; (2)不包括从事消费活动的社会组织、企事业单位
适用对象	(1)消费者为生活消费需要而购买、使用商品或接受服务,其权益受本法保护; (2)经营者为消费者提供其生产、销售的商品或提供服务,应当遵守本法; (3)农民购买、使用直接用于农业生产的各种生产资料时,参照本法执行

(二)消费者的权利(见表37-10)

表 37-10 消费者的权利

安全保障权		最基本的权利
依法求偿权		弥补消费者损害的必不可少的救济性权利
	求偿的主体	(1)商品的购买者、使用者; (2)服务的接受者; (3)第三人,即消费者之外的因某种原因在事故发生现场而受到损害的人
	求偿的内容	(1)人身损害赔偿(生命健康、精神损害); (2)财产损害赔偿,直接损失+可得利益的损失
其他权利		知悉真情权;自主选择权;公平交易权;依法结社权;求教获知权;维护尊严权;监督批评权

(三)经营者义务(见表37-11)

表 37-11 经营者义务

名称	内容
缺陷商品召回义务	(1)发现提供的商品或者服务存在缺陷,有危及人身、财产安全危险的,应立即向有关行政部门报告和告知消费者; (2)经营者应承担消费者因商品被召回支出的必要费用

续表

名称	内容
提供真实信息的义务	(1)不得做虚假宣传； (2)对商品或者服务的质量和使用方法等问题提出的询问,应作真实、明确答复； (3)商品或服务应当明码标价
质量担保的义务	(1)保证其提供的商品或服务应当具有的质量、性能、用途和有效期限,但消费者事前已经知道其存在瑕疵,且该瑕疵不违反法律强制性规定的除外； (2)经营者以广告、产品说明、实物样品或其他方式表明商品或服务的质量状况的,应当保证其提供的商品或服务的实际质量与表明的质量状况相符； (3)机动车、计算机、电视机、电冰箱、空调器、洗衣机等耐用商品或装饰装修等服务,消费者自接受商品或服务之日起6个月内发现瑕疵,发生争议的,由经营者承担有关瑕疵的举证责任
履行"三包"或其他责任的义务	(1)没有规定和约定的,消费者可以自收到商品之日起7日内退货； (2)经营者应当承担因其履行"三包"责任义务而产生的运输等必要费用
无理由退货义务	(1)经营者采用网络、电视、电话、邮购等方式销售商品,消费者有权自收到商品之日起7日内退货,且无须说明理由,但下列商品除外：①消费者定做的；②鲜活易腐的；③在线下载或消费者拆封的音像制品、计算机软件等数字化商品；④交付的报纸、期刊； (2)经营者应当自收到退回商品之日起7日内返还消费者支付的商品价款,退货运费由消费者承担,另有约定的除外
格式条款的合理使用义务	经营者不得以格式条款、通知、声明、店堂告示等方式,作出排除或者限制消费者权利、减轻或者免除经营者责任、加重消费者责任等对消费者不公平、不合理的规定,否则该内容无效
不得侵犯消费者人格权的义务	不得对消费者进行侮辱、诽谤,不得搜查消费者的身体及其携带的物品,不得侵犯消费者的人身自由
消费者信息保护义务	(1)经营者及其工作人员对收集的消费者个人信息必须严格保密； (2)经营者未经消费者同意或者请求,或者消费者明确表示拒绝的,不得向其发送商业性信息
其他义务	履行法定及约定义务 接受监督的义务 安全保障义务 标明真实名称和标志的义务 出具凭证或单据的义务 信息说明义务

(四)争议的解决(见表37-12)

表 37-12 争议的解决

途径	和解、调解、投诉、仲裁、诉讼
特定规则	(1)销售者先行赔付：消费者→销售者→生产者或其他销售者； (2)生产者与销售者的连带责任：消费者→销售者/生产者； (3)接受服务时：消费者→服务者； (4)变更后的企业仍应就变更前企业侵犯消费者权益的行为承担赔偿责任； (5)营业执照持有人与租借人的赔偿责任：消费者→租借人/营业执照的持有人； (6)展销会举办者、柜台出租者的特殊责任：消费者→展销会举办者、柜台出租者→销售者或服务者； (7)虚假广告的广告主与广告经营者、发布者的责任：消费者→经营者，同时请求行政主管部门惩处广告经营者、发布者； (8)社会团体在虚假宣传中的连带责任：承担连带责任； (9)行政部门的责任：收到投诉之日起7个工作日内，予以处理并告知消费者； (10)消费者协会的诉讼资格：对侵害众多消费者合法权益的行为，可向人民法院提起诉讼

(五)违反消费者权益保护法的法律责任

1. 行政责任
2. 刑事责任
3. 民事责任

有关《消费者权益保护法》中的特殊规定具体内容见图 37-1。

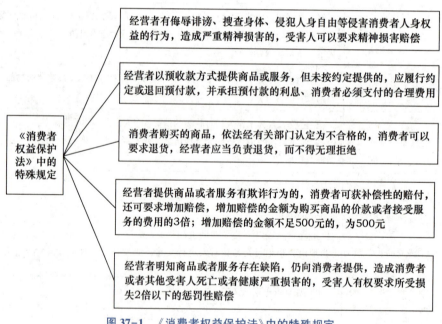

图 37-1 《消费者权益保护法》中的特殊规定

【例5·单选题】根据《中华人民共和国消费者权益保护法》，关于消费者的"依法求偿权"的说法，正确的是( )。

A. 只有商品的购买者、使用者或服务的接受者可以作为求偿权主体

B. 消费者可以要求人身损害赔偿，既包括生命健康损害赔偿，也包括精神损害赔偿

C. 非消费者的第三人在事故现场受到损害，不能享有依法求偿权

D. 消费者可以要求财产损害赔偿，但只包括直接损失

解析 ▶ 本题考查消费者的权利。消费者的依法求偿权中，求偿主体包括：(1)商品的购买者、使用者；(2)服务的接受者；(3)第三人，即消费者之外的因某种原因在事故发生现场而受到损害的人。求偿的内容包括：(1)人身损害(无论是生命健康还是精神损害)赔偿；(2)财产损害赔偿，包括直接损失和可得利益的损失。

答案 ▶ B

▶ 考点四　反垄断法律制度

(一)反垄断法的适用范围(见表37-13)

表37-13　反垄断法的适用范围

适用情形	(1)中华人民共和国境内经济活动中的垄断行为； (2)境外的垄断行为对境内市场竞争产生排除、限制影响的
不适用情形	(1)经营者依照有关知识产权的法律、行政法规规定行使知识产权的行为； (2)农业生产者及农村经济组织在农产品生产、加工、销售、运输、储存等经营活动中实施的联合或者协同行为

(二)反垄断机构

(1)反垄断委员会由国务院设立，负责组织、协调、指导反垄断工作。

(2)反垄断执法机构的职权和措施：①检查权；②询问权；③查证权；④查封、扣押相关证据；⑤查询经营者的银行账户。

(三)垄断行为(见表37-14)

表37-14　垄断行为

种类	具体内容
垄断协议	(1)具有竞争关系的经营者达成的垄断协议： ①固定或者变更商品价格；②限制商品的生产数量或者销售数量；③分割销售市场或者原材料采购市场；④限制购买新技术、新设备或者限制开发新技术、新产品；⑤联合抵制交易；⑥国务院反垄断执法机构认定的其他垄断协议。 (2)经营者与交易相对人达成的垄断协议： ①固定向第三人转售商品的价格；②限定向第三人转售商品的最低价格；③国务院反垄断执法机构认定的其他垄断协议
经营者滥用市场支配地位	(1)滥用市场支配地位的行为： ①以不公平的高价销售商品或以不公平的低价购买商品；②没有正当理由以低于成本价格销售商品；③没有正当理由，拒绝与交易相对人进行交易；④没有正当理由，限定交易相对人只能与其进行交易或者只能与其指定的经营者进行交易；⑤没有正当理由搭售商品，或者在交易时附加其他不合理条件；⑥没有正当理由，对条件相同的交易相对人在交易价格等交易条件上实行差别待遇。 【注意】第②~⑥条的关键词为"没有正当理由"，而第一条不需要 (2)有下列情形之一的，可以推定经营者具有市场支配地位： ①一个经营者在相关市场的市场份额达到二分之一的；②两个达到三分之二的；③三个达到四分之三的。 【注意】②、③中有的经营者市场份额不足10%的，不应当推定该经营者具有市场支配地位

续表

种类	具体内容
具有排除、限制竞争效果的经营者集中	我国《反垄断法》对经营者集中规定了事前申报制度，未申报的不得实施集中
滥用行政权力排除、限制竞争	(1)《反垄断法》第8条规定：行政机关和法律、法规授权的具有管理公共事务职能的组织不得滥用行政权力排除、限制竞争； (2)滥用行政权力排除、限制竞争的典型行为包括： ①限定或者变相限定单位或者个人经营、购买、使用其指定的经营者提供的商品；②妨碍商品在地区之间的自由流通；③以设定歧视性资质要求、评审标准或者不依法发布信息等方式，排斥或者限制外地经营者参加本地的招标投标活动；④采取与本地经营者不平等待遇等方式，排斥或者限制外地经营者在本地投资或者设立分支机构；⑤强制经营者从事《反垄断法》规定的垄断行为；⑥制定含有排除、限制竞争内容的规定

【例6·单选题】 根据《反垄断法》的规定，对于经营者从事的下列滥用市场支配地位的行为，反垄断执法机构进行违法性认定时，无须考虑行为是否有正当理由的是( )。

A. 以不公平的高价销售商品
B. 拒绝与交易相对人进行交易
C. 限定交易相对人只能与其进行交易
D. 搭售商品

解析 ▶ 本题考查经营者滥用市场支配地位的行为。以不公平的高价销售商品或以不公平的低价购买商品，直接就是经营者滥用市场支配地位的行为。选项B、C、D，如果在有正当理由的情况下，不属于滥用市场支配地位的行为。

答案 ▶ A

▶ 考点五 反不正当竞争法律制度

(一)反不正当竞争法的调整对象和立法目的

(1)调整对象：①在市场竞争中，经营者之间不正当竞争关系；②监督检查部门与市场竞争主体之间的竞争管理关系。

(2)立法目的：①制止不正当竞争行为(直接目的)；②**保护经营者和消费者的合法权益**(直接目的的必然延伸)；③鼓励和保护公平竞争，保障社会主义市场经济的健康发展。

(二)不正当竞争行为(见表37-15)

表37-15 不正当竞争行为

特征		
	主体	经营者，即从事商品经营或者营利性服务的法人、其他经济组织和个人(不包括政府机关法人)
	行为	违反法律规定，即违法性
	后果	损害其他经营者的合法权益(注意：不是损害消费者的利益)

续表

种类	混淆行为	(1)擅自使用与他人有一定影响的商品名称、包装、装潢等相同或者近似的标识； (2)擅自使用他人有一定影响的企业名称(包括简称、字号等)、社会组织名称(包括简称等)、姓名(包括笔名、艺名、译名等)； (3)擅自使用他人有一定影响的域名主体部分、网站名称、网页等； (4)其他足以引人误认为是他人商品或者与他人存在特定联系的混淆行为
	商业贿赂行为	(1)经营者采用财物或者其他手段贿赂交易相对方的工作人员、受交易相对方委托办理相关事务的单位或者个人、利用职权或者影响力影响交易的单位或者个人，以谋取交易机会或者竞争优势的行为； (2)可以以明示方式向交易相对方支付折扣，或者向中间人支付佣金。但双方都应当如实入账
	虚假商业宣传行为	对其商品的性能、功能、质量、销售状况、用户评价、曾获荣誉等作虚假或者引人误解的商业宣传，欺骗、误导消费者的行为，以及通过组织虚假交易等方式，帮助其他经营者进行虚假或者引人误解的商业宣传行为
	侵犯商业秘密行为	(1)以盗窃、贿赂、欺诈、胁迫或者其他不正当手段获取权利人的商业秘密； (2)披露、使用或者允许他人使用以前项手段获取的权利人的商业秘密； (3)违反保密义务或者违反权利人有关保守商业秘密的要求，披露、使用或者允许他人使用其所掌握的商业秘密； (4)教唆、引诱、帮助他人违反保密义务或违反权利人有关保守商业秘密的要求，获取、披露、使用或允许他人使用权利人的商业秘密
	不正当有奖销售行为	(1)所设奖的种类、兑奖条件、奖金金额或者奖品等有奖销售信息不明确，影响兑奖； (2)采用谎称有奖或者故意让内定人员中奖的欺骗方式进行有奖销售； (3)抽奖式的有奖销售，最高奖的金额超过5万元(非现金物品或其他经济利益按市场正常价格折算)
	诋毁商誉行为	经营者编造、传播虚假信息或者误导性信息，损害竞争对手的商业信誉、商品声誉的行为
	利用网络从事不正当竞争行为	(1)未经其他经营者同意，在其合法提供的网络产品或者服务中，插入链接、强制进行目标跳转； (2)误导、欺骗、强迫用户修改、关闭、卸载其他经营者合法提供的网络产品或者服务； (3)恶意对其他经营者合法提供的网络产品或者服务实施不兼容； (4)其他妨碍、破坏其他经营者合法提供的网络产品或者服务正常运行的行为

【例7·单选题】不正当竞争行为直接侵害的是(　　)。
A. 消费者的利益　　　　　　　　B. 其他经营者的合法权益
C. 社会公众权益　　　　　　　　D. 国家利益

解析　本题考查反不正当竞争法律制度。不正当竞争行为的后果是损害其他经营者的合法权益，扰乱社会经济秩序。

答案　B

▶考点六　产品质量法律制度

(一)产品的概念

《产品质量法》所称的"产品"，是指经过加工、制作，用于销售的产品。

(1) **天然的物品**，非用于销售的物品，不属于该法所称的产品；

(2)建设工程不适用该法规定；但是建设工程使用的建筑材料、建筑构配件和设备，属于前款规定的产品范围的，适用本法规定。

(二)产品质量的监督管理

1. 产品质量监督管理部门

国务院市场监督管理部门负责全国产品质量监督管理工作。县级以上地方人民政府管理产品质量监督工作的部门负责本行政区域内的产品质量监督管理工作。

2. 产品质量监督管理制度的主要内容

(1)产品质量抽查制度。

(2)质量状况信息发布制度。

(3)企业质量体系认证制度及产品质量认证制度。

3. 产品质量的社会监督

(三)生产者的产品质量义务

产品质量应符合要求；产品或者其包装上的标识必须真实。

(四)销售者的产品质量义务

进货验收、保持产品质量、保证产品标识符合要求、遵守有关禁止性规范。

(五)违反产品质量法的法律责任

"产品责任"专指因产品存在缺陷引起的民事赔偿责任，具体内容见表37-16。

表37-16 产品责任

归责原则	生产者的严格责任	只要因产品存在缺陷造成人身、他人财产损害的，生产者应当承担赔偿责任。但存在法定的免责情形：(1)未将产品投入流通的；(2)产品投入流通时，引起损害的缺陷尚不存在的；(3)将产品投入流通时的科学技术水平尚不能发现缺陷存在的
	销售者的过错责任	由于销售者的过错使产品存在缺陷，造成人身、他人财产损害的，销售者应当承担赔偿责任。但如果销售者能够证明自己没有过错，则不必承担赔偿责任。销售者不能指明缺陷产品的生产者，也不能指明缺陷产品的供货者的，销售者应当承担赔偿责任
求偿对象	产品的生产者或销售者	
赔偿范围	人身损害赔偿、财产损失赔偿	
诉讼时效	因产品缺陷造成损害要求赔偿的诉讼时效期间为2年，自当事人知道或者应当知道其权益受到损害时起计算。因产品存在缺陷造成损害要求赔偿的请求权，在造成损害的缺陷产品交付最初消费者满10年丧失；但是，尚未超过明示的安全使用期的除外	

【注意】产品责任是一种过错推定责任，由销售者举证。

【例8·单选题】根据《产品质量法》规定，下列说法错误的是(　　)。

A.《产品质量法》对生产者、销售者的产品缺陷责任均实行严格责任

B.《产品质量法》中所谓产品责任专指因产品存在缺陷引起的民事赔偿责任

C. 产品缺陷造成损害要求赔偿的诉讼时效为2年，自当事人知道或者应当知道其权益受到损害时起计算

D. 一般情况下，产品缺陷造成损害要求赔偿的请求权自造成损害的缺陷产品交付最初消费者满10年丧失

解析 ▶ 本题考查产品质量法律制度。《产品质量法》对生产者产品缺陷实行严格责任，对销售者实行过错责任，选项A错误。

答案 ▶ A

历年考题解析

一、单项选择题

1. (2019年)下列智力成果中，属于专利保护对象的是( )。
   A. 疾病的诊断和治疗方法
   B. 智力活动的规则和方法
   C. 动物和植物品种的生产方法
   D. 科学发现

   解析 本题考查授予专利权的条件。《专利法》不予保护的对象包括：违反法律、社会公德或妨害公共利益的发明创造；对违反法律、行政法规的规定获取或者利用遗传资源，并依赖该遗传资源完成的发明创造；科学发现；智力活动的规则和方法；疾病的诊断和治疗方法；动物和植物品种，但对于动物和植物品种的生产方法，可以依法授予专利权；用原子核变换方法获得的物质；对平面印刷品的图案、色彩或者两者的结合作出的主要起标识作用的设计。
   答案 C

2. (2019年)下列商品中，必须申请商标注册并被核准后才能在市场销售的是( )。
   A. 生鲜食品   B. 汽车制品
   C. 烟草制品   D. 卫生用品

   解析 本题考查商标权。必须使用注册商标的商品是与人民生活关系比较密切，直接涉及人民健康的极少数商品，即人用药品和烟草制品，以及由国务院有关部门公布的必须使用注册商标的其他商品。
   答案 C

3. (2019年)反垄断执法机构调查涉嫌垄断行为，不能采取的措施是( )。
   A. 进入被调查的经营者的营业场所或者其他有关场所进行检查
   B. 询问被调查的经营者、利害关系人或者其他有关单位或者个人，要求其说明有关情况
   C. 冻结经营者的银行账户
   D. 查封、扣押相关证据

   解析 本题考查反垄断机构设置。反垄断执法机构调查涉嫌垄断行为，可以采取下列措施：(1)进入被调查的经营者的营业场所或者其他有关场所进行检查；(2)询问被调查的经营者、利害关系人或者其他有关单位或者个人，要求其说明有关情况；(3)查阅、复制被调查的经营者、利害关系人或者其他有关单位或者个人的有关单证、协议、会计账簿、业务函电、电子数据等文件、资料；(4)查封、扣押相关证据；(5)查询经营者的银行账户。
   答案 C

4. (2018年)某企业新上市的一种方便面，其名称和包装装潢与某知名品牌方便面十分相似，极易混淆，该企业此种行为属于( )。
   A. 虚假商业宣传行为
   B. 诋毁商誉行为
   C. 侵犯商业秘密行为
   D. 混淆行为

   解析 本题考查不正当竞争行为。擅自使用与他人有一定影响的商品名称、包装、装潢等相同或者近似的标识的行为属于混淆行为。
   答案 D

5. (2017年)关于我国商标注册法律制度的说法，正确的是( )。
   A. 商标注册采取自愿注册的原则
   B. 未经注册的商标不可以使用
   C. 商标设计必须具备显著特征，易于识别
   D. 未使用注册商标的商品不得在市场上销售

   解析 本题考查商标权。在我国，商标注册采用自愿注册和强制注册相结合、以自愿注册为主的制度，选项A错误。未经注册的商标也可以使用，但是使用人不享有专用权，选项B错误。法律、行政法规规

定必须使用注册商标的商品,必须申请商标注册,未经核准注册的,不得在市场销售,选项 D 错误。

答案 C

二、多项选择题

1. (2019 年)订立劳动合同应当遵循的基本原则( )。

   A. 等价有偿原则
   B. 合法原则
   C. 公平原则
   D. 诚实信用原则
   E. 平等自愿原则

   解析 本题考查劳动合同法律制度。劳动合同的订立应遵循的原则:合法原则、公平原则、平等自愿原则和诚信原则。

   答案 BCDE

2. (2019 年)根据《中华人民共和国消费者权益保护法》,下列权利中,属于消费者法定权利的有( )。

   A. 安全保障权   B. 无条件退款
   C. 自主选择权   D. 公平交易权
   E. 知悉真情权

   解析 本题考查消费者的权利。消费者享有九项基本权利:安全保障权、知悉真情权、自主选择权、公平交易权、依法求偿权、依法结社权、求教获知权、维护尊严权、监督批评权。

   答案 ACDE

3. (2018 年)下列人员中,属于用人单位在经济性裁员时应当优先留用的劳动者有( )。

   A. 与本单位订立无固定期限劳动合同的劳动者
   B. 本单位的技术骨干
   C. 与本单位订立较长期限的固定期限劳动合同的劳动者
   D. 家庭无其他就业人员,有需要扶养的老人或者未成年人的劳动者
   E. 本单位学历较高的劳动者

   解析 本题考查经济性裁员。经济性裁员时,应当优先留用下列劳动者:(1)与本单位订立较长期限的固定期限劳动合同的;(2)与本单位订立无固定期限劳动合同的;(3)家庭无其他就业人员,有需要扶养的老人或者未成年人的。用人单位依法裁减人员,在 6 个月内重新招用人员的,应当通知被裁减的人员,并在同等条件下优先招用被裁减的人员。

   答案 ACD

4. (2018 年)根据《中华人民共和国消费者权益保护法》,经营者的法定义务有( )。

   A. 质量担保义务
   B. 安全保障义务
   C. 监督消费者义务
   D. 缺陷产品召回义务
   E. 消费者信息保护义务

   解析 本题考查经营者的义务。经营者具有下列义务:(1)履行法定及约定义务;(2)接受监督的义务;(3)安全保障义务;(4)缺陷商品召回义务;(5)提供真实信息的义务;(6)标明真实名称和标志的义务;(7)出具凭证或单据的义务;(8)质量担保的义务;(9)履行"三包"或其他责任的义务;(10)无理由退货义务;(11)格式条款的合理使用义务;(12)不得侵犯消费者人格权的义务;(13)信息说明义务;(14)消费者信息保护义务。

   答案 ABDE

5. (2017 年)根据《中华人民共和国劳动合同法》,应签订无固定期限劳动合同的法定情形包括( )。

   A. 劳动者在该用人单位连续工作满 10 年
   B. 劳动者在该用人单位累计工作满 10 年
   C. 用人单位初次实行劳动合同制度或者国有企业改制重新订立劳动合同时,劳动者在该用人单位连续工作满 10 年且距法定退休年龄不足 10 年的
   D. 劳动者在该用人单位连续工作满 10 年,劳动者提出订立固定期限劳动合同
   E. 连续订立两次固定期限劳动合同,而且单位对劳动者依法不能享有法定解除权,续订劳动合同的

   解析 本题考查劳动合同的类型。应当订立无固定期限劳动合同的情形:(1)劳动者在该用人单位连续工作满 10 年的;

(2)用人单位初次实行劳动合同制度或者国有企业改制重新订立劳动合同时,劳动者在该用人单位连续工作满10年且距法定退休年龄不足10年的;(3)连续订立两次固定期限劳动合同,而且单位对劳动者不能依据《劳动合同法》得享法定解除权,续订劳动合同的。

答案 ▶ ACE

6. (2017年)下列物品中,属于《中华人民共和国产品质量法》所称产品的有( )。
   A. 建筑材料　　B. 天然物品
   C. 建设工程　　D. 家用电器
   E. 汽车配件

解析 ▶ 本题考查产品的概念。《产品质量法》所称的产品指经过加工、制作,用于销售的产品。对于"产品"这一概念要明确:(1)天然的物品,非用于销售的物品,不属于该法所称的产品;(2)建设工程不适用该法规定;但是,建设工程使用的建筑材料、建筑构配件和设备,属于经过加工、制作,用于销售的产品范围的,适用本法规定。

答案 ▶ ADE

同步系统训练

一、单项选择题

1. 关于工业产权的说法,错误的是( )。
   A. 在我国工业产权主要是指专利权和商标权
   B. 工业产权具有专有性、地域性、保密性的特征
   C. 工业产权与著作权统称为知识产权
   D. 工业产权在一定期限和地域内享有专有权

2. 根据《专利法》的相关规定,下列属于非职务发明创造的是( )。
   A. 在本职工作中作出的发明创造
   B. 主要利用本单位不对外公开的技术资料完成的发明创造
   C. 退休后2年内作出的,与其在原单位承担的本职工作有关的发明创造
   D. 履行本单位交付本职工作之外的任务所作出的发明创造

3. 根据《中华人民共和国专利法》,以下不属于专利的是( )。
   A. 外观设计　　B. 方法发明
   C. 科学发现　　D. 实用新型

4. 根据《中华人民共和国专利法》的规定,关于实用新型的说法错误的是( )。
   A. 实用新型是指对产品的形状、构造或二者结合所提出的,适于实用的新的技术方案
   B. 实用新型仅指具有一定形状的物品发明
   C. 授予实用新型专利的条件是应具备新颖性、创造性和实用性
   D. 实用新型对产品的创造性要求比发明高

5. 下列属于侵犯专利权行为的是( )。
   A. 为生产经营目的制造、使用发明和实用新型专利权人的专利产品的
   B. 专利产品由专利权人或者经其许可的单位、个人售出后,使用、许诺销售、销售、进口该产品的
   C. 专为科学研究和实验而使用有关专利的
   D. 在专利申请日前已经制造相同产品、使用相同方法或者已经做好制造、使用的必要准备,并且仅在原有范围内继续制造、使用的

6. 商标注册的条件不包括( )。
   A. 申请人必须具备合法资格
   B. 商标不含《商标法》明确禁止使用的图形和文字
   C. 商标必须具备法律规定的构成要素,商标设计必须具备显著特征,便于识别
   D. 申请人必须具备相当的经济实力

7. 关于商标权的说法,错误的是( )。
   A. 注册商标的有效期为20年

B. 商标权人对其注册商标依法享有在其指定商品或服务上的专用权

C. 商标注册人可以通过签订合同，许可他人使用其注册商标

D. 转让注册商标经核准后，予以公告，受让人自公告之日起享有商标专用权

8. 关于劳动合同订立的说法，错误的是( )。

A. 劳动合同应采取书面形式订立

B. 劳动合同的选择性条款不完善，会导致合同不能成立

C. 对劳动合同的无效或者部分无效有争议的，由劳动争议仲裁机构或者人民法院确认

D. 劳动合同自签订之日起生效，但双方当事人约定需公证方可生效的合同，其生效时间始于公证之日

9. 下列关于劳动合同法律制度的表述错误的是( )。

A. 用人单位和劳动者不得签订无固定期限的劳动合同

B. 以欺诈、胁迫的手段订立的劳动合同无效

C. 劳动者提前30日以书面形式通知用人单位，可以解除劳动合同

D. 在试用期间被证明不符合录用条件的，用人单位可以解除劳动合同

10. 以下不属于过错性解除的是( )。

A. 在试用期间被证明不符合录用条件的

B. 同时与其他用人单位建立劳动关系的

C. 严重失职，营私舞弊，给用人单位造成重大损害的

D. 劳动者患病或者非因工负伤，在规定的医疗期满后不能从事原工作，也不能从事由用人单位另行安排的工作的

11. 下列消费者协会中，对侵害众多消费者合法权益的行为，不可以代表消费者向人民法院提起诉讼的是( )。

A. 南京市消费者协会

B. 中国消费者协会

C. 天津市消费者协会

D. 江苏省消费者协会

12. 关于消费者自主选择权的说法，错误的是( )。

A. 可自主选择商品或服务方式

B. 在选择商品或服务时享有试用的权利

C. 可自主选择商品或服务的经营者

D. 可自主决定购买或不购买任何一种商品、接受或不接受任何一项服务

13. 根据《中华人民共和国消费者权益保护法》，经营者在消费者明确表示拒绝的情况下不得向其发送商业性信息，这属于经营者的( )的义务。

A. 不得侵犯消费者人格权

B. 消费者安全保障

C. 消费者信息保护

D. 保护消费者自主选择权

14. 消费者购买、使用商品，其合法权益受到损害，向经营者要求赔偿时，一般按照( )原则处理。

A. 销售者先行赔偿

B. 生产者先行赔偿

C. 过错方直接赔偿

D. 直接责任方赔偿

15. 根据《消费者权益保护法》的规定，关于预收款的说法，错误的是( )。

A. 经营者可以采取预收款方式提供商品或者服务

B. 经营者采取预收款方式但未按照约定提供商品或者服务的，可按照消费者的要求履行约定

C. 经营者采取预收款方式但未按照约定提供商品或者服务的，可退回消费者的预付款

D. 经营者采取预收款方式但未按照约定提供商品或者服务的，除退回消费者的预付款外，还应当承担预收款的利息和消费者预期损失

16. 以下不适用《中华人民共和国反垄断法》的是( )。

A. 经营者滥用知识产权，排除、限制竞

争的行为

B. 境内经济活动中的垄断行为

C. 境外垄断行为，对境内市场竞争产生排除、限制影响的

D. 农业生产者及农村经济组织在农产品生产经营活动中实施的联合行为

17. 以下不属于具有竞争关系的经营者达成的垄断协议的是( )。

A. 固定商品价格

B. 限制商品的生产数量

C. 统一销售市场

D. 联合抵制交易

18. 下列情形中，不能推定经营者具有市场支配地位的是( )。

A. 一个经营者在相关市场的市场份额达到55%

B. 两个经营者合计市场份额达到70%，其中一个经营者的市场份额为8%

C. 三个经营者合计市场份额达到80%，其中占比最少的经营者市场份额为12%

D. 两个经营者，一个经营者市场份额达到45%，另一个经营者市场份额达到25%

19. 行政机关滥用行政权力，实施对外地商品设定歧视性收费项目，实行歧视性收费标准，妨碍商品在地区之间自由流通的行为是( )。

A. 经营者集中行为

B. 宏观调控行为

C. 滥用市场支配者地位行为

D. 滥用行政权力排除、限制竞争的行为

20. 甲公司为了以低价获得乙公司的紧俏物资，在账外暗中给予乙公司主要负责人现金20万元，甲公司的行为构成了( )。

A. 商业诈骗行为

B. 商业贿赂行为

C. 串通招标行为

D. 虚假表示行为

21. 根据我国《产品质量法》的规定，下列不属于质量监督管理制度主要内容的是( )。

A. 产品质量抽查制度

B. 质量状况信息发布制度

C. 产品质量验收制度

D. 企业质量体系认证制度及产品质量认证制度

二、多项选择题

1. 在我国，授予外观设计专利的条件包括( )。

A. 富有美感 B. 新颖性

C. 创造性   D. 实用性

E. 不得与他人在先取得的合法权利相冲突

2. 专利权人享有的财产权利有( )。

A. 专利转让权 B. 产品标示权

C. 署名权   D. 独占实施权

E. 实施许可权

3. 关于商标注册的说法，正确的有( )。

A. 商标申请人必须具备合法资格

B. 注册商标不得侵犯他人的在先权利或合法权益

C. 注册商标需要在核定使用范围以外的商品上取得商标专用权的，无须另行提出注册申请

D. 商标注册申请人可以通过一份申请就多个类别的商品申请注册同一商标

E. 注册的商标不能使用我国或外国的国家名称、国旗、国徽等图形

4. 用人单位单方解除劳动合同的类型有( )。

A. 预告解除   B. 过错性解除

C. 经济性裁员 D. 非过错性解除

E. 即时解除

5. 根据《中华人民共和国劳动合同法》，下列条款中，属于劳动合同必要条款的有( )。

A. 工作时间和休息休假条款

B. 劳动报酬条款

C. 社会保险条款

D. 劳动合同期限条款

E. 试用期条款

6. 除非劳动者具有过错性解除的情况，用人单位不得解除劳动合同的情形包括( )。

A. 女职工在孕期、产期、哺乳期的

B. 患病或者非因工负伤，在规定的医疗期

内的

C. 在本单位连续工作满10年，且距法定退休年龄不足5年的

D. 在本单位患职业病或者因工负伤并被确认丧失或者部分丧失劳动能力的

E. 从事接触职业病危害作业的劳动者未进行离岗前职业健康检查的

7. 某企业共有职工800人，在2019年因生产经营发生严重困难，为了拯救企业，企业决定裁减一部分人员（约70人）。在裁员过程中，企业的下列做法中符合法律规定的有（　　）。

A. 向工会或全体职工说明情况，听取意见

B. 企业制订裁员方案听取工会意见后，直接按方案实施裁员

C. 企业裁员时优先留用了与企业订立无固定期限劳动合同的员工

D. 企业裁员时优先留用了家庭无其他就业人员，有需要扶养的老人的

E. 企业怕动摇军心，对裁员计划进行保密，直到裁员前10日才向全体职工和工会说明情况

8. 根据《消费者权益保护法》的规定，关于经营者义务的说法正确的有（　　）。

A. 经营者不得以店堂告示的方式作出对消费者不公平的规定

B. 除确有需要，经营者不得搜查消费者携带的物品

C. 提供商品应当明码标价

D. 租赁他人柜台的经营者，应当标明真实名称和标记

E. 消费者索要服务单据的，经营者必须出具

9. 经营者采用网络、电视、电话、邮购等方式销售商品，消费者有权自收到商品之日起七日内退货，无须说明理由。下列不适用七日无理由退货的有（　　）。

A. 定做的特大号皮鞋

B. 新鲜蔬菜

C. 交付的报纸

D. 消费者下载的电子书

E. 购买的袋装麦片

10. 消费者权益争议的解决途径包括（　　）。

A. 与经营者协商和解

B. 提请消费者协会调解

C. 向有关行政部门投诉

D. 向税务机关举报

E. 向人民法院提起诉讼

11. 根据《中华人民共和国反垄断法》，下列行为中，属于垄断行为的有（　　）。

A. 经营者达成垄断协议

B. 经营者滥用市场支配地位

C. 低价倾销行为

D. 经营者集中

E. 滥用行政权力排除竞争

12. 下列属于经营者滥用市场支配地位行为的有（　　）。

A. 以不公平的高价销售商品

B. 限制购买新技术

C. 没有正当理由以低于成本的价格销售商品

D. 没有正当理由搭售商品

E. 分割销售市场

13. 根据《中华人民共和国反不正当竞争法》，下列属于不正当竞争行为的有（　　）。

A. 混淆行为

B. 商业贿赂行为

C. 侵犯商业秘密行为

D. 有奖销售行为

E. 诋毁商誉行为

14. 根据我国《产品质量法》的规定，在产品标识方面生产者的主要义务有（　　）。

A. 有产品质量检验合格证明

B. 有中文标明的产品名称

C. 裸装食品必须附加产品标识

D. 限期使用的产品应当在显著的位置清晰地标明生产日期和安全使用期或者失效期

E. 使用不当，容易造成产品本身损坏或者可能危及人身、财产安全的产品，应当有警示标志或者中文警示说明

15. 因产品存在缺陷造成人身、缺陷产品以外的其他财产损害,根据我国《产品质量法》,生产者应当承担赔偿责任。下列情形中,生产者不承担赔偿责任的有( )。
  A. 未将产品投入流通领域
  B. 产品投入流通时,引起损害的缺陷尚不存在
  C. 通过了相应的产品质量检验
  D. 将产品投入流通时,科学技术水平尚不能发现缺陷的存在
  E. 产品出厂已满2年

同步系统训练参考答案及解析

一、单项选择题

1. B 【解析】本题考查工业产权。工业产权的特征包括专有性、地域性和时间性。

2. C 【解析】本题考查专利权。执行本单位的任务所完成的职务发明创造是指:(1)在从事本职工作中作出的发明创造;(2)履行本单位交付本职工作之外的任务所作出的发明创造;(3)退职、退休或者调动工作1年内作出的,与其原单位承担的本职工作或者分配的任务有关的发明创造。利用本单位的物质条件完成的发明创造,是指利用本单位的资金、设备、零部件、原材料或不对外公开的技术资料所完成的发明。

3. C 【解析】本题考查专利权。专利权的客体包括发明、实用新型和外观设计,不包括科学发现。

4. D 【解析】本题考查专利权。实用新型与发明相比,对产品的创造性要求较低,选项D错误。

5. A 【解析】本题考查专利侵权行为。选项A是侵犯专利权的行为,选项B、C、D属于不视为侵犯专利权的行为。

6. D 【解析】本题考查商标注册的条件。商标注册必须满足三个条件:(1)申请人必须具备合法资格;(2)商标须具备法律规定的构成要素,商标设计必须具备显著特征,便于识别;(3)商标不包含法律明确禁止使用的图形和文字。(4)申请注册商标应以使用为目的。

7. A 【解析】本题考查商标权。注册商标的有效期为10年,选项A错误。

8. B 【解析】本题考查劳动合同的订立。选项B错误,劳动合同的必要条款不完善,会导致合同不能成立。

9. A 【解析】本题考查劳动合同的法律制度。在协商一致或符合法定条件的情况下,用人单位和劳动者可以签订无固定期限劳动合同,选项A错误。

10. D 【解析】本题考查劳动合同的解除。过错性解除,即在劳动者有过错的情形下,用人单位得享劳动合同解除权,其情形有:(1)在试用期间被证明不符合录用条件的;(2)严重违反用人单位的规章制度的;(3)严重失职,营私舞弊,给用人单位造成重大损害的;(4)劳动者同时与其他用人单位建立劳动关系,对完成本单位的工作任务造成严重影响,或者经用人单位提出,拒不改正的;(5)因劳动者过错致使劳动合同无效的;(6)被依法追究刑事责任的。选项D属于非过错性解除的情形。

11. A 【解析】本题考查消费者权益保护法律制度。对侵害众多消费者合法权益的行为,中国消费者协会以及在省、自治区、直辖市设立的消费者协会,可以向人民法院提起诉讼。

12. B 【解析】本题考查消费者权益保护法律制度。消费者的自主选择权包括以下几个方面:(1)自主选择商品或服务的经营者的权利;(2)自主选择商品或服务方式的权利;(3)自主决定购买或不购买任

何一种商品、接受或不接受任何一项服务的权利；（4）自主选择商品或服务时享有的进行比较、鉴别和挑选的权利。

13. C 【解析】本题考查经营者的义务。经营者的消费者信息保护义务：经营者未经消费者同意或者请求，或者消费者明确表示拒绝的，不得向其发送商业性信息。

14. A 【解析】本题考查消费者权益保护法中争议的解决。销售者具有先行赔付义务，赔偿后属于生产者责任或者属于向销售者提供商品的其他销售者的责任的，销售者有权向生产者或其他销售者追偿。

15. D 【解析】本题考查违反消费者权益保护法的法律责任。经营者以预收款方式提供商品或服务的，应当按照约定提供，未按约定提供的，应依照消费者的要求履行约定或者退回预付款，并应当承担预付款的利息、消费者必须支付的合理费用，并不包括消费者的预期损失。选项D错误。

16. D 【解析】本题考查反垄断法的适用范围。农业生产者及农村经济组织在农产品生产、加工、销售、运输、储存等经营活动中实施的联合或者协同行为，不适用反垄断法。

17. C 【解析】本题考查垄断协议。具有竞争关系的经营者达成的垄断协议包括：（1）固定或者变更商品价格；（2）限制商品的生产数量或者销售数量；（3）分割销售市场或者原材料采购市场；（4）限制购买新技术、新设备或者限制开发新技术、新产品；（5）联合抵制交易；（6）国务院反垄断执法机构认定的其他垄断协议。

18. B 【解析】本题考查垄断行为。可以推定经营者具有市场支配地位的情形：（1）一个经营者在相关市场的市场份额达到二分之一的；（2）两个达到三分之二的；（3）三个达到四分之三的。其中，第（2）（3）项中有的经营者市场份额不足十分之一的，不应当推定该经营者具有市场支配地位。

19. D 【解析】本题考查垄断行为。行政机关滥用行政权力妨碍商品在地区之间的自由流通属于滥用行政权力排除、限制竞争的行为。

20. B 【解析】本题考查不正当竞争行为。商业贿赂行为是指经营者采用财物或者其他手段贿赂交易相对方的工作人员、受交易相对方委托办理相关事务的单位或者个人、利用职权或者影响力影响交易的单位或者个人，以谋取交易机会或者竞争优势的行为。

21. C 【解析】本题考查产品质量监督管理制度。根据我国《产品质量法》的规定，产品质量监督管理制度主要由下列内容构成：产品质量抽查制度、质量状况信息发布制度、企业质量体系认证制度及产品质量认证制度。

二、多项选择题

1. ABDE 【解析】本题考查授予专利权的条件。授予外观设计专利的条件包括新颖性、实用性、富有美感、不得与他人在先取得的合法权利相冲突。

2. ABDE 【解析】本题考查专利权人的权利。专利权人享有的财产权利包括独占实施权、实施许可权、专利转让权、标示权、以书面形式放弃其专利权。选项C属于人身权利。

3. ABDE 【解析】本题考查商标权的取得。注册商标需要在核定使用范围以外的商品上取得商标专用权的，应当另行提出注册申请，选项C错误。

4. BCD 【解析】本题考查劳动合同的解除。用人单位单方解除劳动合同的情形有：过错性解除；非过错性解除；经济性裁员。选项A、E属于劳动者单方解除劳动合同的类型。

5. ABCD 【解析】本题考查劳动合同的必要条款。根据《劳动合同法》第17条规定，劳动合同的必要条款包括：（1）用人单位的名称、住所和法定代表人或者是主要负责人；（2）劳动者的姓名、住址和居民身份证或者其他有效身份证件号码；（3）劳动合同期限；（4）工作内容和工作地点；（5）工作时间和休息休假；（6）劳动报酬；（7）社会保险；（8）劳动保护、劳动条件和职业危害防护；（9）法律、法规规定应当纳入劳动合同的其他事项。选项E是劳动合同的选择性条款。

6. ABDE 【解析】本题考查劳动合同的解除。选项C错误，在本单位连续工作满15年，且距法定退休年龄不足5年的，用人单位不得对劳动者采取经济性裁员或非过错性解除。

7. ACD 【解析】本题考查劳动合同的解除。选项A、C、D符合规定。法律规定，有下列情形之一，需要裁减人员20人以上或者裁减不足20人但占企业职工总数10%以上的，用人单位提前30日向工会或者全体职工说明情况，听取工会或者职工的意见后，裁减人员方案经向劳动行政部门报告，可以裁减人员：（1）依照企业破产法规定进行重整的；（2）生产经营发生严重困难的；（3）企业转产、重大技术革新或者经营方式调整，经变更劳动合同后，仍需裁减人员的；（4）其他因劳动合同订立时所依据的客观经济情况发生重大变化，致使劳动合同无法履行的。裁减人员时，应当优先留用下列人员：（1）与本单位订立较长期限的固定期限劳动合同的；（2）与本单位订立无固定期限劳动合同的；（3）家庭无其他就业人员，有需要扶养的老人或未成年人的。

8. ACDE 【解析】本题考查经营者的义务。经营者不得对消费者进行侮辱、诽谤，不得搜查消费者的身体及其携带的物品，不得侵犯消费者的人身自由，选项B错误。

9. ABCD 【解析】本题考查经营者的义务。根据商品性质并经消费者在购买时确认不宜退货的商品不适用七日无理由退货，例如消费者定做的商品、鲜活易腐品、在线下载或者消费者拆封的音像制品、计算机软件等数字化商品以及交付的报纸、期刊。

10. ABCE 【解析】本题考查消费者权益争议的解决途径。消费者权益争议的解决途径包括：（1）与经营者协商和解；（2）请求消费者协会或者依法成立的其他调解组织调解；（3）向有关行政部门投诉；（4）根据与经营者达成的仲裁协议提请仲裁机构仲裁；（5）向人民法院提起诉讼。

11. ABDE 【解析】本题考查垄断行为。垄断行为包括垄断协议与垄断协议的豁免，经营者滥用市场支配地位，经营者集中，滥用行政权力排除、限制竞争。

12. ACD 【解析】本题考查垄断行为。选项B、E属于垄断协议的内容。

13. ABCE 【解析】本题考查不正当竞争行为的种类。不正当竞争行为包括混淆行为、商业贿赂行为、虚假商业宣传行为、侵犯商业秘密行为、不正当有奖销售行为、诋毁商誉行为、利用网络从事不正当竞争行为。有奖销售行为不一定是不正当竞争行为，选项D错误。

14. ABDE 【解析】本题考查生产者的产品质量义务。产品或者其包装上的标识必须真实，并符合相应要求。裸装的食品和其他根据产品的特点难以附加标识的裸装产品，可以不附加产品标识，选项C错误。

15. ABD 【解析】本题考查生产者的法定免责情形。生产者法定免责情形包括：（1）未将产品投入流通；（2）产品投入流通时，引起损害的缺陷尚不存在；（3）将产品投入流通时的科学技术水平尚不能发现缺陷的存在。选项C、E不能免责。

本章思维导图

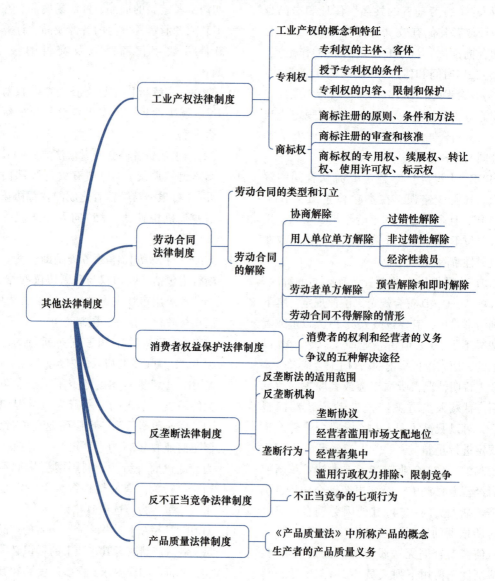

第 2 部分

全真模拟试题及答案解析

智慧启航

　　执着追求并从中得到最大快乐的人，才是成功者。

　　　　　　　　　　　　　　　　——梭罗

2020年中级经济基础知识模拟试题及答案解析

模拟试题(一)

一、单项选择题(共70题,每题1分。每题的备选项中只有1个最符合题意)

1. 以纵轴代表价格,横轴代表销售量绘制某种产品的需求曲线和供给曲线,假设其他条件不变,当消费者收入增加时,在坐标图上表现为( )。
   A. 需求曲线向右移动
   B. 需求曲线向左移动
   C. 供给曲线向左移动
   D. 供给曲线向右移动

2. 若甲产品和乙产品的需求交叉弹性系数为-2,则表明( )。
   A. 甲产品和乙产品都属于生活必需品
   B. 甲产品和乙产品是替代品
   C. 甲产品和乙产品都属于低档商品
   D. 甲产品和乙产品是互补品

3. 在分析消费者行为时,无差异曲线的主要特征包括( )。
   A. 在收入增长时向右移动
   B. 无差异曲线的形状和价格变动关系密切
   C. 无差异曲线从左向右下方倾斜,凸向原点
   D. 离原点越近的无差异曲线,消费者的偏好程度越高

4. 在消费者收入不变的情况下,如果两种商品的价格同比例下降,那么预算线( )。
   A. 向左平移
   B. 向右平移
   C. 向左旋转
   D. 向右旋转

5. 某企业的工人为10人时,其总产量为2 100个;当工人为11人时,其总产量为2 200个。则当工人为11人时,该企业的边际产量是( )个,平均产量是( )个。
   A. 100,200
   B. 200,100
   C. 210,105
   D. 100,210

6. 不论在何种市场上,企业实现利润最大化的决策原则都是( )。
   A. 边际收益等于边际成本
   B. 边际收益大于边际成本
   C. 价格大于平均成本
   D. 劳动的边际产量为零

7. 关于完全垄断市场的需求曲线的说法,正确的是( )。
   A. 垄断企业的需求曲线是一条平行于横轴的水平线
   B. 整个行业的需求曲线是一条平行于横轴的水平线
   C. 垄断企业的需求曲线与完全竞争企业的需求曲线相同
   D. 垄断企业的需求曲线向右下方倾斜

8. 若某生产者的边际收益产品大于边际要素成本时,该生产者的正确做法是( )。
   A. 使用更多的生产要素
   B. 减少生产要素的使用
   C. 对生产要素的使用保持不变
   D. 对生产要素的使用视生产规模而定

9. 科斯定理的含义是( )。
   A. 只要财产权是明确的,那么无论在开始时将财产权赋予谁,市场均衡的最终结果都是有效率的,就可以实现资源配置的帕累托最优
   B. 只要财产权是明确的,并且交易成本为

零或者很小，那么无论开始时将财产权赋予谁，市场均衡的最终结果都是有效率的，就可以实现资源配置的帕累托最优

C. 只要交易成本为零或者很小，市场均衡的最终结果都是有效率的，就可以实现资源配置的帕累托最优

D. 无论财产权是否明确，只要交易成本为零或者很小，就可以实现资源配置的帕累托最优

10. 关于总供给曲线的说法正确的是（　　）。
   A. 长期总供给曲线是一条与横轴 Y 垂直的直线
   B. 长期总供给曲线是一条向右上方倾斜的曲线
   C. 短期总供给曲线是一条与横轴 Y 平行的直线
   D. 无论长期还是短期，总供给曲线都是与横轴 Y 垂直的直线

11. 假设一个社会的边际消费倾向 β 为 0.80，则投资乘数 k 等于（　　）。
   A. 0.20　　　　B. 1.25
   C. 0.80　　　　D. 5.00

12. 关于古典型经济周期的说法，正确的是（　　）。
   A. 低谷时经济负增长，经济总量 GDP 绝对减少
   B. 低谷时经济正增长，经济总量 GDP 绝对减少
   C. 低谷时经济增长率为负值，即经济总量只是相对减少，而非绝对减少
   D. 低谷时经济增长率为正值，即经济总量只是相对减少，而非绝对减少

13. 以下属于分析和预测经济波动的一致指标的是（　　）。
   A. 库存
   B. 制造业订货单
   C. 居民消费价格指数
   D. 固定资产投资额

14. 我国统计部门计算和公布的反映失业水平方面的指标是（　　）。
   A. 城镇实际失业率
   B. 城镇预期失业率
   C. 城镇登记失业率
   D. 城乡登记失业率

15. 简单的菲利普斯曲线是一条描述通货膨胀率与（　　）之间相互关系的曲线。
   A. 失业率
   B. 财政收入增长率
   C. 总人口增长率
   D. 宏观税收负担水平

16. 下列政府对进出口贸易干预的措施中，不属于非关税壁垒的是（　　）。
   A. 自愿出口限制
   B. 出口信贷
   C. 进口配额制
   D. 卫生检疫标准

17. 出口企业为在国外市场上达到排除竞争对手、获取超额垄断利润的目的，在短期内以不合理的低价向该市场销售产品，一旦竞争对手被排除，再重新提高产品销售价格的行为称为（　　）。
   A. 偶然性倾销
   B. 持续性倾销
   C. 隐蔽性倾销
   D. 掠夺性倾销

18. 我国中央财政不断加大对中西部地区财政转移支付力度，逐步缩小地区间基本公共服务差距，这是财政履行（　　）职能的体现。
   A. 经济发展
   B. 经济稳定
   C. 市场维护
   D. 收入分配

19. 官僚体系无效率模型在公共物品的政府生产上所具有的政策含义不包括（　　）。
   A. 官僚在给定需求约束和成本约束条件下，最大化本部门预算
   B. 应当增强官僚部门内部的竞争性
   C. 通过改变对官僚的激励，引导其最小化既定产出的成本

D. 通过公共物品和服务的生产外包，让更多的私人营利性企业加入公共物品和服务的生产过程中，以期提高效率

20. 通常情况下，能够反映政府在社会经济活动中实际履行何种职能的数据是( )。
   A. 财政支出总额
   B. 财政支出规模
   C. 财政支出结构
   D. 财政支出的经济性质

21. 经济发展阶段增长理论对财政支出增长原因进行研究，得到的结论是( )。
   A. 财政支出规模不断扩大是社会经济发展的一个客观规律
   B. 通过分析公共部门平均劳动生产率的状况对财政支出增长原因作出解释
   C. 财政支出数量的变化，是随着不同时期财政支出作用的变化而变化的
   D. 英国的公共支出增长是"阶梯式的""非连续的"

22. 下列经济理论或模型中，对税率与税收收入或经济增长之间关系进行形象描述的是( )。
   A. 尼斯坎南模型
   B. 李嘉图等价定理
   C. 拉弗曲线
   D. 瓦格纳法则

23. 关于地方政府债务管理制度的说法，错误的是( )。
   A. 地方政府举债采取政府债券方式
   B. 地方政府债务规模实行限额管理
   C. 地方政府对其举借的债务负有偿还责任，中央政府实行不救助原则
   D. 地方政府举债可用于公益性资本支出和适度归还存量债务，也可用于经常性支出

24. 编制政府预算时，把支出盘子做得很大而无法完成，这种做法违反了政府预算的( )原则要求。
   A. 完整性   B. 统一性
   C. 合法性   D. 可靠性

25. 关于我国预算执行制度的说法，错误的是( )。
   A. 预算执行制度是政府预算制度的重要组成部分，是预算实施的关键环节
   B. 预算执行制度包括国库集中收付制度和政府采购制度
   C. 我国的国库集中收付制度以财政资金银行账户管理体系为基础
   D. 政府采购运行机制实行集中采购与分散采购相结合，以集中为主，分散为辅

26. 下列税种中，属于中央固定收入的是( )。
   A. 个人所得税
   B. 耕地占用税
   C. 消费税
   D. 资源税

27. 下列符合政府间财政收入划分的集权原则的是( )。
   A. 流动性较强的收入作为中央政府收入
   B. 收入份额较大的主体税种划归中央政府
   C. 体现国家主权的收入作为中央政府收入
   D. 收益与负担能够直接对应的收入作为地方政府收入

28. 当社会总供给大于总需求时，政府预算一般采取( )。
   A. 提高税率，减少税收优惠，抑制企业和个人投资需求和消费需求
   B. 缩小支出规模、保持预算盈余，抑制社会总需求
   C. 扩大支出规模，保持一定赤字规模，扩大社会总需求
   D. 降低投资支出水平，使经济降温，平稳回落

29. 我国广义货币供应量 M_2 的构成是( )。
   A. 流通中货币
   B. 流通中货币、单位活期存款
   C. 流通中货币、单位活期存款、个人存款
   D. 流通中货币、单位活期存款、单位定

期存款、个人存款和其他存款(财政存款除外)

30. 在我国能够扩张信用、创造派生存款的金融机构是( )。
   A. 中央银行　　B. 商业银行
   C. 证券公司　　D. 保险公司

31. 我国金融业的清算中心是( )。
   A. 中央银行
   B. 工、农、中、建四大银行
   C. 票据交换中心
   D. 中国结算公司

32. 关于货币政策中介目标的说法，错误的是( )。
   A. 货币政策的中介目标又称为中间指标、中间变量
   B. 中介目标是介于货币政策工具变量与货币政策目标变量之间的变量指标
   C. 中央银行根据相关性、可控性、可测性三大原则来选择相应的中介目标
   D. 中介目标是指中央银行操作目标方面的变量指标

33. 下列商业银行业务中，不属于借款业务的是( )。
   A. 票据贴现
   B. 再贴现
   C. 同业拆借
   D. 结算过程中的短期资金占用

34. 在金融市场中，金融机构之间以货币借贷方式进行短期资金融通活动的市场是( )。
   A. 债券市场
   B. 股票市场
   C. 同业拆借市场
   D. 投资基金市场

35. 在货币市场上，流动性最高、几乎所有的金融机构都参与其市场交易的金融工具是( )。
   A. 股票
   B. 长期商业票据
   C. 短期政府债券
   D. 长期政府债券

36. 由于利率、汇率的波动而导致的金融参与者资产价值变化的风险，属于金融风险中的( )。
   A. 信用风险
   B. 流动性风险
   C. 操作风险
   D. 市场风险

37. 从国际金融市场上发生过的国际债务危机、欧洲货币危机和亚洲金融危机来看，爆发危机国家的共同特点是( )。
   A. 财政赤字货币化
   B. 实行钉住汇率制度
   C. 本国货币已成为国际货币
   D. 资本账户已实现完全可兑换

38. 1988年巴塞尔报告的主要内容是( )。
   A. 推出监管银行的"三大支柱"理论
   B. 确认了监督银行资本的可行的统一标准
   C. 引入杠杆率监管标准
   D. 提出宏观审慎监管要求

39. 关于国际储备的说法，错误的是( )。
   A. 外汇储备是各国货币当局持有的银行存款、国库券等对外流动性资产
   B. IMF的储备头寸是在国际货币基金组织的普通账户中会员国可以自由提取使用的资产
   C. 特别提款权由国际货币基金组织根据会员国缴纳的份额无偿分配
   D. 黄金储备是可供会员国用于归还基金组织贷款和会员国政府之间偿付国际收支逆差的一种账面资产

40. 下列变量中，属于顺序变量的是( )。
   A. 行业类别
   B. 可支配收入
   C. 受教育水平
   D. 性别

41. 某连锁超市6个分店的职工人数(单位：人)由小到大排序后为 57　58　58　60　63　70，其均值为( )。
   A. 58　　　　　　B. 61

C. 59 D. 70

42. 关于众数的说法，正确的是( )。
 A. 受极端值的影响
 B. 大小受每个观测值的影响
 C. 缺乏稳定性，可能不唯一
 D. 能够充分利用数据的全部信息

43. 在实际应用中，当数据服从对称的钟形分布时，经验法则表明，约有( )的数据与平均数的距离在1个标准差之内。
 A. 68% B. 95%
 C. 98% D. 99%

44. 某研究机构从我国金融行业从业人员中随机抽取5 000人来了解该行业从业人员的年平均收入，这项抽样调查中的样本是( )。
 A. 我国金融行业的所有从业人员
 B. 我国金融行业的每个从业人员
 C. 抽中的5 000个金融行业从业人员
 D. 我国金融行业从业人员的年平均收入

45. 以下不属于概率抽样特点的是( )。
 A. 按一定的概率以随机原则抽取样本
 B. 总体中每个单元被抽中的概率是已知的，或者是可以计算出来的
 C. 当采用样本对总体参数进行估计时，要考虑到每个样本单元被抽中的概率
 D. 抽取样本时由操作人员判断抽取

46. 只涉及一个自变量的一元线性回归模型可以表示为( )。
 A. $Y=\beta_0+\beta_1 X+\varepsilon$
 B. $Y=\beta_0+\beta_1 X$
 C. $Y=\beta_1 X_1+\beta_2 X_2+\varepsilon$
 D. $Y=X+\varepsilon$

47. 某品牌电冰箱9月份的库存量(单位：台)记录如下：

日期	1—9	10—15	16—21	22—27	28—30
库存量	20	10	15	20	40

该商品9月份的平均日库存量为( )台。
 A. 17 B. 18

C. 19 D. 20

48. 关于发展速度和增长速度的说法，错误的是( )。
 A. 定基增长速度与环比增长速度之间的推算，必须通过定基发展速度和环比发展速度才能进行
 B. 报告期水平与某一固定时期水平(通常是最初水平)的比值是定基发展速度
 C. 定基发展速度等于相应时期内各环比发展速度的累加
 D. 两个相邻时期定基发展速度的比率等于相应时期的环比发展速度

49. 如果以 Y_t 表示第 t 期实际观测值、F_t 表示第 t 期指数平滑预测值、α 表示平滑系数，则指数平滑预测法的计算公式为( )。
 A. $F_{t+1}=\alpha Y_{t+1}+(1-\alpha) F_t$
 B. $F_{t+1}=\alpha Y_t+(1-\alpha) F_t$
 C. $F_{t+1}=\alpha(F_t+Y_t)$
 D. $F_{t+1}=\alpha F_t$

50. 下列会计活动中，属于财务会计范畴的是( )。
 A. 全面预算 B. 财务报告
 C. 责任会计 D. 成本控制

51. 关于会计职能的说法，错误的是( )。
 A. 会计的职能是会计本质的外在表现形式
 B. 会计的基本职能是核算和监督
 C. 预算、检查、考核、分析等手段是会计的核算职能
 D. 会计核算具有完整性、连续性和系统性的特点

52. 我国《企业会计准则》规定，企业的会计核算应当以( )为基础。
 A. 实地盘存制 B. 永续盘存制
 C. 收付实现制 D. 权责发生制

53. 企业可将不拥有所有权但能控制的资产视为自己的资产，这体现了会计信息质量的( )要求。
 A. 谨慎性

B. 相关性
C. 实质重于形式
D. 重要性

54. 关于会计循环的说法，错误的是( )。
A. 以确认、计量、记录和报告为主要环节的会计基本程序及相应方法是会计循环
B. 将某一会计事项作为资产、负债、所有者权益、收入、费用或利润等会计要素正式列入会计报表的过程是会计确认
C. 会计记录是会计的核心问题
D. 会计记录是通过账户、会计凭证和账簿等载体，运用复式记账等手段，对确认和计量的结果进行记录，为编制财务会计报告积累数据的过程

55. 关于借贷记账法的说法，错误的是( )。
A. 有借必有贷，借贷必相等
B. 全部账户本期借方发生额合计等于全部账户本期贷方发生额合计
C. 全部账户借方期末余额合计等于全部账户贷方期末余额合计
D. 收入账户本期发生额合计等于费用账户本期发生额合计

56. 下列资产项目中，流动性最强的是( )。
A. 存货
B. 固定资产
C. 长期股权投资
D. 预付账款

57. 某公司 2019 年度，营业收入 100 万元，营业成本 60 万元，当年发生销售费用 20 万元，管理费用 3 万元，财务费用 7 万元，投资收益 10 万元，无其他业务收支和营业外收支。该公司利润总额为( )万元。
A. 10
B. 20
C. 30
D. 40

58. 流动比率反映的是( )。
A. 企业的资产偿还短期内到期债务的能力
B. 企业立即偿还到期债务的能力
C. 企业用可在短期内变现的流动资产偿还到期流动负债的能力
D. 企业利用债权人提供的资金进行经营活动的能力

59. 以下政府会计要素中，属于非流动资产的是( )。
A. 无形资产
B. 货币资金
C. 短期投资
D. 存货

60. 政府会计由预算会计和财务会计构成。财务会计提供与政府的财务状况、运行情况和现金流量等有关信息，实行( )。
A. 现收现付制
B. 权责发生制
C. 收付实现制
D. 历史成本制

61. 关于物权的概念和特征的说法，错误的是( )。
A. 物权具有追及效力和优先效力
B. 物权客体的物可以是独立物和有体物，也可以是行为
C. 物权是法定的，物权的设定采用法定主义
D. 物权是权利人在法定范围内直接支配一定的物，并排斥他人干涉的权利

62. 根据《中华人民共和国物权法》，下列财产中，可以作为抵押权标的的是( )。
A. 土地所有权
B. 学校的教育设施
C. 被扣押的财产
D. 建设用地使用权

63. 甲公司于 7 月 1 日向乙公司发出要约，出售一批原材料，要求乙公司在 1 个月内做出答复。该要约于 7 月 2 日到达乙公司。当月，因市场行情变化，该种原材料市场价格大幅上升，甲公司拟撤销该要约。根据《合同法》的规定，下列关于甲公司能否撤销要约的表述中，正确的是( )。
A. 不可以撤销该要约，因该要约确定了承诺期限
B. 可以撤销该要约，撤销通知在乙公司发出承诺通知之前到达乙公司即可
C. 可以撤销该要约，撤销通知在承诺期限届满前到达乙公司即可

D. 可以撤销该要约，撤销通知在乙公司发出承诺通知之前发出即可

64. 根据《合同法》规定，关于先履行抗辩权的说法错误的是( )。
   A. 先履行抗辩权一般适用于双务合同
   B. 如果先履行一方履行了应当履行的义务，则先履行抗辩权随之消灭
   C. 先履行抗辩权可以使对方的请求权延期，也可以消灭对方的请求权
   D. 先履行一方履行债务不符合约定的，后履行另一方有权拒绝其相应的履行要求

65. 下列有关代位权的表述中，不符合规定的是( )。
   A. 专属于债务人自身的债权，债权人不得行使代位权
   B. 债权人行使代位权的必要费用，由债务人承担
   C. 债务人的债务未到履行期或履行期间未届满，债权人不得行使代位权
   D. 自债务到期后债权人5年内没有行使代位权的，则债权人的代位权消灭

66. 关于公司章程的说法，错误的是( )。
   A. 公司以章程为存在和活动的根据
   B. 公司章程是规范公司的组织和活动的基本规则
   C. 公司章程对股东没有约束力
   D. 公司章程对公司、董事、监事、高级管理人员具有约束力

67. 股份有限公司股东大会作出修改公司章程的决议，必须经出席会议的股东所持表决权的( )以上通过。
   A. 二分之一   B. 三分之二
   C. 四分之三   D. 五分之三

68. 根据《中华人民共和国专利法》的规定，关于专利权的说法，错误的是( )。
   A. 专利权人有缴纳年费的义务
   B. 专利权人有权转让其专利权
   C. 专利权人有许可他人实施其专利并收取费用的权利

   D. 专利权在期限届满前终止的，无须由国务院专利行政部门登记和公告

69. 经营者实施的，引人误认为是他人商品或者与他人存在特定联系，这种行为被称为( )。
   A. 混淆行为
   B. 虚假商业宣传行为
   C. 诋毁商誉行为
   D. 侵犯商业秘密行为

70. 下列情形中，因产品存在缺陷造成人身、他人财产损害的，生产者应当承担赔偿责任的是( )。
   A. 未将产品投入流通的
   B. 产品投入流通时，引起损害的缺陷尚不存在的
   C. 消费者知情的
   D. 将产品投入流通时的科学技术水平尚不能发现缺陷的存在的

二、多项选择题（共35题，每题2分。每题的备选项中，有2个或2个以上符合题意，至少有1个错项。错选，本题不得分；少选，所选的每个选项得0.5分）

71. 影响供给的因素包括( )。
   A. 生产成本
   B. 消费者的个人收入
   C. 生产者的预期
   D. 产品价格
   E. 消费者偏好

72. 关于政府实施最低保护价格的说法，正确的有( )。
   A. 保护价格总是高于均衡价格
   B. 保护价格总是低于均衡价格
   C. 实施保护价格有可能导致市场过剩
   D. 实施保护价格有可能导致配给制
   E. 保护价格的顺利实施需要政府建立收购和储备系统

73. 关于完全竞争市场供求曲线的说法，正确的有( )。
   A. 行业需求曲线是一条向右下方倾斜的曲线

B. 行业供给曲线是一条向右上方倾斜的曲线

C. 个别企业的需求曲线是一条平行于横轴的水平线

D. 企业的短期供给曲线是处于平均可变成本之上的平均总成本曲线

E. 企业的短期供给曲线是处于平均可变成本之上的边际成本曲线

74. 下列关于生产要素市场理论的说法中，错误的有（　　）。

A. 生产者对生产要素的需求是派生需求

B. 生产者使用要素的原则是边际要素成本等于边际收益产品

C. 完全竞争生产者的要素供给曲线是向右下方倾斜的

D. 劳动的供给原则是劳动的边际效用等于闲暇的边际效用

E. 工资增加的收入效应表现为劳动供给增加

75. 关于国内生产总值（GDP）指标的说法，错误的有（　　）。

A. 用不变价格计算的 GDP 可以用来计算经济增长速度

B. 用现行价格计算的 GDP 可以用来计算经济增长速度

C. GDP 包含了伴随经济增长而来的生态与环境变化的影响

D. 通常用国内生产总值（GDP）或人均国内生产总值来衡量总产出

E. 用现行价格计算的 GDP 可以反映一个国家或地区的经济发展规模

76. 公共物品的融资方式包括（　　）。

A. 强制融资　　B. 自愿融资
C. 政府生产　　D. 合同外包
E. 联合融资

77. 现代市场经济中，财政实现收入分配职能的手段主要有（　　）。

A. 加强税收调节

B. 增加社会保障支出

C. 增加经济建设支出

D. 没收财产并重新分配

E. 提供社会福利

78. 下列各项中，税负容易转嫁的商品有（　　）。

A. 非生活必需品

B. 课税范围广泛的商品

C. 生活必需品

D. 课税范围狭窄的商品

E. 需求价格弹性小，供给弹性大的商品

79. 下列税种中，属于直接税的有（　　）。

A. 消费税　　　B. 个人所得税
C. 财产税　　　D. 企业所得税
E. 关税

80. 下列商品中，属于消费税税目的有（　　）。

A. 小汽车　　　B. 高档手表
C. 服装　　　　D. 实木地板
E. 高尔夫球及球具

81. 关于政府预算的说法，正确的有（　　）。

A. 政府预算经过各级人民代表大会的审查和批准才能生效

B. 政府预算指标背后反映的是政府在做什么和不做什么之间做出的选择

C. 政府预算体现了政府年度工作重点和方向

D. 我国的预算年度实行跨年制

E. 政府预算按照编制形式分类，分为增量预算和零基预算

82. 根据国际经验，中央和地方政府间财政收支划分的特征有（　　）。

A. 收入结构与支出结构的非对称安排

B. 收入结构划分以中央政府为主

C. 支出结构划分以中央政府为主

D. 划归中央政府掌握的收入大于其实质性职权范围的一定比例

E. 地方政府所承担的职权往往要超过其直接收入划分所拥有的财力

83. 中央与地方财政事权和支出责任的划分原则包括（　　）。

A. 实现权、责、利相统一

B. 激励地方政府主动作为

C. 兼顾政府职能和行政效率

D. 做到支出责任与财政事权相分离
E. 体现基本公共服务受益范围

84. 财政"汲水政策"的特点有（　　）。
    A. 该政策是一种诱导经济复苏的政策
    B. 该政策以扩大公共投资规模为手段
    C. 实行该政策时，财政投资规模具有有限性
    D. 该政策具有自动调节经济运行的机制
    E. 该政策是一种短期的财政政策

85. 关于财政政策时滞的说法，正确的有（　　）。
    A. 认识时滞和行政时滞属于内在时滞
    B. 决策时滞、执行时滞和效果时滞属于外在时滞
    C. 认识时滞是从经济现象发生变化到决策者对其有所认识、所经过的时间
    D. 决策时滞的长短主要取决于行政部门掌握经济信息和准确预测的能力
    E. 财政政策时滞的存在，会对财政政策的实施效果产生一定的影响

86. 建立中央银行制度是出于（　　）等方面的需要。
    A. 集中货币发行权
    B. 管理金融业
    C. 满足投资者扩大生产
    D. 国家对社会经济发展实行干预
    E. 代理国库和为政府筹措资金

87. 公开市场业务的优越性表现为（　　）。
    A. 可以进行经常性、连续性的操作
    B. 可以主动出击
    C. 货币乘数的影响很大，作用力度很强
    D. 可以对货币供应量进行微调
    E. 不需要法定存款准备金制度的配合

88. 商业银行的资产业务包括（　　）。
    A. 票据贴现　　B. 贷款业务
    C. 结算业务　　D. 信托业务
    E. 投资业务

89. 在下列（　　）情形下，存款人有权要求存款保险基金管理机构使用存款保险基金偿付存款人的被保险存款。
    A. 存款保险基金管理机构担任投保机构的接管组织
    B. 银行代售理财产品出现兑付危机、资金亏损
    C. 人民法院裁定受理对投保机构的破产申请
    D. 银行理财产品本金亏损、收益不达标
    E. 存款保险基金管理机构实施被撤销投保机构的清算

90. 金融监管首先从对银行进行监管开始的原因有（　　）。
    A. 银行提供期限转换功能
    B. 银行是整个支付体系的重要组成部分
    C. 有利于稳定市场利率
    D. 银行的信用创造和流动性创造功能
    E. 银行是金融全球化的关键支柱

91. 国际货币体系的主要内容有（　　）。
    A. 确定金融监管制度
    B. 确定国际储备资产
    C. 确定国际投资规则
    D. 确定汇率制度
    E. 确定国际收支调节方式

92. 下列统计方法中，属于描述统计的有（　　）。
    A. 用图形展示数据分布特征
    B. 用数学方法展示数据分布特征
    C. 用样本信息判断关于总体的假设是否成立
    D. 用样本均值估计总体均值
    E. 用表格展示数据的频数分布

93. 关于 Pearson 相关系数的说法，正确的有（　　）。
    A. Pearson 相关系数只适用于线性相关关系
    B. Pearson 相关系数的取值范围在 0 和 1 之间
    C. Pearson 相关系数可以测度回归模型对样本数据的拟合程度
    D. 当 Pearson 相关系数 $r=0$ 时，说明两个变量之间没有任何关系
    E. 当 Pearson 相关系数 $r=0$ 时，表明两个变量之间不存在线性相关关系

94. 统计数据的非抽样误差形成的原因主要有（　　）。
    A. 有意虚报或瞒报调查数据
    B. 抄录错误
    C. 抽样框不完善
    D. 抽样的随机性
    E. 被调查者恰巧不在家

95. 下列时间序列分析指标中，用于水平分析的有（　　）。
    A. 发展水平
    B. 发展速度
    C. 平均发展水平
    D. 平均增长速度
    E. 平均增长量

96. 如果一笔资本性支出按收益性支出处理了，将出现的结果是（　　）。
    A. 多计费用而少计资产价值
    B. 少计费用而多计资产价值
    C. 当期净收益和资产价值虚增
    D. 当期净收益降低
    E. 资产价值偏低

97. 会计记录的方法主要包括（　　）。
    A. 设置账户
    B. 复式记账
    C. 编制报表
    D. 填制和审核凭证
    E. 登记账簿

98. 关于科目汇总表账务处理程序的说法，正确的有（　　）。
    A. 大大减少了登记总分类账的工作量
    B. 不能反映账户的对应关系、不便于查账
    C. 便于了解账户之间的对应关系
    D. 适用于规模较小、业务量较少的单位
    E. 可做到试算平衡

99. 在资产负债表中，根据有关明细账期末余额计算填列的项目有（　　）。
    A. 应付工资　　B. 固定资产
    C. 实收资本　　D. 其他应付款
    E. 预收款项

100. 关于物权法定原则的说法，正确的有（　　）。
    A. 当事人可以创设新类型的物权
    B. 物权制度的所有内容均是由法律直接加以规定的
    C. 物权的法律后果源自法律的直接规定
    D. 非经法定程序，不得取得、变更和消灭物权
    E. 物权保护方法和债权保护方法均为法定的物权保护方法

101. 根据我国《物权法》规定，下列财产可以出质的有（　　）。
    A. 汇票　　　　B. 债券
    C. 仓单　　　　D. 企业厂房
    E. 可以转让的基金份额

102. 甲向乙借款10万元，丙和丁为保证人。合同未约定保证方式。借款期限届满，甲无力偿还债务。下列说法中正确的有（　　）。
    A. 乙必须先要求甲偿还债务
    B. 乙有权直接要求丙和丁偿还债务
    C. 丙和丁各承担5万元的保证责任
    D. 丙和丁对10万元的保证债务承担连带责任
    E. 丙和丁有权拒绝承担保证责任

103. 以下属于可撤销合同的有（　　）。
    A. 一方乘人之危迫使对方签订的合同
    B. 恶意串通损害国家利益的合同
    C. 重大误解的合同
    D. 显失公平的合同
    E. 无权处分他人财产的合同

104. 根据《中华人民共和国公司法》，关于股份有限公司的说法，错误的有（　　）。
    A. 股份有限公司股东大会的职权与有限责任公司股东会的职权有所不同
    B. 董事会成员中必须有公司职工代表
    C. 监事会行使职权所必需的费用，由公司承担
    D. 股份有限公司设经理，由股东大会决定聘任或者解聘

E. 公司的股东、董事对公司负有忠实义务和勤勉义务

105. 下列智力成果中，不属于《中华人民共和国专利法》保护对象的有（ ）。
   A. 动物和植物品种的生产方法
   B. 科学发现
   C. 用原子核变换方法获得的物质
   D. 智力活动的规则和方法
   E. 疾病的诊断和治疗方法

模拟试题（一）参考答案及解析

一、单项选择题

1. A 【解析】本题考查需求曲线的位移。由于消费者收入的增加扩大了需求，需求曲线向右上方移动。

2. D 【解析】本题考查需求交叉弹性。当两种商品为互补品时，则$E_{ij}<0$，因为商品的需求量与互补品的价格呈反方向变化。

3. C 【解析】本题考查无差异曲线的特征。无差异曲线具有以下特征：（1）离原点越远的无差异曲线，代表消费者的偏好程度越高。离原点越近，代表消费者的偏好程度越低。（2）任意两条无差异曲线都不能相交。（3）无差异曲线从左向右下方倾斜，凸向原点。

4. B 【解析】本题考查预算线。在消费者收入不变的情况下，两种商品的价格同比例同方向变化，会使预算线平移，同比例下降使预算线右移，相反则左移。

5. A 【解析】本题考查边际产量和平均产量的计算。边际产量$MP=\triangle TP/\triangle L=(2\,200-2\,100)/(11-10)=100$（个），平均产量$AP=TP/L=2\,200/11=200$（个）。

6. A 【解析】本题考查实现利润最大化的决策原则。企业实现利润最大化的决策原则是：边际成本＝边际收益。

7. D 【解析】本题考查完全垄断市场的需求曲线。完全垄断企业的需求曲线就是行业的需求曲线，其需求曲线向右下方倾斜。完全竞争企业的需求曲线是一条水平线。

8. A 【解析】本题考查生产者使用生产要素的原则。当边际收益产品大于边际要素成本时，生产者会使用更多的要素，直至边际收益产品等于边际要素成本时为止。

9. B 【解析】本题考查科斯定理的含义。科斯定理的含义是只要财产权是明确的，并且交易成本为零或者很小，那么无论开始时将财产权赋予谁，市场均衡的最终结果都是有效率的，实现资源配置的帕累托最优。

10. A 【解析】本题考查总供给曲线。短期总供给曲线一般应是一条向右上方倾斜的曲线。长期总供给曲线是一条与横轴Y垂直的直线。

11. D 【解析】本题考查投资乘数。$K=1/(1-\beta)=1\div(1-0.8)=5$。

12. A 【解析】本题考查古典型经济周期。在古典型经济周期中，经济运行处于低谷时的经济增长为负增长，即经济总量GDP绝对减少。选项D是增长型经济周期的表现。

13. D 【解析】本题考查分析和预测经济波动的指标体系。在我国，一般把工业总产值、固定资产投资额和社会消费品零售总额等视为一致指标。选项B属于领先指标，选项A、C属于滞后指标。

14. C 【解析】本题考查失业水平的统计。我国计算和公布的反映失业水平方面的指标是城镇登记失业率。

15. A 【解析】本题考查菲利普斯曲线。美国经济学家萨缪尔森和索罗在20世纪60年代把菲利普斯曲线改进成为一种表示通货膨胀率与失业率之间相互关系的后来十分流行的图形，一般称为简单的菲利普斯曲线。

16. B 【解析】本题考查政府对国际贸易干预的目的。非关税壁垒，是指采用关税

以外的手段对外国商品进口设置障碍的各种措施，如进口配额制、自愿出口限制、歧视性公共采购、技术标准和卫生检疫标准等。

17. D 【解析】本题考查掠夺性倾销的概念。掠夺性倾销，是指出口企业为在国外市场上达到排除竞争对手、获取超额垄断利润的目的，在短期内以不合理的低价向该市场销售产品，一旦竞争对手被排除，再重新提高产品销售价格的行为。

18. D 【解析】本题考查财政的收入分配职能。财政实现收入分配职能的机制和手段之一是发挥财政转移支付作用。通过财政转移支付对收入进行再分配，是将资金直接补贴给地区和个人，有明确的受益对象、受益范围和政策选择性，对改变社会分配不公的程度具有重要作用。

19. A 【解析】本题考查政府失灵的表现形式。尼斯坎南模型在公共物品的政府生产上，具有的政策含义：（1）应当增强官僚部门内部的竞争性；（2）通过改变对官僚的激励，引导其最小化既定产出的成本；（3）通过公共物品和服务的生产外包，让更多的私人营利性企业加入公共物品和服务的生产过程中，以期提高效率。

20. D 【解析】本题考查财政支出的经济性质。财政支出的经济性质反映政府在社会经济活动中实际履行何种职能。

21. C 【解析】本题考查财政支出规模增长的理论解释。选项 A 是瓦格纳法则的结论；选项 B 属于非均衡增长理论的观点；选项 D 是梯度渐进增长理论的观点。

22. C 【解析】本题考查拉弗曲线。拉弗曲线形象地描述了税率与税收收入或经济增长之间的关系。

23. D 【解析】本题考查地方政府债务管理制度。选项 D 错误，地方政府举债只能用于公益性资本支出和适度归还存量债务，不得用于经常性支出。

24. D 【解析】本题考查政府预算的原则。把支出盘子做得很大而无法完成，就违背了政府预算的可靠性原则要求。

25. C 【解析】本题考查我国的预算执行制度。国库集中收付制度以国库单一账户体系为基础，资金缴拨以国库集中收付为主要形式，选项 C 错误。

26. C 【解析】本题考查分税制财政管理体制。中央固定收入包括关税，海关代征的增值税和消费税，消费税，各银行总行、各保险公司总公司等集中交纳的收入（包括利润和城市维护建设税），证券交易印花税，车辆购置税，出口退税，船舶吨税，未纳入共享范围的中央企业所得税，中央企业上缴的利润等。选项 B 为地方固定收入，选项 A、D 为中央与地方共享收入。

27. B 【解析】本题考查政府间财政收入的划分原则。政府间财政收入划分的集权原则是指在政府间初次分配中集中较多的财力，将收入份额较大的主体税种划归中央政府。选项 A 符合效率原则，选项 C 符合恰当原则，选项 D 符合收益与负担对等原则。

28. C 【解析】本题考查财政政策的工具。当社会总供给大于总需求时，政府预算一般采取扩大支出规模、保持一定赤字规模的做法扩大社会总需求；当社会总供给小于总需求时，政府预算一般采取缩小支出规模、保持预算盈余，抑制社会总需求。

29. D 【解析】本题考查货币供给层次的划分。我国货币层次划分：M_0 = 流通中货币；$M_1 = M_0$ + 单位活期存款；$M_2 = M_1$ + 单位定期存款 + 个人存款 + 其他存款（财政存款除外）。

30. B 【解析】本题考查货币供给机制。商业银行具有扩张信用、创造派生存款的功能，而中央银行具有的是信用创造货币机制。

31. A 【解析】本题考查中央银行的主要业务。全国清算业务是中央银行主要的中间业务，并由此使中央银行成为全国金融业的清算中心。

32. D 【解析】本题考查货币政策目标。货币政策中介目标是介于中央银行的操作目标与最终目标之间的变量指标，选项D错误。

33. A 【解析】本题考查商业银行的业务。商业银行的借款业务主要有：再贴现或向中央银行借款，同业拆借，发行金融债券，国际货币市场借款，结算过程中的短期资金占用等。

34. C 【解析】本题考查金融市场的结构。同业拆借市场是指金融机构之间以货币借贷方式进行短期资金融通活动的市场。

35. C 【解析】本题考查债券市场。短期政府债券因其具有违约风险小、流动性强、面额小、收入免税等特点，其流动性在货币市场中是最高的、几乎所有的金融机构都参与短期政府债券市场的交易。

36. D 【解析】本题考查市场风险。市场风险，是指由于市场因素(如利率、汇率、股价及商品价格等)的波动而导致的金融参与者的资产价值变化。

37. B 【解析】本题考查金融危机的类型。从国际债务危机、欧洲货币危机到亚洲金融危机，危机主体的一个共同特点在于其钉住汇率制度。

38. B 【解析】本题考查1988年巴塞尔报告。1988年巴塞尔报告的主要内容是确认了监督银行资本的可行的统一标准。

39. D 【解析】本题考查国际储备的构成。选项D错误，特别提款权是国际货币基金组织根据会员国缴纳的份额无偿分配的，可供会员国用于归还基金组织贷款和会员国政府之间偿付国际收支逆差的一种账面资产。

40. C 【解析】本题考查顺序变量。当变量的取值表现为类别且具有一定顺序时被称为顺序变量，比如员工受教育水平。

41. B 【解析】本题考查均值。均值 = (57+58+58+60+63+70)/6 = 61(人)。

42. C 【解析】本题考查集中趋势的测度。众数的优点是不受极端值的影响，尤其是分布明显呈偏态时，众数的代表性更好。缺点是没有充分利用数据的全部信息，缺乏稳定性，而且可能不唯一。

43. A 【解析】本题考查标准分数。在实际应用中，当数据服从对称的钟形分布时，经验法则表明，约有68%的数据与平均数的距离在1个标准差之内。

44. C 【解析】本题考查样本。从总体中抽取的部分个体称为样本，本题中的样本为抽取的5 000个金融行业从业人员。

45. D 【解析】本题考查概率抽样。概率抽样的特点：(1)按一定的概率以随机原则抽取样本；(2)总体中每个单元被抽中的概率是已知的，或者是可以计算出来的；(3)当采用样本对总体参数进行估计时，要考虑到每个样本单元被抽中的概率。非概率抽样是调查者根据自己的方便或主观判断抽取样本。

46. A 【解析】本题考查一元线性回归模型。只涉及一个自变量的一元线性回归模型可以表示为：$Y = \beta_0 + \beta_1 X + \varepsilon$。

47. C 【解析】本题考查时点序列的序时平均数的计算。本题属于连续时点、指标变动时才登记的情况。

利用公式 $\bar{y} = \dfrac{y_1 f_1 + y_2 f_2 + \cdots + y_n f_n}{f_1 + f_2 + \cdots + f_n}$，得到 $\dfrac{20 \times 9 + 10 \times 6 + 15 \times 6 + 20 \times 6 + 40 \times 3}{9 + 6 + 6 + 6 + 3} = 19$(台)。

因此选C。

48. C 【解析】本题考查发展速度与增长速度。选项C错误，定基发展速度等于相应时期内各环比发展速度的连乘积。

49. B 【解析】本题考查指数平滑法。利用指数平滑法计算第 $t+1$ 期的预测值等于 t 期的实际观察值与 t 期预测值的加权平均值。公式为 $F_{t+1}=\alpha Y_t+(1-\alpha)F_t$。

50. B 【解析】本题考查财务会计的范畴。管理会计主要包括预测分析、决策分析、全面预算、成本控制和责任会计等内容，排除选项A、C、D，只有财务报告是财务会计的范畴。

51. C 【解析】本题考查会计的基本职能。预算、检查、考核、分析等手段是会计的监督职能，确认、计量、记录、报告等手段是会计的核算职能，选项C错误。

52. D 【解析】本题考查会计要素确认和计量基本原则。我国《企业会计准则》规定，企业会计的确认、计量和报告应当以权责发生制为基础。

53. C 【解析】本题考查会计信息质量要求。实质重于形式要求企业应当按照交易或事项的经济实质进行会计确认、计量和报告，而不应当仅仅按照交易或者事项的法律形式为依据。从经济实质上，如果企业拥有该资产的实际控制权，在会计核算上就将其视为企业的资产。

54. C 【解析】本题考查会计计量的概念。选项C错误，会计计量问题是会计的核心问题，贯穿于会计从确认、记录到报告的全过程。

55. D 【解析】本题考查借贷记账法。选项A、B、C说法均正确。没有选项D相关的说法，所以错误说法选择D选项。

56. D 【解析】本题考查资产负债表。选项B、C属于非流动资产，流动性差。流动资产在资产负债表中的排序为：货币资金、应收票据及应收账款、预付账款、其他应收款、存货和待摊费用等。排序越靠前，流动性越强。

57. B 【解析】本题考查利润表。营业利润=营业收入-营业成本-税金及附加-销售费用-管理费用-研发费用-财务费用-资产减值损失-信用减值损失+其他收益+投资收益+公允价值变动收益+资产处置收益=100-60-20-3-7+10=20(万元)，

利润总额=营业利润+营业外收入-营业外支出=20(万元)。

58. C 【解析】本题考查偿债能力分析。流动比率，是指企业流动资产与流动负债的比率，反映企业可在短期内转变为现金的流动资产偿还到期流动负债的能力。

59. A 【解析】本题考查政府会计。在政府会计要素中，非流动资产是指流动资产以外的资产，包括固定资产、在建工程、无形资产、长期投资、公共基础设施、政府储备资产、文物文化资产、保障性住房和自然资源资产等。

60. B 【解析】本题考查政府会计。政府会计由预算会计和财务会计构成。财务会计提供与政府的财务状况、运行情况(含运行成本)和现金流量等有关信息，实行权责发生制。

61. B 【解析】本题考查物权的概念和特征。物权客体的物必须是独立物和有体物，而不可能是行为，选项B错误。

62. D 【解析】本题考查抵押权。下列财产可以作为抵押权的标的：(1)建筑物和其他土地附着物；(2)建设用地使用权；(3)以招标、拍卖、公开协商等方式取得的荒地等土地承包经营权；(4)生产设备、原材料、半成品、产品；(5)正在建造的建筑物、船舶、航空器；(6)交通运输工具；(7)法律、行政法规未禁止抵押的其他财产。选项A、B、C都属于禁止抵押的财产。

63. A 【解析】本题考查要约。要约人确定了承诺期限的要约不可撤销，选项A正确。

64. C 【解析】本题考查先履行抗辩权。选项C错误，先履行抗辩权是一种延期抗辩权，只能使对方的请求权延期，而不能消灭对方的请求权。

65. D 【解析】本题考查合同的保全。债权人行使代位权并无时间限制。

66. C 【解析】本题考查公司的特征。公司

章程作为规范公司的组织和活动的基本规则，对内是公司的"自治宪法"，对公司、股东、董事、监事、高级管理人员具有约束力，选项 C 错误。

67. B 【解析】本题考查公司的治理结构。股份有限公司股东大会作出修改公司章程的决议，必须经出席会议的股东所持表决权的三分之二以上通过。

68. D 【解析】本题考查专利权。选项 D 错误，专利权在期限届满前终止的，应由国务院专利行政部门登记和公告。

69. A 【解析】本题考查不正当竞争行为。混淆行为是指经营者实施的，引人误认为是他人商品或者与他人存在特定联系的行为。

70. C 【解析】本题考查产品质量法律制度。因产品存在缺陷造成人身、他人财产损害的，生产者应当承担赔偿责任。但也存在法定的免责情形：(1)未将产品投入流通的；(2)产品投入流通时，引起损害的缺陷尚不存在的；(3)将产品投入流通时的科学技术水平尚不能发现缺陷的存在的。

二、多项选择题

71. ACD 【解析】本题考查影响供给的因素。影响供给的因素包括产品价格、生产成本、生产技术、预期、相关产品价格，其他因素包括生产要素的价格和国家政策等。选项 B、E 属于影响需求的因素。

72. ACE 【解析】本题考查保护价格分析。保护价格也叫支持价格或最低限价，高于均衡价格。实施保护价格会刺激生产、限制消费、导致市场供给过剩。因此，要保证保护价格的顺利实施，除了要有强有力的行政措施，还必须建立政府的收购和储备系统。最高限价是价格低于均衡价格，会导致配给制。

73. ABCE 【解析】本题考查完全竞争市场。完全竞争市场上，企业处于平均可变成本之上的边际成本曲线就是其短期供给曲线，选项 D 错误。

74. CE 【解析】本题考查生产要素市场理论。完全竞争生产者的要素供给曲线为一条水平线，完全竞争生产者的要素需求曲线向右下方倾斜，选项 C 错误。工资增加的收入效应，是指由于工资上升，收入增加，消费者相对更加富有而追求闲暇，从而减少劳动供给，选项 E 错误。

75. BC 【解析】本题考查经济增长的含义。用现行价格计算的 GDP，可以反映一个国家或地区的经济发展规模，选项 B 错误。GDP 只是一个衡量总产出的概念，并不包含伴随经济增长对生态与环境变化的影响，选项 C 错误。

76. ABE 【解析】本题考查公共物品融资的方式。公共物品的融资方式包括政府融资(或强制融资)、私人融资(或自愿融资)和联合融资。

77. ABE 【解析】本题考查收入分配职能。财政实现收入分配职能的机制和手段：(1)明确市场和政府对收入分配的范围和界限。(2)加强税收调节，如企业所得税、个人所得税、资源税。(3)发挥财政转移支付作用，如增加社会保障、收入保障、教育和健康等转移性支出等。(4)发挥公共支出的作用，通过公共支出提供社会福利等进行的收入分配，在受益对象上具有广泛性和普遍性。

78. BCE 【解析】本题考查影响税负转嫁的因素。生活必需品需求价格弹性小，消费基础广泛，税负易转嫁；非生活必需品需求价格弹性大，消费基础较窄，税负不易转嫁，选项 A 错误。课税范围狭窄的商品，容易对商品的购买者产生替代效应，使需求更具弹性，不易转嫁，选项 D 错误。

79. BCD 【解析】本题考查税收的分类。直接税包括个人所得税、财产税、企业所得税。选项 A、E 是间接税。

80. ABDE 【解析】本题考查消费税。消费税采取按产品列举税目的办法。我国征收消费税的消费品有烟、酒、高档化妆品、贵重首饰及珠宝玉石、鞭炮焰火、成品油、摩托车、小汽车、高尔夫球及球具、高档手表、游艇、木制一次性筷子、实木地板、电池、涂料共15类消费品。

81. ABC 【解析】本题考查政府预算。我国的预算年度实行历年制。政府预算按照编制形式分类，分为单式预算和复式预算。选项D、E错误。

82. ABDE 【解析】本题考查政府间财政收入的划分。选项C错误，根据国际经验，政府间财政收支划分中，收入结构划分以中央政府为主，支出结构划分则以地方政府为主。

83. ABCE 【解析】本题考查合理划分中央与地方财政事权和支出责任的原则。选项D错误，应为做到支出责任与财政事权相适应。

84. ABCE 【解析】本题考查财政政策的类型。汲水政策具有四个特点：(1)它是以市场经济所具有的自发机制为前提，是一种诱导经济复苏的政策；(2)它以扩大公共投资规模为手段，启动和活跃社会投资；(3)财政投资规模具有有限性，即只要社会投资恢复活力、经济实现自主增长，政府就不再投资或缩小投资规模；(4)如果经济萧条的状况不再存在，这种政策就不再实行，因而它是一种短期财政政策。

85. ABCE 【解析】本题考查财政政策的时滞。选项D错误，认识时滞，是指从经济现象发生变化到决策者对这种需要调整的变化有所认识、所经过的时间。这段延迟时间的长短，主要取决于行政部门掌握经济信息和准确预测的能力。

86. ABDE 【解析】本题考查中央银行制度。建立中央银行制度大致出于四个方面的需要：(1)集中货币发行权的需要；(2)代理国库和为政府筹措资金的需要；(3)管理金融业的需要；(4)国家对社会经济发展实行干预的需要。

87. ABD 【解析】本题考查货币政策工具。与存款准备金率政策相比较，公开市场操作政策更具有弹性，更具有优越性：(1)能影响商业银行的准备金，从而直接影响货币供应量；(2)使中央银行能随时根据金融市场的变化，进行经常性、连续性的操作；(3)央行可以主动出击；(4)由于公开市场操作的规模和方向可以灵活安排，中央银行有可能用其对货币供应量进行微调。选项C属于法定存款准备金率政策的缺陷。公开市场业务需要与法定存款准备金制度配合才能发挥作用，选项E错误。

88. ABE 【解析】本题考查商业银行的资产业务。商业银行的资产业务包括票据贴现、贷款业务和投资业务。选项C、D属于商业银行的中间业务。

89. ACE 【解析】本题考查存款保险制度。当存款类金融机构被接管、撤销或者破产时，存款人有权要求存款保险基金管理机构在规定的限额内，使用存款保险基金偿付存款人的被保险存款。具体情形包括：(1)存款保险基金管理机构担任投保机构的接管组织；(2)存款保险基金管理机构实施被撤销投保机构的清算；(3)人民法院裁定受理对投保机构的破产申请；(4)经国务院批准的其他情形。

90. ABD 【解析】本题考查金融监管的含义。金融监管首先是从对银行进行监管开始的，这和银行的一些特性有关：(1)银行提供的期限转换功能；(2)银行是整个支付体系的重要组成部分，作为票据的清算者，降低了交易的费用；(3)银行的信用创造和流动性创造功能。

91. BDE 【解析】本题考查国际货币体系的主要内容。国际货币体系的主要内容包括：(1)确定国际储备资产；(2)确定汇率制度；(3)确定国际收支调节方式。

92. ABE 【解析】本题考查描述统计的内容。描述统计是研究数据收集、整理和描述的统计学方法，内容包括如何取得所需要的数据，如何用图表或数学方法对数据进行整理和展示，如何描述数据的一般性特征。选项C、D属于推断统计。

93. AE 【解析】本题考查相关系数。Pearson相关系数的取值范围在-1和1之间，选项B错误。决定系数可以测度回归模型对样本数据的拟合程度，选项C错误。当Pearson相关系数$r=0$时，只表示两个变量之间不存在线性相关关系，不能说明两个变量之间没有任何关系，二者可能存在非线性相关关系，选项D错误。

94. ABCE 【解析】本题考查抽样调查中的误差。非抽样误差产生的原因主要有：(1)抽样框误差；(2)无回答误差；(3)计量误差。选项D是抽样误差产生的原因。

95. ACE 【解析】本题考查时间序列的水平分析。时间序列的水平分析包括发展水平、平均发展水平、增长量与平均增长量。发展速度与平均增长速度属于速度分析。

96. ADE 【解析】本题考查会计要素确认和计量基本原则。如果一笔资本性支出按收益性支出处理了，则会出现多计费用少计资产价值的现象，出现当期净收益降低，甚至亏损，以及资产价值偏低的结果。

97. ABDE 【解析】本题考查会计记录的方法。会计记录的方法主要包括设置账户、复式记账、填制和审核凭证、登记账簿。

98. ABE 【解析】本题考查账务处理程序。科目汇总表账务处理程序减轻了登记总分类账的工作量，并可做到试算平衡，简明易懂，方便易学；但不能反映账户对应关系，不便于查对账目。它适用于经济业务较多的单位。

99. DE 【解析】本题考查资产负债表。资产负债表中，根据有关明细账期末余额分析计算填列的项目，如"预收款项"和"其他应付款"项目。

100. BCDE 【解析】本题考查物权法定原则。非经法律准许，当事人不得创设新类型的物权，选项A错误。

101. ABCE 【解析】本题考查质权。质权的标的主要为动产或权利，不包括不动产。可以出质的权利包括：汇票、本票、支票；债券、存款单；仓单、提单；可以转让的基金份额、股权；可以转让的注册商标专用权、专利权、著作权等知识产权中的财产权；应收账款；法律、行政法规规定可以出质的其他财产权利。企业厂房是不动产，不能质押，只能抵押。

102. BD 【解析】本题考查合同的担保。当事人对保证方式没有约定或者约定不明确的，按照连带责任保证承担保证责任。连带责任保证的债务人在主合同规定的债务履行期届满没有履行债务的，债权人可以要求债务人履行债务，也可以要求保证人在其保证范围内承担保证责任。所以乙有权直接要求丙和丁偿还债务，丙和丁对10万元的保证债务承担连带责任。

103. ACD 【解析】本题考查可撤销合同。选项B属于无效合同，选项E属于效力待定合同。

104. ABDE 【解析】本题考查公司治理结构。股份有限公司股东大会职权与有限责任公司股东会职权相同，选项A错误。董事会成员中可以有公司职工代表，选项B错误。股份有限公司设经理，由董事会决定聘任或者解聘，选项D错误。公司的董事、监事、高级管理人员应当遵守法律、行政法规和公司章程，对公司负有忠实义务和勤勉义务，选项 E 错误。

105. BCDE 【解析】本题考查授予专利权的条件。《专利法》不予保护的对象包括：违反法律、社会公德或妨害公共利益的发明创造；对违反法律、行政法规的规定获取或者利用遗传资源，并依赖该遗传资源完成的发明创造；科学发现；智力活动的规则和方法；疾病的诊断和治疗方法；动物和植物品种，但对于动物和植物品种的生产方法，可以依法授予专利权；用原子核变换方法获得的物质；对平面印刷品的图案、色彩或者二者的结合作出的主要起标识作用的设计。

模拟试题(二)

一、单项选择题(共70题,每题1分。每题的备选项中只有1个最符合题意)

1. 影响商品需求的最关键因素是( )。
   A. 商品价格　　B. 消费者收入
   C. 预期　　　　D. 消费者偏好

2. 已知某种商品的需求价格弹性系数是0.5,当价格为每台32元时,其销售量为1 000台。如果这种商品价格下降10%。在其他因素不变的条件下,其销售量是( )台。
   A. 950　　　　B. 1 050
   C. 1 000　　　D. 1 100

3. 当某种基本生活必需品(如粮食)的市场价格上涨幅度过大,有可能影响城镇居民的生活水平时,政府一般可以采取的干预方式是( )。
   A. 限制进口　　B. 实施保护价格
   C. 实施最高限价　D. 增加政府库存

4. 在效用水平不变的条件下,随着一种商品消费数量的逐渐增加,消费者为获得这种商品的额外消费而愿意放弃的另一种商品的消费数量会越来越少,这一现象在经济学上称为( )。
   A. 消费者收入均衡规律
   B. 基数效用递减规律
   C. 边际效用递减规律
   D. 边际商品替代率递减规律

5. 企业使用自有的资金应计算利息,从成本角度看,这种利息属于( )。
   A. 固定成本　　B. 显成本
   C. 隐成本　　　D. 会计成本

6. 关于边际成本曲线与各类平均成本曲线关系的说法,错误的是( )。
   A. 当平均可变成本曲线下降时,边际成本必定小于平均可变成本
   B. 当平均总成本曲线上升时,边际成本必定小于平均总成本
   C. 在相交于最低点前,边际成本曲线低于平均可变成本曲线
   D. 当边际成本与平均总成本正好相等时,平均总成本处于最低点

7. 关于价格歧视基本条件的说法,正确的是( )。
   A. 同一产品可以在不同市场之间流动
   B. 消费者必须具有相同的需求价格弹性
   C. 垄断者生产的产品必须是耐用品
   D. 不同市场必须有效地隔离开

8. 关于边际产品价值(VMP),下列说法正确的是( )。
   A. VMP表示增加单位要素投入所带来的产量增量
   B. VMP=边际收益产品(MRP)×产品价格(P)
   C. VMP=边际物质产品(MPP)×产品价格(P)
   D. VMP表示增加单位要素使用所带来的收益的增量

9. 某种既定的资源配置状态中,帕累托最优状态是指( )。
   A. 不存在帕累托改进
   B. 一国的国民收入实现了公平分配
   C. 社会全体成员的福利同时得到改善
   D. 实现外部影响内部化

10. 关于公共物品的说法,错误的是( )。
    A. 公共物品的市场需求曲线是所有消费者的需求曲线的横向加总
    B. 公共物品的消费可能产生"搭便车"现象
    C. 公共物品包括纯公共物品和准公共物品
    D. 政府和私人都可以提供准公共物品

11. 下列经济因素中,对长期总供给没有决定性影响的是( )。
    A. 技术　　　　B. 政府购买
    C. 劳动　　　　D. 资本

12. 青年时期把收入的很大一部分用于消费

而储蓄很小，中年时期收入大于消费，进入老年时期，基本没有收入，消费大于收入。描述此现象的消费理论是由（　　）提出的。
　A. 凯恩斯　　　　B. 莫迪利安尼
　C. 弗里德曼　　　D. 科斯

13. 下列分析和预测经济波动的指标中，属于领先指标的有（　　）。
　A. 广义货币 M_2
　B. 固定资产投资额
　C. 居民消费价格指数
　D. 社会消费品零售总额

14. 经济发展的核心是（　　）。
　A. 经济快速增长
　B. 第三产业比重逐渐提高
　C. 人民生活水平的持续提高
　D. 农村人口向城市转移

15. 关于我国就业与失业的说法，错误的是（　　）。
　A. 我国计算和公布的是城镇地区的失业率
　B. 城镇登记失业人员一般为非农业户口
　C. 我国的就业人口是指16周岁以上从事一定社会劳动并取得劳动报酬或经营收入的人员
　D. 就业率的统计是就业人口与民用成年人口总数的比率

16. 大卫·李嘉图认为决定国际贸易的因素是（　　）。
　A. 要素储备比例
　B. 生产资源配置比例
　C. 两个国家产品的相对生产成本
　D. 两个国家产品的绝对生产成本

17. 政府鼓励增加出口的主要措施是（　　）。
　A. 提高外贸企业职工工资
　B. 增加出口补贴
　C. 反倾销
　D. 实施出口配额

18. 关于公共物品和私人物品的需求显示，下列说法正确的是（　　）。
　A. 在现实生活中，人们通过市场机制显示对公共物品的需求
　B. 公共物品的需求显示是通过自愿的市场交易实现的
　C. 私人物品的需求显示是通过具有强制性的政治交易实现的
　D. 在商品和服务市场上，人们用出价多少表示对私人物品的需求强度和需求数量

19. 公共物品供给的制度不包括（　　）。
　A. 决策制度　　　B. 融资制度
　C. 销售制度　　　D. 生产制度

20. 政府为了履行其职能，从私人部门取得物品与劳务并支付相应资金而发生的费用属于（　　）。
　A. 转移性支出　　B. 建设性支出
　C. 购买性支出　　D. 投资性支出

21. 下列财政指标中，表示当年财政支出比上年同期财政支出增长的百分比的是（　　）。
　A. 财政支出增长率
　B. 人均财政支出比率
　C. 财政支出增长的边际倾向
　D. 财政支出增长的弹性系数

22. 关于税负转嫁方式的说法，正确的是（　　）。
　A. 消转是税收转嫁最典型和最普遍的形式，多发生在流转税上
　B. 后转是纳税人通过压低购入商品或者生产要素进价的方式，将其缴纳的税收转给商品或生产要素供给者
　C. 在混转方式下，纳税人用降低征税物品成本的办法使税负从新增利润中得到抵补
　D. 旁转在实践中比较常见

23. 在税制要素中，计算应征税额的标准是（　　）。
　A. 课税对象　　　B. 纳税期限
　C. 税率　　　　　D. 减税免税

24. 关于企业所得税的说法，正确的是（　　）。
　A. 我国企业所得税税率为20%
　B. 个人独资企业、合伙企业也适用企业

所得税法

C. 企业所得税按纳税年度计算，自公历1月1日起至12月31日止

D. 非居民企业在我国境内设立机构但所得与其所设机构没有实际联系的，就其来源于我国境内的所得按25%的税率缴纳企业所得税

25. 以国债为收入来源，以经济建设项目为支出对象的政府预算是( )。
 A. 资本预算　　B. 经常预算
 C. 地方预算　　D. 绩效预算

26. 政府理财的主导环节是( )。
 A. 部门预算
 B. 政府预算
 C. 中期滚动预算
 D. 政府综合财务报告

27. 国家管理和规范中央与地方政府之间以及地方各级政府之间划分财政收支范围和财政管理职责与权限的一项根本制度是( )。
 A. 部门预算制度　　B. 财政管理体制
 C. 绩效预算制度　　D. 预算执行制度

28. 政府购买支出乘数为正数，表明( )。
 A. 购买性支出与政府转移支出呈同方向变动
 B. 税收增减与政府购买性支出呈反方向变动
 C. 购买性支出增减与国民收入增减呈同方向变动
 D. 税收增减与国民收入呈反方向变动

29. 以庇古为代表的现金余额数量说认为( )。
 A. 假定其他因素不变，物价水平与货币量成正比，货币价值与货币量成反比
 B. 人们对货币的需求量取决于他们的流动性偏好
 C. 恒久性收入越高，所需货币越多
 D. 货币量是最活跃的因素

30. 抑制型通货膨胀表现为( )。
 A. 人们持币待购，导致货币流通速度变慢
 B. 物价上涨

C. 有效需求不足
D. 货币贬值

31. 以下属于中央银行对政府提供的业务的是( )。
 A. 货币发行
 B. 集中准备金
 C. 全国清算
 D. 保管外汇和黄金储备

32. 再贴现是指( )。
 A. 中央银行对企事业单位所持有的商业票据进行贴现的行为
 B. 商业银行对中央银行持有的金融债券进行贴现的行为
 C. 中央银行对商业银行所持有的商业票据进行贴现的行为
 D. 商业银行对企事业单位持有的金融债券进行贴现的行为

33. 关于商业银行和中央银行的说法，正确的是( )。
 A. 都能对工商企业发放贷款
 B. 都追求利润最大化
 C. 商业银行能吸收社会公众的活期存款，中央银行则不能
 D. 商业银行承担货币发行任务，中央银行则没有

34. 商业银行外来资金的形成渠道中，最主要的是( )。
 A. 吸收存款
 B. 向中央银行借款
 C. 从同业拆借市场拆借
 D. 发行金融债券

35. 在金融领域，因借款人或市场交易对手违约而导致损失的风险属于( )。
 A. 信用风险　　B. 市场风险
 C. 流动性风险　　D. 操作风险

36. 监管是政府对公众要求纠正某些社会个体和社会组织的不公平、不公正和无效率或低效率的一种回应。这种观点属于金融监管理论中的( )。
 A. 金融风险控制论

B. 信息不对称论
C. 保护债权论
D. 公共利益论

37. 下列不属于2010年巴塞尔协议Ⅲ的内容的是( )。
   A. 引入杠杆率监管标准
   B. 强调以市场力量来约束银行
   C. 强化资本充足率监管标准
   D. 建立流动性风险量化监管标准

38. 关于国际货币基金组织资金来源的说法，正确的是( )。
   A. 国际货币基金组织的借款是其主要的资金来源
   B. 份额的25%以本币缴纳，其余的75%以特别提款权或主要国际货币缴纳
   C. 国际货币基金组织的借款安排即一般借款总安排
   D. 成员方缴纳的份额可决定成员方在国际货币基金组织的投票权、借款数量、特别提款权的分配

39. 各国中央银行间开展货币互换的目标不包括( )。
   A. 作为金融危机的常设预防机制
   B. 作为应对金融危机的临时措施
   C. 作为增加盈利的利润增长措施
   D. 作为深化双方经济金融合作的措施

40. 下列关于统计学的说法中，错误的是( )。
   A. 统计学是关于收集、整理、分析数据和从数据中得出结论的科学
   B. 描述统计和推断统计的作用只能分开发挥
   C. 参数估计是利用样本信息推断总体特征
   D. 描述统计的内容包括如何用图表或数学方法对数据进行整理和展示

41. 为了及时了解全国城市零售物价的变动趋势，可以对全国35个大中型城市的零售物价的变化进行调查，这种调查是( )。
   A. 普查   B. 抽样调查
   C. 全面调查   D. 重点调查

42. 下列指标中，用于描述数据集中趋势，并且易受极端值影响的是( )。
   A. 方差   B. 中位数
   C. 平均数   D. 标准差

43. 在某企业中随机抽取7名员工来了解该企业2018年上半年职工请假情况。这7名员工2018年上半年请假天数分别为：1 5 3 10 0 7 2。这组数据的中位数是( )。
   A. 3   B. 10
   C. 4   D. 0

44. 一组数据的偏态系数为0.2，说明这组数据的分布形态为( )。
   A. 对称   B. 轻度右偏
   C. 中度右偏   D. 严重右偏

45. 对济南市1 000家个体工商户进行调查，下列数值属于总体参数的是( )。
   A. 抽取100家个体工商户计算的平均零售总额
   B. 抽取100家个体工商户计算的年零售总额
   C. 每一家个体工商户的年零售总额
   D. 1 000家个体工商户的年零售总额

46. 在调查某城市小学教师亚健康状况时，从该城市的200所小学中随机抽取40所，每个被抽取小学中的所有教师都参与调查。这种抽样方法属于( )。
   A. 简单随机抽样
   B. 分层抽样
   C. 等距抽样
   D. 整群抽样

47. 关于相关分析与回归分析的说法，正确的是( )。
   A. 相关分析中先要明确自变量和因变量
   B. 回归分析研究变量之间相关的方向和相关的程度
   C. 相关分析能够指出变量之间相互关系的具体形式
   D. 相关分析无法从一个变量的变化来推测另一个变量的变化情况

48. 以2010年为基期，2017年和2018年我国

粮食总产量定基增长速度分别为10.25%和12.15%。2017年对2018年的环比发展速度为( )。
A. 0.39% B. 14.63%
C. 100.39% D. 101.72%

49. 增长速度可以表示为( )。
A. 报告期增长量与基期水平的差
B. 发展水平之比
C. 报告期增长量与基期水平的比值
D. 发展速度加1

50. 下列会计活动中，属于管理会计内容的是( )。
A. 确认和计量企业资产、负债、所有者权益的增减变动
B. 记录营业收入的取得、费用的发生和归属以及收益的形成和分配
C. 预测分析企业成本变化趋势
D. 报告企业财务状况、经营成果和现金流量

51. 下列负债中，属于非流动负债的是( )。
A. 应付债券 B. 短期借款
C. 应付账款 D. 预收账款

52. 关于负债特征的说法，错误的是( )。
A. 必须于未来某一特定时期予以清偿的现时义务
B. 必须是预期能直接或间接给企业带来经济利益
C. 必须有其可用货币额反映的价值量
D. 必须是现行条件下已承担的预期会造成经济利益流出的现时义务

53. 一项经济业务发生后会引起相关会计要素的变动，下列变动情况说法错误的是( )。
A. 一项资产和一项负债同时等额减少
B. 一项资产和一项所有者权益同时等额减少
C. 一项负债和一项所有者权益同时等额增加
D. 一项所有者权益增加，另一项所有者权益等额减少，资产和负债要素不变

54. 成本费用类账户结构的基本关系是( )。
A. 期初余额=期末余额
B. 期初余额+本期增加发生额=期末余额
C. 期初余额+本期贷方发生额-本期借方发生额=期末余额
D. 期初余额+本期借方发生额-本期贷方发生额=期末余额

55. 关于资产负债表的说法，正确的是( )。
A. 资产负债表是反映企业在一定会计期间经营成果的静态报表
B. 资产负债表有表格式和报告式两种
C. 资产负债表可以总括反映企业资金的来源渠道和构成情况
D. 根据资产负债表提供的信息，可以评价企业的经济效益、盈利能力

56. 支付给职工以及为职工支付的现金属于( )产生的现金流量。
A. 债务活动 B. 筹资活动
C. 经营活动 D. 投资活动

57. 某企业年末流动资产总额为8 000万元，存货5 000万元，应收账款2 000万元，流动负债6 000万元，则该企业速动比率为( )。
A. 0.15 B. 0.5
C. 1 D. 2

58. 以下政府会计要素中，属于非流动负债的是( )。
A. 应付及预收款项
B. 应付职工薪酬
C. 长期应付款
D. 应缴款项

59. 以下选项中，不属于政府财务会计要素的是( )。
A. 资产 B. 净资产
C. 收入 D. 利润

60. 关于物权种类的说法，错误的是( )。
A. 用益物权的标的物可以是动产，也可以是不动产
B. 抵押权、质权、留置权和地役权都属于从物权

C. 所有权属于无期限物权，抵押权、质权、留置权属于有期限物权

D. 所有权是最完整、全面的一种物权形式

61. 甲、乙、丙、丁4人按份共有一艘轮船，甲占该船70%份额。现甲欲用该船作抵押向银行申请贷款，如各共有人事先对此事项未做约定，则甲的抵押行为( )。

  A. 须经乙、丙、丁一致同意
  B. 无须经乙、丙、丁同意
  C. 须经乙、丙、丁中份额最大的一人同意
  D. 须经乙、丙、丁中的两人同意

62. 通过一定的法律行为或基于法定的事实从原所有人处取得所有权的方式称为( )。

  A. 善意取得   B. 继受取得
  C. 原始取得   D. 非法取得

63. 关于质权的说法，错误的是( )。

  A. 质权的设立无须转移占有标的物
  B. 权利可以成为质权的标的
  C. 对不动产不得设定质权
  D. 质权具有物上代位性、从属性和不可分性

64. 关于要约的说法，错误的是( )。

  A. 要约到达受要约人时生效
  B. 要约是以订立合同为目的的意思表示
  C. 要约的内容必须具体确定
  D. 要约可以撤回但不能撤销

65. 甲公司欠乙公司30万元，一直无力偿付，现丙公司欠甲公司50万元已到期，但甲公司明示放弃对丙的债权。对甲公司的这一行为，乙公司可以采取的措施是( )。

  A. 请求人民法院撤销甲放弃债权的行为
  B. 通知丙公司撤销甲放弃债权的行为
  C. 向人民法院请求以自己的名义代位行使甲公司的债权
  D. 直接要求丙公司代替甲公司偿还欠款

66. 甲公司与乙饮料厂签订了一份买卖纯净水的合同，约定提货时付款。甲公司提货时称公司出纳员突发急病，支票一时拿不出来，要求先提货，过两天再把货款送来，乙饮料厂拒绝了甲公司的要求。乙饮料厂行使的这种权利在法律上称为( )。

  A. 不安抗辩权
  B. 先履行抗辩权
  C. 继续履行抗辩权
  D. 同时履行抗辩权

67. 在合同履行期限届满之前，当事人一方明确表示或者以自己的行为表明不履行合同义务的行为称为( )。

  A. 实际违约   B. 预期违约
  C. 不可抗力   D. 解除合同

68. 关于公司法基本制度的说法，错误的是( )。

  A. 我国法律对公司名称实行强制注册制度
  B. 设立公司应当申请名称预先核准，预先核准的公司名称保留期为3个月
  C. 公司没有公司章程，不能获得批准，也不能获得登记
  D. 经过出席会议的股东所持表决权的三分之二以上通过，才能解散公司

69. 关于商标注册的说法，错误的是( )。

  A. 未经商标注册人许可，法律禁止任何人以任何形式使用注册商标
  B. 国家规定必须使用注册商标的商品，未经核准注册的，不得在市场销售
  C. 未经注册的商标可以使用，但是使用人不享有专有权
  D. 我国商标注册采用自愿注册和强制注册相结合，以自愿原则为主的制度

70. 根据《劳动合同法》，下列情形中，用人单位不得与劳动者解除劳动合同的是( )。

  A. 劳动者在试用期间被证明不符合录用条件的
  B. 劳动者被依法追究刑事责任的
  C. 劳动者因工负伤并被确认丧失劳动能力的
  D. 因劳动者过错致使劳动合同无效的

二、多项选择题(共35题,每题2分。每题的备选项中,有2个或2个以上符合题意,至少有1个错项。错选,本题不得分;少选,所选的每个选项得0.5分)

71. 影响需求的主要因素有( )。
    A. 消费者偏好　　B. 互补品价格
    C. 消费者的收入　D. 消费者预期
    E. 生产成本

72. 关于经济学中成本的说法,正确的有( )。
    A. 生产成本可分为显成本和隐成本两部分
    B. 隐成本实际上是一种机会成本
    C. 正常利润不应作为隐成本的一部分计入成本
    D. 成本是企业在生产经营过程中所支付的物质费用和人工费用
    E. 不论从长期还是短期来看,成本均可分为固定成本和可变成本

73. 以下属于垄断竞争市场特征的有( )。
    A. 生产者是完全的价格接受者
    B. 生产者对价格有一定程度的控制
    C. 企业进入或退出市场比较容易
    D. 同行业中只有少数的生产者
    E. 同行业各个企业生产的产品存在一定差别

74. 美国经济学家科斯关于产权和外部性理论的主要观点和结论包括( )。
    A. 很多外部性的产生都是由于产权不清晰导致的
    B. 只要财产权是明确的,并且交易成本为零或者很小,市场均衡的最终结果都是有效率的
    C. 即使财产权不明确,只要交易成本为零或者很小,市场均衡的最终结果都是有效率的
    D. 不同的产权制度,会导致不同的资源配置效率
    E. 明确和界定产权是解决外部性问题的重要途径

75. 用收入法计算国内生产总值时,下列属于劳动者报酬的有( )。
    A. 福利费　　　　B. 工资总额
    C. 营业盈余　　　D. 生产税净额
    E. 农户和个体劳动者生产经营所获得的纯收益

76. 关于价格总水平变动的经济效应的说法,正确的有( )。
    A. 实际利率是在货币购买力上升时的利率
    B. 在价格总水平上涨过程中,如果名义工资不提高或提高幅度低于价格上升幅度,实际工资就会下降
    C. 在名义利率不变时,实际利率与价格总水平呈反向变动
    D. 价格总水平的变动会在一定条件下影响汇率的变动
    E. 任何通货膨胀都有利于促进经济增长

77. 关于当年中央财政支出占全国财政支出的比重的说法,正确的有( )。
    A. 是相对稳定的
    B. 呈现不断增长的趋势
    C. 能反映政府干预经济的程度
    D. 能反映中央政府对地方政府的控制程度
    E. 是与人口变量相联系的相对指标

78. 以下属于非均衡增长理论观点的有( )。
    A. 通过分析公共部门平均劳动生产率的状况对公共财政支出增长原因作出解释
    B. 公共支出增长的内在原因是公众可容忍税收水平的提高
    C. 在进步部门,技术起着决定作用
    D. 政府部门的生产率偏低导致政府支出规模不断扩大
    E. 财政支出不断增长是因为社会和经济的发展增加了对政府活动的需求

79. 影响税负转嫁的因素有( )。
    A. 课税商品的供给与需求弹性
    B. 课税商品的性质
    C. 课税与经济交易的关系
    D. 课税商品的种类

E. 课税范围的大小

80. 下列税种中,属于流转税的有( )。
    A. 房产税　　　　B. 车船税
    C. 增值税　　　　D. 个人所得税
    E. 消费税

81. 国有资本经营预算的编制原则有( )。
    A. 以收定支、专款专用
    B. 相对独立、相互衔接
    C. 分级编制、逐步实施
    D. 统筹兼顾、适度集中
    E. 结余结转下年继续使用

82. 以下属于县级以上地方各级人民代表大会常务委员会预算管理职权的有( )。
    A. 审查和批准本级政府预算
    B. 审查和批准本级预算调整方案
    C. 编制本级政府预算草案
    D. 审查和批准本级政府预备费动用
    E. 审查和批准本级政府决算

83. 我国分税制财政管理体制改革取得的主要成效有( )。
    A. 建立了财政收入稳定增长的机制
    B. 保证地方财政收入的来源稳定
    C. 增强了中央政府宏观调控能力
    D. 促进了产业结构调整和资源优化配置
    E. 增强了中央政府对地方政府的监督能力

84. 在社会总需求大于社会总供给的经济过热时期,政府可以采取的财政政策有( )。
    A. 缩小政府预算支出规模
    B. 鼓励企业和个人扩大投资
    C. 减少税收优惠政策
    D. 降低政府投资水平
    E. 减少财政补贴支出

85. 随着我国社会主义市场经济体制的发展完善,财政宏观调控的方式发生的转变包括( )。
    A. 由被动调控向主动调控转变
    B. 由主动调控向被动调控转变
    C. 由直接调控向间接调控转变
    D. 由间接调控向直接调控转变
    E. 由单一手段调控向综合运用工具调控转变

86. 下列通货膨胀类型中,属于成本推进型通货膨胀的有( )。
    A. 扩张性货币政策造成的通货膨胀
    B. 消费强劲增长引发的通货膨胀
    C. 工资和物价螺旋上升引发的通货膨胀
    D. 进口商品价格上涨引起的通货膨胀
    E. 垄断企业人为抬高价格引发的通货膨胀

87. 关于一般性货币政策工具的说法,正确的有( )。
    A. 中央银行提高法定存款准备金率,扩大了商业银行的信用扩张能力
    B. 商业银行掌握着再贴现政策的主动权
    C. 法定存款准备金率政策作用力度强
    D. 调整法定存款准备金率能迅速影响货币供应量
    E. 中央银行运用公开市场业务直接影响货币供应量

88. 下列属于选择性货币政策工具的有( )。
    A. 优惠利率
    B. 信用配额
    C. 消费者信用控制
    D. 不动产信用控制
    E. 预缴进口保证金

89. 下列金融业务中,属于商业银行中间业务的有( )。
    A. 办理信托　　　B. 发放贷款
    C. 办理结算　　　D. 吸收存款
    E. 办理票据贴现

90. 2003年新巴塞尔资本协议的主要内容有( )。
    A. 引入杠杆率监管标准
    B. 建立流动性风险量化监管标准
    C. 最低资本要求
    D. 监管当局的监督检查
    E. 市场约束

91. 世界银行贷款的特点主要有( )。
    A. 临时性
    B. 期限较长
    C. 程序严密,审批时间较长

D. 实行浮动利率

E. 对资助的项目只提供货物和服务所需的外汇部分

92. 下列统计指标中,适用于测度数据集中趋势的有( )。
    A. 均值
    B. 众数
    C. 方差
    D. 中位数
    E. 离散系数

93. 关于系统抽样的说法,正确的有( )。
    A. 最简单的系统抽样是等距抽样
    B. 对抽样框的要求比较复杂
    C. 操作简便
    D. 方差估计比较复杂
    E. 确定起始单位后,整个样本就确定了

94. 根据基期的不同,增长量可分为( )。
    A. 累计增长量
    B. 平均增长量
    C. 逐期增长量
    D. 环比增长量
    E. 最终增长量

95. 关于时间序列速度分析的说法,正确的有( )。
    A. 两个相邻时期环比发展速度的比率等于相邻时期的定基发展速度
    B. 定基发展速度等于相应时期内各环比发展速度的连乘积
    C. 平均增长速度等于平均发展速度减去1
    D. 当时间序列中的指标值出现0或负数时,不宜计算速度
    E. 计算平均发展速度通常采用简单算术平均法

96. 关于会计基本前提的说法,正确的有( )。
    A. 企业会计应当以货币计量
    B. 会计主体规定了会计核算内容的空间范围
    C. 会计主体建立在持续经营的基础上
    D. 明确会计期间,是为了把会计主体的经济业务与其他会计主体的经济业务分开
    E. 区分权责发生制和收付实现制两种记账基础的会计基本前提是会计分期

97. 在借贷记账法下,经济业务发生时借方登记增加额的账户有( )。
    A. 负债类账户
    B. 收入类账户
    C. 成本类账户
    D. 所有者权益类账户
    E. 费用类账户

98. 下列各项中,属于"投资活动现金流量"的有( )。
    A. "取得投资收益所收到的现金"
    B. "销售商品、提供劳务收到的现金"
    C. "购买商品、接受劳务支付的现金"
    D. "购建固定资产、无形资产和其他长期资产所支付的现金"
    E. "收回投资所收到的现金"

99. 下列指标中,属于反映企业盈利能力的指标有( )。
    A. 资产净利润率
    B. 普通股每股收益
    C. 总资产周转率
    D. 存货周转率
    E. 资本收益率

100. 关于政府会计要素的说法,以下表述正确的有( )。
    A. 资产、负债和净资产应当列入资产负债表
    B. 收入和费用应当列入现金流量表
    C. 未来发生的经济业务或者事项形成的义务应当确认为负债
    D. 政府会计主体的资产按照流动性,分为流动资产和非流动资产
    E. 政府会计主体净资产增加时,其表现形式为资产增加或负债减少

101. 下列物权类型中,属于用益物权的有( )。
    A. 质权
    B. 建筑物区分所有权
    C. 地役权
    D. 建设用地使用权
    E. 土地承包经营权

102. 根据合同的分类,以下属于实践合同的有( )。
    A. 买卖合同
    B. 保管合同

C. 租赁合同

D. 经过公证的赠与合同

E. 借用合同

103. 合同当事人发生的下列情形中，属于法定解除合同的有（ ）。

　　A. 甲、乙订立租赁合同，按照约定甲的儿子回来之后乙就搬走

　　B. 当事人一方迟延履行主要债务，经催告后在合理期限内仍未履行

　　C. 甲方由于不可抗力致使合同的全部义务不能履行

　　D. 当事人一方迟延履行债务或者有其他违约行为致使不能实现合同目的

　　E. 甲、乙双方经协商同意，并且不因此损害国家利益和社会公共利益

104. 下列属于公司可以解散的原因的有（ ）。

　　A. 公司章程规定的营业期限届满

　　B. 股东会决议解散

　　C. 因公司合并需要解散的

　　D. 因公司分立需要解散的

　　E. 公司不能清偿到期债务

105. 反垄断执法机构依法调查涉嫌垄断行为时，可以采取的措施包括（ ）。

　　A. 查封、扣押相关证据

　　B. 查询经营者的银行账户

　　C. 查阅、复制被调查的经营者的会计账簿等资料

　　D. 进入被调查的经营者的营业场所进行检查

　　E. 直接扣押被调查的经营者或利害关系人

模拟试题（二）参考答案及解析

一、单项选择题

1. A　【解析】本题考查影响需求的基本因素。价格是影响需求的最重要的因素。

2. B　【解析】本题考查需求价格弹性。需求价格弹性系数=需求量的相对变动/价格的相对变动，需求量的相对变动=需求价格弹性系数×价格的相对变动=0.5×10%=5%，由于价格与需求量反方向变动，因此价格下降10%时，销售量增加5%。原来的销售量为1 000元，提高5%，则销售量=1 000×(1+5%)=1 050(台)。

3. C　【解析】本题考查最高限价分析。当某种或某些产品价格上涨幅度过大，有可能影响居民的基本生活需要或影响生产的正常进行时，政府可以采取最高限价政策进行干预。

4. D　【解析】本题考查商品边际替代率递减规律的含义。边际商品替代率递减规律：在效用水平不变的条件下，随着一种商品消费数量的逐渐增加，消费者为获得这种商品的额外消费而愿意放弃的另一种商品的消费数量会越来越少。

5. C　【解析】本题考查隐成本的概念。隐成本，是指企业本身所拥有的并且被用于该企业生产过程的那些生产要素的总价格，由此可见自有资金的利息也是隐成本。

6. B　【解析】本题考查成本曲线。当平均总成本曲线上升时，边际成本必定大于平均总成本。

7. D　【解析】本题考查价格歧视。实行价格歧视的基本条件有：(1)必须有可能根据不同的需求价格弹性划分出两组或两组以上的不同购买者；(2)市场必须能够有效地隔离开，同一产品不能在不同市场之间流动。

8. C　【解析】本题考查生产者使用生产要素的原则。VMP表示每增加一单位的要素投入所增加的价值。边际产品价值(VMP)=边际物质产品(MPP)×产品价格(P)。

9. A　【解析】本题考查资源最优配置的标准。帕累托最优状态是不存在帕累托改进的资源配置状态。

10. A　【解析】本题考查公共物品。选项A错误，公共物品的市场需求曲线是所有

消费者需求曲线沿纵向(价格方向)相加得到的。

11. B 【解析】本题考查总供给的影响因素。从长期来看，总供给变动与价格总水平无关，不论价格总水平如何变化，总产出不变。长期总供给只取决于劳动、资本与技术，以及经济体制等因素。

12. B 【解析】本题考查生命周期消费理论。提出生命周期消费理论的是莫迪利安尼。

13. A 【解析】本题考查分析和预测经济波动的指标体系。领先指标有：制造业订货单、股票价格指数、广义货币 M_2。选项 B、D 属于一致指标。选项 C 属于滞后指标。

14. C 【解析】本题考查经济发展的内容。经济发展的核心是人民生活水平的持续提高。

15. D 【解析】本题考查我国的就业和失业问题。选项 D 是发达国家就业率的计算公式。

16. C 【解析】本题考查比较优势理论。大卫·李嘉图认为决定国际贸易的因素是两个国家产品的相对生产成本，而不是生产这些产品的绝对生产成本。

17. B 【解析】本题考查政府对国际贸易干预的目的。政府干预出口贸易以刺激出口增加的主要措施是出口补贴。

18. D 【解析】本题考查公共物品的需求显示。在商品和服务市场上，人们用出价多少表示对私人物品的需求强度和需求数量，但同样的机制对公共物品并不完全有效。私人物品的需求显示是通过自愿的市场交易实现的。公共物品的需求显示是通过具有强制性的政治交易实现的。选项 A、B、C 错误。

19. C 【解析】本题考查公共物品供给的制度结构。公共物品供给的制度包括：(1)公共物品供给的决策制度(核心)；(2)公共物品供给的融资制度；(3)公共物品的生产制度；(4)公共物品的受

益分配制度。

20. C 【解析】本题考查购买性支出。政府为了履行其职能，从私人部门取得物品与劳务并支付相应资金而发生的费用属于购买性支出。

21. A 【解析】本题考查财政支出规模变化的指标。财政支出增长率表示当年财政支出比上年同期财政支出增长的百分比。

22. B 【解析】本题考查税负转嫁的方式。前转是税收转嫁最典型和最普遍的形式，多发生在流转税上，选项 A 错误。消转是纳税人用降低征税物品成本的办法使税负从新增利润中得到抵补，选项 C 错误。旁转也称"侧转"，是指纳税人将应负担的税负转嫁给购买者或者供应者以外的其他人负担。混转实际上是前转和后转的混合方式，在实践中比较常见，选项 D 错误。

23. C 【解析】本题考查税制要素。税率是计算应征税额的标准，是税收制度的中心环节。

24. C 【解析】本题考查企业所得税。目前我国的企业所得税税率为 25%，选项 A 错误。个人独资企业、合伙企业不适用企业所得税法，选项 B 错误。非居民企业在中国境内未设立机构、场所的，或者虽设立机构、场所，但取得的所得与其所设机构、场所没有实际联系的，应当就其来源于中国境内的所得按 20% 的税率缴纳企业所得税，选项 D 错误。

25. A 【解析】本题考查政府预算的分类。资本预算主要是以国债为收入来源，以经济建设项目为支出对象。

26. B 【解析】本题考查政府预算。政府预算是政府理财的主导环节和基本环节。

27. B 【解析】本题考查财政管理体制的概念。财政管理体制是国家管理和规范中央与地方政府之间以及地方各级政府之间划分财政收支范围和财政管理职责与权限的一项根本制度。

28. C 【解析】本题考查财政政策的乘数。政府购买支出乘数是国民收入变动与引起这种变动的政府购买支出变动的比率。政府购买支出乘数为正数,表明购买性支出增减与国民收入增减呈同方向变动。

29. A 【解析】本题考查剑桥学派的现金余额数量说。庇古认为,货币的价值由货币供求的数量关系决定,假定其他条件不变,物价水平与货币量成正比,货币价值与货币量成反比。选项B属于凯恩斯的货币需求理论的观点,选项C是弗里德曼的观点,选项D是费雪现金交易数量说的观点。

30. A 【解析】本题考查通货膨胀的类型。抑制型通货膨胀,是指一国实行物价管制的情况下,商品供给短缺不能由物价上涨来反映,只表现为人们普遍持币待购而使货币流通速度减慢,又称为隐蔽性通货膨胀。

31. D 【解析】本题考查中央银行的主要业务。中央银行对政府的业务包括代理国库、代理发行国家债券、对国家提供信贷支持、保管外汇和黄金储备、制定并监督执行有关金融管理法规。选项A属于货币发行业务。选项B、C属于对银行的业务。

32. C 【解析】本题考查再贴现的含义。再贴现,是指中央银行向持有商业票据等支付工具的商业银行进行贴现的行为。

33. C 【解析】本题考查商业银行的性质。商业银行是唯一能够面向公众吸收活期存款的金融机构。中央银行不以营利为目的,不经营一般性银行业务,不会对工商企业发放贷款,选项A、B错误。中央银行承担货币发行任务,选项D错误。

34. A 【解析】本题考查商业银行的负债业务。商业银行外来资金的形成渠道主要是吸收存款、向中央银行借款、从同业拆借市场拆借、发行金融债券、从国际货币市场借款等,其中又以吸收存款为主。

35. A 【解析】本题考查金融风险。由于借款人或市场交易对手的违约(无法偿付或者无法按期偿付)而导致损失的风险属于信用风险。

36. D 【解析】本题考查公共利益论的内容。公共利益论认为,监管是政府对公众要求纠正某些社会个体和社会组织的不公平、不公正和无效率或低效率的一种回应。

37. B 【解析】本题考查2010年巴塞尔协议Ⅲ的内容。2010年巴塞尔协议Ⅲ的内容包括:(1)强化资本充足率监管标准;(2)引入杠杆率监管标准;(3)建立流动性风险量化监管标准;(4)确定新监管标准的实施过渡期。选项B属于2003年新巴塞尔资本协议的内容。

38. D 【解析】本题考查国际货币基金组织。选项A错误,成员方缴纳的份额是国际货币基金组织主要的资金来源。选项B错误,份额的25%以特别提款权或主要国际货币缴纳,其余75%的份额以本币缴纳。选项C错误,国际货币基金组织的借款包括两个借款安排:一般借款总安排和新借款安排。

39. C 【解析】本题考查跨境人民币业务的类型。中央银行间开展货币互换的目标主要有三类:(1)作为应对金融危机的临时措施;(2)作为金融危机的常设预防机制;(3)作为深化双方经济金融合作的措施。

40. B 【解析】本题考查统计学的两个分支。选项B错误,描述统计和推断统计可以一起发挥作用,具体使用哪种方法取决于要解决的问题。

41. D 【解析】本题考查重点调查的概念。重点调查是一种非全面调查,它是在所要调查的总体中选择一部分重点单位进行的调查。所选择的重点单位虽然只是全部单位中的一部分,但就调查的标志值来说在总体中占绝大比重,调查这一部分单位的情况,能够大致反映被调查对象的基本情况。

42. C 【解析】本题考查集中趋势的测度。选项A、D用于测度数据的离散程度。选项B不受极端值影响。

43. A 【解析】本题考查中位数。中位数是把一组数据按从小到大或从大到小的顺序进行排列,位置居中的数值。将数据从小到大排序:0 1 2 3 5 7 10,位于中间的是3,所以中位数为3。

44. B 【解析】本题考查偏态系数。偏态系数为0,说明数据的分布是对称的。偏态系数为正,说明分布是右偏的:取值在0~0.5之间说明轻度右偏;取值在0.5~1之间,说明中度右偏;取值大于1说明严重右偏。偏态系数为负,说明分布为左偏:取值在-0.5~0之间,说明轻度左偏;取值在-0.5~-1之间,说明中度左偏;取值小于-1,说明严重左偏。本题中,偏态系数为0.2,说明轻度右偏。

45. D 【解析】本题考查总体参数。总体参数是根据总体中所有单位的数值计算的。

46. D 【解析】本题考查整群抽样。整群抽样是将总体中的所有的基本单位按照一定规则划分为互不重叠的群,抽样时直接抽取群,对抽中的群调查其全部的基本单位,对没有抽中的群则不进行调查。

47. D 【解析】本题考查相关分析与回归分析的区别。选项A错误,回归分析中先要明确自变量和因变量。选项B、C错误,相关分析研究变量之间相关的方向和相关的程度,回归分析研究变量之间相互关系的具体形式。

48. D 【解析】本题考查环比发展速度的计算。两个相邻时期定基发展速度的比率等于相应时期的环比发展速度。因此,本题的计算过程如下:

步骤一:定基增长速度→定基发展速度

定基发展速度=定基增长速度+1,所以分别为110.25%和112.15%。

步骤二:定基发展速度→环比发展速度

环比发展速度=112.15%/110.25%=101.72%。

49. C 【解析】本题考查增长速度。增长速度是报告期增长量与基期水平的比值。

50. C 【解析】本题考查会计的概念。管理会计主要包括预测分析、决策分析、全面预算、成本控制和责任会计等内容。

51. A 【解析】本题考查负债的分类。非流动负债是指流动负债以外的负债,主要包括长期借款、应付债券等。

52. B 【解析】本题考查负债的特征。负债的特征包括:(1)企业的负债只能由过去的交易活动或本期经济业务形成,且必须于未来某一特定时期予以清偿的现时义务;(2)负债必须有其可用货币额反映的价值量;(3)必须是企业现行条件下已承担的预期会造成经济利益流出企业的现时义务。选项B属于资产的特征。

53. C 【解析】本题考查经济业务发生所引起的会计要素的变动。选项C错误,根据"资产=负债+所有者权益"等式,负债与所有者权益同时等额增加,会破坏这一公式的平衡性。

54. D 【解析】本题考查会计记录方法。对于资产、成本、费用类账户:期末余额=期初余额+本期借方发生额-本期贷方发生额。对于负债、所有者权益、收入类账户:期末余额=期初余额+本期贷方发生额-本期借方发生额。

55. C 【解析】本题考查资产负债表。资产负债表是反映企业在某一特定日期财务状况的静态报表,利润表是反映企业在一定会计期间经营成果的动态报表,选项A错误。资产负债表有账户式和报告式两种,选项B错误。利润表所提供的信息可以评价企业的经济效益、盈利能力,评价或考核企业经营管理者的经营业绩和盈利能力,选项D错误。

56. C 【解析】本题考查现金流量表。支付给职工以及为职工支付的现金属于经营活动产生的现金流量。

57. B 【解析】本题考查偿债能力分析。速动比率=速动资产/流动负债=(流动资产总额-存货)/流动负债=(8 000-5 000)/6 000=0.5。

58. C 【解析】本题考查政府会计。在政府会计要素中，非流动负债是指流动负债以外的负债，包括长期应付款、应付政府债券和政府依法担保形成的债务等。

59. D 【解析】本题考查政府会计。政府财务会计要素包括资产、负债、净资产、收入和费用。

60. A 【解析】本题考查物权的种类。选项 A 错误，用益物权的标的物主要是不动产。

61. B 【解析】本题考查按份共有。处分按份共有的不动产或者动产以及对共有的不动产或者动产作重大修缮的，应当经占份额三分之二以上的按份共有人同意，但共有人之间另有约定的除外。本题中"甲占该船70%份额"，达到了份额三分之二以上，所以无须经过他人同意了。

62. B 【解析】本题考查所有权的取得。继受取得，是指通过一定的法律行为或基于法定的事实从原所有人处取得所有权。这种取得方式须以原所有人对该项财产的所有权作为取得的前提条件。

63. A 【解析】本题考查质权。选项 A 错误，质权的设立必须转移占有，以某些特定财产作质物时，还必须依法办理登记手续。

64. D 【解析】本题考查要约。要约发出后，要约人可以撤回该要约；在要约生效后，受要约人尚未发出承诺通知之前，要约人可以要求撤销该要约。所以要约可以撤回也可以撤销，选项 D 错误。

65. A 【解析】本题考查合同的保全。因债务人放弃其到期债权对债权人造成损害

的，债权人可以请求人民法院撤销债务人的行为。

66. D 【解析】本题考查同时履行抗辩权。同时履行抗辩权，是指当事人互负债务，没有先后履行顺序的，应当同时履行；一方在对方履行之前有权拒绝其履行要求，另一方在对方履行债务不符合约定时，有权拒绝其相应的履行要求。

67. B 【解析】本题考查预期违约。预期违约即在合同有效成立后履行期限届满前的违约行为。当事人一方明确表示或者以自己的行为表明不履行合同义务的，对方可以在履行期限届满前要求其承担违约责任。

68. B 【解析】本题考查公司法基本制度。预先核准的公司名称保留期为6个月，选项 B 错误。

69. A 【解析】本题考查商标注册的概念和原则。根据《商标法》的规定，属于注册商标侵权行为的有：未经商标注册人的许可，在同一种商品或者类似商品上使用与其注册商标相同或者相近的商标。选项 A 说法太绝对。

70. C 【解析】本题考查劳动合同的解除。在本单位患职业病或者因工负伤并被确认丧失或者部分丧失劳动能力的，除非劳动者具备过错性解除的情况，用人单位不得对劳动者采取经济性裁员和非过错性解除。选项 A、B、D 属于过错性解除的情况，用人单位可以单方解除劳动合同。

二、多项选择题

71. ABCD 【解析】本题考查影响需求的基本因素。影响需求的主要因素有消费者偏好、产品价格、消费者的个人收入、替代品的价格、互补品的价格、预期以及其他因素。生产成本是影响供给的因素。

72. ABD 【解析】本题考查成本。正常利润是作为隐成本的一部分计入成本的。长

期成本中没有固定成本，一切成本都是可变的。

73. BCE 【解析】本题考查垄断竞争市场的特征。垄断竞争市场的特征包括：(1)具有很多的生产者和消费者；(2)产品具有差别性，生产者对价格有一定程度的控制；(3)进入或退出市场比较容易，不存在什么进入障碍。

74. ABDE 【解析】本题考查政府对市场的干预。科斯定理：只要财产权是明确的，并且交易成本为零或者很小，市场均衡的最终结果都是有效率的。选项C错误。

75. ABE 【解析】本题考查国内生产总值的计算方法。劳动者报酬，是指劳动者从事生产劳动应从单位获得的各种形式的报酬，包括工资总额、福利费和其他实物形式的劳动报酬。农户和个体劳动者生产经营所获得的纯收益主要是劳动所得，也列入劳动者报酬中。

76. BCD 【解析】本题考查价格总水平变动的经济效应。选项A错误，实际利率是扣除了价格总水平变动影响因素的利率，也可以是在货币购买力不变时的利率。选项E错误，严重的通货膨胀不利于经济增长。

77. AD 【解析】本题考查中央财政支出。中央财政支出占全国财政支出的比重是相对稳定的，它取决于国家的制度安排，选项A正确，选项B错误。选项C是当年财政支出占当年国内生产总值的比重所反映的内容。选项E是对人均财政支出的表述。

78. ACD 【解析】本题考查财政支出规模增长的理论解释。选项B是"梯度渐进增长理论"的观点，选项E是瓦格纳法则的观点。

79. ABCE 【解析】本题考查影响税负转嫁的因素。影响税负转嫁的因素：(1)应税商品供给与需求的弹性；(2)课税商品的性质；(3)课税与经济交易的关系；(4)课税范围的大小。此外还与商品竞争程度有关。

80. CE 【解析】本题考查税收分类。流转税是我国税收收入中的主体税种，主要流转税税种有增值税、消费税等。

81. BCD 【解析】本题考查国有资本经营预算。国有资本经营预算的编制原则：统筹兼顾、适度集中；相对独立、相互衔接；分级编制、逐步实施。选项A、E是政府性基金预算的管理原则。

82. BE 【解析】本题考查政府预算职权的划分。县级以上地方各级人民代表大会常务委员会有权监督本级总预算的执行，审查和批准本级预算的调整方案，审查和批准本级政府决算，撤销本级政府和下一级人民代表大会及其常务委员会关于预算、决算的不适当的决定、命令和决议。

83. ACD 【解析】本题考查我国分税制财政管理体制改革的主要成效。我国分税制财政管理体制改革的主要成效：(1)建立了财政收入稳定增长的机制；(2)增强了中央政府宏观调控能力；(3)促进了产业结构调整和资源优化配置。

84. ACDE 【解析】本题考查财政政策工具与类型。社会总需求大于社会总供给，应该采取紧缩性的政策措施。选项B属于扩张性的政策。

85. ACE 【解析】本题考查我国实施财政政策的基本经验。我国财政宏观调控方式由被动调控向主动调控转变，由直接调控向间接调控转变，由单一手段调控向综合运用工具调控转变。

86. CE 【解析】本题考查通货膨胀的类型。成本推进型通货膨胀包括：工会推动的"工资推进型通货膨胀"，即工资和物价螺旋上升的通货膨胀；垄断企业推动的"利润推进型通货膨胀"，即垄断企业为保证实现其利润目标而操纵市场、人为抬高产品价格而引起的通货膨胀。

87. BCE 【解析】本题考查一般性货币政策工具。中央银行提高法定存款准备金率，限制了商业银行的信用扩张能力，选项A错误。调整存款准备金率，对货币供应量和信贷量的影响要通过商业银行的辗转存、贷，逐级递推而实现，成效较慢，时滞较长，选项D错误。

88. ACDE 【解析】本题考查货币政策工具。选择性货币政策工具包括消费者信用控制、不动产信用控制、优惠利率、预缴进口保证金等。选项B属于直接信用控制。

89. AC 【解析】本题考查商业银行的主要业务。商业银行中间业务包括结算业务、信托业务、租赁业务、代理业务、咨询业务。

90. CDE 【解析】本题考查2003年新巴塞尔资本协议的内容。2003年新巴塞尔资本协议的三大支柱：最低资本要求；监管当局的监督检查；市场约束。选项A、B属于2010年巴塞尔协议Ⅲ的内容。

91. BCDE 【解析】本题考查世界银行。世界银行贷款的特点包括：(1)贷款期限较长；(2)贷款实行浮动利率，随金融市场利率的变化定期调整，但一般低于市场利率；(3)通常对其资助的项目只提供货物和服务所需要的外汇部分；(4)贷款程序严密，审批时间较长。

92. ABD 【解析】本题考查集中趋势的测度。选项C、E是数据离散程度的测度指标。

93. ACDE 【解析】本题考查系统抽样。等距抽样是最简单的系统抽样。系统抽样的优点：(1)操作简便，只需要随机确定起始单位，整个样本就自然确定；(2)对抽样框的要求比较简单。缺点：方差估计比较复杂。选项B错误。

94. AC 【解析】本题考查增长量。根据基期的不同确定方法，增长量可分为逐期增长量和累计增长量。

95. BCD 【解析】本题考查时间序列的速度分析。两个相邻时期定基发展速度的比率等于相应时期的环比发展速度，选项A错误。计算平均发展速度通常采用几何平均法，选项E错误。

96. ABE 【解析】本题考查会计基本前提。会计分期是建立在持续经营的基础上的。明确会计主体，是为了把会计主体的经济业务与其他会计主体以及投资者的经济业务分开。选项C、D错误。

97. CE 【解析】本题考查会计记录的方法。资产、成本、费用类账户，借方登记增加额。负债、所有者权益、收入类账户，借方登记减少额。

98. ADE 【解析】本题考查投资活动的现金流量。投资活动产生的现金流量有：(1)收回投资所收到的现金；(2)取得投资收益所收到的现金；(3)处置固定资产、无形资产和其他长期资产所收回的现金净额；(4)收到的其他与投资活动有关的现金；(5)购建固定资产、无形资产和其他长期资产所支付的现金；(6)投资支付的现金；(7)支付的其他与投资活动有关的现金。选项B、C属于"经营活动的现金流量"。

99. ABE 【解析】本题考查盈利能力分析。盈利能力分析运用的财务比率指标主要有：营业利润率、营业净利润率、资产净利润率、资本收益率、净资产收益率、普通股每股收益、市盈率、资本保值增值率。选项C、D属于反映企业营运能力的指标。

100. ADE 【解析】本题考查政府会计。选项B错误，收入和费用应当列入收入费用表。选项C错误，未来发生的经济业务或者事项形成的义务不属于现时义务，不应当确认为负债。

101. CDE 【解析】本题考查用益物权。在我国，用益物权的种类主要包括土地承包经营权、建设用地使用权、宅基地使用权、海域使用权、地役权、国家集体自然资源使用权、探矿权、采矿权、取水权、渔业养殖捕捞权等。选项 A 属于担保物权。选项 B 属于所有权。

102. BE 【解析】本题考查合同的种类。保管合同、借用合同都属于实践合同。买卖合同、租赁合同都是诺成合同。

103. BCD 【解析】本题考查合同的解除。合同法定解除的情形包括：（1）因不可抗力致使不能实现合同目的；（2）在履行期限届满之前，当事人一方明确表示或以自己的行为表明不履行主要债务；（3）当事人一方迟延履行主要债务，经催告后在合理期限内仍未履行；（4）当事人一方迟延履行债务或者有其他违约行为致使不能实现合同目的；（5）法律规定的其他情形。选项 A 属于约定解除，选项 E 属于协议解除。

104. ABCD 【解析】本题考查公司解散的情形。公司因下列原因解散：（1）公司章程规定的营业期限届满或者公司章程规定的其他解散事由出现；（2）股东会或股东大会决议解散；（3）因公司合并或分立需要解散；（4）依法被吊销营业执照、责令关闭或被撤销；（5）公司经营管理发生严重困难，继续存续会使股东利益受到重大损失，通过其他途径不能解决的，持有公司全部股东表决权 10% 以上的股东，可以请求人民法院解散公司。

105. ABCD 【解析】本题考查反垄断机构设置。反垄断执法机构调查涉嫌垄断行为，可以采取下列措施：（1）进入被调查的经营者的营业场所或者其他有关场所进行检查；（2）询问被调查的经营者、利害关系人或者其他有关单位或者个人，要求其说明有关情况；（3）查阅、复制被调查的经营者、利害关系人或者其他有关单位或者个人的有关单证、协议、会计账簿、业务函电、电子数据等文件、资料；（4）查封、扣押相关证据；（5）查询经营者的银行账户。采取前述规定的措施，应当向反垄断执法机构主要负责人书面报告，并经批准。

致亲爱的读者

"梦想成真"系列辅导丛书自出版以来,以严谨细致的专业内容和清晰简洁的编撰风格受到了广大读者的一致好评,但因水平和时间有限,书中难免会存在一些疏漏和错误。读者如有发现本书不足,可扫描"欢迎来找茬"二维码上传纠错信息,审核后每处错误奖励10元购课代金券。(多人反馈同一错误,只奖励首位反馈者。请关注"中华会计网校"微信公众号接收奖励通知。)

在此,诚恳地希望各位学员不吝批评指正,帮助我们不断提高完善。

邮箱:mxcc@cdeledu.com

微博:@正保文化

欢迎来找茬

中华会计网校
微信公众号